西南地区产业发展与创新研究

贵州绿色发展的减贫机制与路径研究

王　超　肖小虹　著

科学出版社

北　京

内 容 简 介

本书共分八章。第一章和第二章主要介绍研究的科学命题、理论基础和分析框架；第三章介绍贵州绿色发展现状与减贫工作成就；第四章介绍国内外绿色发展提升减贫成效的典型案例；第五章介绍贵州绿色发展的减贫成效面板数据，评价贵州九个地市州所属各区县绿色发展的减贫成效；第六章介绍贵州旅游发展的减贫机制；第七章介绍贵州绿色发展的减贫路径设计；第八章是结论与展望，主要介绍本书得到的主要结论、存在的不足和对未来的展望。

本书可供对贵州大扶贫事业发展和反贫困领域感兴趣的高等院校学生、研究机构学者、政府工作人员、企业从业人员阅读和参考。

图书在版编目(CIP)数据

贵州绿色发展的减贫机制与路径研究 / 王超, 肖小虹著. —北京：科学出版社, 2018.8
（西南地区产业发展与创新研究丛书）
ISBN 978-7-03-058163-1

Ⅰ. ①贵… Ⅱ. ①王… ②肖… Ⅲ. ①绿色经济–区域经济发展–研究–贵州 ②扶贫–研究–贵州 Ⅳ. ①F127.73

中国版本图书馆 CIP 数据核字 (2018) 第 139359 号

责任编辑：韩卫军 / 责任校对：王 翔
责任印制：罗 科 / 封面设计：墨创文化

科 学 出 版 社 出版
北京东黄城根北街16号
邮政编码：100717
http://www.sciencep.com
四川煤田地质制图印刷厂 印刷
科学出版社发行 各地新华书店经销

*

2018 年 8 月第 一 版 开本：720×1000 B5
2018 年 8 月第一次印刷 印张：21 1/4
字数：430 千字

定价：150.00 元
（如有印装质量问题，我社负责调换）

贵州省哲学社会科学创新团队之贵州财经大学大扶贫战略研究创新团队成果。

2016年度商务部国际贸易经济合作研究院与贵州财经大学联合研究基金省部级重点项目：贵州绿色发展的减贫机制与路径研究(2016SWBZD01)最终研究成果。

前　言

　　中国共产党第十八次全国代表大会(简称党的十八大)以来，习近平总书记从全国发展战略的角度，提出了"走向生态文明新时代""生态优先，绿色发展""绿水青山就是金山银山"等一系列新的发展理念和要求。在党中央的指导下，贵州绿色发展正逢其时。2016 年 8 月，中共中央办公厅、国务院办公厅印发了《关于设立统一规范的国家生态文明试验区的意见》，公布了国家首批生态文明试验区，贵州赫然在列，这标志着贵州生态文明建设从此站上新高度，成为贵州发展的历史新起点。在大数据、大生态、大旅游、大健康等新兴绿色发展战略指引下，贵州绿色发展助力脱贫攻坚、落实精准扶贫已经初见成效。

　　本书基于上述背景分析，提出贵州如何打造绿色发展的减贫机制与路径相关问题，在分析绿色发展的理论基础上，概括绿色发展的理论分析框架，并根据文献资料和数据资料基础，设计贵州绿色发展的减贫效应衡量指标体系与量化方法，构建其绿色发展的减贫效应评价模型。为了进一步厘清绿色发展的减贫问题，本书系统阐释贵州绿色发展的历程、减贫工作的思路和特色绿色经济的减贫效应，并总结贵州绿色产业发展的现状、绿色发展的类型、绿色减贫模式和存在的主要问题，为后续打分评价、机制探索和路径构建奠定基础。

　　为了全面、深入地了解绿色发展的减贫现状，本书对国内外典型案例进行剖析，研究发现，贵州绿色发展的减贫工作不是中国独有的，而是一个世界性的问题。绿色发展的减贫路径是多样化的，不是单一策略，而是一个基于地方资源情况开展的多样化可持续脱贫道路。这个道路有四点共同的经验：①旅游业是实施绿色减贫工作的有力手段；②减贫模式的制定要符合当地的情况；③绿色发展的减贫路径要夯实基础设施；④前期投入力度不可或缺。这些经验为贵州案例研究提供了借鉴。

　　本书针对贵州绿色发展的减贫效应进展，进行分地区的系统评价。评价采用层次分析法，基于贵州省 2011~2016 年的统计年鉴数据，依据理论分析框架设计的指标体系，在专家打分确定指标权重后，进行面板数据的分析和评分。评分规则采用年均增长率五个段位进行评分。评分强调绿色发展的变化状态，以及对经济和社会发展的影响。采用年均增长率避免了依据基数评价、重视变化增长量的问题。这样做的目的是更为客观地了解发展的变化状态，而非发展的现状，对于贵州这样后发优势地区，关注绿色发展的变化效应显得更为重要。研究发现：贵州在近几年的发展中,所有区县都符合绿色发展的减贫条件,但是各区县之间发展水平还是存在一定的差异。各地市州也探索出符合自身发展的绿色减贫道路,并逐渐走出一条促进区县经济后发赶超、落实精准扶贫的"贵州样板"。

研究发现:"贵州样板"绿色发展的减贫机制是由减贫信息系统、金融减贫服务协调机制、实施教育对口帮扶协议、完善基础设施建设、特色产业建设、生态系统建设六个子系统构成。在这个机制的指导下,其发展路径由强化绿色发展理念、培养高效人才以建立健全绿色减贫的长效动力运行系统、注重产业扶贫与生态保护的有效结合、实现减贫经济效益与长远生态保护的双重成效四大板块组成。贵阳市、遵义市、安顺市、铜仁市、毕节市、六盘水市、黔东南州、黔西南州、黔南州九个地市州在这样的机制与路径系统下,也各自走出了具有地市州特色的绿色发展的减贫机制与路径。

本书研究的结论是:①以生态农业经济为底子的绿色发展为贵州夯实了绿色经济增长的基础;②大数据、大旅游、大健康为贵州绿色发展带来新的战略方向,助推贵州全面脱贫;③贵州绿色发展的减贫道路仍存在困难,但已经全面走上绿色发展的减贫道路;④依据绿色减贫思想,贵州各地市州走出了一条符合当地减贫工作的路径;⑤贵州构建了绿色发展的减贫创新生态系统,实现了精准扶贫的可持续脱贫。

本书研究还存在以下问题:指标体系设计还不完全,致使在测量贵州特色绿色产业经济方面不够充分;数据和资料来源缺失,不能完整测评贵州各区县的绿色减贫情况;研究精力和能力有限,验证贵州绿色减贫问题缺乏多种方法的运用。展望未来,应进一步加强典型案例研究,总结贵州各区县绿色减贫的最新模式。贵州作为"国家公园省",绿色发展正当其时,精准脱贫全面小康指日可待,后发优势成绩斐然,贵州绿色发展的大扶贫事业建设大有可为。

由于作者能力有限,书中难免存在不足,望读者批评指正,以供作者进一步学习思考。

目　录

第一章　导　　论

第一节　研　究　背　景

(一)贵州绿色发展的时代契机

绿色代表着生机,是生命、健康、希望的象征,提到绿色,人们自然而然就会将其与环保、无污染、低碳发展、生态文明建设等联系在一起。生产和使用绿色产品、大力发展绿色经济、全方位多渠道实施绿色发展是 21 世纪的主流。随着时代的进步,人们逐渐意识到气候变化对人类的生存和发展能产生不可估量的影响,同时也认识到原有的粗放式经济模式会造成资源浪费、环境污染,这显然已经不能适应当前社会经济发展的需要。发达国家在认识到气候变化带来的严重后果后,纷纷开始寻找新的发展模式。自 20 世纪 80 年代起,西方国家就发现绿色发展道路更有利于人类未来的可持续发展。社会各界都认为绿色发展是改善生态环境最好的方法之一。在这样的背景下,各国纷纷积极出台"绿色新政",都希望走在绿色发展的前列,全球"绿色竞争"的氛围愈演愈烈(贺宁,2016)。绿色经济发展是时代发展的要求,谁掌握了主动,谁就掌握了未来。

借助全球绿色发展契机,中国进行绿色发展势在必行,必须紧紧抓住这一历史机遇,尽可能地抢占绿色竞争的"制高点",促使我国从世界大国走向世界强国。作为一个有担当、有责任的大国,中国一直在加速推进绿色发展,从签署《联合国气候变化框架公约的京都议定书》开始,中国就采取了一系列重大行动,借助立法渠道制定了多份关于激励绿色发展的法律法规和政策文件,这都预示着中国旅游转型发展势在必行(肖安宝 等,2016)。党的十八大以来,习近平总书记就从全国发展战略的角度,提出了"走向生态文明新时代""生态优先、绿色发展""绿水青山就是金山银山"等一系列新的发展理念和要求(于法稳 等,2016)。2013年,习近平在《弘扬人民友谊,共创美好未来》的演讲中指出:"中国既要绿水青山,也要金山银山。绿水青山就是金山银山。中国绝不能以牺牲生态环境为代价换取经济的一时发展。"习近平的"绿色治理"观点受到世界高度认同(向海英,2016)。2016 年 8 月,中共中央办公厅、国务院办公厅印发了《关于设立统一规范的国家生态文明试验区的意见》,公布了国家首批生态文明试验区,贵州赫然在列，这标志着贵州生态文明建设从此站上了新高度，这也是贵州绿色发展的历史新起点。作为生态文明省和"国家公园省"的贵州，这是重大责任、重大使命，同时也是重大发展契机。因此，贵州必须紧紧抓住时代机遇，走出一条促进西部欠发达地区经济社会发展和生态环境保护双赢的新道路。"十三五"规划期间，甚至是今后很长一段时间，绿色发展将成为贵州经济的主动力。

(二)贵州绿色经济与减贫效益

贵州是全国较为贫困和落后的省份，同时处于生态脆弱区，生态文明建设也较为滞后，贫困和生态的问题相互交织，成为贵州经济发展和生态文明建设的主要"绊脚石"。贵州要想赢得发展，走在全国发展的前列，就必须将绿色发展与脱贫攻坚结合在一起。贵州地处云贵高原，是珠江和长江上游水源的自然保护区。虽然贵州生态环境良好，但因属于喀斯特地貌，其生态环境又相对较脆弱。因特殊的地形地貌，贵州的经济发展一直受到阻碍，使得贵州成为全国贫困人口最多的省份，贵州山区贫困程度深，扶贫任务艰巨。在党中央的支持下，贵州积极探索保护生态和扶贫攻坚协同发展的全新道路，这不仅对贵州有着重大的意义，同时对于中国实现共同富裕，完成中华民族的伟大复兴也非常重要。

贵州省委、省政府充分认识到绿色发展和扶贫同时进行的必要性，把扶贫开发列为"第一民生工程"，借鉴全国扶贫开发的成功经验和方法，以全省之力向贫困发起"总攻"，可以说取得了一定的成效。贵州多方式多渠道打造绿色生态产业，使区域脱贫和经济发展相互促进、相互适应。绿色经济为贵州扶贫事业的全新发展拓宽了思路，提供了更多发展的可能性，也能促使贵州更快更好地发展，走上全新的发展道路。因此，贵州在未来发展中，要将减贫理念"根深蒂固"地融入绿色经济发展中，以生态产业扶贫开发为动力，在实现绿色经济快速发展的同时，借助一切力量将贵州人民拉出贫困的"深渊"，实现绿色经济发展与减贫效益双丰收的有利局面(赵勇军，2015)。

2013年3月，中央政治局常委俞正声同志到贵州调研时指出：贵州"要充分利用国家战略支持和东部产业转移的双重利好，推进经济结构调整，加强基础设施建设，特别是要保护好生态环境，促进经济持续健康发展。""帮助困难群众尽快脱贫致富，让各族群众都能过上好日子。"[①]因此，2016年3月，贵州省委书记陈敏尔同志表示：贵州"要走生态优先、绿色发展、百姓富、生态美的新路。"在党中央的战略指导下，贵州在推动新型城镇化、新型工业化、旅游产业化和农业现代化四个方面，把大旅游、大数据、大生态相关产业做到世界水平(朱邪，2016)。绿色发展助力贵州脱贫攻坚，落实精准扶贫已经初见成效。据贵州省扶贫开发办公室(简

---

① 摘自《绿色发展 贵州知行》，贵州日报，[2016-07-09].

称贵州省扶贫办)提供的数据显示:"十二五"规划期间,贵州省的贫困人口从 2011 年的 1149 万人减少到 2015 年的 493 万人,共计减少 656 万人(按 2011 年农民人均纯收入 2300 元的贫困线标准);贫困发生率从 2011 年的 33.4%下降到 14.0%,下降 19.4 个百分点。"十三五"规划的第一年,贵州省脱贫攻坚首战告捷,2016 年中央投入贵州省财政专项扶贫发展资金 55.4 亿元。国务院扶贫开发领导小组下达贵州省 2016 年减贫人口计划为 100 万人,脱贫幅度为 20.28%。据全国扶贫开发信息系统业务管理子系统监测,预计贵州省全年减贫人口达 120.8 万人,比计划数超出 20.8 万人,脱贫幅度为 24.5%,农村贫困人口预计减少到 372.2 万人,贫困发生率降低到 10.6%(孙志刚,2016)。

(三)特色绿色产业打造必要性

随着绿色理念的深入、绿色科技的广泛使用以及绿色消费方式的不断盛行,绿色产业作为 21 世纪的一种产业发展模式和经济发展方式,已经逐步成为许多发达国家的新兴产业或未来发展的聚焦点。绿色产业是指借助可持续利用的可再生清洁新能源,或是虽然在生产过程中使用了不可再生资源,但通过技术的处理已达到环境标准,或是符合清洁生产标准的产业。随着经济全球化的纵深发展,绿色产业正以某种无形的力量和方式悄悄对世界经济格局的变动产生影响。绿色产业在全世界范围内影响力不断扩大,已经形成完整的社会经济系统,这一整套系统包括绿色科技、绿色经济和绿色消费等绿色理念,同时全球企业还认定绿色产业将是未来市场竞争的焦点。因此,绿色产业发展势在必行。

贵州绿色产业发展正逢其时,基于贵州"五张名片"打造贵州特色绿色产业。2012 年,贵州省委书记赵克志指出:贵州"五张名片"是指白酒、烟、茶、民族医药和旅游(张齐,2015)。2014 年,贵州省人民政府在贵阳发布了贵州"五张名片"品牌影响力排行榜,评出酒业品牌 276 个、茶业品牌 90 个、医药品牌 81 个、食品品牌 71 个及旅游品牌 151 个(郝迎灿,2016)。这些名片为贵州特色绿色产业的打造奠定了基础。但是目前,贵州省经济发展较为落后,如果要使用高科技生产"三低"绿色产品,完善绿色产业链,还有很长的一段路要走。贵州现在的发展可谓是"四面楚歌",不仅资源约束日趋紧张,生态系统加剧退化,环境破坏严重,而且生产技术和自主创新能力与发达国家和地区相比较为落后,因此要大力推行绿色、循环、低碳发展,在绿色产业发展中引进先进的科学技术,借助技术实现资源节约和低碳排放的效果,形成全面的资源节约和保护生态的系统方针策略(郝迎灿,2016)。贵州大力推进绿色产业的发展,一方面能扭转传统的"三高"粗放式的生产模式,提高能源利用效率,减少环境破坏,使资源得到最优的配置;另一方面,在发展绿色产业的同时,迫使企业提高自主创新能力,不断提高对高新技术的研发和投入力度,积极学习和引进国外的先进绿色技术,采用绿色节能技术,生产出不仅能达到环境标准的绿色产品，同时还可以制造出满足绿色消费需求的产品。将绿色产业发展与供给侧结构性改革相结合，可深化可持续发展，提高民生福祉，以实现人们对适宜生态环境的向往，同时也助力当地贫困居民脱贫致富。

第二节 研 究 意 义

(一)理论意义

本书研究的理论意义有三点：①贵州绿色发展的减贫机制与路径研究是基于贵州典型案例，研究绿色发展在生态脆弱地区和贫困地区的减贫机制，本书进一步完善了绿色发展的理论体系，并提供了案例支撑；②构建贵州绿色发展的减贫效应的指标体系为绿色减贫这一理念提供了理论分析框架；③厘清绿色发展减贫机制的内在逻辑关系，通过理论层面的设计，尝试提高减贫效益及其作用的过程和趋势，这对于更好地认识和理解绿色发展的减贫性质，制定符合贵州省情的减贫政策提供了理论参考。

(二)实践意义

本书研究的实践意义有三点：①进一步落实习近平总书记相关绿色治贫理念的探索；②对贵州绿色发展的减贫机制研究，不仅有利于逐渐解决在经济发展过程中造成的严峻生态环境问题，找准其根源提出建议对策，而且有助于探索出一条减贫富民的绿色发展之路；③提高政府、企业和民众对于绿色发展减贫理念的关注度和接受度，把绿色发展理念深入贫困地区，并且能为政府政策制定者在下一步制定绿色减贫政策时提供有力的数据支持和参考。

第三节 研 究 综 述

(一)绿色发展研究

很多学者认为 21 世纪将发生人类历史上第四次工业革命，并将其称为绿色工业革命，发展模式和前三次工业革命有着天壤之别。前三次工业革命称为"黑色发展模式"，而第四次工业革命则被定义为"绿色发展模式"，这两种不同的发展模式其差别不言而喻。自绿色发展被提出以来，立刻引起国内外广大学者的关注。

1. 国外研究脉络

17 世纪末至 18 世纪初，西方古典经济学家以经济与环境的关系作为出发点，关注经济增长对资源和环境承载有着怎样的影响，以及资源和环境对经济增长的反作用。威廉·配第(2006)通过大量的调查研究发现：自然条件会对劳动创造财富的能力产生较强的抑制作用。汤姆斯·R. 马尔萨斯(2001)则通过对人口、土地和粮食的研究提出"资源绝对稀缺论"，同时还指出这三者之间的矛盾关系。约翰·穆勒(2009)根据实证研究认为，社会经济生产发展存在资本和土地不足的问题，提出了"静态经济"的观点。蕾切尔·卡逊(2007)通过研究化学制剂对环境的危害，强调人们必须关注环境保护问题。德内拉·梅多斯等(1983)在《增长的极限——罗马俱乐部关于人类困境的报告》中指出，人类五个方面的快速发展给环境造成巨大影响，长此以往，一定会出现资源枯竭、粮食短缺和环境污染等问题，因此人们必须高度重视绿色发展问题。实际上，绿色发展的概念并未在国际上达成共识，但绿色经济的概念被使用的频率较高。绿色经济由皮尔斯(Pearce)等首次提出，又称为"可承受的经济"(Pearce et al.，1989)；雅可布(1991)认为，绿色经济是"资源、生态限制内最大化人类幸福"；UNDP(United Nations Development Programme，联合国开发计划署)(2002)将绿色经济定义为在正确处理人与自然和谐相处的关系中，能给人们创造体面高薪的工作、提高人类生活质量的经济。后来，随着研究的不断深入，绿色增长、低碳经济、包容性增长等类似概念相继被提出，围绕环境、经济、社会可持续发展问题，把绿色发展的外延不断扩大。

2. 国内研究脉络

国内学者关于绿色发展的研究起步较晚，20 世纪 90 年代才有一些学者开始对其进行研究。我国学者关于绿色发展的研究主要从理论基础、发展影响、发展道路等多方面进行。陈飞翔等(2000)指出绿色产业代表的是一种对生活方式的新追求，直接影响各国经济的长远增长潜力和在国际经济竞争中的定位。大力发展绿色产业，不仅对中国未来经济的发展有着重大意义，同时对我国环境的改善以及人们生活质量的提高也起着中流砥柱的作用。王金南等(2006)指出制定国家绿色发展战略规划十分必要，以科学合理的规划指导中国发展绿色经济的长期目标及其发展指标具有重要意义，还对国家有关绿色政策做了一些展望。刘纪远等(2013)梳理了国外在实施绿色发展中取得的成功经验，并以自然、经济、社会以及人力资本为核心，结合中国西部地区的现实情况，提出该地区的绿色发展概念框架。张梅(2013)通过研究发现不管是发达国家还是新兴市场国家都在积极参与绿色发展，大力实施绿色发展计划，以扭转目前"黑色经济"的发展模式。胡鞍钢等(2014)提出中国参与世界第四次工业革命，创新出一条全新的发展道路，推动绿色转型。刘恩云等(2016)运用文献分析方法，剖析了绿色经济概念的内涵与外延，对绿色发展指标及测度、区域绿色发展等做了详细概述，同时还结合国内外关于绿色发展的相关研究，展望了我国绿色发展的未来趋势。黄娟(2017)以绿色生态、绿色生产、绿色生活等方面作为出发点进行研究，分析发现科技创新对绿色发展有着不可估量的作用，是绿色发展的根本动力，反过来绿色发展也是科技创新非常重要的发展方向和未来趋势，同时还结合创新理念、任务、机制、投资、人才等多方面的相互作用，对中国特色绿色科技创新之路做了重点探讨。综上所述，国内研究内容十分宽泛和丰富，如绿色发展概念、内涵与外延、典型案例的绿色发展机制、绿色发展的指标体系及绿色发展与经济和社会发展之间的关系等，不同学者对绿色发展也有着自己独特的见解，但在"中国必须走绿色发展之路"这一点上基本达成共识。

(二)减贫机制研究

贫困问题不仅仅是中国面临的巨大难题，同样也是全人类共同面临的严峻挑战，对人类社会的发展产生极大的负面效应，贫困问题不是在历史的某一刻产生，而是长期以来一直存在于人类社会发展中的问题。因此，贫困问题在人类的发展中已经是"根深蒂固"，任何单一的方式方法都很难将贫穷彻底根除，要想实现减贫，减贫机制成为人们的首要选择，因为借助减贫机制，人们可以快速、有效地对各种资源和社会力量进行整合，在机制的作用下借助法制、财政政策框架等进行结合，共同发挥作用，这样才能达到减贫的效果，才能进一步促进社会经济的发展再上一个新的台阶。

1. 国外研究脉络

国外研究集中在非均衡增长和人均收入相关对减贫的影响及其内在机制的构建方面，并通过不同的实证案例进行剖析。

(1)经济增长与减贫之间的关系研究。例如，Fields(1984)通过实证分析得出，世界上绝大多数国家的经济增长都对减轻贫困起到了积极的作用，如果一个国家的经济出现负增长，就会导致该国贫困增加。Ravallion等(1997)按照人均收入和贫困发生率的变动方向将所有观测数据分别置于四个不同区域，通过数据回归分析发现人均收入的增长有利于减少贫困，两者之间呈现正相关关系；同时，他们还发现经济增长和收入不平等的相关性较弱，另外收入分配很难随着时间的迁移发生巨大的改变。Kraay(2004)通过相关研究发现贫困人口收入与人均收入的增长之间有着非常明确的对应关系，这也说明经济增长对减贫起着关键性的作用，即经济增长不仅可以给富人带来收益，同样也可以让穷人获益。

(2)关于精准减贫机制的构建研究。例如，Hardeweg 等(2007)认为通过贫困脆弱性问题的探索，思考在扶贫工作中如何实现进一步精准减贫，不仅要考虑贫困状态，而且要考虑扶贫时机问题。Elbers 等(2007)提出国家扶贫工作开展需精细定位贫困地区地理位置，根据其相对贫困空间分布状况，实施有针对性的减贫机制。Dercon(2009)通过对农村贫困状况进行研究，发现实施扶贫是国际社会面临的挑战，并提出一个农村地区扶贫开展的减贫机制。Loayza 等(2010)提出一个两部门理论模型，构建了有效的针对贫困人口扶贫的精准减贫机制。Wang 等(2016)认为减贫实施与包容性融资有着密切联系，在新时期下金融扶贫是以包容性财务为向导，以便加强扶贫的精准度和有效性。

(3)通过个例研究相关贫困地区减贫机制的问题。例如，Kebede 等(2008)以埃塞俄比亚某农村为例，探究该地区的减贫模式，发现通过发展该地区小型精油行业等特色产业，有助于帮扶贫困者脱贫。Hernandez-Trillo(2016)以墨西哥为例，测试各减贫主体之间的主导地位，发现政府应在减贫机制运行中起领导性作用，并提出政府应实施精准扶贫战略。Ca(2016)通过研究印度扶贫中 5 个较为有代表性的精准方案，比较其之间的扶贫效果，得出贫困居民的参与与教育水平的提高都能使减贫更加有效。

2. 国内研究脉络

国内减贫研究主要分为两个阶段。

(1)1978~2013 年，此阶段强调传统的政府帮扶减贫的研究，这时以"输血式"为主，探索国内外相关地区的减贫问题。例如，詹木思(2009)以尼日利亚农村的贫困问题作为研究对象，通过对相关数据的收集、分析以及回归，发现促进农村农业发展的产业有利于减轻农村贫困,同时还结合尼日利亚农村的实际情况,就农村的可持续发展与减贫目标的实现提出了一些政策建议。马凌云(2010)以中国较为落后和贫困的甘肃作为研究对象,运用理论分析与实证分析相结合的方法,对甘肃的经济增长与其农村贫困变动关系进行了相关研究,探讨了经济增长究竟通过怎样的方式减少农村贫困，带动农村发展，以及这些减贫机制产生的减贫效果。刘美武(2011)就联合国机制、国际金融机制、经合组织这三大国际减贫机制进行了简单论述，同时指出这三大减贫机制对非洲所提供的援助，指出国际机制的重叠结构会使机制的效能下降，因此判定国际减贫机制的重叠结构会对非洲的减贫目标产生副作用，很有可能导致非洲减贫目标无法实现。

(2)2013 年至今，此阶段强调精准扶贫指导下创新减贫模式的研究，这时以"造血式"为主，探索中国贫困地区减贫的问题。例如，针对特殊贫困人群的精准帮扶问题研究，诸如失独家庭、就业困难或贫困家庭大学毕业生、留守老人等；吴振华(2016)通过对失独家庭进行研究，以精准帮扶的方式探索了走出困境的新思路；梁欢等(2016)对桂林 2016 年贫困家庭离校未就业高校毕业生"百十一"帮扶活动进行分析，提出了精准帮扶相关策略；陈松庆等(2016)探讨了就业困难高校毕业生的精准帮扶路径问题。关于精准扶贫与减贫的相关机制、体系、新路径等方面的研究有：徐国均等(2014)通过精准扶贫的系统研究，提出了精准扶贫创新帮扶机制；胡泽(2015)构建了"三位一体"精准帮扶体系；邓小海(2015)提出以旅游扶贫作为精准帮扶落实的新路径。精准帮扶与减贫的典型案例讨论有：尼玛次仁等(2016)以西藏拉萨净土健康产业为例，探讨了农牧业特色产业精准帮扶模式构建问题；王小林(2016)基于贵州黔西南州案例，研究了扶贫对象精准识别与精准帮扶问题；覃志敏等(2017)以桂南 s 村的驻村帮扶实践为例，分析了干部驻村精准帮扶的减贫逻辑。

(三)研究的评述

通过对上述文献的梳理发现，国内外文献对绿色发展和减贫机制进行了大量的理论研究和实证分析，但仍存在一些不足。

(1)通过梳理文献发现，国内外的研究对绿色发展都没有准确的定义。在走绿色发展道路前，厘清绿色发展的含义显得尤为重要，只有在正确的绿色发展理论指导下，才能更好地实现绿色发展。

(2)从现有国内外文献来看，绿色发展主要研究领域是生态学和经济学，跨学科研究成果较少，特别是管理学、社会学、心理学等学科的融入。研究层次主要停留在宏观层面，微观层面个案研究相对欠缺。

(3)关于减贫机制的研究多数是从经济增长、旅游发展、收入分配等理论角度进行的相关论证，鲜有涉及绿色减贫衡量指标和量化方法的研究实证分析。

(4)多数关于减贫机制的研究是基于某个机制或者某个产业的角度进行的相关分析，在关于整体产业和多种机制相互作用的减贫研究中却几乎是空白。

综上所述，本书基于贵州绿色发展典型案例特点，研究贵州绿色发展的减贫机制和路径，探索绿色经济的扶贫效应，构建绿色发展的"贵州模式"，为中国解决贫困问题提供参考。

第四节　概念的界定

(一)绿色发展

绿色发展这一概念有广义和狭义之分。广义的绿色发展指一种人类发展方式的转变，这个方式包括生产方式、消费方式、价值取向等，目的是实现经济、环境、社会协调统一的可持续发展。狭义的绿色发展是保护环境的可持续发展方式(王新建 等，2016)。绿色发展深层次含义还包括平等、希望、安全、和平、环保等。绿色发展有两大核心：人和自然，同时人和自然也是绿色发展中的关键角色。因此，绿色发展主要针对正确处理这两者的关系，使两者之间达到一种平衡和谐的状态(黄志斌 等，2016)。绿色发展是人们对发展观的认识上升到一个全新的发展高度的体现，不同于以往发展观只考虑单一要素，绿色发展是全方位、多角度、深层次、综合性的发展，这是一种全新的发展模式和发展理念。绿色发展是一种可持续发展，它是当今世界的重要发展趋势，成为许多国家发展的重要国策。

(二)绿色经济

随着绿色发展的提出，绿色经济这一概念得到越来越多的学者、政府、组织机构的关注。1992 年，联合国在里约举行环境与发展大会("里约+20")，把绿色经济作为非常重要的议题在各个国家之间进行了广泛的讨论(吕上轩，2010)。绿色经济这一概念最早是由英国环境经济学家 D.W.皮尔斯在 1989 年提出来的，但他当时并未对绿色经济做出准确的解释。随着人类历史的发展以及社会的进步，绿色经济的概念也随着时代的变化被赋予不同的含义，因此在不同的历史发展时期，随着人类对于绿色经济和理论的深入研究和实践，对于绿色经济的解读大相径庭(郭尔楚，2012)。不过从总体上来看，大体上可以将绿色经济概念的变迁划分为三个历史阶段。

第一阶段：绿色经济定义争议阶段。这一阶段总的来说较为模糊，同时也极难得到其他学者的认可，绿色经济的研究主要集中在生态保护、环境保护等其他相关绿色议题方面。

第二阶段：绿色经济内涵逐步统一阶段。众多学者不再仅仅把绿色经济解释为一种现象或状态，而是更倾向于将其看成一个动态发展的过程，也就是"经济绿色化"的这一过程，即将绿色发展这一理念融入产品的生命周期里，从产品生产到建设，再到分配，最后到消费这一全过程要以绿色发展为指导理念来进行。或者把绿色发展看成经济系统和环境系统的一个纽带，是这两个系统借助这一绿色纽带取得联系的一种发展模式，也就是说，在发展经济的同时兼顾环境，不能让两者分割开来，而是让两者共同作用、相互促进(陈宗兴，2012)。

第三个阶段：以经济—生态—社会系统为视野的绿色经济，联合国开发计划署在 2010 年对绿色经济的概念做了准确的定义，即"绿色经济是可以为人类带来和增强幸福感，同时还可以减少社会的各种不公平，显著降低因环境污染问题带来的各种风险以及对生态加以改善的一种新型经济发展模式"(李克强，2010)。这一定义目前已经被世界各国广泛接受并采用。与之前的两个阶段相比较，这一阶段绿色经济非常明显的变化就是强调了经济的发展目标,同时还涉及社会公平问题以及人类健康发展等其他领域。

(三)减贫机制

机制是保证人类社会进行有序社会生活的外在约束,同时也是一种实现手段。一个完整的机制包括主体、本体、客体的功能和结构。机制的主体是指谁创造了机制,这个答案肯定是人类,为了协调人与人、人与自然之间的关系,人类根据不同的需要创设各种各样的社会机制。机制的客体是指机制的调整对象,机制的调整对象就是人与人、人与社会、国家与国家等的关系。机制的本体是由一系列的约束组成一个完整体系,这一系列的约束可能是原则、理念、性质、功能、组织、过程等要素(郑瑞强 等,2015)。可见机制是人类为了规范某种行为、达到某种目标或为处理人与人、人与自然的关系制定的约束或准则体系,它可以对人们的社会公共政治生活加以规范,可以保障社会各单元有条不紊地参与到社会建设中来,还可以借助各种渠道和手段促进社会各组成部分之间相互合作,调节各部门之间的矛盾,最后确保各方都能实现自己的利益需求。任何机制的产生都不是一蹴而就的,它们都是历史、经济、文化发展到一定阶段的产物。最早出现的机制是统治者为了治理国家的需要制定的社会机制,随着国家与国家之间交往的愈加频繁,慢慢产生了国家机制,随着经济的更进一步发展,之后又根据实际需要产生了各种机制,如金融机制、风险控制机制等。

减贫机制的提出也是随着社会发展的需要而产生的。人们发现贫困会阻碍经济向更高水平发展,并且单一方式的扶贫办法不能从根本上解决贫困问题,因此人们提出减贫机制,希望通过一系列方式的相互作用缓解贫困。目前,关于减贫机制没有明确的定义,但总体来说,减贫机制就是借助各种渠道和手段来控制和调节社会经济发展进程,促进贫困地区发展,提高贫困地区居民收入的方法(李仙娥 等,2014)。目前,关于减贫机制的探讨主要集中在两个方面:一是借助各种金融渠道的相互作用来降低贫困;二是通过加快经济发展来增加人民收入,缓解贫困。随着收入分配差距的扩大,越来越多的学者开始将经济增长、金融部门、收入分配等相结合来研究如何降低贫困。绿色减贫机制是在减贫机制和绿色发展的基础上发展起来的,人们发现不能一味地只顾减少贫困而忽略了对环境的影响,因此提出在减贫的同时要以绿色发展为指导理念,既实现减贫效益,又要保护好人们赖以生存的生态环境。

(四)概念界定

目前,不管是绿色发展、绿色经济还是减贫机制都没有一个统一的概念界定,本书在梳理有关学者对这三个概念界定的同时，提出了关于这三个概念的见解。

（1）本书认为绿色发展是指在绿色经济创新驱动力下，不会危害环境且可以为贫困地区带来环境、经济和社会三重发展效应的发展方式。对于贵州省情而言，绿色发展主要集中在以绿色生态农业产业和加工业为基础的特色绿色产业发展，包括烟、酒、茶、生态农业等，以及大旅游、大数据、大健康等绿色经济的发展方式。绿色发展是正确处理人和自然的关系，使两者达到一种平衡和谐的状态。

（2）本书认为绿色经济是指可以为人类带来和增强幸福感，减少社会的各种不公平，并显著地降低因环境污染问题带来的各种风险以及对生态加以改善的一种新型经济发展模式。

（3）本书认为减贫机制是指为借助各种渠道和手段来控制和调节社会经济发展进程，促进贫困地区发展，提高贫困地区居民收入，实现贫困人口脱贫的系统模式。减贫机制更倾向于顶层设计绿色发展和绿色经济对贫困地区脱贫工作的嵌入，促进贫困地区可持续脱贫。

第五节　研究结构

本书采用定性研究与定量研究相结合的思路。定性研究侧重点包括关于贵州绿色发展与减贫有关前期研究成果的梳理、总结和分析，减贫理论基础与分析方法的阐述；国内外典型特色绿色产业促进地方经济发展和扶贫的案例分析，政府有关绿色产业扶贫工作的相关分析，分地区的贵州绿色发展的减贫效果测量，绿色发展的减贫路径政策体系与保障措施的系统构建分析等方面。定量研究侧重点包括对贵州绿色发展的减贫效果指标体系的筛选与量化设计，官方统计数据的分析，衡量贵州绿色发展的减贫效果维度因子之间层次关系与权重等。本书研究内容结构与方法如表 1-1 所示。

表 1-1　研究内容结构与方法

章名	研究内容	拟采用的方法
第一章　导论	本书研究的科学立题依据与总体框架设计	文献资料法
第二章　绿色发展的减贫机制与路径理论分析框架	本书研究的相关概念梳理与比较，以及绿色发展减贫的分析框架，提出贵州绿色发展减贫的理论分析模型，设计相关测量指标，为后文研究提供理论支撑	文献资料法、层次分析法
第三章　贵州绿色发展现状与减贫工作成就	通过历史透视与考证，摸清贵州绿色发展现状与减贫工作的发展历程，认识政府工作思路与成就，总结贵州绿色发展的类型与减贫模式，并分析存在的主要问题	文献资料法

章名	研究内容	拟采用的方法
第四章 国内外绿色发展提升减贫成效典型案例分析	通过国内外绿色发展与减贫相关典型案例分析,摸清贫困户如何有效参与绿色产业发展,促进自身经济价值收益提升,最终实现绿色经济的减贫功能,为贵州绿色发展的减贫机制与路径构建提供经验借鉴	文献资料法、案例分析法
第五章 贵州绿色发展的减贫成效面板数据分析	基于贵州统计年鉴相关数据,采用近六年来的数据进行统计分析,分地区得出贵州绿色发展与减贫效应的得分情况,并根据得分情况进行深入分析,摸清贵州绿色发展与减贫现状,找准关键问题和原因,为贵州绿色发展的减贫机制与路径构建夯实研究基础	面板数据法、统计分析法
第六章 贵州绿色发展的减贫机制	根据前期研究成果,从理论层面分析和设计贵州绿色发展的减贫机制、机制的基本要素及其结构关系、总系统机制与分系统机制的构建	阐释理论法、系统分析法
第七章 贵州绿色发展的减贫路径设计	根据理论机制的设计,分地市州有针对性地设计贵州绿色发展的减贫路径,提出路径构建的建议对策	阐释理论法、系统分析法
第八章 结论、不足与展望	本书研究的结论与存在的不足,以及对未来深入研究进行展望	阐释理论法

第六节　研　究　方　法

1. 文献资料法

本书通过分析大量关于绿色发展和减贫问题的相关文献,从中提炼出主要观点。首先从概念和理论层面对绿色减贫机制对贫困减少的推动作用进行解读,然后通过贵州省相关数据对贵州绿色发展的减贫成效进行分析,再构建绿色发展的减贫机制,并对上述结论进行分析和检验。

2. 案例分析法

本书从国内和国外两个视角对一些具有典型性和代表性的绿色发展提升减贫成效的案例进行分析,总结这些成功案例的相关经验和做法,取其长处和优点,为贵州绿色发展的减贫机制和路径提供一些参考。

3. 层次分析法

本书以绿色发展、绿色经济、减贫机制相关理论为基础,对绿色发展、减贫机制、经济发展的关系进行了大量的定性分析,在定性分析基础上,设计衡量贵州绿色发展的减贫效应层次结构模型,并基于评价层、因素层、因子层等层次架构,通过专家问卷调查打分，确定衡量指标层次的权重，为指标的系统设计打下基础。

4. 面板数据法

本书通过搜集贵州绿色发展相关统计数据，借助贵州统计年鉴的面板数据，从多个角度对贵州的绿色减贫成效进行全面、细致的分析，通过数据分析，能更好地从多个角度综合把握贵州绿色发展的减贫成效现状，为制定贵州绿色发展减贫机制和路径打下坚实的基础。

5. 阐释理论法

阐释理论法就是假设人们通过把意义赋予他们所看到的东西，以积极地解释其经验的一种理论方法。它对研究观点进行阐释，是一个积极、有序，搜寻可能意义的创造性行为。本书研究中的机制和路径构建，正是这种创造性解释行为。

6. 系统分析法

基于系统工程思想原则，对相关问题按照"要素-关系"进行解构或者重构，明确要素与要素之间的关系结构，以达到总体功能最满意的效果。机制设计、政策解读和系统路径构建需要系统分析法，以求客观和深入。

第七节　技术路线

本书以贵州绿色发展的减贫机制与路径作为研究对象，在低碳经济大背景下构建贵州绿色发展的减贫衡量指标和量化方法，并基于贵州各个区县的相关减贫数据，运用面板数据分析法、案例分析法等，对贵州绿色发展减贫指标、机制和路径进行了探析。这些思路对应的技术路线如图 1-1 所示。

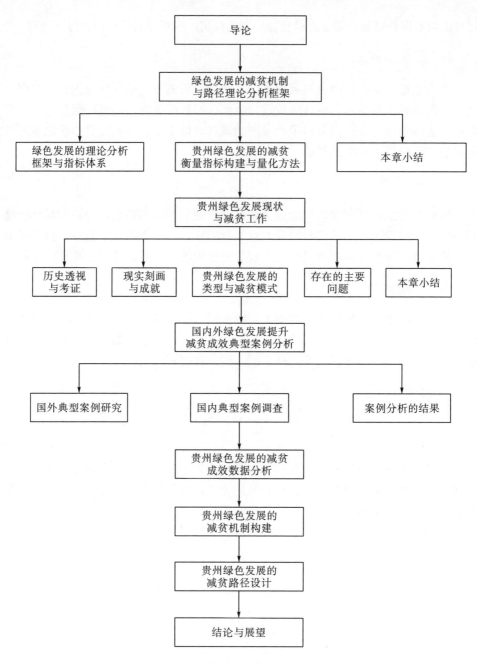

图 1-1　研究的技术路线图

第八节　难点与创新

(一)难点

(1)贵州绿色发展与减贫指标测评体系设计。每个国家(地区)或省份的基本的国情或省情不同,经济发展情况不同,因此目前关于绿色发展与减贫指标的测评体系没有一个统一的标准,贵州既是西部少数民族地区,又是生态脆弱区,在制定绿色发展与减贫指标的测评体系时需要从本省自身发展状况出发,才能准确构建适合贵州绿色发展减贫的机制,科学合理地制定贵州绿色发展与减贫指标体系显得至关重要,同时也是本书研究需要攻克的一个难题。

(2)贵州绿色发展模式与减贫发展的协同路径研究。生态脆弱区很难像非生态脆弱区那样借助发展工业化等方式来带动本地区的经济发展,提高居民的收入,进而完成减贫目标,因此面对发展和绿色常常难以抉择。同时,无数例子表明,在减贫中走先污染后治理的"捷径"是绝对不可取的,其带来的后果将会遗患无穷。因此,为了避免这种情况的发生,也为了能够在发展中实现减贫效益,本书研究的贵州绿色发展和减贫发展相结合的协同路径是研究的重点,也是一个关键难点。

(3)贵州绿色发展的减贫机制构建与系统路径设计。好的理论成果的价值在于可以变为实际生产力,指导地方发展。贵州绿色发展的减贫机制构建与系统路径设计是一个复杂的系统工程,它不仅仅要站在政府绿色发展管理的角度引导特色绿色产业的建设,发展贵州绿色经济,而且还要充分调动社会各界力量参与贫困地区绿色产业开发的指引性纲领建设。路径设计的科学性、指引性、可操作性决定了需要在研究前期具备扎实的理论支持和逻辑的系统构建。本书成果的价值所在就是理论层面倡导的贵州绿色发展的减贫机制构建与系统路径设计能够真正为地方所采纳,服务于地方发展。

(二)创新

(1)对贵州特色绿色经济的科学内涵、特征和目标做了界定。从概念上对贵州特色绿色发展经济的科学内涵、特征和目标做了准确的界定,并对绿色发展与减贫之间的关系进行了深入的剖析,提出贵州绿色发展减贫机制,突破以往局限于绿色发展或者减贫的单一研究视角。同时,本书还根据贵州的省情对其减贫效益进行了分析,从多个方面对贵州绿色减贫进行解读。

(2)初步论述了贵州绿色发展的减贫机制与系统路径。目前,世界上关于减贫的研究多是基于经济增长、金融作用等角度展开,很少从绿色发展的视角研究绿色经济与减贫之间的关系,以及绿色发展究竟通过哪些途径,以何种方式、何种作用来实现减贫,因此本书从绿色发展的角度对贵州的减贫机制和系统路径做了相关研究。

(3)拓宽了绿色发展与减贫的研究范围和应用领域。现有关于绿色减贫问题的研究多是基于某个方面,如农村的减贫,或者是基于某个省份的减贫研究,关于生态脆弱区及西部民族地区的绿色发展和减贫研究几乎是空白。而本书以贫困程度较深的西部民族地区贵州为例,研究了贵州的绿色发展减贫机制和系统路径,不仅对绿色发展与减贫的研究范围加以了拓宽,同时还可以将绿色减贫机制应用到更多的领域。

第九节　本　章　小　结

首先,本章对研究的背景与意义进行了简单的论述。贵州绿色发展正逢世界发展机遇,贵州生态文明建设从此站上了新高度,这也是贵州发展的历史新起点。这对贵州来说是重大责任、重大使命,同时也是重大发展新机遇。

其次,本章对国内外关于绿色发展、减贫机制的相关文献进行了梳理,在梳理相关文献的基础上对绿色发展的概念、绿色经济的概念、减贫机制的概念进行了界定和讨论。绿色发展指一种人类发展方式的转变,这个方式包括生产方式、消费方式、价值取向等,目的是实现经济、环境、社会协调统一的可持续发展。绿色发展需要绿色产业,绿色产业带动绿色经济,绿色经济推动扶贫攻坚。绿色经济是可以为人类带来和增强幸福感,减少社会的各种不公平,并显著地降低因环境污染问题带来的各种风险以及对生态加以改善的一种新型经济发展模式。减贫机制是指借助各种渠道和手段来控制和调节社会经济发展进程,促进贫困地区发展,提高贫困地区居民收入的方法。

最后,本章指出了研究的结构、方法、技术路线、难点与创新之处,为厘清研究逻辑结构,科学开展后续研究工作夯实了理论基础。

第二章 绿色发展的减贫机制与路径理论分析框架

第一节 绿色发展的理论基础

绿色发展基于对经济社会和自然规律的充分认识，实现由经济、社会、自然构成的创新生态系统的发展方式，强调保护生态环境的同时，实现经济和社会的可持续发展。在该系统中，三个子系统存在相互促进和制约的关系，处于平等且不可以偏废其一的重要位置。现有的研究成果已经提出理论基础和分析框架。随着绿色发展在全球范围内的普及，在众多学者努力下，更多的绿色发展理论有了一定的创新，这些理论的构成形成了绿色发展理论体系。

(一)循环经济理论

循环经济表现为资源节约，受生态系统中物种循环利用的规律启发，把产品生产过程中的废弃物资源再利用，从而实现既能够降低自然环境中废弃物的排放量，又能够保护生态环境的一种绿色发展方式(刘贵富，2005)。国内循环经济思想从兴起到逐渐完善并形成体系经历了30年，直到20世纪90年代。思想兴起之初，研究注重对污染物的处理，10年之后，人们才把关注的焦点转移到变废为宝式经济循环模式，围绕可持续发展理论，结合节能、环保、低碳等新型发展方式形成一套系统的循环经济模式。该模式是以资源循环使用为主要特征，实现产品生产、使用、再生产的经济型发展形式，循环经济是将资源产品化、废弃物排放与废弃物再利用结合起来，充分发挥资源使用率，提升优势，降低成本，从而获取市场。

在循环经济发展模式中，主要以资源的循环利用率为主要评判指标，通过计算资源在生产过程中的循环利用率，保证循环经济模式发展满足生态经济条件，注重资源使用高效率，以节约、环保为主要目标。循环经济从本质上来讲是以生态的方式发展经济，其核心是注重物质资源的重复使用。通过探讨可以发现，循环经济发展模式是打破以往发展方式、资源循环使用的环保型生态经济发展方式。

(二)生态经济协调发展理论

生态经济协调发展理论是在绿色发展理论的基础上发展起来的，在 20 世纪 80 年代逐渐受到人们的普遍关注，该理论最先发现是以经济学家许涤新为首的团队通过实证研究，探索出"生态平衡对经济健康发展起主导的作用"这一结论，从这个结论中可以明显看出，对于社会的健康持续发展，不能仅仅追求经济的又好又快发展，而不管不顾生态环境的承载能力。生态经济协调理论强调经济利益和生态环境利益的协调统一，从而保证人与自然协调发展(林琳，2010)。

生态经济协调发展理论，顾名思义，既包括生态学的内容，又包括经济学的内容，是生态学和经济学理论的有机统一(唐静，2006)。该理论从宏观经济学的角度出发，并同时总结在人类的历史发展长河中，人与自然共同发展的一些经验教训，从而摒弃过去不能很好兼顾生态环境和经济社会协调发展的方式，强调经济发展的同时要注重保护环境。

(三)可持续发展理论

可持续发展毫无疑问其最终目的是促进经济的持续健康发展(董文芳，2003)。其中，经济发展包括两方面的内容，一是总量的增长，二是质量的提高。而可持续发展最终要实现的目标可以简单概括为：在不超过生态环境承载力的条件下，最大限度达到经济与环境的持续健康发展，从而提升人们的经济生活水平，实现小康目标，促进良好的社会治理氛围。

不难看出，可持续发展理论的创新与绿色发展的构成机理有相同成分，或者说二者之间具有一些相通点，可持续发展是绿色发展的理论依据，绿色发展依赖于可持续发展的基础研究，发展理论步入了一个新的时期。可持续发展强调：首先要注重生态环境的保护，并在不损害自然环境的条件下大力发展社会经济，以此争取人类社会的长远稳定发展。相比较而言，绿色发展更重视资源环境要素自身对经济发展的积极促进作用，将其作为经济增长的一个重要驱动因素。虽然可持续发展和绿色发展之间存在不可忽视的差异，但是两者追求的目标大致相同，都是为了促进发展的可持续性。

第二节　绿色发展的分析框架

国内外学者在绿色发展研究方面有了一定的成果，为以数据形式展现绿色发展水平，众多学者通过有目标地探索，总结出有一定现实意义的绿色发展评价指标体系。具有代表性的评价体系主要有三个。

(一)绿色国民经济核算体系

近十几年来，在经济增长的过程中出现了越来越严重的环境污染、生态破坏、自然资源的高消耗及枯竭等问题，越来越多的人经过反思发现，如果把国内生产总值的增长建立在牺牲自然资源与破坏环境的基础上，这种经济发展模式明显与可持续发展理念发生了严重的冲突，在社会大众尤其是从政者的心中要牢牢树立一个观念，即 GDP(Gross Domestic Product，国内生产总值)的增加不等同于国民福利的增加。源于这一重要的思想观念，各种绿色国民经济核算体系在全世界范围内迅速普及开来，尤其被包括联合国、世界银行等在内的国际组织所采用，用以作为经济发展以及资源环境保护与管理的基础。目前，国际上重要的体系有：联合国的《综合环境与经济核算体系》(System of Integrated Environmental and Economic Accounting，SEEA)、欧盟统计局(European Statistics)的《欧洲环境的经济信息收集体系》(European System for the Collection of Economic Information on the Environment，SERIEE)(European Commission，2002)、荷兰统计局的《包括环境账户的国民经济核算矩阵体系》(National A Counting Matrix Including Environmental Accounts，NAMEA)。其中，由于 SEEA 在核算时具备兼容并蓄的极大优点，其在全球范围内被广泛运用。

20 世纪末，大多数国家在编制本国的绿色国民经济核算体系时，不约而同地以联合国于 1993 年第一次公开发布的 SEEA 核算手册为参照(以下称 SEEA 1993)(United Nations，1993)。由于受当时研究条件的限制，SEEA1993 核算体系在提出的过程中出现忽略一些影响因素的现象，因此不可避免地存在一些缺陷。鉴于此，有一些学者对其提出批评并指出为了保证核算的准确性，建议对其进行改进与完善。因此，伦敦小组(London Group)在联合国统计局的委托下成立，其核心工作就是专门负责发展与完善 SEEA。在全体工作人员的不懈努力与追求下，伦敦小组通过多年研究，终于在 2003 年圆满完成修正版 SEEA 2003 的编制，这意味着伦敦小组的辛苦付出没有白费，最终 SEEA 2003 作为国民经济核算手册正式出刊，这一伟大成果被大多数国家采纳，并受到了包括联合国、国际货币基金组织以及世界银行等在内的国际组织的极大肯定。

SEEA 2003 是 SEEA 1993 的补充与完善，两者在编制绿色国民经济核算账户的方法及定义上持有相同的观点，它们均注重在编算过程中获得有关经济、资源、生态环境等方面的资料，表现出对经济发展过程中引起的资源消耗与生态环境质量退化的高度重视，其组成要素如下。

(1)流量账户：这一账户研究的重心在于探索资源对于环境吸收的投入与产出

的实物流量，并与经济体中商品与劳务的生产相关联。目前有两大分类，一是实物流量账户，二是混合型(货币)流量账户(朱启贵，2006)。依赖于国民经济核算体系(System of National Accounts，SNA)搜集的有关环境方面的详细资料，流量账户才得以顺利编制。

(2)环境保护支出和环境相关交易：主要是对 SNA 进行分解，目的是为了获取与环境直接挂钩的货币交易。同时，结合目前的经济账户情况，解析出环境友好型以及便于生态环境管理的要素。与环境直接挂钩的货币交易内容丰富，重点包括对环境有益的环境保护、资源管理与利用、灾害的防治与预防等活动方面的环境支出、税收和补贴等。

(3)资产账户：该账户主要由实物和货币资产账户构成，主要应用于调查在核算期间的各种环境资源使用和库存动态变化状况。

(4)环境调整总账户：为了掌握经济体对环境产生的影响，以及具体的影响程度，而相应进行对所有加总项目的调整。其中，调整项目包括多方面的内容，具体有：考察通过何种办法能够将自然资产的消耗纳入国民经济核算账户中，探讨用哪些措辞才能够恰当地在卫星账户中表述环境保护方面的一系列支出等。

(二)绿色发展多指标测度体系

这一体系虽然由一系列相关的指标构成，但是其计算过程简单明了，不需要对这些相关指标赋予不同的权重进行加权求得。其中，绿色发展多指标测度体系的主要目的是通过这一系列相关的指标全方位地检测绿色发展进步的具体情况(郑红霞，2013)。其缺点是在评价绿色发展时没有从总体上考虑，但对促进和制约绿色发展的因素却能够直观地显示出来。

1. 经济合作与发展组织绿色增长监测指标体系

近年来，经济合作与发展组织(Organization for Economic Co-operation and Development，OECD)各成员国逐渐意识到发展与环境的相辅相成。基于生态发展模式视角，OECD 以现实为出发点，构建出较为系统的绿色增长检测指标体系，主要指标因素包括：环境与资源生产力(environmental and resource productivity)、自然资源存量(natural resource stock)、环境与生活质量(environmental quality of life)、政策响应与经济机会(policy response & economic opportunity)。由于其包含的内容丰富，可较为详细地反映经济与环境之间的关系，因此被视为现有最全面的绿色增长检测指标体系(图 2-1)。在该框架中，生产要素主要包括其他商品和服务，重新定位了自然资源应有的价值，并在缓解环境问题中强调采用效益高、成本低的解决方式(郑红霞 等，2013)。

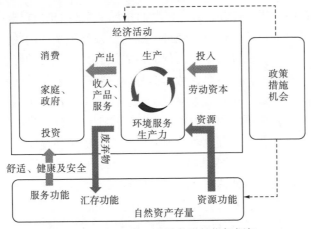

图 2-1 OECD(2011)绿色增长指标框架

资料来源：OECD，Towards Green Growth-Monitoring Progress：OECD Indicators，2011.

2. 联合国测度绿色经济的指标体系

联合国环境规划署(United Nations Environment Programme，UNEP)绿色经济衡量框架包括经济通过转型实现进一步的发展、通过技术的提高和人类观念的转变等方式实现资源节约与利用效率的提高以及最终实现社会进步和增加人类福祉在内的三个方面的主要内容(图 2-2)。联合国测度绿色经济的指标体系包括上述三个方面的内容源于对以下方面的详细考虑：一是经济转型是迈向绿色经济的核心，目前大量的发展资金集中于传统产业，在低碳、清洁、资源节约等相关的产业上投资比较少，需要资金从其他地方转移过来对以上低碳、清洁等产业进行大量的投资，以此达到促进绿色经济发展的目的；二是资源利用效率的提高是经济转型成功的一种表现；三是发展绿色经济的落脚点在于实现社会的进步以及人类福祉的不断增加。

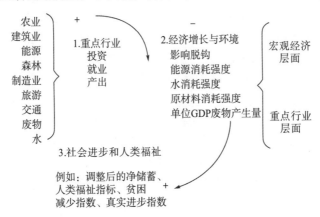

图 2-2 UNEN(2012)绿色经济衡量框架

资料来源：UNEP，Green Economy Indicators-Brief Paper，2012.

　　通过上述详细分析，UNEP 绿色经济的指标体系与 OECD 绿色增长监测指标体系有异曲同工之处，两者均反映经济、社会以及环境之间的关系，并且两种指标体系的建立都是为了通过采取一系列的措施达到经济社会的绿色发展，最终实现减轻环境压力的目的。由于两者考虑的具体内容有所差距，两种指标体系不可避免地略有不同。例如 OECD 以发展社会经济为主要目标，当国民收入在一定水平之上时，人们才会将更多的精力用在保护环境上；另外，当经济发展处于一种较高的水平时，社会上才会有更多的闲置资金投入资源环境保护中，由此可以看出，OECD 强调通过经济水平的提高来实现对资源环境更全面细致的保护；相反，UNEP 更注重环境保护，强调在环境领域中投入更多的发展资金。除了上述区别之外，实现社会的共同进步以及人类福祉的极大提高在 UNEP 框架中得到淋漓尽致的体现，而 OECD 关注的焦点在于各种政策的实施对经济活动产生的具体影响。

(三)绿色发展综合指数

　　绿色发展综合指数是通过一系列绿色相关指标的加权平均计算得到的。该指标通过排名来反映一个国家或地区某一时期内在世界范围的绿色发展程度，反映其历史总体水平的动态变化趋势，通过纵向比来实现(苏利阳 等，2013)，但是不能对促进和制约绿色发展的因素进行深层次的发掘，只是对绿色发展从总体水平方面进行反映。

1. 耶鲁大学等提出的环境绩效指数 (Environmental Performance Index，EPI)

　　耶鲁大学等提出的环境绩效指数主要的环境保护目标包括：①采取一系列的环境保护措施来降低环境的污染程度，从而减轻由于环境污染给人类带来的生理和心理方面的损害；②增强生态系统功能以及大力提高对自然资源管理的有效性。此指标体系通过构建能够详细反映目前比较突出社会环境问题的指标，达到检测环境健康以及生态系统活力的目的，其中共包括 22 项相关指标(表 2-1)。尽管 EPI 为详细精确地讨论分析各国具体国情提供了一个理论框架，但是该框架明显存在一个缺陷，即当各国的绩效发生变动时，不能对其进行实时跟踪检测。因此，自 2010 年以来，EPI 开始注重世界各国的环境问题绩效的变动，以及哪些国家的环境绩效得到了进一步的提高，哪些国家却退步了；另外，EPI 还没有找到一个对各项相关指标综合赋予权重的方法，目前的方法主要有混合运用主成分分析法、等权法、搜集文献以及咨询专家等。对这些指标赋予的权重每年并不是一成不变的，而是处于动态变化之中。

表 2-1　2012 年环境绩效指数

主题	政策类别	具体指标
环境健康	空气污染(对人类健康的影响)	1.室内空气污染 2.可吸入颗粒物(PM 2.5)
	水资源(对人类健康的影响)	3.饮用水可及性 4.医疗卫生可及性
	环境压力引起的疾病	5.婴儿死亡率
生态系统活力	空气污染(对生态系统的影响)	6.人均 SO_2 排放量 7.SO_2 排放强度
	水资源(对生态系统的影响)	8.水总量的变化
	生物多样性和栖息地	9.生物群落保护 10.海洋保护 11.重要栖息地保护
	森林	12.森林破坏损失 13.森林覆盖率变化 14.森林储蓄量变化
	渔业	15.沿海大陆架的渔业压力 16.鱼类资源过度开发
	农业	17.农业补贴 18.农药监管
	气候变化和能源	19.人均 CO_2 排放量 20.CO_2 排放强度 21.单位发电的 CO_2 排放量 22.可再生能源发电

资料来源：Yale Center for Environmental Law and Policy，Columbia University，2012.

2. 资源环境综合绩效指数(Resource and Environmental Performance Index，REPI)

资源环境综合绩效指数于 2006 年由中国科学院可持续发展战略研究组提出，这一指数主要用于监测和综合评价世界各国的自然资源消耗和排放污染物的绩效(中科院可持续发展战略研究组，2006)，如果通过计算所得的指数越低，意味着对环境的保护程度以及对资源的利用效率均越高，反之则低。

该指标以国家层面为分析角度，一共选择了测算资源消耗强度的 4 个相关指标，以及测算污染物排放强度的 3 个相关指标(表 2-2)，为反映中国各省市之间资源利用成熟程度和经济发展对环境产生影响的程度，对各指标通过采用等权赋值的方法来进行评估。从以上分析可得，REPI 突出的特点是将国家或者地区的资源消耗和污染物排放与 GDP 联系起来，在某种程度上反映国家或者地区获得最大化经济和社会效益的资源消耗，或者获得一定产出时最小化污染的能力。

表 2-2　资源环境绩效评价指标体

一级指标	二级指标
资源消耗强度指标	1.能源消耗强度 2.单位 GDP 固定资产投资 3.用水强度 4.单位 GDP 建设用地规模
污染物排放强度指标	1.化学需氧量排放强度 2.二氧化硫排放强度 3.工业固体废物排放强度

资料来源：中国可持续发展战略研究组，2006。

以上分析表明，绿色发展评价指标体系的国内外研究主要关注以下两个核心主题：一是通过什么样的方式来更好地建立评估资源环境与社会经济状况的指标体系；二是在政府决策和管理中如何更好地综合有效应用绿色发展评估指标体系。另外，现有的绿色发展理论框架和方法评价体系在逐渐发展，但还有很多缺点和不足有待解决。其中主观因素的影响是急需解决的，今后在编制绿色发展评价指标的过程中，要尽力克服主观因素带来的不良影响。

第三节　贵州绿色发展的减贫衡量指标构建与量化方法

（一）指标筛选

根据贵州省绿色发展基本情况和减贫战略，基于贵州统计年鉴基础数据发现，贵州省绿色发展与减贫衡量指标体系的构建是一个动态系统工程。它的不稳定性决定了构建较为标准的评价绿色发展指标体系是满足判断贵州绿色发展的科学性的唯一影响因素。在绿色发展评价体系的指标选择上，应采取较为直观、系统的指标构建科学的评价体系。因此，按照系统性、科学性、可行性、操作性的原则，将贵州省绿色发展与减贫（简称绿色减贫）衡量指标构建筛选如下。

1. 绿色经济基本面

生产总值和人均 GDP 可以反映一个地区经济发展的总体情况。地区经济发展的可持续性是衡量绿色经济的硬性指标，而经济的可持续性主要体现在地区三大产业在经济发展中所占的比例方面，因此选取 GDP、人均 GDP、第三产业占生产总值比例、人均第三产业总值、第一产业占生产总值比例、人均第一产业总值、工业总值占生产总值比例、重工业增加值占工业增加值比例这八个指标衡量绿色经济发展水平。

2. 投资与发展

事实上，促进经济的增长，投资是必不可少的要素，而且投资对于经济的增长是有条件的，经济的发展需要足够的投资资金，对于经济欠发达的贵州来说，经济发展主要的投资来源于地方财政、增值税收入、固定资产投资。除了资金的投资，经济的发展需要人才的投入，为此选取人均固定资产投资、地方财政赤字率、增值税占收入比例、教育支出占支出比例四个指标衡量投资与发展的水平。

3. 乡村人员就业

贵州乡村人口在城乡人口总数中占有较大比例，乡村人员从事的行业不仅能反映地区经济发展的水平，还能反映地区经济发展是否健康、稳定，这将直接关系乡村经济发展的可持续性和脱贫攻坚的重要性。因此，选取农民人均纯收入、乡村就业人员第一产业就业比例、乡村就业人员第二产业就业比例、乡村就业人员第三产业就业比例四个指标衡量绿色经济发展水平。

4. 特色绿色产业经济

绿色产业是指各种对环境友好的产业，即在产品的生产和消费过程中不会对环境造成污染和破坏的产业(陈飞翔 等，2000)。而"特色"主要是指在经济开发中具有鲜明的地域性、不可替代性和可持续发展性。基于贵州统计年鉴基础数据指标，选取农林牧渔业总产值、人均农林牧渔业总产值、人均粮食产量、人均肉类产量、人均油菜籽产量、人均烤烟产量六个指标来衡量特色绿色产业经济水平。

5. 社会发展

社会发展基本上是在道德和社会哲学的层次上进行的，也是在人类社会形态的层次上讨论的(王思斌，1995)。因此，社会发展主要体现在两方面：一是人的发展，主要包括教育、科学、文化、健康、卫生等发展；二是除人的发展以外的包括经济在内的整个社会的发展。社会发展关系经济发展的目的，是实现经济发展的保障因素。至此，选择人均社会消费品零售总额、社会消费品零售总额城乡比例、城乡居民人均存储、中等学校生师比例、学龄儿童入学率、学龄女童入学率六个指标作为衡量社会发展的指标。

由此，本书研究获得贵州绿色发展的减贫衡量指标体系如表 2-3 所示。

表 2-3　贵州绿色发展的减贫衡量指标体系

指标设计		指标性质	计算公式
一级	二级		
A 绿色经济基本面	A1 GDP/万元	正	地区年度生产总值
	A2 人均 GDP/元	正	生产总值/当年人口总数
	A3 第三产业占生产总值比例	正	第三产业总值/生产总值
	A4 人均第三产业总值/元	正	第三产业总值/人口总数
	A5 第一产业占生产总值比例	正	第一产业总值/生产总值
	A6 人均第一产业总值/元	正	第一产业总值/人口总数
	A7 工业总值占生产总值比例	负	工业总值/生产总值
	A8 重工业增加值占工业增加值比例	负	重工业增加值/工业增加值比例
B 投资与发展	B1 人均固定资产投资/元	正	固定资产投资总额/人口总数
	B2 地方财政赤字率	负	(政府开支-政府收入)/GDP×100%
	B3 增值税占收入比例	正	增值税收入/一般财政预算收入
	B4 教育支出占支出比例	正	教育支出/一般财政预算支出
C 乡村人员就业	C1 农民人均纯收入/元	正	农民总纯收入/农村人口总数
	C2 乡村就业人员第一产业就业比例	正	第一产业乡村就业人员/乡村就业人员总数
	C3 乡村就业人员第二产业就业比例	负	第二产业乡村就业人员/乡村就业人员总数
	C4 乡村就业人员第三产业就业比例	正	第三产业乡村就业人员/乡村就业人员总数
D 特色绿色产业经济	D1 农林牧渔业总产值/万元	正	农林牧渔业总产值
	D2 人均农林牧渔业总产值/元	正	农林牧渔业总产值/人口总数
	D3 人均粮食产量/公斤	正	粮食总产量/人口总数
	D4 人均肉类产量/公斤	正	肉类总产量/人口总数
	D5 人均油菜籽产量/公斤	正	油菜籽总产量/人口总数
	D6 人均烤烟产量/公斤	正	烤烟总产量/人口总数
E 社会发展	E1 人均社会消费品零售总额/元	正	社会消费品零售总额/人口总数
	E2 社会消费品零售总额城乡比例	负	城市社会消费品零售总额/农村社会消费品零售总额
	E3 城乡居民人均存储/万元	正	城乡居民储蓄/人口总数
	E4 中等学校生师比例/人	负	中等学校在校学生数/中等学校专任教师数
	E5 学龄儿童入学率	正	已入学的小学学龄儿童数/校内外小学学龄儿童总数×100%(毛入学率)
	E6 学龄女童入学率	正	已入学的小学学龄女童数/校内外小学学龄女童总数×100%(毛入学率)

(二)模型构建

根据前文设计的贵州绿色减贫衡量指标体系，研究首先应用层次分析法（analytic hierarchy process，AHP），通过专家咨询打分方法（德尔菲法）确定相关评价指标的权重（详见附录 1），目的在于衡量指标之间的重要性，以测量调查贵州绿色减贫现状的总体评分及各地区评分。由 AHP 层次分析法要求的层次化和条理化，得出递阶层次结构（王超 等，2015），构建贵州绿色减贫衡量指标体系的层次模式。目标层（最高层）：贵州省绿色发展与减贫衡量指标体系。准则层（中间层）：评价要素层（一级指标）和评价因子层（二级指标）。措施层（最低层）：评价对象层，即评价的贵州省各地市州相关区县。

(三)量化方法

基于层次分析法（AHP）的量化思路和要求，经过对 30 位相关绿色发展和减贫领域专家发放《贵州省绿色发展与减贫衡量指标体系调查表》，收回有效问卷 25 份，基于 YAAHP 软件分析，统计 25 位专家打分平均值，得到贵州省绿色发展与减贫衡量指标体系权重分配（详见附录 2），再根据指标特点，设计计分档次，基于六年统计数据，年增长率按照 5 档标记，如表 2-4 所示。

表 2-4　贵州绿色发展的减贫衡量指标体系权重与计分表

指标设计及权重		指标性质	年增长率 X 计分档次
一级	二级		
绿色经济基本面 $W_A=0.2146$	GDP：$W_{A1}=0.2886$	正	$\{X\|0\leq X<5\%\}$ 记 1 分；$\{X\|5\%\leq X<10\%\}$ 记 2 分；$\{X\|10\%\leq X<15\%\}$ 记 3 分；$\{X\|15\%\leq X<20\%\}$ 记 4 分；$\{X\|20\%\leq X<25\%\}$ 记 5 分；$\{X\|X\geq25\%\}$ 记 6 分
	人均 GDP：$W_{A2}=0.0537$	正	$\{X\|0\leq X<5\%\}$ 记 1 分；$\{X\|5\%\leq X<10\%\}$ 记 2 分；$\{X\|10\%\leq X<15\%\}$ 记 3 分；$\{X\|15\%\leq X<20\%\}$ 记 4 分；$\{X\|20\%\leq X<25\%\}$ 记 5 分；$\{X\|X\geq25\%\}$ 记 6 分
	第三产业占生产总值比例：$W_{A3}=0.0454$	正	$\{X\|0\leq X<5\%\}$ 记 1 分；$\{X\|5\%\leq X<10\%\}$ 记 2 分；$\{X\|10\%\leq X<15\%\}$ 记 3 分；$\{X\|15\%\leq X<20\%\}$ 记 4 分；$\{X\|20\%\leq X<25\%\}$ 记 5 分；$\{X\|X\geq25\%\}$ 记 6 分
	人均第三产业总值：$W_{A4}=0.0764$	正	$\{X\|0\leq X<5\%\}$ 记 1 分；$\{X\|5\%\leq X<10\%\}$ 记 2 分；$\{X\|10\%\leq X<15\%\}$ 记 3 分；$\{X\|15\%\leq X<20\%\}$ 记 4 分；$\{X\|20\%\leq X<25\%\}$ 记 5 分；$\{X\|X\geq25\%\}$ 记 6 分
	第一产业占生产总值比例：$W_{A5}=0.1275$	正	$\{X\|0\leq X<5\%\}$ 记 1 分；$\{X\|5\%\leq X<10\%\}$ 记 2 分；$\{X\|10\%\leq X<15\%\}$ 记 3 分；$\{X\|15\%\leq X<20\%\}$ 记 4 分；$\{X\|20\%\leq X<25\%\}$ 记 5 分；$\{X\|X\geq25\%\}$ 记 6 分

指标设计及权重		指标性质	年增长率 X 计分档次
一级	二级		
	人均第一产业总值：$W_{A6}=0.1352$	正	$\{X\|0 \leq X<5\%\}$ 记 1 分；$\{X\|5\% \leq X<10\%\}$ 记 2 分；$\{X\|10\% \leq X<15\%\}$ 记 3 分；$\{X\|15\% \leq X<20\%\}$ 记 4 分；$\{X\|20\% \leq X<25\%\}$ 记 5 分；$\{X\|X \geq 25\%\}$ 记 6 分
	工业总值占生产总值比例：$W_{A7}=0.0764$	负	$\{X\|0 \leq \|X\| <5\%\}$ 记-1 分；$\{X\|5\% \leq \|X\| <10\%\}$ 记-2 分；$\{X\|10\% \leq \|X\| <15\%\}$ 记-3 分；$\{X\|15\% \leq \|X\| <20\%\}$ 记-4 分；$\{X\|20\% \leq \|X\| <25\%\}$ 记-5 分；$\{X\|\|X\| \geq 25\%\}$ 记-6 分
	重工业增加值占工业增加值比例：$W_{A8}=0.1969$	负	$\{X\|0 \leq \|X\| <5\%\}$ 记-1 分；$\{X\|5\% \leq \|X\| <10\%\}$ 记-2 分；$\{X\|10\% \leq \|X\| <15\%\}$ 记-3 分；$\{X\|15\% \leq \|X\| <20\%\}$ 记-4 分；$\{X\|20\% \leq \|X\| <25\%\}$ 记-5 分；$\{X\|\|X\| \geq 25\%\}$ 记-6 分
投资与发展 $W_B=0.1825$	人均固定资产投资：$W_{B1}=0.4478$	正	$\{X\|0 \leq X<5\%\}$ 记 1 分；$\{X\|5\% \leq X<10\%\}$ 记 2 分；$\{X\|10\% \leq X<15\%\}$ 记 3 分；$\{X\|15\% \leq X<20\%\}$ 记 4 分；$\{X\|20\% \leq X<25\%\}$ 记 5 分；$\{X\|X \geq 25\%\}$ 记 6 分
	地方财政赤字率：$W_{B2}=0.1168$	负	$\{X\|0 \leq \|X\| <5\%\}$ 记-1 分；$\{X\|5\% \leq \|X\| <10\%\}$ 记-2 分；$\{X\|10\% \leq \|X\| <15\%\}$ 记-3 分；$\{X\|15\% \leq \|X\| <20\%\}$ 记-4 分；$\{X\|20\% \leq \|X\| <25\%\}$ 记-5 分；$\{X\|\|X\| \geq 25\%\}$ 记-6 分
	增值税占收入比例：$W_{B3}=0.2861$	正	$\{X\|0 \leq X<5\%\}$ 记 1 分；$\{X\|5\% \leq X<10\%\}$ 记 2 分；$\{X\|10\% \leq X<15\%\}$ 记 3 分；$\{X\|15\% \leq X<20\%\}$ 记 4 分；$\{X\|20\% \leq X<25\%\}$ 记 5 分；$\{X\|X \geq 25\%\}$ 记 6 分
	教育支出占支出比例：$W_{B4}=0.1493$	正	$\{X\|0 \leq X<5\%\}$ 记 1 分；$\{X\|5\% \leq X<10\%\}$ 记 2 分；$\{X\|10\% \leq X<15\%\}$ 记 3 分；$\{X\|15\% \leq X<20\%\}$ 记 4 分；$\{X\|20\% \leq X<25\%\}$ 记 5 分；$\{X\|X \geq 25\%\}$ 记 6 分
乡村人员就业 $W_C=0.1136$	农民人均纯收入：$W_{C1}=0.5977$	正	$\{X\|0 \leq X<5\%\}$ 记 1 分；$\{X\|5\% \leq X<10\%\}$ 记 2 分；$\{X\|10\% \leq X<15\%\}$ 记 3 分；$\{X\|15\% \leq X<20\%\}$ 记 4 分；$\{X\|20\% \leq X<25\%\}$ 记 5 分；$\{X\|X \geq 25\%\}$ 记 6 分
	乡村就业人员第一产业就业比例：$W_{C2}=0.1026$	正	$\{X\|0 \leq X<5\%\}$ 记 1 分；$\{X\|5\% \leq X<10\%\}$ 记 2 分；$\{X\|10\% \leq X<15\%\}$ 记 3 分；$\{X\|15\% \leq X<20\%\}$ 记 4 分；$\{X\|20\% \leq X<25\%\}$ 记 5 分；$\{X\|X \geq 25\%\}$ 记 6 分
	乡村就业人员第二产业就业比例：$W_{C3}=0.1220$	负	$\{X\|0 \leq \|X\| <5\%\}$ 记-1 分；$\{X\|5\% \leq \|X\| <10\%\}$ 记-2 分；$\{X\|10\% \leq \|X\| <15\%\}$ 记-3 分；$\{X\|15\% \leq \|X\| <20\%\}$ 记-4 分；$\{X\|20\% \leq \|X\| <25\%\}$ 记-5 分；$\{X\|\|X\| \geq 25\%\}$ 记-6 分
	乡村就业人员第三产业就业比例：$W_{C4}=0.1777$	正	$\{X\|0 \leq X<5\%\}$ 记 1 分；$\{X\|5\% \leq X<10\%\}$ 记 2 分；$\{X\|10\% \leq X<15\%\}$ 记 3 分；$\{X\|15\% \leq X<20\%\}$ 记 4 分；$\{X\|20\% \leq X<25\%\}$ 记 5 分；$\{X\|X \geq 25\%\}$ 记 6 分
特色绿色产业经济 $W_D=0.4052$	农林牧渔业总产值：$W_{D1}=0.3299$	正	$\{X\|0 \leq X<5\%\}$ 记 1 分；$\{X\|5\% \leq X<10\%\}$ 记 2 分；$\{X\|10\% \leq X<15\%\}$ 记 3 分；$\{X\|15\% \leq X<20\%\}$ 记 4 分；$\{X\|20\% \leq X<25\%\}$ 记 5 分；$\{X\|X \geq 25\%\}$ 记 6 分
	人均农林牧渔业总产值：$W_{D2}=0.0793$	正	$\{X\|0 \leq X<5\%\}$ 记 1 分；$\{X\|5\% \leq X<10\%\}$ 记 2 分；$\{X\|10\% \leq X<15\%\}$ 记 3 分；$\{X\|15\% \leq X<20\%\}$ 记 4 分；$\{X\|20\% \leq X<25\%\}$ 记 5 分；$\{X\|X \geq 25\%\}$ 记 6 分

续表

指标设计及权重		指标性质	年增长率 X 计分档次
一级	二级		
	人均粮食产量：$W_{D3}=0.0550$	正	$\{X\|0\leqslant X<5\%\}$ 记 1 分；$\{X\|5\%\leqslant X<10\%\}$ 记 2 分；$\{X\|10\%\leqslant X<15\%\}$ 记 3 分；$\{X\|15\%\leqslant X<20\%\}$ 记 4 分；$\{X\|20\%\leqslant X<25\%\}$ 记 5 分；$\{X\|X\geqslant 25\%\}$ 记 6 分
	人均肉类产量：$W_{D4}=0.1542$	正	$\{X\|0\leqslant X<5\%\}$ 记 1 分；$\{X\|5\%\leqslant X<10\%\}$ 记 2 分；$\{X\|10\%\leqslant X<15\%\}$ 记 3 分；$\{X\|15\%\leqslant X<20\%\}$ 记 4 分；$\{X\|20\%\leqslant X<25\%\}$ 记 5 分；$\{X\|X\geqslant 25\%\}$ 记 6 分
	人均油菜籽产量：$W_{D5}=0.0934$	正	$\{X\|0\leqslant X<5\%\}$ 记 1 分；$\{X\|5\%\leqslant X<10\%\}$ 记 2 分；$\{X\|10\%\leqslant X<15\%\}$ 记 3 分；$\{X\|15\%\leqslant X<20\%\}$ 记 4 分；$\{X\|20\%\leqslant X<25\%\}$ 记 5 分；$\{X\|X\geqslant 25\%\}$ 记 6 分
	人均烤烟产量：$W_{D6}=0.2882$	正	$\{X\|0\leqslant X<5\%\}$ 记 1 分；$\{X\|5\%\leqslant X<10\%\}$ 记 2 分；$\{X\|10\%\leqslant X<15\%\}$ 记 3 分；$\{X\|15\%\leqslant X<20\%\}$ 记 4 分；$\{X\|20\%\leqslant X<25\%\}$ 记 5 分；$\{X\|X\geqslant 25\%\}$ 记 6 分
社会发展 $W_E=0.0841$	人均社会消费品零售总额：$W_{E1}=0.0459$	正	$\{X\|0\leqslant X<5\%\}$ 记 1 分；$\{X\|5\%\leqslant X<10\%\}$ 记 2 分；$\{X\|10\%\leqslant X<15\%\}$ 记 3 分；$\{X\|15\%\leqslant X<20\%\}$ 记 4 分；$\{X\|20\%\leqslant X<25\%\}$ 记 5 分；$\{X\|X\geqslant 25\%\}$ 记 6 分
	社会消费品零售总额城乡比例：$W_{E2}=0.1558$	负	$\{X\|0\leqslant\|X\|<5\%\}$ 记 -1 分；$\{X\|5\%\leqslant\|X\|<10\%\}$ 记 -2 分；$\{X\|10\%\leqslant\|X\|<15\%\}$ 记 -3 分；$\{X\|15\%\leqslant\|X\|<20\%\}$ 记 -4 分；$\{X\|20\%\leqslant\|X\|<25\%\}$ 记 -5 分；$\{X\|\|X\|\geqslant 25\%\}$ 记 -6 分
	城乡居民人均存储：$W_{E3}=0.3334$	正	$\{X\|0\leqslant X<5\%\}$ 记 1 分；$\{X\|5\%\leqslant X<10\%\}$ 记 2 分；$\{X\|10\%\leqslant X<15\%\}$ 记 3 分；$\{X\|15\%\leqslant X<20\%\}$ 记 4 分；$\{X\|20\%\leqslant X<25\%\}$ 记 5 分；$\{X\|X\geqslant 25\%\}$ 记 6 分
	中等学校生师比例：$W_{E4}=0.0874$	负	$\{X\|0\leqslant\|X\|<5\%\}$ 记 -1 分；$\{X\|5\%\leqslant\|X\|<10\%\}$ 记 -2 分；$\{X\|10\%\leqslant\|X\|<15\%\}$ 记 -3 分；$\{X\|15\%\leqslant\|X\|<20\%\}$ 记 -4 分；$\{X\|20\%\leqslant\|X\|<25\%\}$ 记 -5 分；$\{X\|\|X\|\geqslant 25\%\}$ 记 -6 分
	学龄儿童入学率　$W_{E5}=0.2247$	正	$\{X\|0\leqslant X<5\%\}$ 记 1 分；$\{X\|5\%\leqslant X<10\%\}$ 记 2 分；$\{X\|10\%\leqslant X<15\%\}$ 记 3 分；$\{X\|15\%\leqslant X<20\%\}$ 记 4 分；$\{X\|20\%\leqslant X<25\%\}$ 记 5 分；$\{X\|X\geqslant 25\%\}$ 记 6 分
	学龄女童入学率：$W_{E6}=0.1528$	正	$\{X\|0\leqslant X<5\%\}$ 记 1 分；$\{X\|5\%\leqslant X<10\%\}$ 记 2 分；$\{X\|10\%\leqslant X<15\%\}$ 记 3 分；$\{X\|15\%\leqslant X<20\%\}$ 记 4 分；$\{X\|20\%\leqslant X<25\%\}$ 记 5 分；$\{X\|X\geqslant 25\%\}$ 记 6 分

注：年均增长率 $=\sqrt[n]{\dfrac{B}{A}}-1$ 。其中，B 为最后一年，A 为第一年。正指标中年均增长率如果是正数，按照其对应评分段位给予正分；如果出现负值，按照其对应评分段位给予负分；同理，负指标中年均增长率如果是正数（意味着趋向于非绿色发展方向），按照其对应评分段位给予负分；如果出现负数，按照对应评分段位给予正分。例如，地方财政赤字率年均增长率出现负数，意味着末年数值小于第一年数值，负指标影响减小，朝着绿色发展的方向变化，给予正分评价。

依据表 2-4 权重，总评分为

$$S = \sum W_{\mathrm{A}} \left(\sum_{i=1}^{n=8} W_{\mathrm{A}n} X_{\mathrm{A}n} \right) + \sum W_{\mathrm{B}} \left(\sum_{i=1}^{n=4} W_{\mathrm{B}n} X_{\mathrm{B}n} \right) + \sum W_{\mathrm{C}} \left(\sum_{i=1}^{n=4} W_{\mathrm{C}n} X_{\mathrm{C}n} \right)$$

$$+ \sum W_{\mathrm{D}} \left(\sum_{i=1}^{n=6} W_{\mathrm{D}n} X_{\mathrm{D}n} \right) + \sum W_{\mathrm{E}} \left(\sum_{i=1}^{n=6} W_{\mathrm{E}n} X_{\mathrm{E}n} \right)$$

式中，X 为每个指标计分值。根据对贵州绿色减贫各指标统计数据得分的综合分析，取最大值总和为 6 分，最小值总和为-6 分。因此，总评分 S 的取值范围为 $-6 \leqslant S \leqslant 6$，按照取值范围划分计分等级，其含义如表 2-5 所示。

表 2-5　总分分档参照表

分档计分	分数含义
$-6 \leqslant S \leqslant -4$	极端不符合绿色减贫发展要求
$-4 < S \leqslant -2$	比较不符合绿色减贫发展要求
$-2 < S \leqslant 0$	不符合绿色减贫发展要求
$0 < S \leqslant 2$	基本符合绿色减贫发展要求
$2 < S \leqslant 4$	比较符合绿色减贫发展要求
$4 < S \leqslant 6$	非常符合绿色减贫发展要求
备注	负值划分 3 个档位；正值大于 0，按等差递进得分档位，分为 3 个档次。全部合计为 6 个档次

第四节　本 章 小 结

　　绿色发展的理论基础主要以循环经济理论、生态经济协调发展理论和可持续发展理论为主，其理论分析的框架主要来自绿色国民经济核算、绿色发展多指标测度体系、绿色发展综合指数三个方面。之所以存在不同的理论指导思想和分析指标，原因在于对于绿色发展的界定，国内外并没有一个统一的标准。再加上各地区拥有绿色经济的基础不一样，所产生带动地方经济与社会发展的效果不一样，导致了这些差异的产生。现有的理论基础和分析框架为贵州绿色发展与减贫衡量指标体系的构建提供了理论依据和分析参考。根据贵州基本省情，贵州绿色发展的减贫模型和指标体系的设计重点放在绿色经济基本面、投资与发展、乡村人员就业、特色绿色产业经济和社会发展五个方面。该指标体系既反映了贵州绿色发展的基本情况和环境，又体现了绿色经济促进减贫效应、实现社会发展的重要方面。基于层次分析法的研究思路，本章对贵州绿色发展与减贫的相关指标进行了结构关系构建和权重的确定，并设计了测评参照评分体系，为后文分地区测量贵州绿色发展与减贫现状奠定基础。

第三章 贵州绿色发展现状与减贫工作成就

第一节 历史透视与考证

(一)贵州绿色发展的历程

贵州省是具有典型喀斯特地貌特征的传统农业省,处在云贵高原东部地区,因其历史、地理、交通等诸多因素的影响,贵州省成为国内贫困省份当中扶贫难度最大、贫困程度最深的省份之一。但是,正是因为贵州典型的喀斯特地貌特征,造就了贵州多姿多彩的山水风光,从武陵山脉到乌蒙腹地,从乌江之畔到草海之滨及黔中大地,皆是青山碧水,天蓝、水清、山绿、景靓等在"天人合一、知行合一"的两种人文精神指引下,以其优美的生态环境和凉爽的气候条件,让贵州在发展中具有无法替代的优势。贵州省作为贫困省份,有着艰巨的任务,这里也是扶贫攻坚的主战场,但是其经济发展水平条件的限制,导致其经济起点较其他发达省份相比较低,在长期的发展历程中,它一直坚持着"天人合一、知行合一"的理念(林茂申 等,2016),把这种人文精神深入人心,使贵州省没有步其他省份的后尘,采取"先污染后治理"的传统方式发展生产,而是别出心裁走上了一条"既要绿水青山,又要金山银山"的绿色发展新路子。这与贵州多山是分不开的,贵州被称为"地无三里平",注定贵州人的生存发展与大山结下不解之缘,也一直影响着贵州以后的发展。正是由于偏远的地理位置、险要的特殊山地环境,使贵州在发展的初始阶段就呈现出一些先天的不利于发展的特征。但这种不利的发展环境却成就了贵州人无人能及的智慧。贵州人民根据实际情况,因地制宜,发展出一种适合贵州转变的方式。多样化的农业耕作改变了原有单调的耕作方式和生活方式,贵州人也同时学会了顺山势建造自己的住所,如吊脚楼、在天然山洞里穴居等,明白了如何让现有的资源去适应当地的生产,创造了诸如林粮兼作、塘田养鱼、在奇石间种植农作物等奇思妙想。依据自然条件和文化底蕴,贵州人民在历史的轨迹中构建了一套独特的保护自然环境的绿色发展道路,并获得了喜人的成绩。

2008 年，贵阳市在全国首发"生态文明城市指标体系"。

2009 年，国家环境保护部做出决定，正式批准贵阳市为我国生态文明建设试点的区域，这也给贵州经济发展与生态建设相结合做好了铺垫。

此后，贵州人开始又一次关于生态文明建设与绿色经济发展相结合的历程，探索流域内的污染补偿制度、实施绿色贵州建设的 3 年行动等计划、出台全国首部省级生态文明建设相关的地方性法规，在赤水河、乌江流域等地区开展了 12 项诸如生态文明体制改革试点工作、重点培育大数据的"五大新兴产业"推进、"山地公园省"建设进度、探索生态扶贫的路子等工作计划。

2013 年 11 月，习近平来到贵州省实地考察贵州现状，听取贵州近年来经济发展及其他相关民生问题的工作汇报，也提出要改变现状，就必须把发展和生态两者结合起来。

2014 年第十二届全国人民代表大会第二次会议和中国人民政治协商会议第十二届全国委员会第二次会议期间，习近平总书记参与了贵州代表团审议工作，提出正确处理好生态环境保护和发展的关系，就是处理好"绿水青山"和"金山银山"的关系(钱巨炎，2015)，这是在贵州实现可持续发展的内在要求，更是我们推进现代化建设进程的一项重大原则。

2016 年，国家旅游局发布第二批创建"国家全域旅游示范区"名单，贵州省贵阳市，铜仁市，黔东南州，黔西南州，六盘水市六枝特区、钟山区、水城县 7 地入选。

这一时期的一系列重要指示，为贵州省建设生态文明，实现后发赶超、全面小康提供了科学的指引。贵州在坚持发展和生态两条底线不动摇的过程中取得了许多成就(杨朝伟，2015)。就近几年的发展来看，贵州走的是与其他地区截然不同的绿色循环低碳的发展道路，这是对之前道路的创新，也因此递交了一份又一份令人瞩目的"成绩单"，激发了贵州人用绿色发展实现脱贫致富的热情和自信心。

2000～2015 年，贵州的造林面积达 3600 万亩(1 亩≈666.67m^2)，森林覆盖率也超过 50%，这是绿色发展的又一成果。2015 年，贵州 GDP 第一次突破万亿元，增加的速度也在近几年进入我国前三名。根据环境评估状况分析可知，贵阳市中心的城市地带采用的是集中饮用水源的方式，其水体质量的达标率达到 100%的标准要求(江川 等，2014)。主要河流、湖泊断面水质优良，空气质量优良的天数比例达到 98.9%。可以这么说，贵州省绿色发展的基础打造走在了全国的前列。

(二)贵州减贫工作的思路

1. 第一阶段：改革开放——扶贫开发的初期探索

1978 年改革开放以来，农村发生了巨大的转变。与此同时，城市的崛起和快速发展加大了农村与其发展的差距,随后的城市改革和发展转型带动农村的变革,提出农村扶贫开发的政策思路,由于东、中、西部改革的差异性较大,在农村改革不断推进和深化过程中,形成了全局变革和差异化共同推进的新战略。但因区位因素,东西部发展差距极大,特别是西部少数民族农村地区,开放程度很低,有些甚至还未开放,鉴于这种结构性的贫困问题,中央出台了关于农村改革发展的第三个一号文件,此后又下达了《关于帮助贫困地区尽快改变面貌的通知》,该通知迫切呼吁对西部贫困地区进行人才扶持,包括党政机关干部、事业单位骨干、优秀教师等,以支持贫困地区的各项工程建设。

2. 第二阶段: 20 世纪 80 年代至 90 年代末——扶贫计划行动实施

1985 年 7 月,胡锦涛同志来到贵州担任省委书记,工作仅仅 3 天后便开始到贫困点实地调研,特别是毕节和六盘水等地区(魏兰,2008)。胡锦涛同志根据半年以来考察得到的实际情况,指出开发扶贫和加强“造血”功能是实现脱贫的主动力,并下达了《贵州省委、省人民政府关于加强贫困地区工作的指示》,从而开始了扶贫攻坚的部署工作,进行了有策略、有规划、有具体行动方针、大规模的扶贫。在胡锦涛同志的积极领导和全力组织之下,贵州省开始在全省县级以上机关单位,组织大批干部成员,到各个贫困市县、乡镇、农村从事调研工作,积极建立定点扶贫工作小组,壮大基层扶贫工作力量。与此同时,建立责任和监督机制,严格划分职责,培养有前途的中、青年干部,根据干部具体情况来划分职责,严格监督,杜绝违纪行为,实行一年一次转换方法,坚持换人不换点的原则,以防止干部腐败,增强扶贫点之间的人员信息交换,减少扶贫工作量,在扶贫开发的同时培养和选拔一批批优秀的人才。胡锦涛同志强调要做好贫困地区的调研工作,并在此基础上理清发展思路、科学规划、合理引导,引导和协助贫困地区政府打好基础,壮大基层组织力量。

1986 年,贵州省积极响应国家对扶贫工作的号召,开始了党政机关干部和定点扶贫工作的评析。贵州省在中央一号文件未出台之前已开始酝酿政府机关参与扶贫,此后,省委政府出台加强贫困地区工作指示文件,明确贫困地区帮扶工作的具体内容,其中包括 3300 名工作人员深入贫困地区开展调研和辅助工作。该项行动计划的实施以自愿、有文化、有思想、有能力、有道德为原则,积极参与贫困地区社会经济建设(袁芳,2012)。

1994 年,中央党政机关、全国党政机关和事业单位参与驻地扶贫的指导方式是“定点挂帮”政策,贵州省的党政机关对这种对口挂帮的定点扶贫政策的探索得到国家的认可,将定点帮扶和党建扶贫两项工作作为扶贫开发的重点,并朝着制度化和规模化的方向发展,取得了显著成效(刘清荣 等,2009)。

3. 第三阶段：21 世纪初至今——脱贫攻坚关键阶段

进入 21 世纪以后，扶贫攻坚进入最关键的阶段，要想在 2020 年实现全面小康社会，目前的扶贫工作任务艰巨。贵州省是贫困大省，面临着更加艰巨的任务，因此加大了职能部门的定点扶贫行动规模，也取得更加显著的成效，主要体现在以下方面。①基础设施建设方面：城市公路、水利建设得到突破性进展，基本设施、公共服务能力、基础兜底等方面有了基本保障。②产业建设方面：生态农业园区、生态山地畜牧业、生态循环农业、生态林业等大面积建设，提高贫困居民收入水平，实现就地脱贫。③教育扶贫方面：推进"四项突破"工程和教育"9+3"计划，加大对教育的投资力度，推进义务教育均衡发展。④实施生态搬迁工程：在"一方水土养不活一方人"的极贫极弱地区，实施搬迁工程，保障迁出居民的生活和迁出地的生态恢复。

2016 年 9 月，贵州省通过了《贵州省大扶贫条例》，并于同年 11 月 1 日起开始实施。条例指出，要把大扶贫作为第一民生工程，构建政府、社会组织、贫困人口多方协作，推进专项扶贫、行业扶贫、社会扶贫等多举措的大扶贫格局。《贵州省大扶贫条例》的出台，从法理层面有效支持了精准扶贫工作的实施，促进了 2020 年全面奔向小康社会目标的实现，是贵州扶贫工作经验和要求的升华。

(三)特色绿色经济与减贫

基于贵州大旅游、大生态、大数据、大扶贫、大健康等发展战略，打造生态农业、大数据、旅游、特色医药等产业成为贵州发展绿色经济的基础。贵州大力打造"5 个 100 工程"构建绿色经济产业体系(邓万里，2016)，以更好地发展集现代化、特色化、高效化为一体的山地农业、旅游开发、民族医药、基于大数据的黔货出山，努力创造新兴绿色经济价值，为贫困地区带来收益。贵州走大数据与生态农业、旅游产业、大健康产业等相融合的道路，进一步提升了产业发展质量，合理布局了产业结构，不断走出具有贵州特色的绿色经济之路，并产生明显的减贫效果。

1. 生态农业产业

贵州生态农业打造绿色经济走出一条可持续发展的道路，在扶贫攻坚战场上大有可为。贵州在特色农业资源种类上占有优势，种类多且广是其显著的特点，再加上适宜的自然环境，为其发展特色农业奠定了现实基础。调整农业产业结构成为贵州省农业发展的重点，由传统以破坏耕地为主的农业发展方式向特色生态农业转型，积极发挥区位优势和资源优势，发展以蔬菜、中草药、精品水果、茶叶、林业等为主的特色农业，逐步完善农业体系，使农产品质量不断提升，农业产业化带来的收入也不断提高，从而带动了整个社会经济效益的提升。经过多年发展，特色生态农业产业已经成为贵州农业发展的重点，也成为扶贫攻坚战场中产业扶贫的主要支柱之一。

2. 新型工业化产业

新型工业化是与高污染、高耗能、低社会经济效益相反的工业化。以贵州煤矿产业为例，贵州省是煤矿资源丰富的大省，传统的开发方式资源浪费严重、耗能高、污染重，已经严重影响人们的生产生活，为了改善生产环境和改变高污染、高耗能的格局，贵州省对煤矿产业出台了一系列管制和发展措施，包括引入信息、新技术、新设备等，满足新常态的发展要求。此外，基于贵州山多地少，生态环境良好的区域优势，贵州省优化了生产力的布局，加快调整工业化的发展方式，在提升发展能源原材料产业，打好酒、茶、药、烟、食品五张特色轻工业产业品牌，打造高端装备制造业等传统优势产业的基础上，根据贵州实际情况，因地制宜利用资源的组合优势选择发展特色产业，以信息化带动工业化，生态立省，加强对内对外的开放。

3. 生态旅游产业

生态资源和民族特色文化是贵州省发展旅游的最大优势，贵州省在旅游发展的进程中始终坚持"生态美、发展好"的两条底线。贵州利用特色优势打造以民族文化和山地生态为核心价值的旅游品牌，并开发以文化旅游为重点的现代服务业，着力打造健康养生、民俗文化体验、山地体育、避暑休闲、科普探险等旅游新业态覆盖全省，逐步实现与世界的接轨。同时，注重资源间的组合，大力推进大数据、农业、林业、民族文化产业等与旅游的融合，加快开发农业生态园观光、民族文化体验等业态，满足游客更多的猎奇心理和更多新鲜体验。此外，贵州省将按照"山地公园"的定位，大力推进以民族和山地为特色的文化旅游区，打造旅游城镇、旅游村寨，促进整个旅游产业的形成。

4. 大数据产业

大数据是新技术、新模式发展的产物，具有数据量大、内容更新快、类型复杂、时效性强的特点，是一种新型的产业业态。2013 年，贵州大数据产业处于萌芽状态，经过四年的发展，目前已成为国家大数据综合适应区，并为贵州省脱贫攻坚提供积极、高效的帮助，主要体现在以发展大数据为重点的电子信息产业，并利用大数据发展以大健康医药产业、新型建筑业、现代高效农业和文化旅游为重点的现代服务业。贵州省利用大数据打造数据资源平台、公共服务平台、建设支撑平台等，提升大数据资源的高效交易、整合公共服务资源、提升行业管理水平等。此外，贵阳市目前正在打造"贵安云谷"产业体系，加快实施大数据项目、大数据产业发展和脱贫攻坚任务攻克。

第二节　现实刻画与成就

(一)贵州绿色产业发展的现状

1. 特色农业产业发展现状

　　贵州在特色农业发展方面取得了巨大的成效,主要表现在以下方面。一是蔬菜产业。经过多年努力,贵州省在大娄山、苗岭、乌蒙山、武陵山区的杭瑞、兰海高速公路沿线夏秋蔬菜产业带,在沿南北盘江、红水河河谷区的三都—兴义和镇宁—关岭沿线等地区建设了多个冬春蔬菜产业带,并建设了与之相适应的农产品加工产业和冷物流链,加大了出口。二是茶产业。茶树的大面积种植给贵州带来巨大的经济效益,随着茶叶加工技术的进步和开展以"贵州绿茶秀甲天下"为主题等的宣传活动和举办茶叶博览会等大型项目,贵州茶叶的知名度和竞争力得以提高,贵州成为中国绿茶原料中心和加工中心。三是马铃薯产业。贵州是马铃薯种植和生产大省,在实施产业扶贫计划之后,专门设立了马铃薯研究机构,从而加快了由马铃薯种植和生产大省向马铃薯产业强省转变的步伐。四是精品水果产业。安顺的金刺梨、修文的猕猴桃、永乐的艳红桃、清镇的酥李等精品水果的发展,为贵州打响水果品牌的同时,实现了贫困户就地脱贫。五是中药材产业。贵州省是全国中药材产区之一,有着"药都"的美称,目前多地区建立了药材种植基地和加工厂,带动了当地就业和经济发展。六是特色杂粮产业。薏苡、芸豆、苦荞、高粱等都属于贵州特色优势杂粮产业,省政府因地制宜地积极引导地方发展优势产业,在资金、技术等方面加以扶持,取得了很大的成效。

2. 新型工业化产业发展现状

　　贵州能源资源丰富,改革开放以后,工业发展取得了长足的发展和进步,但从整体上看,因基础差、规模小、起点低等因素,"欠开发、欠发达"还是贵州的基本省情,严重约束了贵州工业的发展,导致贵州工业水平与全国工业水平差距加大。进入21世纪以后,随着政策的倾斜和资金的投入,工业有了进一步的发展,但还存在规模小、高耗能、高污染的现象。目前,全国经济发展已经步入了新常态,为适应新的发展要求,贵州省出台了关于传统工业转型和新型工业化发展的一系列文件,也取得了阶段性的进展。贵州省主要按照新型工业化的发展要求,利用大数据的优势,发展信息产业和高新技术产业,用高新技术和信息技术对传统产业进行改造,并利用自身优势加快开发和建设国家重要资源及优质轻工产品基地,打造国家重要装备制造业基地,后发赶超,以促进工业集群式布局,有序发展新型工业产业。

3. 生态旅游产业发展现状

贵州生态旅游产业的打造目前集中在民族文化旅游产业、生态农业园区、休闲产业等方面。①贵州省提出了"构建民族生态文化旅游大省"的口号,将重点放在挖掘民族文化之上,贵州是个多民族省份,少数民族众多,世居民族达到17个,民风质朴、热情好客、民族文化丰富多彩,无处不洋溢着浓浓的高原豪放之气。在这样的民族大家庭里,各族人民以无穷的智慧,孕育和创造了本民族辉煌灿烂的历史文化。按照"完善、开发、规划、突破"四大原则对贵州西线、东线、南线、北线进行改造和开发,重点打造东部的苗族、侗族民族风情旅游线;同时完善西线旅游线的软硬件设施;南线重点打造瑶族风情和喀斯特原始森林旅游线;北线开辟赤水丹霞景观以及遵义名城名酒等项目。②贵州省加大生态农业园观光旅游业开发。贵州物产丰富,农作物繁多,因此大部分地区都打造了集观赏、休闲、食宿等为一体的精品生态农业园。③贵州省注重生态休闲旅游产业开发,如休闲渔业、林业、山地旅游等。

4. 大数据产业发展现状

近年来,贵州省为实现社会经济的跨越式发展,牢牢抓住国家西部扶贫项目、脱贫攻坚相关政策和资金扶持,以大数据作为引领经济发展的重要产业,坚持"政府主导、创新引领、企业主体、应用驱动、确保安全"的原则,通过创新、开放、及时跟进,深入挖掘数据资源价值,集聚大数据技术资源成果,打造大数据产业集群,从而全面提升大数据对产业发展的支撑能力、对技术创新的支持能力和对安全的保障能力,同时提升大数据对扶贫工作的精准识别能力,努力打造全国大数据应用服务示范、大数据资源聚集两大基地。贵州省努力打造绿色数据中心建设、贵阳大数据交易所、云上贵州等大数据服务平台,并打造了一批大数据企业。据统计,2015年底,大数据电子信息企业已达到1.7万家,以电子信息为主导的园区达25个,大数据产业规模达2000亿元。

(二)贵州减贫工作取得的成就

生态农业产业发展取得的经济成绩助力了贵州产业减贫,结合旅游开发和黔货经济,构建了贵州特色的精准扶贫之路,并在近几年取得突出的减贫成就。据统计,贵州省在2011~2014年贫困人口数量发生很大变化,下降了45.78%,从1149万人减少到623万人。"十二五"规划期间,贵州完成对192万户农村危房进行改造的计划,完成 14.8 万户 62 万贫困人口的扶贫生态移民搬迁工程(陈华永, 2016)。贵州省积极实施精准扶贫开发工程,并取得很大的进展。建档立卡和驻村帮扶实现了"两个率先"的成果,共识别出 934 个贫困乡镇 9000 个贫困村 745 万人贫困人口。据可靠记载,在驻村帮扶上,共派出 1.159 万个驻村工作队开展驻村帮扶工作。

　　除此之外,贵州省在"三项改革"(贫困县考核、减贫摘帽和项目资金)的实施过程中,取得了很大的成就,走在全国前列。2011~2014 年,贵州减贫 14 个县份 366 个乡,下放扶贫项目审批权,采用"四到县"制度即目标、任务、资金和权责。贵州扶持超过 300 万亩的扶贫种植产业,已完成投资的扶贫产业园区有 34 个;投资总额高达 106.2 亿元;另外,贵州省还完成了对 20.8 万贫困人口的技能培训项目,帮助"挪穷窝"的贫困人口数达 6.6 万(刘久锋,2015)。以中药材种植为例,据 2013 年贵州政协报道:贵州省为了调整贫困结构、促进增长和保护生态,将中药材产业作为一项重点培育的产业来发展,以达到经济效益与扶贫效益同步增长的最终目的。贵州省扶贫部门统计数据显示,该省中药材种植面积为 375.29 万亩,辐射带动的农户数量为 214 万人,中药材种植的农户人均纯收入约增加了 1000 元。贵州省作为我国四大中药材产区之一,全省有 4802 种中药材品种,其中太子参、半夏等品种占比最高,这几种品种在全国居于主导地位。依托优越的资源禀赋,贵州省把中药材产业作为重点打造的"五张名片"之一,建设 100 个现代高效农业示范园区,以此发展贵州的特色经济。同时,政府在诸多方面给予支持,制定相关保护政策、加大资金的投入力度、运用熟练的技术、培养高素质人才等,实现多个部门合力助推中药材产业发展的方针政策。2012 年以来,《加快民族药业和特色食品产业发展的意见》《中药材产业发展扶贫规划(2012—2015年)》等一系列文件在贵州省相继出台,"研发、种植、加工、监管"四位一体的工作机制在文件出台后建立起来,并明确规定贵州省扶贫办必须把中药材的种植状况处理好,同时建设好中药材市场(牛梦婧,2015)。

　　据贵州省发展和改革委员会原主任付京指出,2016 年贵州为解决贫困农户的难题,准备启动新一轮扶贫项目:预计要为 6.5 万户的贫困家庭建设搬迁房,易地扶贫人口达到 30 万人左右。除此之外,贵州省棚户区建设以及危旧房的改造工作也在紧张地进行中,预计建设 48.65 万套的城镇保障性安居房,目前为止已经基本建成的有 22.21 万套,这些住房基本上解决了将近 30 万户农村危房改造所面临的问题。

　　在未来的扶贫攻坚战中,贵州省重点开展易地扶贫搬迁工作,为了能够更好地组织民营企业进行精准扶贫,对各类资源进行收集整合,加快脱贫步伐,必须加大对扶贫工作的投入力度,在产业、生态、基础设施建设和教育、卫生、医疗等方面需要付出更多的努力,争取在 2020 年全面完成既定扶贫目标(陈华永,2016)。

第三节 贵州绿色发展的类型与减贫模式

(一)贵州绿色发展的主要类型

1. 治理水土流失,特色果园的绿色发展

以贵州省南、北盘江及其流域区果园经济发展为例,该地区地质地貌特征为明显的低山河谷地貌,多土山、少石山,坡度相对来说比较大,在珠江上游防护林体系建设中,这是生态屏障区范围内的区域,生态屏障建设是绿色产业开发的重要内容,如果大面积开垦就会带来严重的水土流失问题,使生态环境更加恶化。因此,为了避免这类问题的发生,构建果园资源配置的绿色发展模式,既能改善生态环境又能保持水土,有利于生态、经济两者的可持续发展。纵观国内外治理江河流域的相关策略问题,选择这种资源配置模式可以起到短、中、长期利益兼顾的目的(周正邦,2002)。

2. 保障高产稳产,梯田耕种的绿色发展

贵州省粮食生产基本上分布在南、北盘江流域区内25°以下的坡地区域,这一带目前主要为农村耕地,来解决温饱问题和提高经济收入。但是,退耕还林还草工程的实施减少了25°以下陡坡耕地,在一定程度上给当地人民的生存带来不便。为了使这种生态治理方案与当地经济同步增长,25°以下坡耕地应实行适合这种地貌的生产方式,实施梯化工程:开梯种植和生物护坎,能够造就高产、稳产的耕地。国家以工代赈的资金在梯化工程中发挥了很大的作用,把坡地改造成梯田,用石料砌坎的方式,筑造土埂来保护坡地和以生物梯化模式来固土。生物梯化的植物种类要选用一些具有护坎作用的植物,例如茶树、杉木、杜仲、槐树、果树、砂仁等,实现在护坡的基础上达到增加经济收入的目的。

3. 药材作料经济,特种作物的绿色发展

贵州水系流域区内喀斯特地貌一直存在生态环境问题:植被覆盖率低,石漠化严重,土壤零星分布,但是这种山区土壤肥沃程度高,团粒结构比较好,适合中药材和作料类特种经济作物的生长,发展价值值得深度挖掘。以贞丰县为例,在国家科技部和贵州省科技厅的帮扶下,在该县兴北镇种植特色青皮大花椒,投入生产之后,产值竟出乎意料地达到3000元/公顷以上,品质也较好,比我国花椒主产区四川红花椒的质量更加优良,销售价格为18~20元/公斤,销往贵州省外诸如云南、四川、湖南等省,深受各地消费者的喜爱。该地区自从从事花椒种

植后，年人均纯收入达到 1000 元，再加上从事其他工作的收入，年人均纯收入达 2500 元以上，足够解决温饱问题，这是喀斯特山区生态经济综合开发以来的成功范例。

4. 现代观光农业，农旅结合的绿色发展

基于特色果园和农作物种植，在生态农业产业发展的基础上构建农旅结合的绿色发展路径。以黔东南州麻江蓝莓生态旅游区为例，麻江县内的蓝莓种植已经达到三万余亩，未来规划面积 80000 亩，目的是建成集康养运动、休闲养生、生态体验、有机蓝莓品鉴等特色活动为一体的蓝莓生态体验休闲度假旅游区。目前，麻江县已经拥有 10 家蓝莓育苗企业，每年的产出苗都能够达到 1000 万株以上；有蓝莓种植企业 55 户、合作社 14 个、种植户 800 余户，种植面积达 13 万亩，鲜果产量达 8000 吨以上，麻江县已经成为中国最大的蓝莓鲜果产区。蓝莓还远销到昆明、上海、广州等地，已成为全州农民增收致富的支柱产业。

5. 大数据大扶贫，现代科技的绿色发展

"十二五"规划期间，贵州的减贫工作取得了较好的成绩，贫困的发生率从 33.4%下降到 14.3%。2016 年，贵州省委书记陈敏尔指出："贵州有优势也有劣势。其中，脱贫攻坚、教育医疗事业、基础设施是'三块短板'，而大数据、大旅游、大生态是'三块长板'，未来五年既要补好'短板'，又要做好'长板'。"陈敏尔认为，大扶贫、大数据两大战略行动是贵州"十三五"规划的亮点，大扶贫是一场输不起的攻坚战，大数据是创先进的突围战。"守底线，走新路，奔小康"这九个字就是未来五年的奋斗目标。"这是从习近平的要求中总结出来的，是从全国大局中摸索出来的，是从贵州自身的发展中提炼出来的。"2016 年，贵州省长孙志刚表示，"十三五"规划期间，要把供给侧结构性改革作为经济工作的主抓手，实现从粗放到集约、从传统主导到创新主导、从中低端到中高端的改变，为了使全省的经济发生质的变化，就一定要形成品种丰、品质优、品牌强的贵州特色产品生产供给体系。基于大数据促进大扶贫工作的实现，促进生态农业产品经济价值的提升，增加农民收入，贵州走出了一条绿色发展的减贫道路。

（二）贵州绿色发展的减贫模式

在绿色经济的基础上，结合精准扶贫工作中提出的"五个一批"，即发展生产脱贫一批、易地扶贫搬迁脱贫一批、生态补偿脱贫一批、发展教育脱贫一批、社会保障兜底一批，贵州不断深化减贫工作，并在实际工作中总结出与绿色发展相关的七种减贫模式。

1. 生态农业减贫模式

生态农业减贫模式是贵州以绿色经济开展扶贫的主要模式之一(《当代贵阳》调研组, 2011)。以发展生态农业为基础, 为了解决单个贫困农户在市场上所面临的信息、技术和销售问题, 采用科学规划、规模投入、规范管理的方式加以引导, 帮助其走出困境, 达到降低贫困农户市场竞争的风险、提高脱贫效率的目的。它适应贫困地区生产力发展水平和广大农民的生产能力, 可以有效提高贫困农户稳定的经济收入。其优点在于采取小规模经营方式的家庭, 能够很好地解决所生产的有限的小产品与大市场之间的矛盾, 对发挥贫困地区特有的资源优势非常有利, 特别是连片特困地区, 能够帮助贫困农民脱贫致富, 提高农民的自身素质, 加快脱贫。在这种模式的实践中, 发展成"基地+农户"或"基地+公司+农户"组合方式(向长贤, 2008), 即政府采取措施, 通过对农产品加工企业和农户的扶持, 建立一些较大规模的农业产业化基地, 为该基地所辐射的农户提供技术、信息和销售等服务, 缓解甚至从根源上解决农户的困难, 让基地和农户共同获利。

2. 以工代赈减贫模式

以工代赈是减贫开发模式中一种特殊的减贫方式, 它不是依靠发展产业经济, 而是依靠国家基础设施建设, 有效带动贫困户参与, 通过参加一些必要的社会公益性劳动而获得救济的一种方式(龚娜 等, 2010)。例如, 修建县公路、乡公路、桥梁、人畜饮水工程、农田水利基础设施、小型水电站、山区水土流失治理、农村邮电通信设施、灾区水毁工程修复等, 都是以工代赈工程的重点工作(年渊, 2007)。在具体的实施过程中, 最初仅仅是为贫困人口提供食品和日用品, 后来逐渐改为直接向贫困农户提供必要的资金, 通过这种方式帮助其改善自身生产条件, 同时改善其生活条件。这种模式的优点是经济实惠、观念更新、基础设施改善, 真正让贫困农户受益, 以此激发农户积极参与社会公益性劳动的热情和主动性, 形成一种按劳取酬、按劳取助的良性循环机制。一系列实践活动证明, 这种减贫模式是解决贫困地区温饱问题中见效较快、较为实际的一种扶贫开发模式。

3. 易地搬迁减贫模式

贵州拥有特殊的自然和地理环境, 许多贫困农户居住的自然条件十分恶劣, 甚至有"一方水土养不活一方人"的情况出现, 这就导致就地脱贫难度加大, 成本增加, 很难从源头上解决问题, 并且这种模式给贫困农户居住的地区带来很大的生态环境问题。所以, 改变就地扶贫开发模式尤为迫切, 急需找出一种适合其扶贫开发的模式, 通过科学的规划、分步骤实施、规范化管理, 把这些缺乏水资源、土地资源的贫困农户, 通过有计划、有安排、分批逐步进行安置, 转移到水土资源较为丰富的地区, 这是推动贵州脱贫非常有效的途径。这种模式也有优点，用移民搬迁改善贫困农户的基本生产生活条件，合理地配置资源，实现人地和谐，解决温饱难题(汪洋，2016)。2001 年，自易地扶贫搬迁工程试点开始，贵州就积极响应号召，将生态环境恶化和生存条件非常恶劣的贫困人口进行转移，遵循"群众自愿、易地安置、量力而行、适当补助"的原则，自愿搬迁，易地开发，解决贫困人口的生存与发展问题，取得很好的成果。据有效调查，移民搬迁后贫困人口的生活条件均得到了改善，如移民都能够住上新房子，收入和粮食产量也都得到提高，大部分移民基本的温饱问题能够解决(赵国梁，2016)。

4. 小额信贷减贫模式

近年来，小额信贷减贫模式慢慢实施起来，大部分都为发展中国家所采用。联合国给小额信贷下了这样一个定义，称这种减贫模式是为贫困和低收入群体以及微型企业提供的一种小额信贷，以"贷穷不贷富"为基本特征(李秀丽，2010)。资金不足且不能够获得信贷资金是约束贵州贫困农民收入增长的一个很重要的因素。1998 年，贵州省为了解决贫困农户缺乏生产生活资金，特别是生态农业自主创业方面难以获得信贷支持的难题时，在紫云等地区的贫困县进行试点工作，接着由点到面，在全省铺开，让大多数贫困农户得到贷款支持，解决温饱、脱贫致富在这种试点工作的推动下慢慢进行。这种模式在具体的实施过程中采用"小额到户、联保贷款，整借零还或者整借整还"的方法(高灵芝 等，2005)。在贵州省实施这种模式，其扶贫对象是贫困村、贫困户，把贫困农户的温饱问题作为重中之重，解决贫困农户在种植业、养殖业上遇到的问题，鼓励发展方便家庭经营的副业，以此来加快脱贫进程。

5. 劳务输出减贫模式

贵州省人多地少，农业劳动力过剩，缺乏农业就业机会，这种特殊的省情是造成贵州农村贫困的一个重要的因素。贵州自然资源和其他发展条件，尤其投资环境的限制，使就地脱贫要比其他地区要困难得多。所以，寻找其他出路很有必要。目前，农业劳动力过剩，必须把这些劳动力通过劳务输出的方式，让他们在外地找到合适的就业机会，这样既可以增加外出务工农民的收入，提高外出农民的自身素质和能力，同时也使输出地的人口压力得到缓解，人地矛盾也有所缓和。调查发现，贵州省在许多地方已经实施了这种脱贫方式，并将其作为减贫的重要手段之一。另外，政府和其他社会组织也积极向贫困农户剩余劳动力外出就业提供诸如信息、资金、培训等方面的服务，增加外出就业的机会。

6. 生态建设减贫模式

贵州地貌最大的特点是典型的喀斯特地貌，这种特征也是许多地区生态环境恶化、生存和发展条件差的重要因素，也因此带来了一系列问题，如人口膨胀、生态恶化、经济贫困等难题，限制着贵州经济社会的发展，所以探索一条人口、经济、生态环境之间协调发展的道路，让贫困地区走出这种"人口—生态—贫困"恶性循环的怪圈极为迫切（张阳，2008）。国务院在 1988 年 6 月批准把贵州毕节作为"开发扶贫、生态建设"的试验区，有利于带动毕节地区的扶贫开发和生态建设，并且能够对贵州山区的资源进行整合后再综合开发，使生态建设和经济开发相辅相成，使经济成为生态建设的物质基础，而生态文明的建设又能够推动当地经济的发展，实现资源、人口、生态和谐发展的三赢局面，这是贵州对科学发展观的实践开端，也为贵州后期的可持续发展做好了铺垫。

7. 旅游产业减贫模式

基于贵州独有的自然风光和人文风情，旅游产业减贫开发模式已经在贵州扶贫模式中占据重要的地位。旅游产业减贫模式主要依靠贫困户参与旅游发展，获得旅游经济收入，实现自身脱贫。这种减贫模式需要贫困户利用自身拥有的资源基础，包括土地、房屋、工艺、传统、歌舞等资本、文化、技术要素，积极参与旅游开发，实现在旅游产业相关岗位充分就业。以贵州雷山县为例，雷山县作为国家级贫困县，全县贫困人口达到 24357 人，贫困发生率为 17.5%，如何实现脱贫致富奔小康，一直是雷山县委、县政府的工作重心，是一场输不起的脱贫攻坚战。据悉，近年来雷山县认真贯彻落实省委关于"牢牢守住发展和生态两条底线、用好民族文化和生态环境两个宝贝，打造国内外知名民族文化旅游目的地，带动经济社会更好更快发展"的要求，深入推进农文旅一体、产城景互动、一二三产业深度融合发展，加快推进全域旅游化、全县景区化。"十二五"规划期间，全县累计接待游客 2091.59 万人，累计实现旅游综合收入 154.54 亿元，分别是"十一五"规划时期的 4.1 倍和 9.3 倍，文化旅游业对经济增长的贡献率达 28.5%，带动 1.4 万贫困人口实现脱贫。

第四节 贵州绿色发展的减贫道路存在的主要问题

（一）基础设施薄弱，生态农业需要前期投入

贵州省位于云贵高原，山峰和丘陵为主要地形，可耕种面积小，大部分是

以梯田的形式进行耕种，不适合农作物的规模化种植。并且，贵州属于喀斯特地貌区，大部分喀斯特地貌裸石严重，客观上限制了种植业和畜牧业的发展，也会给农业的基础设施建设带来一定的困难。由于各种原因，过去人们对环境保护的认识不足，加剧了对环境的破坏，造成包括石漠化现象等不可逆的影响。例如，长顺县喀斯特地貌面积占比高达 93.9%、黔西县喀斯特地貌面积占比达92.2%。正是因为这样崎岖的地势地形，可耕地面积小，泥石流等自然灾害时常发生，造成水土流失严重、地表的土壤覆盖率低等问题。这些原因都会造成农产品产量低。相对于东部沿海地区，贵州的经济基础建设也相当薄弱，阻碍了农业的发展，例如水利工程建设落后，初级农产品产出区域道路交通严重不畅，有些地区资源型生产工业废物治理工程建设不足，土壤退化治理投入不足等。这些自然环境弊端决定了贵州想要发展大规模生态农业，就必须首先解决生态脆弱和基础设施落后这两大先行障碍，这需要前期大量投入，改善生态农业所需要的基础。

（二）劳动力素质偏低，技能培训必不可少

随着我国经济的不断发展，国家的素质教育也得到普及，贵州省的劳动力素质得到一定提升，然而无论是城市劳动力素质还是农村劳动力素质，特别是贫困农村的劳动力素质，相对于东部沿海发达地区存在着一定的差距。初中文化水平以下的劳动力人口占到86.1%，远高于其他地区，并且这是 2012 年的数据，离现在并不遥远。其中，小学文化及文盲占比高达 53.2%。贵州省一直属于劳动力输出大省，青年人普遍外出到沿海发达地区打工，留下的大部分人是文化程度低的老人和儿童。长期以来，人们都把外出务工作为脱贫的选择，低素质的劳动人口从事种植业，造成的直接后果就是初级农产品产量低下。劳动力文化素质低下，不利于农业自然抵御，在自然农业灾害面前，发现的前瞻性不足，这些都会直接导致农业生产性不足的出现。因此，这就需要技能培训，不断学习新的技术，或者由技术人员指导采用新方法来促进生态农业的合理发展，夯实绿色经济发展的基础。

（三）龙头企业实力落后，企业扶贫作用有限

贵州对于特色农业产业发展的重视程度不断提高，近些年也相继出台了一系列的法律政策和政府规划，为贵州省特色农业产业的快速发展奠定了基础。逐渐涌现出一批代表贵州在全国享有知名度、拥有较大生产规模、生产能力相对较高的生产性龙头企业。但是，相对于东部发达地区，贵州省的企业还远远不足以与之匹敌。首先，从数量上而言，虽然贵州目前有以打造中药材产业为

主的优势企业，例如贵州百灵、益佰制药等享誉全国的知名药品制造企业，但这类企业屈指可数，贵州省作为全国中药材出产的大省，制药企业在数量上来说远远不够与之匹配，龙头企业非常有限。2013 年，贵州省仅有一个制药企业进入全国医药企业收入的前 100 强，远低于产出的中药材。其次，贵州百灵、益佰制药等这些仅有的制药企业，竞争力还很低，在全国医药企业销售 100 强中，贵州每年都赶不上其他药材产出大省，这也说明了贵州省在初级产品的加工和销售环节都有待加强。最后，除了老干妈这样的大型农产品加工制造企业，贵州很少有企业能够领导一个行业的发展或者一个地区的发展。这也说明了在龙头企业的建设过程中还有很长的路要走。这些问题都会阻碍产业的进一步发展。以上几个原因导致企业在扶贫作用中能力有限，提供的就业岗位有限，不能全方位带动地区扶贫发展。

(四)处于产业链底端，自身产业链短板凸显

贵州省特殊的地理条件给基于生态农业的绿色产业种植带来巨大的挑战，出现例如种植面积零散不集中、单位面积的农产品产量低等问题，这些问题都导致上游农产品供应较为分散，不能够形成原料供应的规模化。生态农业上游的低效率是导致贵州省特色农业产业发展的一大障碍，上游的农业初级产品是原料供应的重要阶段，此部分的低效率生产决定了生态农业的成本较高。较高的生产成本会挤压企业在生产环节的资金投入，不利于初级农产品的加工，对于生产的扩大和规模化都没有足够的资金保障，从而影响整个产业的发展。对于整条产业链而言，初级农产品加工的落后必然会导致产品市场竞争力下降，不利于特色农业产业的发展，还会导致下游产业的发展滞后，对终极农产品的储存和销售问题等带来不利影响。以贵州马铃薯产业为例，马铃薯在贵州省的产量是最大的，但是用于深加工的却只有很小的一部分，虽然有"天使"和"家乡"牌油炸薯片成功上市，但是这种投入远远不能满足市场对马铃薯的需求(刘振业，2005)。绝大部分的马铃薯以初级农产品形式直接在省内消费。马铃薯被用来加工的量大约只占总量的 5%，用于粮食生产和饲料的却占总量的 80%，只有近 20%的马铃薯被用于销售(张贵祥，2008)。

(五)农业品牌优势不明显，市场竞争能力不足

近年来，我国的现代化农业发展思想得到一定的提高，农业增长方式已经不再是单纯依靠数量，而开始逐步重视农业生产的质量和效益。在转变的过程中，由于品牌具有独特影响力、不可替代性和稀缺性等特征，农产品的品牌建设在农产品市场竞争方面有着不可忽视的作用。目前，贵州的特色农业品牌化仍存在很

多问题，例如：品牌意识发展薄弱、法律保障制度不健全、政府财政投入不合理、农业品牌发展环境不乐观、农业科技人才匮乏、品牌宣传和品牌专利保护力度不足、特色农业品牌化产业链条较短等。这些问题导致贵州参与全国市场能力不足，农业经济价值不能充分体现。以贵州西瓜为例，贵州西瓜产业存在发展规模小且增长速度慢、品种结构少且种类单一、产品质量有待提高、技术组装的投入不够、没有明确的目标市场、农民组织地下化等问题，都影响着贵州西瓜品牌的打造，相比新疆哈密瓜、甘肃西瓜等品牌，市场竞争能力较弱，在一定程度上影响了贵州西瓜市场经济价值的体现。

（六）创新能力相对较低，专利申请量较少

无论是基于生态农业发展的绿色经济，还是大数据、大旅游开发的绿色经济，创新是提升绿色经济发展的关键动力之一。但是，相比其他高 GDP 增长省份而言，贵州省创新能力相对较低，以农业专利申请为例，1998～2011 年，贵州农业产业共获批专利 498 项，农业产业专利获得量仅有 725 项，是所有列出的省区市里最少的(图 3-1)；无论是实用新型项，还是发明专利项，贵州省都处在所示省区市的末尾，这足以说明贵州省在农业产业技术水平方面的创新能力不足。其技术含量主要集中在特色农业产业的初级农产品种植技术方面，而在新种子的研发、新虫害的消灭等方面，贵州没有获得专利的批准，在这方面的发展速度较慢。由图 3-1 可知，在特色农业产业的加工环节，贵州省的新技术研发少，在这方面还需要加大技术创新的力度，才能更好地发展贵州省特色农业。

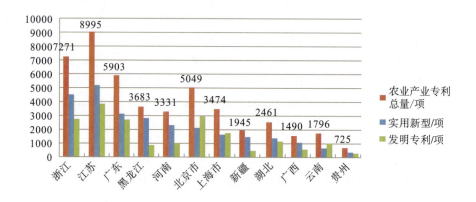

图 3-1　1998～2011 年我国部分省区市农业产业专利申请总量及类别

第五节 本 章 小 结

　　贵州绿色发展的历程与贵州大生态、大数据、大旅游、大扶贫息息相关。绿色产业发展的核心基础也是基于生态农业的产业开发，结合大数据和大旅游而形成的。贵州特色生态农业经济诸如茶、马铃薯、精品水果、特色杂粮等的发展，为贵州贫困地区带来了产业扶贫的契机，再加上贵州全域旅游的深度融入和大数据技术的配合，贵州绿色发展和减贫紧紧结合在一起。近几年，贵州绿色发展与减贫工作取得瞩目的成绩，也形成了包括治理水土流失、保障高产稳产、药材作料经济、现代观光农业、大数据大扶贫等贵州绿色发展的类型，以及基于绿色经济发展的生态农业、以工代赈、易地搬迁、小额信贷、劳务输出、生态建设、旅游产业的减贫模式。这些减贫模式不仅是贵州经验的总结，也是落实推进中央精准扶贫工作的地方操作方式。但是，贵州绿色发展依然存在基础设施薄弱、劳动力素质偏低、龙头企业实力落后、处于产业链底端、农业品牌优势不明显、创新能力相对较低等问题。成绩与问题并存，这符合事物发展的规律。贵州近年来绿色发展与减贫工作取得的成就，为未来贵州绿色经济的可持续发展、贵州绿色发展减贫模式的构建做出了伟大的贡献。

第四章　国内外绿色发展提升
减贫成效典型案例分析

第一节　国外案例研究

世界上存在这样一些地区，贫困与生态环境恶性循环的问题并存，最终在国家的扶持以及该地区本身的不断探索下，找到了一条在保护环境的前提下施行绿色扶贫的发展道路，并且取得了惊人的发展成果。这些地区的成功经验为我国的绿色扶贫提供了参考，其经验与做法值得借鉴。

(一)美国

美国的阿巴拉契亚地区曾经有过一段辉煌的历史。在第一次工业革命时期，该地区拥有煤炭、盐业、铁业三大支柱产业。在以内燃机为标志的第二次工业革命席卷世界时，其渐渐衰落成为美国国内经济落后、生态与环境被破坏的贫困地区。经过一段时间的发展，前期的生态破坏和环境污染的严重后果逐渐显露，造成水土流失、水与空气污染等，严重威胁发展的问题频频发生，导致该地区的经济环境发展进入恶性循环阶段(何芬 等，2015)。阿巴拉契亚地区毫无疑问地成为美国在第二次世界大战(简称二战)后扶贫发展的典型对象。

1. 阿巴拉契亚地区概况

阿巴拉契亚地区有著名的阿巴拉契亚山脉，大致呈东北—西南分布，跨越美国和加拿大的部分地区，山脉全长约 3200 千米。因此，该地区高原山地广为分布。该地区地形陡峭弯曲，降水丰沛且分布均匀。另外，其森林、矿产资源比较丰富，煤炭的储蓄量和产量大并且世界闻名。阿巴拉契亚地区原有 9 州 236 县；1965 年《阿巴拉契亚地区开发法》以官方法律形式确定其包含 11 州 360 县；到 1967 年，因为法案的修改，该地区最终被确定为包含 13 州 397 县，面积达 50.488 万平方公里(陈星，2015)，区域北边由宾夕法尼亚州到纽约州南部，南边从亚拉巴马州延伸至密西西比州北部，另外并入了几个县。

由于其多山脉的独特地理区位以及产业结构的单一化，美国的阿巴拉契亚地区一度成为最贫困的地区之一，与美国的世界经济地位、发达繁荣程度形成鲜明反差。值得注意的是，早在二战前的美国，阿巴拉契亚地区的贫困问题就已经受到政府的重视，并在该地区实施了摆脱贫困落后的大量扶贫规划和建设。

2. 阿巴拉契亚开发前夕的状况

1）贫困与失业，人口流失

1960 年，阿巴拉契亚地区的人均年收入仅为全美的 73.6%，肯塔基州的贫困情况突出，该州最低人均年收入只有 841 美元，然而当时美国国内的贫困线标准是人均年收入 3000 美元。大量的统计资料显示，阿巴拉契亚地区的贫困家庭数量占比在全美平均水平以上，高达 30.7%；该地区的失业率比全美的平均水平高 2.1个百分点。另外，在 20 世纪 50～60 年代美国经济总体转好的大背景下，阿巴拉契亚就业率反而减少了 1.5 个百分点。这一反常现象主要源于阿巴拉契亚地区的大量优质劳动力因贫困和失业外迁。这种状况随着时间的变化而变化，形成一种经济状况不断恶化、人口流失的恶性循环。根据统计，1950～1970 年，阿巴拉契亚地区的人口从 2400 多万减少到 2100 万左右，总共净迁出 300 多万人。

2）以传统农业为主，商品化率低

阿巴拉契亚地区独特的山地平原地势造就了该地区以山区丘陵为主，土质结构相当差，导致适合农耕的土地只有该地区土地总面积的 2/3 左右，与全国平均水平相比，可耕地面积非常少。另外，由于土地贫瘠与耕地面积狭小，该地区农场普遍较小，这一系列的不利条件使该地区的农业成为商品化率低且经济效率不高的自给自足的传统农业。其农场的平均收入仅有美国农业部统计的全国平均数据的 39.8%。另外，20 世纪 60 年代，该地区的 380 多个县中，仅有 41 个县的主要经济活动不是依靠农业。

3）工商业、城市化发展落后

阿巴拉契亚地区没有抓住产业升级发展的机会，从而在第二次工业革命中逐渐衰落。该地区仅仅把产业发展建立在对自然资源进行初级加工的层次上，后面虽然也为转型升级付出过不懈的努力，但是效果差，总体呈现的效果是工商业、服务业发展长期萎靡不振。二战后的阿巴拉契亚地区的工商业取得了一定程度的发展，但农场生产雇佣的农业人口位居全国前列。在 20 世纪 60 年代，阿巴拉契亚地区的农业需要雇佣的工人比全国平均水平高出 3.8 个百分点；与此同时，阿巴拉契亚地区的服务业雇佣人数比全国平均水平低 8.7 个百分点。因此，该地区由于产业结构的严重失衡导致各产业对经济发展的拉动作用没有发挥出来，以至于该地区的城市化水平表现得比较低下。具体体现为：1950～1960 年的 10 年中，阿巴拉契亚地区的城市人口仅仅上升了 3.6%，并且占人口总数的比例还不到

48%，比全美平均城市人口占人口总数的比例低 24 个百分点。

4）健康与医疗保健水平低下

阿巴拉契亚的居民身体素质、健康水平与美国的其他地区相比，由于缺乏基本的医疗设施和医护人员而没有得到增强和提高。一份 1962 年的调查报告表明，这个地区每 10 万人口中只有 92 名非联邦的医师，在乔治亚州，这个数据更小，约少于 60 人（Appalachian Regional Commission，1972）。另外，经济发展水平低导致的生活贫困造成人们的膳食中某些必备营养素的缺乏。即使州和联邦政府都致力于推行给学生提供营养丰富的免费食物的计划，但是这个地区营养不良的问题仍然普遍存在。

3. 贫困落后的原因

阿巴拉契亚地区的地理条件十分不理想，其中交通不便是其经济和社会发展的短板，同时是造成该地区贫困落后的经济社会现状的首要原因。另外，该地区的贫困落后还有以下三个方面的原因。

1）受教育程度低、劳动者素质和投资环境不理想

1960～1970 年，阿巴拉契亚地区拥有中学文化程度的居民所占的比例比全国平均水平低 11%；该地区大学教育程度的居民数量仅占全国的 3%，25 岁及以上居民花费在学校平均教育上的时间比全国平均水平少 2.2 年；其中，阿巴拉契亚中南部是全国文盲比较集中的地区，导致该地区缺乏高素质、高技能的工人。工资水平多年来都低于全国平均水平，如 1968 年，北卡罗来纳州纺织行业每小时平均工资比全国低 0.08 美元，但劳动生产率的低下又削弱了该地区低工资的微弱优势［一个地区的平均劳动生产率如果比另一个地区低 50%，那么工资水平必须低到 50% 以上，才能对资本家有吸引力（周起业，1987）］。所以，虽然该地区的制造业拥有悠久的历史，是威士忌酒的著名产地，但是以当地廉价酿酒原料进行劳动密集型生产的产业很难带来较高的产品附加值，该地区经济缺乏强有力的产业支撑。

2）巨额财富外流，经济带动力差

阿巴拉契亚地区的自然资源中，煤炭和木材尤其丰富，因此吸引了大量外地业主的目光，但是外地业主注重对当地土地资源的控制，而不关心提高当地社会生活水平。而且，这个过程延续了将近一个世纪，开始于第一次与第二次工业革命之间的过渡期，一直延续到二战以后。外地业主对本地区大量土地和矿产的掌握主要是通过在购买过程中的欺骗或者控股兼并等方式实现。20 世纪80 年代初期，该地区的土地所有权工作组完成了一份关于《土地所有权模式及其对阿巴拉契亚社区的影响：对 80 个县的调研报告》，该报告明确指出"外地

业主控制了阿巴拉契亚 3/4 的土地和矿产,其中 4/5 的矿产为外地业主拥有"(黄贤全,2013)。1964 年,阿巴拉契亚地区土地和矿产由外地业主掌握是导致该地区贫穷落后的重要原因之一已经被《阿巴拉契亚地区总统委员会报告》这一权威官方文件正式承认。

3) 缺乏合作、进取和开放的精神

阿巴拉契亚地区群众普遍受宗教文化影响,造成当地居民缺乏合作、进取与开放的精神。该地区的移民从 18 世纪开始,早期阿巴拉契亚居民来自几个主要的欧洲国家,此后连续不断地有各种族裔的居民迁入此地,包括美国社会发展过程中的失意者。对阿巴拉契亚居民生活状态的调查发现,该地区居民长期生活贫困形成生活消极不健康的状态,由于缺乏与外界的交流沟通,信息的闭塞加剧了这种状态,这种不健康的生活状态容易形成极端个人主义色彩的人生观。比较突出的个人主义容易导致精诚合作、追求共同发展精神的缺失。除了个人主义外,当地居民还带有与时代积极进取精神反差强烈的浓烈的宿命论。此外,当地居民的基督信仰,使他们在接受新事物、新观念时缺乏与时俱进的开放包容的心态,表现出现代化抗拒思想。

4. 阿巴拉契亚地区实施绿色减贫的措施

1964 年,根据该地区存在大范围的贫困、自然环境严酷、地势地貌起伏大、交通不发达、缺乏比较好的基础设施、缺乏经济增长的支柱行业等一系列社会发展与环境保护的问题,当时的美国政府发起了"向贫困宣战"的倡议。针对该地区贫困的特点,美国政府提出并采用了大量的扶持经济社会发展的政策,其中主要的策略是绿色发展。"向贫困宣战"刚开始追求的目标是解决大面积的贫困状况,最终目标是要让该贫困地区走上可持续健康发展的道路,其中所采取的最重要的绿色扶贫方式主要包括三个方面。

1) 发展绿色旅游产业,增加就业

阿巴拉契亚地区有较高的森林覆盖率以及丰富的旅游资源;旅游景区建设形成一定的发展规模最早发生在 20 世纪 30 年代,其成果包括建成大雾山等在内的国家公园,后来又专门建设了 884 公里景区交通路线,服务于当地旅游。该地区在约翰逊政府时期发布了阿巴拉契亚地区委员会年度报告,报告指出了在当地发展旅游休闲的制约因素,同时提出了具体有效的解决措施,力求在保护生态环境的同时发展旅游业,将保护土地、森林、水资源、野生动物与旅游休闲事业同时进行,这样逐渐提高了当地居民生活水平,在收入增加的同时提高了生活幸福感。具体的有效措施主要有:①规划并新建大批专门服务于旅游业的基础道路设施;②由联邦政府和州政府共同出资保护、恢复野生动物及其栖息地,进行污染治理和生态恢复并禁止该地区的矿产开采;③对该地区的开发执行严格的标准,重点拓展国家级公园及其国际相似类型的休闲区的开发；④适当鼓励私人资本流入比较复杂的休闲旅游开发项目中，并且为了充分调动其对旅游开发投资的积极性，当地政府提供长期的贷款优惠。政府绿色扶贫政策在阿巴拉契亚地区的实施，在带动经济发展的同时给当地居民创造了大量就业机会。

2）发展教育，挖掘人力资源

教育落后导致当地劳动者素质低下，毫无疑问制约着阿巴拉契亚地区的经济发展，从而导致当地投资环境的吸引力下降。提高劳动者的素质有利于将人口资源转化为人力资源，改善投资环境，吸引大量资本的涌入。1965~1992 年，联邦政府着力加强对该地区的教育培训，以政策为手段，采取相应的措施提高居民教育水平和就业技能，资金投入将近 80 亿美元。1997~2002 年的发展规划中，阿巴拉契亚地区委员会把减少山区学生辍学率和提高该地区大学生入学率、增加当地职工受到良好教育和技能培训的机会作为发展重点(纪万师，2000)。另外，包括人力资源开发和培训法案在内的四个法案的通过为在职培训的教师提供教学和展示材料。与此同时，相关工作人员还关注城镇人口的工作状况。职业培训和再就业服务工作的展开，对该区域的就业服务有完善补充的作用（Appalachian Regional Commission，1964）。委员会同时注意到，用较高的科技含量和专业技术来武装当地的工人队伍是促进该地区长久发展的力量源泉。政府的教育扶贫这一绿色扶贫政策有效地促进了阿巴拉契亚地区生产率的提高、人力资源素质的提升以及区域经济的发展。

3）健全医疗保健服务体系

健康与医疗保健水平低下，不能充分发挥全民的体力和脑力资源，严重制约阿巴拉契亚地区经济的发展。政府提倡并大力推行学校的膳食改善计划，以解决该地区的营养不良现象。在该地区一些试点县的参与下，食品券计划取得了相应的成效，为了将该计划的成效进一步推广普及，政府毫不犹豫地决定投入更多的资金，覆盖前期没有包含在该计划内的学校。另外，建设大量示范社区健康中心，以帮助解决当地居民健康处于低水平的问题，为此购买了大量配套的医疗设施，聘请了专业培训人员。此外，环境卫生服务工作也有序开展，如加强对虫害及水污染的治理。示范社区健康中心配备了专业医疗团队、医疗健康实验室等，可根据各地的健康状况提供相应的诊断治疗和健康快速筛查服务（Appalachian Regional Commission，1964）。健康绿色扶贫政策改变了当地之前的健康水平状况，提高了体力和脑力劳动的效率，为该区域经济的发展注入新的活力。

5. 实施绿色扶贫的成效

几十年来，阿巴拉契亚地区经过旅游、教育以及健康等绿色扶贫项目的开展，极大地促进了当地经济和社会的发展，基本上改变了该地区原来恶性循环的贫困状态，取得三个方面的成效。

1)居民摆脱贫困

经过多年的绿色扶贫发展，阿巴拉契亚地区的人均收入增长率高于全国平均水平。20 世纪 80 年代，通过绿色扶贫战略实施，该地区居民人均收入实现翻一番的目标，由过去人均收入 3163 美元增加到 7333 美元，且增长率为 131.98%，以第一名的高水平发展势头发展经济，这表明实施绿色扶贫发展方式取得的效果显著。1960~1976 年，在贫困线以下生活的贫困人口下降了 16.2%，居民收入显著增加，生活水平明显改善。可以看出，长期的绿色扶贫，给这个地区带来的变化正在持续扩大，使该地区的发展方式演变成为一种可持续发展的新模式。

2)受教育程度和人口素质提高

1965~2000 年，在阿巴拉契亚地区直接投入的 58 个教育项目，让约 27000名学生和相关培训人员受益，助推了当地居民的受教育程度和水平的提高：1980~2000 年，当地居民完成高中水平学业的比例上升了 19%。另外，高学历人数在这 20 年间呈现增加的趋势，2000 年该地区的大学毕业生达到了 20.3%。一份近期的报告表明，2010 年，该地区大于 25 岁的高中学历人口比全国平均水平稍低 2.3 个百分点，获得本科学历的占 25%(Tim，2012)。值得特别关注的是煤矿工人受教育程度的提高，根据美国国内的一份调查报告显示，到 1975 年，新矿工中仅约 25%的员工未完成高中学业,矿工和建筑工人中有 13.1%的员工上过大学，他们中大部分人大学毕业后还受过技术培训(Ralph，1981)。

3)医疗和配备水平提高

在俄亥俄州的大部分地区推行积极医疗补助，内容包括：每年培训 48 名职业护士来补充缺额护理人员以及帮助困难家庭支付健康和护理特殊疾病的费用(Appalachian Regional Commission，1968)。1968 年底，弗吉尼亚州有 9800 名儿童进行了心脏疾病的筛查，其中 250 名儿童经过了更为详细的治疗和检查。另外，面对该地区较高的婴儿死亡率，示范县增加了特殊诊所的数量，扩大产前诊所和癌症筛查诊所的覆盖范围，完成了婴儿疫苗的调查和管理，同时还进行了优生优育的计划生育和成人健康检查(Appalachian Regional Commission，1969)。近年来，当地居民的健康状况和医疗保健得到了该地区管理委员会的高度重视，并还在争取更大的提高(Appalachian Regional Commission，2001)。

综上，阿巴拉契亚地区的绿色扶贫发展给该地区的居民与经济、生态环境，资源的可持续发展注入了活力，事实表明，通过绿色扶贫促进贫困地区经济、社会、生态环境的可持续健康发展是一条值得借鉴的道路。

(二)南非

南非相较于其他非洲国家，经济处于中上水平，南非的自然资源富饶，各项基础设施较为完善，然而长期以来受种族隔离制度的影响，种族间收入差距明显，黑人中的贫困人口多，居住条件差，造成南非贫困问题严重。因此，消除贫困成为历届领导人工作的重心。

1. 南非社会经济发展概况

地处非洲大陆最南端的南非，三面临海，位于素有"西方海上生命线"之称的好望角航线旁，好望角自首次通航以来一直是世界上最繁忙的海上通道之一。南非国土面积约 122 万平方公里，总人口 5200 万人，其人口构成中，黑人占了全国人口的 80%，其次是白人和亚裔人，有 9.6% 的人口来自其他地区。南非以占非洲 20% 左右的国内生产总值一跃成为非洲经济最发达的国家，在发展中国家属于中上水平。但南非的社会生活中存在着较大的贫富差距和明显的种族间收入差距问题。占总人口 20% 的富人掌握了 2/3 的国民收入，全国 5200 万人口中只有 160 万人纳税，但却成为整个国家的经济基础和主要的财政来源。南非统计局数据表明，2010~2014 年，国内生活成本上涨的同时，南非贫困人口增加了 1.5 个百分点。该国每月用于购买食品的人均支出上涨了 34 兰特(约合 17 元人民币)。贫困百姓生活得非常艰难，为了满足如交通费和手机话费等基本服务费，他们省下了用于购买食物的开支。其中，黑人贫苦者居多。南非独立后，大量对黑人的扶持政策在曼德拉出任总统后得到实现，少数黑人摆脱了贫困，但是大多数黑人仍然处于贫困之中。针对这样的状况，南非政府制定了大量的扶贫战略。由于南非拥有天然的海上交通要道，交通区位突出，加之丰富的自然资源为产业发展提供了物质基础，产业发展潜力巨大，另外还有良好的国际形象，这些有利的条件均为南非大力发展旅游创造了得天独厚的优势，政府决心发展旅游这一绿色扶贫方式有力地促进了南非经济社会的发展和贫困人口的减少。

南非政府开展的这项以旅游促进减贫的工作，就是旅游扶贫 (pro-poor tourism)。旅游扶贫是基于发展旅游产业，实现产业经济的发展战略，通过发展旅游业，让当地贫困地区居民得到经济利益，满足收益大于成本的目标(Schilcher, 2007)。旅游扶贫的核心目标是在充分利用旅游资源的基础上实现贫困地区的脱贫致富，方式是让贫困人口参与到旅游发展的整个过程中，最终实现地区和贫困人口共同发展达到脱贫致富的目标(周歆红，2002)。旅游扶贫把促进旅游业发展作为实现脱贫的基础，"扶"是实现让贫困人口摆脱贫困的手段，"贫"是"扶"

所要帮助实现经济生活水平提高的对象。旅游扶贫的特点是一种典型的"造血式"绿色开发扶贫，与一般的"输血式"扶贫有着明显的区别。

2. 南非旅游业的发展优势

南非在世界上享有"彩虹之国"的美誉。其发展旅游的优势基础条件是拥有丰富的旅游资源和比较完善的配套基础设施。该国拥有的大饭店超过 70 家，同时拥有上千家大小宾馆、旅馆、饭馆，接待游客的旅游设施齐全完备。旅游景点的集中程度高、优势明显，分别分布于东北部和东南沿海地区，且风景名胜区拥有各自的特点，可以满足不同游客的需求。南非主要的旅游增长点是生态与民俗旅游。近年来，旅游业以惊人的速度在南非发展，很快成为国内的第三大外汇来源和提供岗位较多的行业。据该国旅游局数据显示：2008 年南非旅游业在国际金融危机导致全球旅游业收入整体下降的国际背景下，依然保持了良好的发展趋势。2008 年，到南非旅游的海外游客比上一年增长了 5.5 个百分点，总人数达到 959 万人；消费总额达到了增长 23.5%的预期目标(唐兰兰，2010)，5 年来旅游业的收入首次突破了 3560 亿兰特，旅游业提供了大量工作岗位，且提高了当地居民收入水平。其中，南非旅游业的快速发展促进当地生活水平的提高源于其旅游扶贫这一绿色扶贫方式拥有独特的时空背景和自己特色的战略理念，主要表现在四个方面。

1) 旅游资源丰富

南非三面临海，地处两个大洋(大西洋和印度洋)的交界处、非洲大陆的西南端，拥有便利的海洋交通。国内的旅游基础设施现代化并且齐全，拥有世界一流的豪华酒店和花园别墅，旅游的接待服务能力强大，还有丰富的原始部落风情。另外，南非拥有绮丽多变的自然风光和丰富灿烂的人文景观，给人如同环游世界的旅游体验。南非的旅游景点有较好的集聚程度，主要分布在东北部和东南沿海地区。有诸如好望角的浪花、文化内涵丰富的城堡、温暖的太阳城等景观，其多姿多彩的风景可以给不同游客带来丰富的旅游体验。其中，对南非旅游业贡献比较大的是生态旅游和民俗旅游。在南非，最吸引外国游客的 15 个景点分布在 9个省，例如开普敦海岸水上世界、桌山、好望角等著名景点。另外，比较著名的景观还有约翰内斯堡、太阳城、"天涯海角"、黑人城镇、圣地索韦托等，游客还可以在著名的世界钻石之都金伯利购买质地上乘的钻石。富有独特的自然和人文旅游资源为南非招揽了众多海内外游客，成为南非旅游业快速发展的助推力量(陈欣怡，2013)，给绿色减贫提供了物质基础。

2) 潜力巨大的旅游产业

近年来，南非快速发展的旅游业已经成为国内的第三大外汇来源。南非拥有大饭店 70 多家和上千家大小宾馆、旅馆、饭馆，具备强大的旅游接待能力。世界

200 多个国家的旅行社每年都会带领游客来到南非旅行。2006 年，世界旅游大奖首次由南非获得。同时，南非因为旅游的发展对生态环境起到的良好保护作用，还赢得了许多重要奖项(世界最佳野外探险和野生动物保护区等)。南非的国外游客人数曾经在 20 世纪 90 年代以前的 20 多年间保持平均每年不到 100 万人的数量，仅仅在之后的 4 年，游客人数迅猛增长了 300 万。2004 年的南非，旅游业产值已经达到当年国内生产总值的 7.4%，为 156 亿美元。同时，旅游业的迅速发展给南非提供了 120 万个就业岗位。2006 年，南非旅游业发展迅速，以高于全球旅游业同期增长水平的 3 倍增长。同年，进入南非旅游的外国游客中有 626 万来自非洲大陆，欧洲以 138 万的游客数量居第二位。来自南非国家统计局的数据表明，仅 2012 年 6 月南非旅游业收入中，住宿这一项收入达 1.748 亿兰特(约合美元 0.21 亿)，同比增长了 13.4%。同年第二季度，旅游住宿业收入以 11.2%的增长率创下新高，其中宾馆收入以 8.5%的增长率位于榜首。对于现在的南非，往年为国家经济创收最多的黄金产业已经被旅游业替代。南非的旅游业发展每年给国内居民提供大量就业机会和劳动收入，同时与旅游相关的水、电、交通、卫生等基础设施建设取得了快速发展，为南非绿色减贫战略贡献了力量。

3) 广阔的发展前景

近年来，南非旅游业高速发展，但该国的旅游业占世界市场的份额比较小。2007 年，国际旅游市场份额的 53.5%被欧洲占有，且占据了国际旅游人数 8.98 亿人的一半以上，依然是国际旅游的首选旅游目的地，排在第四位的才是撒哈拉以南的非洲。而相比较而言，非洲旅游市场份额仅有 4.9%。拥有丰富旅游资源的非洲旅游业还有很大的发展空间，旅游业发展前景广阔。2002 年和 2010 年，南非拥有两次向世界展现自己新面貌的机会，分别是世界可持续发展峰会在约翰内斯堡举办和国际足联世界杯比赛。资料显示，国际足联世界杯拉动南非旅游业的作用是比较突出的。2009 年，南非境外人数同比上年增长 3.6%，达到 1000 万人，对全年旅游业的贡献值达到 270 亿美元。更明显的促进作用表现在，约有来自世界各地的 260 亿人在世界杯期间通过电视转播观看足球比赛，这是南非向世界展现自己旅游观光不容错过的机会。来自该国世界杯委员会的统计数据显示，赴南非旅游的国外游客在 2010 年夏季以及随后两年内新增了 200 万人。南非旅游业因世界杯的影响增加了 31 亿美元的收益。南非旅游业带来的效益也比较明显，给零售、酒店餐饮等行业的发展提供了动力。数据表明，2009 年，境外游客的消费额同比增长 7%，达到 10.8 亿美元，2010 年的国际足联世界杯期间，国外游客就达到 37.3 万人。可见，一些地区或国际性的赛事、博览会等对南非旅游业来说是非常有利的平台，可以让更多的人认识南非、走进南非。南非旅游业无论是在国际上还是在非洲大陆都有广阔发展前景，为南非的绿色减贫战略提供了有力支撑。

4) 旅游扶贫的国际背景

旅游扶贫是近年来才在国际上出现的一种新说法、新趋势。包括旅游业在内的各行业必须走可持续发展的道路，是于 1992 年在巴西里约热内卢召开的地球问题首脑会议后不久形成的发展共识。但发展和减少贫困不是议题的重心，环境问题才是议题的核心。英国海外发展研究院在 1999 年发表了可持续旅游与脱贫的报告后，"旅游扶贫"的概念在国际论坛上才首次使用，并将旅游发展与解决贫穷的问题密切联系在了一起。这次会议的要求是在进行可持续发展的基础上，形成集团、个人、社区合作的模式，进行适当开发的旅游发展战略，扩大脱贫潜力。另外，南非也重视旅游发展中的可持续发展实践行动，及时防范因为国际社会环境的恶化对旅游业造成不良影响。因此，在 2000 年，专门用于资助国际上旅游扶贫试验项目的挑战基金由英国国际发展部（Department for International Development，DFID）设立。同年，《联合国千年宣言》提出了贫困人口减半的目标。2001 年，在布鲁塞尔举行的联合国最不发达国家问题会议上，重申旅游的可持续发展是促进贫困落后国家发展经济、增加国际参与、增加收入的有效途径，有助于朝着脱贫、和平与发展、取得进步的方向前进，强有力地体现出把旅游与贫困联系在一起的思想是可以在现实中付诸实践的。显然，南非旅游扶贫也受到了新潮流的直接影响。

3. 南非旅游扶贫战略

南非在推行旅游扶贫战略的发展过程中，提高了贫困人口的经济地位和获益程度，使贫困人口在旅游发展中受益。在战略实施的过程中采取了减少贫困计划、激励旅游扶贫企业、创建旅游扶贫试验区等大量的脱贫发展措施，保障了贫困人口在旅游扶贫过程中的权利和参与受益程度，有效地激发了旅游业反贫困作用的发挥，提高了绿色扶贫的成效。其中，具体战略措施如下。

1) 负责任旅游

南非政府把负责任旅游作为发展旅游的主要指导原则是在 1996 年发布的《发展与推进南非旅游》的白皮书中首次体现的。该白皮书提出满足经济、社会和环境可持续性发展的三条底线，要坚守这些底线，就要求旅游利益相关者包括政府、商会、企业、社区和个体都应实现相应的变革。该指导原则更多地促进当地人参与到旅游市场中，通过增加当地人在旅游发展过程中的参与程度（如减贫项目、旅游培训等），使当地人获得较大的经济利益，并提高当地的社会福利。此后，南非政府十分重视执行白皮书，以确保各方权利、义务在旅游发展过程中的实现和履行，确保贫困人口从旅游发展的参与过程中受益。2002 年，南非国家旅游部门又出台了指导全国可持续旅游发展的指南，进一步把"旅游扶贫各方参与和确保贫困人口受益"的理念融入白皮书的执行过程中；同时，在旅游企业中提高黑人的经济社会地位，保障农村在国内的旅游发展中受益等。

2) 减少贫困计划

将旅游业与农村区域发展、增加就业岗位、脱贫致富、提高国民生活质量联系起来促进旅游业的可持续发展，已成为南非旅游部门发展旅游与扶贫的共识（Anna et al.，2003）。2001 年，南非的相关部门在国内开展了"减少贫困计划"。该计划是南非旅游部门直接与减贫相联系的重要项目，目的在于加大对贫困地区发展资金的投入，以此减少国内最为贫困社区和人口的数量，达到促进该地区旅游业和社会经济可持续发展的目标。减少贫困计划提出了建设道路、信息中心、步行道等基础设施的规划以及帮助社区生产和提供能够满足客户需求的高质量的旅游服务和产品，主要增加有发展潜力的乡村文化、艺术品打造、旅馆和博物馆等旅游看点的建设。

3) 促进旅游公平贸易

针对旅游活动给目的地和当地居民带来的负面影响，南非将"公平贸易"理念应用于旅游业发展的实践中，使得旅游"应该并且能够更公平"的观念在全国范围内得到广泛传播。由此出现了许多大力赞成公平贸易和发展负责任旅游的试点，这些试点均以新提出的包括民主、尊重、可靠和可持续发展等在内的六大原则为运营标准。

4) 激励旅游扶贫企业

为调动旅游企业带动当地贫困人口脱贫致富的积极性，南非政府采取了一系列的激励措施促使企业为贫困人口提供更多发展机会和带来更多利益，主要包括四个方面。①规划获准。政府优先考虑能够给当地提供发展机会以及给贫困地区人口增加收益的项目建设。例如，南非国家公园由于其旅游发展的成果能够与当地人实现共享，并通过雇佣当地贫困人口为其提供就业机会，因此获得授权，可以在特定的时期与区域进行旅游设施的使用或者建造。②资金资助。政府给旅游扶贫企业的旅游基础设施建设和贫困人口业务技能培训设立了专门的扶贫资金予以资助。③营销激励。南非联邦接待协会为旅游企业设立了专项奖励，用于奖励可持续旅游发展较好的企业。④建立良好的邻里关系。政府鼓励企业与社区建立良好的邻里关系，鼓励企业投资社区教育、卫生等。

5) 旅游扶贫试验区

南非政府非常重视旅游扶贫的开展对各旅游扶贫主体的影响，特别是对旅游企业和贫困人口的影响（朱海森 等，2007）。为此，南非设定了一些颇具代表性的企业或旅游地作为研究案例地（实验区），特别是以代表了不同客源市场、不同类型旅游产品、土地占用情况、能力及与旅游扶贫相关政策的由英国国际发展部资助的五个旅游企业为代表。此外，政府还设立了五个南部非洲旅游扶贫试验项目为旅游与扶贫的共同发展提供探索实验点和经验，其中包括太阳城旅馆集团、荒野丛林岩石湾、太阳城胜地等旅游扶贫实验基地。通过在上述实验区实施相应的旅游扶贫战略和政策，帮助当地贫困人口或当地企业与主流旅游企业建立联系，使当地的贫困人口有比较多的机会参与旅游企业的经营活动，从而通过旅游业与扶贫事业的持续发展带动当地经济发展和脱贫致富。

4. 南非旅游扶贫的成效

南非旅游业刚取得较大成果的 1994 年也仅有 300 万海外游客。当时，广大的黑人被排斥在旅游业外，再加上南非的高犯罪率，卫生医疗条件相对较差，又是艾滋病的高发区，旅游安全得不到保障，使人们对前往南非旅游望而生畏（王颖，2008）。另外，南非拥有丰富的旅游资源，但对文化环境资源的不重视和开发过程中不负责任、缺乏保护的做法阻碍了当地旅游业发展，使得政府通过旅游扶贫来减少国内的贫困人口并带动国家经济发展战略构想的实现更加困难。后来，南非实施了负责任旅游和减少贫困计划等措施和发展计划，实施旅游扶贫战略促进了南非经济和社会的发展，减少贫困的同时又推动了社会公平的建设。作为一种绿色扶贫项目，旅游扶贫极大地缓解了南非的贫困境况，并为其绿色可持续发展指明了方向，取得的成效如下。

1) 公平对待弱势群体的利益分配

公平贸易原则是负责任旅游战略措施的重要机理。弱势群体因自身地位不高、能够掌握的资源有限，旅游业虽取得了巨大发展，但是穷人很少从中受益，还受到不公平对待甚至被遗忘或忽视。南非政府在发展本国旅游过程中重视这一情况，开展了负责任旅游等能够尽量让贫困人口参与其中的项目，同时还设想和提出了大量能够使穷人获利的潜在项目，通过增加农村社区在旅游业中的参与度实现获利。这些成果共享的经济发展项目鼓舞着企业、商会、社区和个人自由地选择自身参与形式，因此促进了多元化旅游地点和别具特色观光产品的形成，并帮助参与者实现利益共享。公平交易的原则促进当地消费收入的增加这一现象主要是通过鼓励游客在旅游目的地进行适合自己的消费等活动来实现的。给历史上社会、经济地位不高的团体（如小宾馆、餐馆等）提供盈利的机会是通过导游服务、音乐舞蹈等产品和服务的打造实现的，通过创造新的旅游产品卖点来促进当地的经济发展，这是发展旅游业给当地带来的一种回报，同时也使当地社区参与到旅游业的发展过程中来，并对提供的服务项目负责，在共同获利的同时也促进南非绿色扶贫的实现。

2) 增加收入，扩大就业机会

2004 年，南非过去国家经济创收最多的黄金业已经被旅游业替代。其旅游扶贫对经济发展的贡献主要体现在三个方面：国家外汇增收、就业岗位和劳动回报的增加、经济和产业结构的优化。旅游业的发展这一绿色扶贫方式创造了较高的利润回报，提高了当地居民收入和政府财税收入，增加了就业率，促进国际收支平衡，优化了原有的经济格局，有力地促进了南非对国内贫困地区和人口绿色扶贫的进度。

3) 文化遗产得到保护，激发贫困者对传统文化价值的挖掘

文化旅游的发展受到南非政府的高度重视，在相关部门的密切配合下取得了很好的效果。南非20多个民族都有自己民族独特的文化，政府重视传统文化的建设、保护和传承，陆续兴建了10多个吸引更多游客的文化村，其内涵丰富多彩而且规模不等。最著名的有"沙卡祖鲁""莱西迪"等文化村，分别位于德班、约翰内斯堡附近，每年都为当地招揽大量的游客。南非因为对该国古老特色遗存文化的保护与传承，使旅游景点的内涵更加丰富多彩而吸引更多的游客，对南非绿色扶贫贡献了属于文化的一份力量。

综上，南非通过实施旅游扶贫这一绿色扶贫项目，极大地提高了黑人的福利，减缓了历史遗留的种族歧视问题，对解决该国的贫困问题起到了很大的作用。

（三）日本

日本水上町被高低起伏的群山环绕，以传统农业为主要产业，生产效率更高的集约型农业发展在这里受到极大的限制。而老龄化和少子化的社会现实更使当地的农业发展陷入缺乏足够年轻劳动力进行生产的窘境。1990年，当地政府把水上町看成广域的公园，融和发展农业与休闲旅游，使当地观光资源的最大潜力得以发挥，于是提出了"农村公园构想"。经过20多年的建设，水上町以"工匠之乡"的文化建设成效最为突出，已经形成规模，实现了史迹保存、传统手工艺的继承与发展、日本特色饮食文化发扬等，成为观光农业区的成功典范，在国内外负有盛名。在发展文化扶贫的过程中，水上町摆脱了多年的贫困状况，由此可以看出，绿色扶贫是水上町可持续发展的有效方式。

1. 水上町概况简介

水上町周围群山环绕，位于日本东京西北，主要是由根郡月夜野町、新治村等4个村落组成。水上町4个村共占地350公顷，该区域的最低海拔为400米，最高海拔为800米，周围的群峰高1000～2000米，在日本城市化发展历史上因其独特的成功发展形式成为日本"新农村"城镇化的典范。水上町受地理位置和太平洋气候的影响，降水多集中在夏季，雷暴频繁，绿色自然资源十分丰富，冬季受到大陆性干燥气候的影响，冬天气温在10℃以下，大多数时间不下雨，刮强风而且干燥。过去，水上町的居民以种植水稻、香菇，养蚕等经济活动为生；在当

地年轻人外出打工和人口老龄化的问题越来越严重的情况下，当地政府为发展经济、促进休闲旅游的发展，把区域整体定位成公园，由此形成了"农村公园"构想。在水上町发展的新兴产业主要有手工艺制作、旅游休闲等两类。在"农村公园构想"发展思路的指导下，当地走上了乡村旅游发展新型道路，经过多年的发展，水上町的"工匠之乡"文化建设取得了显著成效(高青，2010)。这里建成"人偶""面具""竹编""茶壶""陶艺"等20多个传统手工艺作坊。"工匠之家"在1998年之后的7年间，参与游览、体验的游客数量达315万人，为当地贡献了3116亿日元(约合271万美元)的经济收入。文化扶贫这一绿色扶贫项目为水上町吸引了海内外大量的游客，促进了当地贫困面貌的改善和经济的发展。

2. 文化扶贫的价值与意义

文化扶贫的正式提出是在2010年联合国就关于文化与可持续发展的决议中，该决议强调了文化对于消除贫困的重要作用。联合国教科文组织认为文化内涵广泛，即包容性对经济发展有较大的影响。文化的价值是促进经济可持续发展的根本保证，是满足社会稳定发展的基础。此后联合国在多份报告和决议中，也提及了文化对于贫困地区的重要性，强调文化的发展有助于减贫，通过文化发展，诠释了经济、社会、贫困为一体的综合性发展模式。另外包括世界银行、联合国工业发展组织和世界旅游组织等在内的世界几大组织都将在文化减贫的工作中展开广泛的合作。其中，因为文化层次不同的人群对劳动生产率贡献是不同的，联合国教科文组织非常重视文化与旅游的结合发展对经济发展的贡献，一份报告提出：劳动生产率在初等文化层次的人中能提高43%，但是在高等文化层次的人群中能提高300%(张世定，2016)。因受文化可以提高生产率思路的影响，旅游的发展中输入了文化的因子，对当地的贫困人口进行智力开发，给贫困地区人群投入更多的人才和文化产品开发资金，可以达到最终实现贫困地区经济和社会健康繁荣发展的目的。因此，文化扶贫与传统的物质扶贫、政策扶贫等方式相比较，显示出其独特的优越性，对于劳动生产率的提高、区域经济发展具有积极意义，是一种绿色、清洁的扶贫方式(李云，2012)。文化扶贫在促进社会进步的同时，增强了文化与经济的融合，其潜在价值得到了开发，同时也是经济发展的精神动力与智力支持，是比较典型的绿色扶贫方式。

3. 水上町的文化绿色扶贫措施

水上町在单一传统农业的转型发展过程中，为了实现区域经济的较好发展，达到通过绿色扶贫方式来减少贫困的发展目标，培养了当地文化产业。其中，水上町实行的主要措施有四个方面的内容。

1) 基于自然资源发展"农村公园"思考

"农村公园"指的是将水上町作为一个整体，视为一个开放型的公园，促进当地自然资源的保护，围绕旅游产业实现多产业融合发展。其核心是让当地的农民丰衣足食，通过与第三产业的密切结合发展当地农业。在该思想的引导下，水上町的村营温泉、改善农村环境中心等设施很快建成。在这个过程中，民间传说的讲述和文化习俗的展现促进了当地文化旅游业的发展，同时优化了环境资源，并通过旅游设施升级改造以及充分利用现有的基础设施，涌现出了一大批的旅游新设施。"农村公园"的思考是提升水上町地区文化软实力的重要一步、促进当地经济发展的关键一招。

2) 以传统手工艺制作为主的民俗产业培育

在继承发扬先前手工艺文化的基础下，发掘了文化产业的巨大潜力，在水上町建设形成了丰富多彩的胡桃雕刻彩绘、草编等 20 多个传统手工艺作坊，形成了"人偶""面具""竹编""茶壶""陶艺"等传统手工艺之家，促进了当地文化产业的快速发展。

3) 温泉养生度假游等特色旅游产品的开发

水上町引进了养生、健康的理念，将温泉养生与休闲功能融合发展，丰富了日本温泉沐浴文化的内涵，村营温泉中心因此建成。在发展的过程中根据游客的不同需求，可以在村营温泉中心对各种主题温泉进行选择。通过提供不同的温泉沐浴服务，增加旅游消费，形成良好的游客体验，增强旅游吸引力的同时促进了温泉沐浴文化在水上町的发展，因此推动了绿色扶贫在当地的发展。

4) 提高游客在文化打造与弘扬中的参与度

保护历史遗存，同时继承、发扬传统手工艺和日本饮食文化是规划建设"工匠之乡"的基本方针，各种特色旅游项目的开发是乡村产品开发的基本方针。"一村一品"特色旅游产业的创建形成了新的发展模式，在提高当地贫困农民生产生活水平的同时，极大地弘扬和发展了当地的民族文化。为了保护和传承历史文物和自然资源，还新建了专门的资料馆，并且建设了许多怀旧风格的乡村漫步区。"工匠之乡"已经成为一张名片，有助于借助发展文化旅游的扶贫措施来减少当地的贫困人口数量。

5) 乡村文化体验项目的打造

水上町"工匠之乡"的乡村文化与乡村旅游活动的内涵与灵魂通过"体验农村文化"实现。传统特色手工艺通过整合营销、产业化发展以及现场教学式体验相结合的特色体验旅游进行继承与弘扬，获得了可喜的成功。在坊主的指导下让游客亲自动手，可以现场观摩手工艺品的制作过程，增加游客体验和旅游的参与性，让游客体验乐趣的同时，增加其获得感。

6）增加政府扶持，提高经营户积极性

政府的扶持在乡村旅游发展中扮演着重要的推动角色，其中主要体现在乡村旅游发展需要政府在基础设施建设、资金方面的诸多支持。在"工匠之乡"建设的前三年，为更加有效地实施基础设施建设，通过研究与计算，水上町政府以每人每天 4000～5000 日元的标准发放给当地居民，另外水上町政府基于委托管理费用方式给当地居民相应的补贴。这种方式既能促进当地居民参与旅游产业的积极性，也能招商引资，实现区域经济利益最大化。

4. 水上町实施绿色扶贫的成效

经过近 20 年的发展，水上町房屋、街道、增设配套设施等不断完善，如今这个"工匠之乡"经过长期的发展已形成规模。现在，"工匠之乡"受到被吸引来的外地匠主和当地坊主的共同开发，从而促进手工艺制作的进一步发展。1998～2005 年，前来"工匠之乡"旅游的游客已达 45 万人，总收入达 3116 亿日元，比最初建立时增长了三倍，游客的到来带动了一系列相关产业的发展，取得的成效如下。

1）大批基础设施的建立，探索形成新发展模式

建立的基础设施包括农村环境改善中心、民间传说与传统戏剧的演出设施、渔业体验馆、综合基础设施、村营温泉中心等。"农村公园"构想给水上町带来了文化发展旅游、旅游带动经济发展以及优化保护环境资源的良性发展。"一村一品"特色旅游产业形式的诞生促进了民族文化弘扬与传承，且文化扶贫的绿色扶贫方式提高了当地贫困农民的生产生活水平，同时也促进了地方经济和产业的发展。

2）特色手工艺品牌、体验旅游获极大成功

传统手工艺制作中的"人偶""面具""竹编""茶壶""陶艺"等特色手工艺已经成为当地特色品牌。传统特色手工艺通过整合营销、产业化发展以及现场教学式体验相结合的特色体验旅游受到了大力的推广，获得可喜的成绩。在坊主的指导下让游客亲自动手，同时现场观摩手工艺品的制作过程，增加了游客体验和旅游的参与性。另外，特色手工艺增强了水上町的旅游魅力和吸引力。现在，"工匠之乡"已经打造成了水上町的名片，形成了良好的口碑，文化扶贫成为当地脱贫致富一种强劲动力。

3）重构乡村传统社会结构，农业与体验观光紧密结合发展

旅游发展促进了一种新的生产共同体在日本乡村逐渐形成，重构了乡村传统社会结构。其中，新型观光与农业紧密结合的水上町走出了一条区别于传统农业

的可持续发展新路，主打"工匠之乡"的体验式旅游受到广泛好评和日本政府的认可，因此获得"舒适型农村竞赛优秀奖""手工艺制作优秀奖"等多项表彰。

水上町通过创新发展思路，形成具有特色的"一村一品"文化旅游产业发展模式，在提高当地贫困农民生活质量的同时，也促进了当地经济社会文化的发展，是以"农村公园"振兴家乡构想的具体表现形式，已经成为发展贫困地区、新农村建设的成功典范，让当地越来越多的人摆脱贫困的境况，令绿色扶贫项目更加深入人心。

(四)总结

在国外案例研究中，虽然相关案例在绿色发展的减贫道路上有一些值得肯定的经验，但也发现了存在的问题。

1. 区域内部缺乏密切的经济联系，区域经济没有凝聚力和向心力

以美国阿巴拉契亚区域为例，该地区特有的文化环境、经济环境和社会环境造成该地区内部之间缺乏有效的经济发展联系机制，文化的差异促使经济融合性降低，使该地区市场竞争力降低，以至于该地区贫困状况改善效果不大。另外，尽管区域内经济联系有待加强，但与区域外联合发展经济在阿巴拉契亚地区还是较为常见的，这为区域内经济发展不稳定埋下伏笔，制约了阿巴拉契亚地区的经济发展，形成瓶颈。

2. 开发落后产业无法摆脱对发达地区的从属地位

美国阿巴拉契亚地区的产业链发展中，该地区支柱型的产业都集中在原先美国较为先进的地区为增强经济效益而削减的产业方面，这些产业大多数处于停滞或者淘汰状态，主要特征是以现有生产环境和市场环境，利润未能实现最大化，从而无法实现社会减贫的最优化。

3. 减贫项目单一，可持续扶贫发展动力不强

旅游是南非经济发展的一大支柱，但是南非的旅游项目仍然以最传统的观光旅游、休闲度假为主，与旅游相关的娱乐设施、购物设施不够完善，使得当地的旅游项目比较单一，难以形成游客的重返游览。并且，南非的旅游资源十分丰富，如果不将那些更有价值的资源开发出来，就很难将产品的丰富性做好，仅仅只守着"阳光"和"沙滩"这两个经典项目，减贫工作很难有效辐射全国。

4. 地区安全问题仍存在隐患

安全问题一直是非洲当地急待解决的问题，即使是最发达的南非也一样，在

2010 年南非国际足联世界杯开幕时，安全问题就已经暴露在全世界面前，无处不在的偷盗、抢劫，令人恐惧的暴力威胁，杂乱无章的交通，松懈的安保更是让人失望之极。在这样连人身安全都无法保障的国家，请问有谁会愿意去旅游呢？旅游本身就是一项轻松惬意的活动，任何人都不希望让自己的旅行变成一场生命、财产安全的赌博，所以南非要想凭借旅游摆脱贫困，安全问题必须得到应有的重视。

5. 信息通信等配套设施仍不完善

南非虽然在非洲地区的信息化程度最高，但南非信息通信技术应用起步晚、起点低，信息通信技术与发达国家和地区相比仍差距悬殊。虽然 1994 年以来，南非的电信产业已经取得了飞速的发展，但是由于一些历史原因，农村地区的电信产业仍然处于落后的状态。根据 1998 年的统计数据，南非有 85%的白人家庭已经拥有电话等电信设备，而处于社会底层的农村黑人家庭的电话普及率仅仅只有 2%，即使是生活在城市中的黑人家庭也不过是 29%，超过 1/3 的居民要到五公里以外的地方才可以使用电话。互联网基础较薄弱，要想达到世界平均水平，还需要付出很大的努力。由于电信普及率低和基础设施不够完善，信息技术服务成本较高，较高的通信成本在很大程度上给旅游者带来不便，在这样一个信息化的时代，电信业如此不发达很大程度上影响了南非旅游业的发展。除了南非案例研究得到的启示外，信息通信等配套设施不完善可能包括四个方面的原因。

(1) 地区经济发展的历史问题。例如，美国阿巴拉契亚南北地区居民内部来往比较少，但是该地区居民与外部地区的交往联系比较频繁，这样就出现了区域经济发展散乱、利润外流的现象，不利于区域经济发展。

(2) 发展规划有欠缺。例如，美国的阿巴拉契亚地区发展的是美国发达地区淘汰落后的产业，这就使该地区的经济发展必然落后于发达地区，无法摆脱对发达地区经济的从属地位，减贫成效自然大打折扣。而南非的旅游减贫更是项目单一，旅游项目紧紧围绕传统的观光、休闲度假，缺乏吸引力，使减贫无法有效、长久地维持下去。

(3) 国家治安发展不健全。例如，南非属于发展中国家，且位于政治、经济比较落后的非洲地区，由于历史和政治的原因，南非的治安条件比较差，这为南非经济脱贫带来了不小的困难。

(4) 信息技术起步晚。例如，非洲是世界信息技术发展薄弱地区，虽然南非是非洲信息技术发展最快的国家，但是基础差、起步晚，信息基础设施不完善。

总之，在世界各种不同发展程度的国家中，由于各个国家在地域环境资源方面表现差异及政府政策导向等不同，都会存在一些贫困的地区，为了消除贫富差距，各国纷纷采取不同的扶贫项目对特困地区进行开发。当前，在面对有限的资源无法满足不断增长的需求、严重的环境污染和生态破坏对人民健康造成巨大不良影响的背景下，各国人民对干净、清洁、健康的环境及安全的食物等的要求变得越来越强烈，使恶化的环境得到恢复是一件不容忽视的重要工作。而生态环境的脆弱性也是贫困地区发展的制约因素，由于贫困地区在经济发展过程中对环境变化反应十分敏感，在"赶"与"超"的同时，又面临着保护环境的重任。因此，对这些贫困地区的开发不单单是简单的扶贫，而需要走出一条保护环境的扶贫道路，即需要极力推行绿色扶贫。通过以上案例分析可知，不论是美国、南非还是日本，都在大力通过旅游扶贫、文化扶贫等一系列绿色扶贫方式促进贫困地区的发展进步，从而实现贫困地区经济发展与生态环境保护开发的共赢。虽然发展至今存在着一些问题，但是这些成功的案例带来的经验也具有一定的借鉴价值。

第二节　国内案例研究

(一)云南

地处我国西南边陲的云南，一直以来有很多代名词——"彩云之南""七彩云南"，另一说法是因位于"云岭之南"，地处山区、边疆贫困、多民族是其主要特点。在其 39.4 万平方公里的面积中仅山区就占 94%，尤以岩溶山区最具特色，面积占云南省总面积的近 30%。作为边疆重省，其国境线长达四千多公里，从这里可以去往缅甸、越南与老挝三国。少数民族人口众多，约占全省总人口的 1/3。8 个自治州和 29 个自治县分布着 24 个主要的少数民族。2015 年，云南省 GDP 达 13717.88 亿元，在全国 31 个省区市(未含港澳台数据)中排名第 23 位，并不是很乐观，人均 GDP 为 29100.91 元，排名第 30 位(于飞，2016)。73 个国家级贫困县使得云南成为全国 31 个省区市(未含港澳台数据)中贫困县数量最多的省份。最重的民族发展工作任务、难度最大的扶贫开发、较少的全国扶持人口都是现阶段云南省面临的巨大挑战(宁亚芳，2015)。

1. 云南省减贫现状

近年来，云南省高度重视扶贫开发工作，新的扶贫开发方式不断被启用，人力、物力和财力的投入力度不断加大，使扶贫开发愈演愈烈，惠及的人口越来越多。2000～2010 年，337.5 万深度贫困人口仅剩 160.2 万人还未脱贫，已经达到的 3109 元的人均纯收入使当初人均纯收入只有 1100 元的贫困地区农民的生活发生了质的改变，而人均地方财政收入也足足上涨了 426 元，达 546 元的新高度。由此可知，云南省贫困问题有了很大改观，全区域的脱贫任务持续加快进行，特殊困难人群生活持续改善。虽有如此成果，但问题仍然存在，扶贫开发任务依然在路上，十分艰巨，影响贫困地区发展的深层次矛盾依然存在。居高不下的深度贫困人口比例、特困地区的连片集中、愈演愈烈的贫富差距,社会经济和谐发展依然被这些贫困问题掣肘而举步维艰。所以,建设西南地区人口和经济密集区、地区经济社会协调发展问题、云南省"三农问题"切实解决的落脚点依然是如何持续降低地区贫困人口数量,不断改善贫困人口生活条件,不断建立健全基础设施和建设社会事业。当前,为确保全面建成小康社会,就需要不断深化全国扶贫开发工作,不断提出、启用具有地方特色的扶贫发展方式,对于绝对贫困需大力关注,务必杜绝。

2. 造成云南省贫困的主要原因

由经济收入水平等各指标可知,云南省的扶贫工作已初具成效,云南省贫困情况的产生并不是突发性的,它是由于某些特定的困难造成的,是历史遗留问题。由于地理位置及国家政策等多方面的影响,同时基础设施不足,使云南省经济发展尤为滞后,相比较东部沿海地区,这些差距愈拉愈大。例如,追溯到 1978 年的云南,130.60 元的农民人均纯收入与全国的 133.6 元基本持平;到 2015 年,全国农民人均纯收入上涨为 11422 元,而云南省仅为 4213 元,低 7209 元。造成云南省贫困的主要原因有五点。

1) 不断遭到破坏的生态环境

中华人民共和国成立之后,相对稳定的社会环境造成人口增长过快,加之政策上的失误,为了生存对原始森林植被的大肆砍伐以及过度垦殖,虽解决了燃眉之急,却使这些地区陷入生态破坏与经济发展掣肘的恶性循环,更有甚者,一些地区环境条件已不适合于人类生存,造成许多"有山无树、有河无水"的局面。

2) 自然环境严酷

73 个国家级贫困县主要分布在高寒山区、深山区、石山岩溶区和干热河谷。高寒山区气候多变,自然地质灾害频发。云南的贫困地区大多数在较为偏僻的农村地区,交通不便,信息沟通方式匮乏,缺乏与外界沟通,造成信息闭塞,很难发展经济,云南偏僻地区出现贫困现象。这些贫困地区所处的自然环境尤为恶劣,不利于经济社会稳定发展。例如,在云南怒江州,地貌以高原为主,高原坡度达 25° 以上,有的甚至超过 50°,由于环境的险恶,这里常常发生一些自然灾害。生命都得不到保障,更何况是居民收入,故而自然环境的恶劣造成区域贫困。

3) 基础设施薄弱

云南基础设施薄弱主要集中在四个方面:①水利设施残缺,许多工程年久失修且不配套,缺乏抵御灾害的能力,另外获取饮用水渠道狭窄,部分地区依靠雨水获取饮用水,容易引成疾病;②能源使用率较低,云南虽然水电资源丰富,却缺少配套能源开发设施,开发程度低,尤其是煤炭资源奇缺的滇西贫困地区；③交通建设不完善，在云南大多数贫困地区存在交通不便、信息容易闭塞的情况，他们所住地区是交通未开发地区，没有走出来的公路，从家到外面往往需要跋山涉水，不利于经济发展以及与外界交流；④通信不便，在云南贫困地区铺设通信设备是主要难题，移动设施信号无法覆盖这些地区。

4）自然灾害频发

云南省地处西南地区，是地质灾害易发地区，各种类灾害经常发生，覆盖面积大，造成的后果严重，影响深远。频发的自然灾害容易让脱贫人口再度返贫，给扶贫工作的成果保持带来难度。

5）经济发展方式落后

云南省贫困地区所处地理位置大多数集中在农村落后地区，且大多数集中在少数民族聚居地。这些地区依然以种植农产品为主要经济发展方式，依赖于传统技术种植，缺乏科学、先进的技术指导，个人经营贩卖模式无法改善贫困户的经济状况，造成区域经济远落后于城镇地区。

3. 绿色发展：旅游助推云南减贫

云南省减贫的主要模式为发展旅游扶贫：生态旅游、民族文化旅游和边境旅游。生态脆弱是云南省国家扶贫开发工作中最主要的问题之一。脆弱的生态系统维持人类基本生存已是艰难，绝无法承载工业化的改造建设，显然发展工业的方式无法用来减贫。基于生态理论的探讨发现，云南省减贫机制构建应以绿色发展为主要目标，要积极依赖绿色发展，并且使之能够深入减贫工作内容，实现绿色创新、生态旅游，既改善生态又解决贫困问题。这些地区大多交通、信息闭塞，因此自然景观受人类经济活动干扰较小，自然生态系统得到了较为完整的保存；同时少数民族众多，各民族之间文化差异较大，使有很多文化层次的旅游资源值得开发；另外由于云南省地处我国西南边陲，与老挝、缅甸、越南三国交界，边境线较长，有较大的旅游经济潜力。所以说，发展旅游经济是少数民族贫困地区脱贫致富的有效途径。经过多年的旅游扶贫工作，云南现已经取得一些成功的经验，多年的"输血式"的经济救助越来越多地转变为"造血式"的自我旅游经济发展。

1）生态旅游扶贫模式

相比传统的农、林、牧产业，只要有好的规划，旅游业对环境本身的影响较小，甚至能够在发展旅游业的同时改善环境。云南拥有得天独厚的自然环境，为旅游业的大力发展提供了丰富的资源。其中，生态旅游是以自然为基础的，这就使其在利于生态环境保护的同时还可以改善贫困人口的生存条件。例如，石林彝族自治县曾是一个贫困县，境内到处都是大自然鬼斧神工的石头，岩溶地貌奇特丰富。这些地方难以耕地，发展农业非常困难，以前就是废地。而发展旅游业的理念一经提出，当地群众逐渐认识到这些石头的价值。丽江纳西族自治县"全国文明风景旅游区示范点"的命名也体现着旅游扶贫这一路线确立的正确无误。生态旅游产业在不破坏生态环境的前提下带来经济的持续发展增长，改变了过去农、林、牧业生产方式，实现人与自然的和谐发展。因此，扶贫开发的最佳选择就是发展生态旅游产业。

发展生态旅游产业重中之重就是改善云南的自然环境，越来越良好的自然环境可以直接推动云南旅游业的发展。植树、造林、种草，实行退耕还林，切实搞好生态环境改善的建设为生态旅游的发展奠定了基础，使旅游产业能够快速替代传统农、林、牧产业。经过多年的发展，农、林、牧产业减缓或消除贫困的能力越来越不明显，通过发展旅游业来消除贫困、发展经济，可以有效地遏制传统农、林、牧业对环境资源的掠夺式开发。以迪庆藏族自治州的发展为例，其主要产业是林业、采集业和传统农业、牧业，这些产业都会大量消耗、浪费自然资源。之前，迪庆州的主要产业和财政收入一直是木材开采，但随着发展，木材被大量采伐消耗，水土流失严重，生态环境越来越恶劣，人类生存问题日益严重。这与最初发展经济、实现脱贫的理念背道而驰。1998年后，迪庆州进行天然林保护工程建设，更加无法对农、林、牧业进行有效的发展。而发展旅游产业理念一经提出，给迪庆带来了希望，旅游业的发展给其带来了生机和活力。旅游业正在成为迪庆藏族自治州新的经济增长点和木材开采产业替代产业，同时旅游业的发展也促进了饭店餐饮业、文化娱乐业、交通运输业、农牧业、信息通信、工商业的快速发展。

2）民族文化旅游扶贫模式

云南少数民族聚居地所处位置地理环境大多较为特殊，不是高山就是深谷，这样的地理环境形成了较为立体的民族分布。即使是在民族杂居的地区，各个民族之间也相对比较独立，大多为山寨独立分布。这样的环境使各个少数民族的民族特色较为完整地保存下来，大多民族保留着自己的语言和风俗习惯。各民族之间多边关系复杂，使云南拥有得天独厚、丰富多彩的民族文化。这些文化异于传统汉族文化，是非常值得开发的文化旅游资源。

25个少数民族所拥有的民族文化十分丰富，像傣族的泼水节、彝族的火把节等。发展民族文化的旅游方式，就是把这些不同于传统汉族文化的少数民族文化作为一种值得游客参观或者体验的东西，开发整合在一起出售给游客。这些民族文化在带来无限商机的同时，自身也会受到这种带动力量的维护与支持，能够更加有动力地延续自我独特的文化而不被同化，可以说是一举多得。同时，大力发展民族文化旅游，可以将一些先进的现代理念、科学知识带给那些经济落后的民族村寨，在低成本的情况下得到非常快的扶贫改善，同时返贫率较低。以发展民族文化旅游为中心，同时可以带动当地交通业、餐饮住宿、工商业、信息通信等的发展，一举多得，是改善经济结构的先导产业。

3)边境旅游扶贫模式

由于特殊的地理环境，边境旅游也成为云南旅游业的一个重要组成部分。同时也是扶贫的一种优势项目。4061公里的陆地边界线是其他很多地区无法比拟的天然资源，越南、缅甸、老挝三国接壤赢得了海内外旅游人士的青睐。在内陆游客来往的同时，促进了边疆地区与内陆地区经济文化的沟通，非常有利于信息交流，增加很多经济合作的机会。开展跨地域、跨国际的旅游业也能带动当地经济发展。完成扶贫任务的同时，还可以促进国际经济领域的合作，加速国际贸易的发展。利用这种地理位置上得天独厚的优势，加上民族文化里的旅游资源，大力发展边境旅游，是贫困地区人民脱贫的有效途径。

在云南边境的几个区(州)如西双版纳、怒江等，综合各种因素，无论是自然还是地理环境、位置或是其特殊的历史文化都相较内陆有很大差别，这就形成了其旅游资源的独特个性。这些地区景观及其自身文化的独特魅力一直对游客有无限吸引力，可以说是发展旅游业得天独厚的条件。中越、中缅、中老边境游更是给云南增添了一种异国风情的神秘感，也能激发人们的猎奇心理。另外，云南边境相对和平稳定，和谐安定的环境提供了良好的跨国贸易平台，也为旅游业的发展提供了充足的旅客来源。尤其是边境的德宏傣族景颇族自治州，作为我国西南对外交流的关键窗口，发展边境旅游再好不过。

4. 云南省旅游减贫的思路和对策

2016年，云南省旅游发展委员会党组书记段跃庆认为，云南的农村旅游发展要迎合全国乡村旅游发展的号召，要重视乡村旅游的发展，搞清楚发展旅游的四大意义，以旅游发展过程中四个重点为基本导向，关注政府八大支持政策，切实保障四项组织根本利益(储东华 等，2016)。

1)国家大力支持，顶层设计引导

国家旅游局为保障旅游扶贫工作的顺利开展，与各级政府和相关部门对旅游扶贫试点村拟定了八大支持措施：①正式将旅游扶贫作为基本政策实施；②建立旅游示范区，以点带面发展旅游经济；③建立健全金融扶持机制；④培养带头人、旅游扶贫重点村村干部工作；⑤针对贫困户实施教育培训；⑥建立旅游扶贫监督机制；⑦促进旅游产业宣传工作展开；⑧争取专项建设债券的支持。

2)旅游扶贫云南行动，重点开发民族乡村旅游

截至2015年5月，云南共有20个村通过了国家旅游局和国务院扶贫开发领导小组办公室的筛选，建立云南省旅游扶贫示范区，只为了能够充分发挥旅游业

在扶贫富民中的突出作用，以发展旅游产业为重点，既改善了乡村的环境、建立健全了旅游扶贫试点村的基础设施建设，同时实现了贫困人口脱贫致富，为真正做到扶贫由"输血"向"造血"的改变而努力。其中，对于迪庆藏区、乌蒙山云南片区、滇西边境片区和石漠化云南片区 4 个连片特困地区，云南省旅游发展委员会制定了相应的旅游扶贫工作规划和方案。

在此基础上，云南省针对各个贫困市州的社会经济发展状况和各市州旅游业的发展现状，利用和发掘各市州的资源优势，找准乡村旅游开发建设的重点，稳步、高效开展扶贫工作。经过各级政府和人民的艰苦努力，终于取得了优异的成绩：截至 2012 年，全省建设完成 200 个特色旅游村建设；至 2014 年底完成了 100 个民族特色村寨的建设(江仕敏，2015)。

3) 云南旅游减贫保障，不断完善配套设施

多年来，云南旅游产业不断发展总结经验，对于云南旅游资源优势，积极探索创新旅游扶贫的方式方法，脚踏实地地开展旅游扶贫工作。从各个途径，无论是争取国家支持还是使用省内旅游发展资金，大力支持与发展全省的旅游扶贫工作。据不完全统计，近几年共安排用于旅游扶贫工作的资金达到 5.3 亿元，2010～2014 年每年分别落实 5170 万元、9645 万元、10746 万元、18395 万元和9670 万元(朱玉福，2012)，主要用于支持省内连片特困地区关于旅游业的重大景点景区基础设施建设、村落民族村寨建设等。

为了更好地开展旅游扶贫工作，需要发挥好资源环境优势。这就要求主动利用著名景区的带动作用，同时引领开发乡村旅游，如玉龙雪山景区、石林景区等。利用好这些著名景区的辐射作用，使景区周边的村落能够紧跟步伐，发展经济，使人民群众顺利走上脱贫致富道路。要变强，先修路，着重对景区及其周边村落的道路进行建设。利用好旅游景区带动扶贫的这一发展模式，主动吸引实力雄厚的企业或开发商对这些高品质的旅游资源进行投资开发。

4) 积极鼓励居民参与，打造旅游经济价值

大力发展旅游业只是一种手段，帮助贫困人民脱贫才是其根本目的。与其他地方发展旅游不同的是，云南首要的目的是解决贫困地区人民的基本生活问题，这一问题的出发点和落脚点就是"扶农"，必须与群众联合起来，让他们主动参与到旅游扶贫的工作当中来，积极发展当地特色的旅游资源，只有这样才能实现脱贫致富。以丽江古镇为例，丽江的旅游发展已经做得十分成功，但是还有很多地方仍然没有摆脱贫困，所以丽江政府在发展丽江经典旅游地的同时，仍然在大力扩展旅游景区圈，结合贫困地区的特色开发景点，帮助贫困人口脱离贫困，并取得有效的成就：玉龙雪山景区是云南省著名的旅游景点，但其周边的 19 个村寨 580 多个农户的生活仍然比较贫困，所以丽江政府每年为其投入两千多万元用于开发产业，修整村容村貌，建设基础设施，将群众人均收

入从之前的 200 元提高到目前的 9000 元以上。

5. 云南省旅游减贫的成效分析

云南省政府与云南人民凭借多年的努力，终于靠着自身丰富的旅游资源战胜贫困，取得了显著的成绩。

1) 旅游业总收入提高，经济效益拉动明显

云南省的旅游业发展一直是全国各地学习的榜样，在 2016 年更是创下了优异的成绩，全省旅游总收入达到 3470.26 亿元，比 2015 年增长了近 20.43%（罗明义 等，2011）。值得一提的是，近年来，石林彝族自治县每年的旅游总收入都在 3 亿元以上，占该州国内生产总值的近 1/3。2001 年，迪庆接待中外游客近百万人，旅游总收入逾 6 亿元，较上一年增长了近 80%（胡锡茹，2003）。如此猛增的旅游总收入，不断为当地经济提供拉动力，为当地的减贫工作注入强大的动力。

2) 接待游客人数增多，旅游品牌效果突出

云南旅游资源丰富，旅游宣传到位，是无数旅行爱好者的天堂。2016 年 1～10 月到云南旅游的海外游客就已经超过 466.98 万人，较上年增长了 0.76%，而接待的国内游客更是可观，已经超过 3.32 亿人，较上年增长了近 19.42%。而丽江早在 2000 年就已经接待海内外游客超 258 万人。在旅游发展如此迅猛的时代，云南省能够赶超时代的潮流，走在国内旅游发展的前沿，其取得的成就是有目共睹的。

3) 农民收入不断增加，旅游减贫功能到位

云南的旅游发展成就可观，但是扶贫减贫是我们更应该关注的重点。云南的旅游发展不论是从收入上还是从接待人数上都是十分惊人的，但是这些都是宏观上的数字。云南是全国贫困县最多的省份，以旅游业解决当地的贫困问题才是最关键的。德钦县共有人口 6 万，发展旅游业为其解决了 1 万余人的就业问题。香格里拉许多农民转行从事旅游业后，人均年收入增长至 1 万元以上，解决了基本的生活费用（绒巴扎西，2006）。旅游业是一项绿色产业，在发展经济的同时不影响生态环境，旅游业同时也是一项劳动密集型产业，对于我国这样劳动力密集的国家具有重要的作用，旅游业是一项低投入高回报产业，对于云南这样贫困人口众多、贫困范围广的省份，减贫作用十分重要。

4) 基础设施建设完善，配套设施逐步齐全

旅游业的发展离不开完备的基础设施，贫困地区群众的脱贫致富也需要完备的基础设施，所以发展旅游业可以加强基础设施的建设，对于减贫工作是一劳多得的。迪庆自发展旅游业以来，旅游业的基础设施已经日趋完善，各类饭店 94 家、达星级的宾馆 32 家、国内旅行社 25 家、特色藏族居住点 20 家、旅游纪念品购物店 7 家，形成了吃、住、游、购、娱等健全的旅游产业链。在这些产业链上，

配套设施也逐步齐全,为旅游业的进一步发展夯实了基础。

总之,云南以旅游为绿色发展的动力,通过少数民族地区村寨和特色产业的打造,激发了云南潜在的旅游经济价值,提升了云南作为西南边陲大省的形象,实现了依靠旅游减贫的功能。通过旅游促进绿色发展,不仅保护好了云南的青山绿水,而且促进了云南相关产业的价值效益。云南的绿色发展,走出了一条特色道路。

(二)广西

广西壮族自治区是我国唯一位于沿海的一个自治区。广西南临越南,国境线长 800 多公里,海岸线长约 1500 公里。广西的总面积约占全国国土面积的 2.5%,是一个区域范围较宽阔的省区。在这片位于祖国西南边陲的大地上,随处可见典型的喀斯特地貌,仅石山面积就高达 8.95 万平方公里,占全区总面积的 37.8%。说起石山,人们大多会想起"桂林山水甲天下",想起桂林漓江两岸的秀丽风景、水天一色。可事实上,在石漠化的不断蚕食下,越来越多的绿色家园遭受破坏,水土流失严重,植被受到严重破坏,到处都是光秃秃的岩石,在这种环境下生存的人们没有饭吃、没有衣穿、没有火烧,更有甚者,饮水都是问题。据统计,全省有 3450 万亩的面积石漠化,而贫困人口中有 75%就居住在这样的大石山区,贫困人口的数量可想而知,因此广西拥有 28 个国家级贫困县(全国共有 592 个国家级贫困县)。

1. 广西壮族自治区减贫现状

广西有 28 个国家扶贫开发工作重点县,21 个自治区扶贫开发工作重点县,贫困县数量在自治区占比达 20%,此外合山市也享受着国家扶贫开发工作重点县待遇。从数据上看,早在 2001 年,广西的贫困村数量就超过 4000 个,截至 2011 年,所有在册的农村户籍人口有将近 24%依然处于贫困阶段,足足有一千多万人。这些生活在大石山区、远山区、干旱缺水地区、资源匮乏区的人民,由于没有健全的基础设施,加上各种自然灾害频发、资源匮乏,造成贫困愈演愈烈的恶性循环,脱贫工作任务艰巨且困难。

2. 广西壮族自治区贫困的主要原因

广西壮族自治区贫困的主要原因有五点。

1)贫困面广、程度深

由于历史、自然等各种原因,广西由来已久的贫困有相对明显的分布特点。这些贫困地区的分布相对集中,位于广西西北部。西南等石山区及靠近边境线的地区，也有大量的贫困村、县的分布。贫困地区分布集中，覆盖面积也十分广泛。可以说，凡是有广西人的地方，就有贫困家庭出现，凡是属于广西壮族自治区的区域，就有贫困人口出现。一千多万的庞大贫困人口数量引起了国家和广西壮族自治区政府的高度重视，急需扶持帮助的群众非常多，扶贫攻坚任务一刻也不能耽搁。

2) 区域性的贫困问题较为突出

长时期处于贫困局面的境况将人民的脱贫意识消磨殆尽。部分贫困地区群众已经习惯了这种贫困，而且贫困还互相影响甚至传代，父代穷苦，到了子代依然如此，即使政府有了扶贫计划，这些地区的群众也不能积极地发挥主观能动性，跟随政府扶贫计划并想方法解决贫困问题，反而还创造新的贫穷。这种现象日趋严重，如此根深蒂固的深度贫困解决起来十分棘手，贫困并不可怕，就怕人们安于贫困，就怕这些贫困地区的群众对生活没有希望，对追求温饱小康没有希望。我国九年制义务教育制度已实行多年，而这些贫困地区部分家庭的孩子甚至连最基本的教育都得不到满足，没有文化，自然一代比一代穷苦。无论是教育基础设施的缺失还是观念的落后，都深深地影响着儿童的教育。

同时，在食住方面，当地儿童的营养缺乏问题也十分严重，这些贫困地区的儿童每天最大的梦想就是吃得上一顿饱饭，何来营养可讲？医疗方面，基本医疗基础设施严重缺失，根本无法满足当地居民的需要，而且也缺乏专业医疗人员，看病成为当地居民最头痛的问题之一。其次，这些地区的卫生条件十分简陋，公共卫生无法达到标准。即使现在国家已制定了人民生活的最低生活保障制度和养老制度，但是在这里实施起来却无从下手。在极低的制度覆盖率下，有相当一部分贫困的群众得不到应该有的国家救助和国家扶持。

3) 产业支撑力不强

可用于开发利用的土地资源短缺，地区各个产业基础薄弱，实力雄厚的金融机构缺失，企业产能相对较低，贫困地区距离中心发达城市较远，交通运输难等各种原因汇集在一起，造成广西扶贫难的工作特点。没有龙头产业的带头，当地各个产业的发展都极为缓慢，本身起步就十分艰难，同时又缺乏活力，当地群众无法获得持续增产增收的经济来源。扶贫工作大多还处在"输血式"阶段，无法发挥贫困地区自身脱贫发展力。寻找一个可以作为支柱产业带动区域经济快速发展的产业成分迫在眉睫。

4) 贫困农民素质普遍偏低

广西贫困地区的贫困归根到底还是知识的贫困。这些贫困地区多为文化教育落后的农村区域，大部分农民的文化程度都较低，甚至很多人连自己的名字都不会写，孩子的教育缺失，群众观念落后，有些群众甚至不能理解教育的意义。教育的缺失，使得人们接受新鲜事物、先进发展技巧、先进管理理念的能力较差，无论是外出务工还是在家进行农业生产，都很难紧跟时代潮流，创造更多的社会财富。所以说，越落后也就越贫困，父辈贫困，到了子辈甚至更加贫苦。正是这样，更加说明了知识就是力量，知识对于改变这些地方贫苦处境的作用十分巨大。而提高贫困地区文化水平的措施还不到位，机制不全、覆盖不广，扶贫工作的岗位培训无法顺利进行，大量需要扶贫改变的人们依然只能从事费力而又廉价的体力劳动，群众积极性不高，扶贫任务艰巨。

5) 生态增效和农民增收矛盾加剧

由于还未找到新兴产业代替传统农耕产业，生产结构单一，而且传统的耕作方式对自然环境的破坏十分严重，土地的使用十分不合理，所带来的效率低下问题又面临着人口增长过快的问题，对经济发展造成非常大的阻碍。这种情况下，人们只能一直被动地接受国家为保护生态而禁止耕种的直接补贴，一方面加剧了国家财政负担，另一方面使当地居民越来越缺乏为自身创造财富的环境及其能力。因此，急需转变这种愈演愈烈的环境保护与农民脱贫致富之间的矛盾，从根本上解决贫困地区人民的贫困问题。

3. 林下经济：广西绿色发展的减贫之路

广西林地覆盖面大，全区林地覆盖面积达 2.34 亿亩，在全国各省区林地覆盖面积中排名第 6 位，在这 2.34 亿亩的林地面积中有 2.1 亩属于集体所有，在全国各省区集体林地所有中排名第三(莫绍深，2013)。广西的林地资源不仅面积庞大，而且北回归线穿越广西，使广西的物种资源十分丰富，适宜发展林业经济。2008 年，广西启动林改，在林改过程中不论是资金的投入量还是动员人力物力的数量都十分庞大。至 2011 年底，已经完成 1.99 亿亩林地的勘界确权，为 95.1%的林地登记发证；完成了 77.2%的均山到户，为 603.3 万户发放了林权证，确定了广大农民的林地承包经营权。正如改革开放后的土地承包责任制一样，林地的承包经营解放了生产力，农民经营林下经济的积极性空前提高，为广西农村经济发展找到了新的突破点。

1) 林下经济的概念和特征

广西拥有大面积的林地和值得开发利用的石林景观资源，这种自然环境并不适合发展现行的传统农耕经济。有一种新型的更加适合的经济模式值得引入，那就是林下经济。这种经济形式不同于传统农耕对自然环境的改造破坏，而是充分尊重与适应林地自然环境，利用生态物理学、系统工程学和经济学的先进理论，在对林地加以保护的同时，在林下进行种植、养殖、产品加工、观光旅游等一系列配套产业的复合式的经济发展模式。以下是林下经济具有的最主要的三个特点及优势。

(1)生态稳定性。不同于传统农耕模式下需要砍伐树木开辟大片空地的经营模式，林下经济中，树木就是资源，就是生产资料的一部分，这种经济模式下生产的经济作物大多有三种共性：趋荫、共生、半野生。趋荫性就是指经济作物的生长喜欢较为阴暗潮湿的环境，尤其是对阳光需求不多甚至不喜阳光直射，这就使原先具有高大树林的自然环境从劣势转变为优势。共生性就是指经济作物的生长不是以抢夺原生态生物生长资料为前提的，相反的，这些作物生产中消耗、产生的副产品反而有利于原生态环境的保护，例如鸡群的放养，森林为鸡群提供了遮光的环境，而鸡群生长的同时又可以灭虫害、排泄物增肥改善土壤结构，有利于森林的保护。半野生性就是指经济作物是利用先进、合理的生态学知识人工组合在一起，具有一定的自我恢复能力，即使缺少人为管理纠正，也可以稳定地存在下去，生态环境相对稳定，并没有造成对自然环境的破坏。

(2)生产活动中，劳动技术密集且覆盖广阔。由于广西贫困人口众多，且现阶段难以迅速、有效地提高当地农民的知识水平，这意味着有相当多的劳动力难以被取代为技术，即脑力代替体力活动。加之启动资本短缺而劳动力的成本相对较低，决定了在实际生产中，大部分林下经济的生产模式依然保留或是采用人工作业方式而非机械化作业，即劳动密集。同时，其另一特点又是技术密集，这并不矛盾，虽然依然采用人工作业，但是会有大批的农林生产新科技成果投入到生产之中并广泛运用，提高了林下经济的经济效益，生产率大幅度提高。林下经济覆盖面十分广泛，它对生产经营的个体并无太多要求，无论是普通家庭中的农民、下岗待业工人，还是各种合作组织、公司主体或林业部事业单位，均可以从事此项生产经营，普及面十分广泛。

(3)经济高效益、循环持续。由于发展林下经济首要是对林下环境进行保护发展的这一特色，保证了林下经济相较于传统农耕经济拥有更加优秀、稳定的存在环境，一切为可持续的循环经济发展体系，而且是同时囊括了农业、林业、畜牧业的多种复合经济。生态更加循环，就是指林下经济并不是一次性的生产方式，不像农耕生产中一次作物的丰收就需要再一次的种植，这种生产模式更加遵循自然生态环境的能量流动、物质循环模式，是循环往复的友好型经济模式。而复合经济就是指林下经济系统是一个更加系统的庞大经济结构，包括种植、养殖、加工生产的一系列生产工作。由于生产结构种类的增多，各种先进技术、科技成果的投入使用使林下经济将农业、林业、畜牧业有机地结合在一起，各个环节相互扶持、相互促进，废品率低、重复利用率高，是一种可持续发展的绿色产业链条，具有多种群、多层次、多效益、高产出的特点。

2)广西发展林下经济对减贫的作用

(1)拓宽就业渠道，促进农民增收。相较于之前单一的农耕生产模式，林下经济是一个集合农业、林业、畜牧业和产品加工业的复合经济模式，必然会为当地居民带来大批的就业岗位，而且岗位就在自己家门口，对于一些不愿意背井离乡的人，调动了其生产积极性。林下经济发展规模可大可小，能够适合不同条件的当地居民进行生产生活。林下经济是以当地自然环境为基础的经济模式，使之前大片不适宜发展经济的地区都成为经济发展的资源宝地，同时由于环境适宜，初期投入成本较少，农民资金回收迅速，能够快速促进农民增收。

(2)优化要素配置，促进绿色增长。发展林下经济需要大量先进科学技术、成果的支持，这些科技成分的投入大大改善了原先落后生产经营模式的要素配置，使之更加合理稳定。资金、技术、人才的引进，大大提高了当地农民的自然保护意识，使林下经济能够在更加节约、绿色的模式下发展壮大，同时带动国土资源利用率等持续增长。在林下经济的不断壮大过程中，森林面积必然会持续增多，推动全民族地区荒地复绿进程，提高区域性自然灾害预防能力。

(3)引领社会需求，加快经济发展。林下经济是顺应自然生态环境的一种经济模式，这必然决定着其生产的产品更加绿色有机、无污染，这类产品更加满足社会大众对农林产品的消费需求。随着社会大众对绿色、生态、无污染产品需求越来越大，这些林下经济的产品价格也会水涨船高，为经济发展持续注入动力。

4. 广西发展林下经济绿色发展的减贫路径

1)科学规划，统筹安排

为改变广西贫困的现状、保障林下经济改造能够顺利进行，广西政府统筹规划，科学安排，做了如下部署：无论是林业局还是农业部门，在编制规划的过程中都要结合广西的实际，不可照搬、照抄他地的成功案例，更不能纸上谈兵。规划初期，要深入实地进行必要的考察和调研，要区分每个地区林地类型和林地规模，更好地结合当地的生态条件和当地农村的发展情况，区别规划不可"一刀切"，不顾地区的差异，要积极响应国家社会主义新农村建设的号召，将林下经济的发展与国家号召相结合，一劳多得。林下经济的发展模式可选择性较多，所以在规划时要多考察、试点实验，找准适合本地区的发展模式。

2)加强典型示范，打造龙头企业

广西的林下经济发展属于零散农户式的，所以广西政府为提高当地林下经济发展的产业化、集约化，鼓励各市、县集中规划整片规模 1000 亩以上的林地作为林下经济示范基地，建立专业的专家指导团队，再积极培育一些大型林下经济养殖种植企业，给予一定的资金扶持，让这批企业发展起来，找到路子，为农户的林下经济发展起到一定的带头示范作用。为使林下经济的发展能够更加科学、更具抗风险的能力，广西政府鼓励专业的经济合作组织建设，让各个企业家和农户在组织中学到更多的知识，找到更利于自己的发展模式。各市县在发展林下经济的同时打造名声，建立主要的品牌，建设林下旅游示范基地，设计旅游精品线路，充分利用农家

乐、度假休闲村等旅游产业，为林下经济辐射发展创造机会。积极培育和引进具有带动作用的龙头企业，先扶优扶强，将大户强企发展起来，才能让小户看到希望，因此广西采用的是"企业+示范基地+农户"的发展模式，营造出强企带弱企、大户带小户、集体带个户的发展路径，人人帮扶，人人参与，共同致富，更要加大宣传力度，将成功、优秀的案例推广出去，供大家学习、参考。

3）打造有影响力的品牌，提高市场竞争力

品牌是每个企业的产业标志，打造出有力的品牌不仅可以提高产品销量，更能提高企业发展的稳定性和凝聚力。因此，广西政府要求各地要结合当地特色和当地产品的市场需求，树立品牌意识，打造强有力的品牌。打造品牌更是一种责任，不容有半点掺假和欺骗，所以各地严抓质量，实行标准化生产，确保品牌产品质量过关，做好产品的原产地认证，严防市场上出现虚假的品牌，在严抓质量的同时，也加大宣传力度，"酒香也怕巷子深"，要让更多的人知道品牌，了解品牌。

4）加强技术服务，推进科技进步

科学技术是第一生产力，先进的技术可以节省大量人力、物力和时间。知识技术最集中的地方就是各大高校和研究所，广西政府积极鼓励企业和农户多与广西和广西周边的高校及研究所联合，建立合作平台，积极推进技术和知识投入实际生产中，构成研发—学习—生产—再研发—再学习的循环进步模式，农民可以利用高校和研究所的技术成果，同时为高校和研究所提供实验和研究的基地，实现双赢。积极引进林下种植养殖新品种，用科学的方式培育，鼓励科研人员走进实地，实际应用，实际栽培。更要鼓励、支持企业和农户中的技术骨干，为他们提供技术咨询和进修学习的机会。

5）加强组织领导，强化部门协调

为了让林下经济在广西的扶贫工作中发挥重要作用并给广西农民带来实实在在的好处，让林下经济在广西能够很好地发展下去，广西政府制定了一系列的组织协调政策，建立各部门间的协作工作机制。首先，各级部门从上到下都严格重视林下经济的发展，重视农民的收入增长和收入稳定问题，在一系列工作中，上级规划部署好，保证工作能够有效且顺利地开展下去，下级认真积极地响应和拥护上级的指令，按时、按量、按质地完成上级部署的任务。在整个工作中做好组织监督工作，确保上级的指示能够顺利完成，不跑偏、不弄虚作假。为了调动各级干部的积极性，建立奖惩制度，对于政绩优良的干部全区通报表扬，工作质量差的通报批评，不论好的差的，都作为案例在全区学习或讨论。各级林业部门要在整个工作的实施中起带头作用，财政部门要加大资金扶持力度并严格审核资金的用途。各林业、农业、水产畜牧业等科技部门要加大技术革新力度、积极研发新技术、培育新品种，做好信息技术的推广和共享。水、电、交通运输等基础设施部门要做好林下经济基地的基础设施建设，保障基础设施不掉链子。银行等金融机构要在力所能及的情况下给予资金支持。保险机构大力宣传保险业务，为企业、农户、林户提供适合的保险保障服务。新闻媒体等要加大林下经济的宣传力度，营造良好的舆论氛围，为林下经济的发展助力。

6）加快林改进程，保障林改证书的合法有效

各级政府部门要严格把关集体林地的勘界、林权的确认和林地登记颁证工作，在保证质量的同时加快集体林地确权颁证的速度，让农民更快地拿到证书，农民心里踏实了，才能更积极地投身林下经济的发展中。要严厉打击林地证书的违法乱造和虚假信息。建立健全集体林权配套改革的政策，重视运用符合当前环境的先进林业管理模式，以科学森林评价体系为标准，完善林权交易机制。盘活林业生产要素市场，方便林业生产要素的自由流动，为产品的销售提供交易服务平台，解决林农生产出优质的产品无处销售、制造企业需要优质的林产品而找不到卖家的市场不对称问题。为解决林农缺乏启动资金、"融不到钱"的难题，广西建立了健全林权抵押贷款，为林农解决资金问题。为避免林农在创业期间的风险过大，政府大力推进林业保险，解决林农的后顾之忧。积极鼓励领导创建各种行业协会，让林农在协会中学到知识，学会经营，用更科学的方法生产。

7）财政支持到位，融资更可行

每个经济项目的启动都少不了资金的投入，国家和政府的支持是资金的重要来源。所以广西各级政府加大对林下经济的资金扶持，利用市场这只无形的手，充分发挥财政资金的导向作用。对于龙头企业和次龙头企业，其在林下经济的发展中起着至关重要的作用，所以对于这部分企业政府应该积极扶持、有效引导，务必保证企业能够健康地发展下去。一方面，政府在做好资金投入和控制的同时，积极调动社会上的金融投资机构、有效利用社会资金为林下经济的发展注入力量，政府做好中间人的角色，保障林下企业与金融机构的项目对接，协调好各方面，保证融资的顺利开展。另一方面，各金融机构响应自治区的各项政策，承担好自己的社会责任，做好金融服务工作。

5. 广西发展林下经济取得的成效

2008年广西实行林改以来，取得了重要的成就。由于自治区政府的高度重视，各级政府的积极配合，建立健全了林改过程中的各项工作机制，树立了林业发展的新理念，带领自治区的广大农民积极投身林下经济的发展，取得重要的成效。"山定权，地生钱"，林改极大地激发了广大农民造林护林、靠林吃饭的热情，不仅解决了农民收入的稳定性问题，更找到了一条绿色发展的致富之路，缓解了生态与贫困的冲突，是新形势下的扶贫开发路径。

1) 林下经济快速增长

2010 年，广西林下经济产值达 135.06 亿元，取得可观的成绩，2012 年，林下经济产值再创新高，达 360 亿元，比 2010 年增长了 165.69%，令人大受鼓舞；2010 年全区发展林下经济面积 1364.48 万亩，到 2012 年已增至 3310 万亩，增长了近 142.58%，快速的发展让农民的生活一年比一年好。广西林地面积庞大，但其中适宜发展林下经济的面积有 9000 万亩，约占 2.3 亿亩林地总面积的 1/3，比全区耕地面积多一半以上（彭斌 等，2013）。林下经济是林业种植、林下养殖、林下培育等一系列种养殖的组合，有效地利用了各种资源、空间，也可以让农民近期获利，避免林业种植获利周期过长的弊端。

2) 构建多种发展模式

广西地域条件分布不均衡，石山、丘陵、盆地、平原等不同地势有不同的林业发展模式，基于此，根据不同的地势条件，广西发展了四种林业发展类型，分别是林下养殖、林下种植、林下采集和林下旅游，根据四大类型又相对应地开发出 10 个林下发展模式，分别是林菌、林禽、林蜂、藤芒编织、林花、林药、林草、林果、林畜、林下旅游。由于人们更加注重休闲养生，在林中种植珍贵的植物、药材、菌类，发展林下农家乐等高产值的项目也取得了不小的成就。2012 年，全区因发展林下经济让 750 万林农实现人均增收 1000 元以上的惠民成效。

3) 惠农绿色增收成绩显著

广西发展林下经济以来增收创收效果一直很显著。2010 年惠及 313 万农民，到 2012 年，惠农人数突破至 818 万，增长了近 161.34%。农民因发展林下经济每人年均增收超过 1000 元，让农民认识到保护林地也可以有收入，甚至比砍伐树木收入更高。在"十二五"规划期间，广西的林下经济发展进入新的高潮，林地面积达到 5000 万亩，增收超过 1000 元的林农为 2000 万人以上，不论在数量上还是在质量上，都在全国林下经济发展中起到带头作用。

4) 森林资源总量持续增长

由于收入增长有目共睹，更让广大农民认识到发展林下经济的实用性，自 2008 年实行林改以来，农民的护林造林积极性被最大限度地激发出来，广西全区林改以来，新增造林 2006 万亩，截至 2012 年，林地面积已达 2.18 亿亩，已位列全国前列；2008 年的森林覆盖率为 54.19%，林改后至 2012 年，森林覆盖率已达到 61.4%，跃居全国第三；2008 年的活立木蓄积量为 5.58 亿立方米，林改后至 2012 年增长了 0.82 亿立方米，现居全国第七位。

总之，广西林下经济的发展，改变传统破坏森林植被的非绿色发展和非可持续发展方式，科学规划林业资源，把旅游、特种植物种植、林业副产品增加值等融入林下经济发展，通过相关森林资源的保护和开发，充分发挥其深层次经济价值，不仅保护了当地原生态环境，而且调动了贫困户的积极性，为进一步鼓励贫困户保护生态资源、促进经济收益提升、实现自身脱贫致富，构建了一条绿色发展的创新道路。

（三）宁夏

宁夏回族自治区位于黄河上游，东面与陕西省相邻，西北部与内蒙古接壤，其余与甘肃省相连，位于北纬 35°14′～39°23′，东经 104°17′～107°39′。宁夏总面积达 6.64 万平方千米，南北方向长约 456 公里，东西距离较短，约为 250 公里（牛志男，2008）。2015 年，宁夏 GDP 达 2911.77 亿元，在全国 31 个省区市（未含港澳台数据）中排名第 29 位，人均 GDP 为 4.38 万元，排名第 15 位。在 2016 年新的 592 个国家级贫困县中，宁夏有 8 个县位列其中。

1. 宁夏回族自治区的减贫现状

宁夏有西吉、海原、原州区、隆德、泾源、彭阳、盐池、同心等 8 个贫困县。贫困地区的总面积约为 3.73 万平方公里，贫困人口占自治区总人口的一半，贫困人口中回族人口约为 119.23 万，占总人口的 65%（杨国涛，2007）。宁夏贫困地区虽然于 1999 年实现了整体基本解决温饱的目标，但是这只是完成从极端贫困走向温饱进而达到小康的过程中取得的阶段性成果。由于受自然和社会等多种因素影响，宁夏贫困地区绝对贫困人口（年人均纯收入为 625 元以下）还有 31.26 万人，是贫困地区总人口的 11.76%，更艰难的是当年摆脱贫困的人口中有一半又重返贫困，贫困面仍然较大，脱贫不稳定。2002 年，宁夏贫困地区的农民收入仅为 1204.66 元，其中一半的收入来源于本地区并不占优势的种植业，地区自然条件恶劣，并不适合发展种植业，必然导致贫困，农民的生计无法维持。因此，解决该地区贫困人口的生计，带领他们走出贫困，是宁夏政府急待解决的难题。

2. 宁夏回族自治区贫困的原因

宁夏回族自治区贫困的原因有五点。

1）生态环境脆弱，人口超自然负荷

虽然宁夏被称为塞上江南，但是仅指其中一小部分自然资源较好的地方，位于宁夏中南部的贫困地区，被国家确定为集中连片特困地区，该地区南边阴冷潮湿，北边干旱少雨，这里土地贫瘠，自然灾害频发，严重影响人民的生活。该地区严重缺水，人口数量超出土地负荷的 8～10 倍。人口、资源、环境的平衡被打破，农民的生活方式仍然是靠山吃山、靠水吃水，遇到旱涝时温饱都难以解决，这样落后的生活方式使扶贫工作更加艰难，当地的社会经济事业的发展压力巨大。

2) 贫困人口占比大，内生发展力弱

目前，宁夏仍有贫困人口 105 万人，占自治区农业人口的 1/3。通过扶贫开发和农村低保两项制度衔接识别，由扶贫部门建档立卡的重点扶持贫困人口还有 65 万人，占贫困地区农业人口的 26%(高桂英 等，2007)。更艰难的是，这些贫困人口构成复杂，多分布在自然环境恶劣、生态环境脆弱的边缘地区，更有 35 万贫困人口居住在干旱、土石山区，解决温饱都十分困难，更不要说通过开发资源、发展现代经济，带领人民脱离贫困走向小康生活。由于长期处在贫困的生活中，受教育程度低，文化技能掌握少，思想方式简单刻板，很难掌握现代生产生活方式，通过自己的能力脱贫致富是较难实现的，而且由于自然、市场、政策及个人家庭变故的影响，重返贫困的现象严重，抗压抗风险能力弱。

3) 经济基础落后，农业工业化程度低

中南部区域产业化发展慢，城镇化程度低，农业基础设施建设落后于其他地区。该地区的农产品加工企业规模小，产品大多是没有很大附加值的粗加工农产品，很难在当地形成有辐射作用的工业区，农产品不能进行深加工，技术不到位，无法生产出有当地特色、有竞争优势的产品，区域企业无法形成规模、打出名声、做大品牌，因此无法将当地的资源有效地转化为经济优势。截至 2010 年底，中南部 8 县(区)GDP 为 178.6 亿元，占自治区 GDP 的 10.9%；人均 GDP 为 7708.1 元，为全区平均水平的 29.6%；但是该地区的财政收入仅 6.8 亿元，占自治区不到 3% 的水平，财政自给率仅为 7.3%(王亚娟，2012)。

4) 自治区的发展失衡日趋严重，建成全面小康社会压力巨大

2010 年，中南部贫困地区农民收入较低，人均纯收入仅为 3415.7 元，占自治区农民人均纯收入的 73.1%，仅占全国农民平均水平的 57.7%，且农民收入的差距逐年加大，2005 年宁夏中南部农民人均纯收入与自治区农民人均纯收入差距仅 1897 元，到 2010 年差距已经涨到 2595.1 元，与全国农民人均纯收入差距更是从 2005 年的 1567.9 元增长到 2010 年的 2503.3 元。在全国范围内，东、中、西部的经济发展差距是普遍存在的，城乡居民的收入差距也是需要面对的现实问题，不同地区的基础设施建设和社会服务事业的差距也在逐年扩大，贫穷的地区越来越贫困。宁夏要实现中央提出的 2020 年全面建成小康社会的总目标、缩小城乡差距、促进贫困地区经济发展及构建社会主义和谐社会的任务，还有很长的路要走。

5) 制度革新慢，市场经济改革严重滞后于中东部地区

国内学者已经普遍注意到制度对贫困的影响。中国改革开放经济发展的特色之路，由于奉行一部分人先富起来的理论，对外开放先从东部开始，再慢慢向中西部延伸，计划经济向市场经济的转变也是由东部地区先建立试点，再向中西部推进，政策的保险实验，让东部地区确实较中西部地区早几年摆脱贫困进入经济

繁荣期，中西部经济发展落后也是无可奈何。1978 年，改革开放开始实施，80年代市场化改革已经在东部地区开始，但是宁夏等西部地区的制度改革变迁十分缓慢，制度的落后造成经济文化落后，所以一步跟不上，步步跟不上，是造成该地区贫困的主要因素。

3. 易地搬迁扶贫：绿色发展的政府行动减贫

易地搬迁是扶贫机制构建的重要环节，是解决城乡差距及区域集中贫困的重要手段。贫困地区搬迁可解决区域贫困，保护脆弱生态经济地区自然环境。该模式主要依靠政府力量帮助自然生存条件恶劣地区的贫困人口在短期内走出贫困，且能够比较有效地预防因自然灾害再度陷入贫困。宁夏的易地搬迁扶贫形式主要包括两种。

1) 依托大型工程，集中安置
这一安置形式是宁夏易地扶贫安置的重点形式。该安置形式主要是在国家投资建设大中型水利工程时，利用该契机将贫困地区的移民统一安置，这种安置形式省钱、省时，一举多得。

(1) 依托国有农场，插花安置。国有农场生产条件完备，资源丰富，土地、水源充足，建设齐全，交通设施健全。但是国有农场的劳动力资源紧缺，可以将移民插花式地安置在农场，不仅解决了移民生活便利问题，也可以解决农场的劳动力短缺问题，利用农场的机械、高水平的技术解决移民的收入来源问题，也为贫困群众拓宽了脱贫致富的路子。

(2) 新建小型灌区，集中安置。宁夏引黄灌区是一片灌溉水资源完备、地势平坦的荒地，可以将移民安置于此处，利用这里天然的地势资源优势省去部分开发费用，只需后期建设基本生活设施即可，是天然良好的安置地点。

2) 整村搬迁，再造秀美山川
宁夏贫困地区主要是生态环境恶劣、地质灾害频繁、缺水、土地贫瘠，这使得当地居民很难从事生产活动，温饱没有保障，基于当地这样的生态环境基础，贫困群众很难摆脱贫困。对于这部分贫困居民，应该使用整村搬迁的方式，将他们集体搬迁至引黄灌区这样适宜居住的地方再造家园，在生态基础良好的地区才有脱贫致富的可能。而对于原来已被破坏的地区，一定要做好生态重建，造福子孙后代。

4. 宁夏易地搬迁扶贫的措施

1) 加强领导，健全机制
组织的领导是一切工作的重心，更是实施易地搬迁扶贫的保障。宁夏中南部贫困连片区一直以来都是国家重点关注的特困区，国家的政治、经济等政策对于该地区一直都是给予特殊照顾的。宁夏回族自治区党委政府对于贫困地区的搬迁扶贫工作十分重视,为尽早带领贫困地区人民搬离原生活地,自治区政府带动全区力量全面部署实施;各部门各司其职,充分发挥主观能动性创新机制,采取区直管县的措施,制度完备,方案规划合理,层层审查,保证了工作的有序开展;各市县积极配合,认真贯彻落实上级领导部门的政策,落到实处,克服困难,逐步推进;各企事业单位、社会方方面面的力量积极响应,力所能及地出一份力,形成以政府为主导、相关部门共同协作,积极促进社区居民参与的易地搬迁扶贫模式。

2)统筹规划,完善政策

完善的规划是扶贫工作开展的基石,规划的失败无异于驶向悬崖的列车,必然导致最终工作的失败。宁夏的易地搬迁扶贫紧跟中央的战略部署,落实中央的各项政策,着眼于宁夏的实际情况,将目光放远,统筹全区的实际情况,从全区角度协调各个方面,协调全区的脱贫、经济发展、设施建设、教育培训等问题,不可顾此失彼,规划出高水平的实施方案。为了扶贫工作的有序开展,自治区政府出台了一系列的政策《自治区党委人民政府关于进一步做好生态移民工作的意见》(宁党发〔2014〕40 号)、《自治区人民政府关于印发〈宁夏回族自治区生态移民土地权属处置实施办法〉的通知》(宁政发〔2011〕58 号)等40 多项政府文件,以便更好指导贫困地区易地扶贫工作的展开。

3)突出重点,协同推进

每一项工作的开展都必须有重点要完成的任务,只有抓住重点,各方面协调推进,才能使工作顺利完成,不至于舍本逐末、因小失大。宁夏异地搬迁扶贫工作的重心就是让贫困地区的人民能安全有序地搬离贫困区,能管理好新居住地的生活生产秩序,最重要的是能够带领贫困人口在新的家园脱贫致富。

第一步,在贫困区选择要搬离的贫困居民,大力宣传政策,鼓励贫困区居民到安置区参观考察,让人民自愿响应政府的政策,搬迁后要依照规划及时恢复搬离地的生态环境,合理安置,对不同人群分类,确保安置服众。

第二步,安置点的管理要有序地开展,交通、水电等基础设施完善工作应加强跟进,建立完善的居民补偿机制,保障居民最根本的利益,相关部门统筹工作,落实到搬迁工作每一步的展开。

第三步,为保证居民脱贫致富,应当先解决每户的温饱问题,为每户安排一个增收项目,至少每户有一人稳定就业,保证每户都有稳定的收入。然后做好安置地的招商引资,引进劳动密集型产业,让绝大多数居民能就业,促进宁夏贫困地区形成一条有组织、有规模以及产业化的经济发展道路。依靠教育手段,提高居民劳动力素质,让居民达到高收入的生活水平。

4) 整合资金，保障建设

资金是建设的后盾，只有资金到位，资金管理严格，才能保证建设的顺利完成。在宁夏易地搬迁扶贫中资金需求量巨大，仅凭自治区政府的力量难以完成如此大规模的建设，所以要努力争取国家的扶持，以政府为主要导向，充分发挥各相关部门作用，建立完善的专项扶贫资金使用机制，保障扶贫工程科学合理进行。重点统筹各个途径资金整合，发挥这些资金的最大价值，加强管理资金的运用，严厉打击贪污腐败现象的发生。

5. 宁夏易地扶贫搬迁的成效

宁夏的易地搬迁扶贫试点工程在国家发改委的大力支持下，根据自治区的统一部署，因地制宜、实事求是地按照建设计划和搬迁方案开展试点工作。由于规划合理、政策完善、监督严格，试点的搬迁工作顺利有序完成，并取得如下成效。

1) 极大地改善了生产生活条件

根据数据统计，易地搬迁前的贫困地区，由于地理位置偏僻、地势崎岖，只有 5.3%的居民水电设施齐全、交通完备，但有 22.3%的居民生活在无水、无电、无路的地区，生活艰难性可想而知，在这种艰苦的环境下就医就学更加困难，就医就学困难人口占 65.1%。搬离贫困地区之后，在新的安置点，水、电、路等基础设施完备，配套的教育、医疗基础设施齐全，能基本满足居民的基本生活要求，为移民脱离贫困、奔向小康铺平了道路。

2) 拓展了农民致富的空间

原居住在隆德县的居民，搬迁到农垦农场的有 2433 人，搬迁后农民的收入来源及收入水平都得到极大的提高。在原居住地，农民收入依靠粮食种植、养殖业和劳务收入，原居住地生态环境艰苦，土地贫瘠，人均旱地不足 2.8 亩，每亩粮食产量约 120 公斤，靠种植业及养殖业，年人均纯收入不足 570 元，占总收入的80%，而劳务收入每人仅有 50 元，占总收入的 8.8%。搬迁至安置点后，每人分配到 2.5 亩的水浇地，粮食产量每亩达 400 公斤，每年收入较原来增长 500 元。搬迁至安置点后，由于附近有国有农场需要劳动力，居民全家就近打工时间每年超过 150 天，打工每年增收 1200 元，两项合计再除去灌溉水费，生活电费、水费，子女教育费用及医疗费用，年人均纯收入是原来的 3 倍，大大提高了居民的生活水平(阿剑 等，2004)。

3) 恢复和保护了迁出地的生态环境

原居民居住地的生态失衡现象严重，人类的生产生活已经严重影响自然的自恢复，居民搬出后，人类活动对自然的影响减弱，再加上政府退耕还林还草政策的实施，可以帮助迁出地的生态快速恢复，使该地的生态环境慢慢步入良性循环的状态。

4) 合理开发和有效利用了引扬黄灌区的土地资源

宁夏扶贫扬黄灌溉工程和盐环定扬黄工程的投资建设，为宁夏扶贫工作带来了巨大的契机，国家资金的投入保障了工程的顺利开展，更是为人民脱离贫困带来了希望。工程的开展少不了要将工程附近的居民搬迁安置，这样就可以借机将贫困地区的搬迁居民一同安置，引扬黄灌区附近有许多地势条件良好的荒地，土地平整，是天然的适宜居住点，减少了大量的安置地修整资金，也省去了修整的时间，使群众可以尽快住进新的家园。这样不仅带领贫困地居民找到新家、脱离贫困，也很好地开发利用了工程附近的土地资源，达到"双赢"的效果。

5) 减轻了南部山区人口压力

宁夏六盘山地区的人口密度已经严重影响自然资源的自生长能力，2001 年该地区的人口增长到 239.6 万人，比 1949 增加了 4.5 倍之多，远远超出了当地水土资源的承受能力，人们为了生存，不断地砍伐树木、毁林耕地、毁草开荒都严重透支了自然资源的承载能力。将居民迁出原居住地可以有效地缓解迁出地的环境压力，没有人类活动的干扰，可以给自然环境更多的恢复时间和空间，保证了人与自然的协调发展。

6) 降低了减贫成本

宁夏回族自治区的贫困人口都分布在生态环境恶劣、地质灾害频发的山区、沟地，生活环境恶劣，生活设施不齐全，所以扶贫的难度相当大，要在原地区进行扶贫改造，难度非常大，不仅要改善居住人民的生活设施，还要改造当地的自然环境和地势条件，因此在原迁出地实施扶贫改造确实十分困难。实施易地扶贫，将群众搬离原来改造条件差的地区，在自然条件优良的地区安置群众，可以极大地节省改造原居住地自然条件的成本，而且新的居住地环境适宜人类居住和生产，使贫困移民可以稳定地生产生活，走上小康的道路。

7) 促进民族团结

宁夏是回族自治区，当地的回族人口占到总人口的 1/3，其中泾源、海原、西吉、同心四县的回族人数尤为众多，占宁夏回族总人口的 1/2。地区经济发展缓慢的原因是区内对外较为封闭，严重束缚了该地区的经济发展，少数民族人民都生活得不富裕，有的甚至处在温饱的边缘，无法体现我国的民族保护政策。实施易地搬迁扶贫的人口中，绝大多数都是少数民族，对这部分人民的关怀不仅体现了党和国家对民族地区人民的关心，更能促进少数民族人民与迁入地汉族的交流，让各族人民在生活生产中增进感情，促进民族融合，这对实现民族地区繁荣富强，实现各民族共同发展有着重要的意义。

（四）总结

云南、广西和宁夏在绿色发展的减贫路径打造方面，不仅有效落实了中央相关减贫政策，而且也因地制宜走出了符合自身发展的减贫道路。虽然取得了一定成效，但仍然存在一些问题急需解决。

1. 虽然基础设施不断完善，但是其利用率不高且抗自然灾害的能力弱

贫困地区为了改善当地居民的生活环境，不论是中央还是地方，都投入了大量的资金、人力、物力，建设完成了大大小小的基础设施工程，为贫困地区通水、通电、通路，改变艰苦的生活现状，给贫困地区的人民送去了福音。虽然设施比较完善，但是对于一些少数民族聚集地或是人口较少的地方，可以采取其他更有效的扶贫方式，大规模修建基础设施使人口设施不对等，造成资源的浪费。而有些设施的抗自然灾害能力差，灾害发生以后设施被破坏，该地区的人民又重新返回到贫困的环境中。

2. 农户思想观点落后，返贫现象严重

云南、广西、宁夏都位于国家西部经济发展落后的地区，这里不只是经济落后，政治、教育、文化发展都相对比较落后。在这里受教育人口比例较低，尤其是在偏远的贫困地区，农民的受教育程度几乎为零，越是无知就越是贫困，如果不改变思想落后的情况，减贫工作无法很好地进行下去。在一些贫困村里，靠着政府的帮扶，许多民众获得了生活收入来源，有了相对稳定的收入，但是仅仅解决温饱的局面就已经让他们满足，由于受知识、文化素质的影响，他们没有发家致富的想法，只想赚点钱够生活就可以了，这样的思想使他们没有上进心，更不懂得子女的教育，不会去学习新的技能提高收入。因此，扶贫需扶志，还要扶智，打破传统"输血式"思维，用产业扶贫的方式，实现贫困地区的可持续脱贫，预防返贫。

3. 生态与贫困的矛盾问题依然存在，减贫事业任重道远

国家实施退耕还林、退耕还草政策，给予还林还草农民经济上的补助：①鼓励还林还草，鼓励生态恢复建设；②给予还林还草农民还林还草期间耕地上的损失。政府补贴政策并不是解决贫困的根本途径，不能依托补贴款维持贫困人口的生计。要想协调好生态与贫困的矛盾这个根本问题，首先要消除贫困，要带领农民找到一条绿色的发展之路，引入新的产业，找到新的收入，这才是解决问题的根本出口。

4. 政府政策扶贫导向明显，农户自主创业脱贫欠缺

在我国贫困地区，实施扶贫战略依靠的主要是政府政策扶持，依靠政策，集中扶贫力量展开区域经济扶贫工作。政府政策的作用在扶贫效益方面是有利有弊的。在很大程度上，政府政策的导向是造成贫困地区模式单一、抑制其他有效机制构建、限制产业发展形式，从而造成产业过剩的不利情况。农户自身创造力被限制，不利于经济发展，造成贫困情况加重。

究其产生的原因，可能包括三方面。

(1) 部分地区减贫只注重表面，没有抓住根本问题。贫困地区居民文化程度普遍较低，思想比较禁锢，仅仅帮助他们增加收入是不行的，必须让其从思想上改变，否则即使增加了收入，也会重复走贫困的老路，无法真正把他们从贫困中解救出来。

(2) 减贫没有落到实处。减贫工作的展开涉及范围较广，容易造成利益冲突，这些原因往往使减贫工作没有落实，损害了贫困户根本利益。政府制定的政策要严格落实，让老百姓确确实实得到好处，这样才能让政策有效地发挥出来，减贫工作才有成效可言。

(3) 政策落实"偷梁换柱"，不顾长远的利益。有些贫困地方落实政策后，从短期看，效果显著，无论是生态环境还是人民都得到了切实的好处，但是从长远来看，政策的有效期过了以后，人民的生活可能会更贫困，抑或生态问题会更尖锐，所以政策制定一定要有长远目光，不能只顾眼前利益。

总之，云南、广西、宁夏位于我国西部经济发展缓慢的地区，这里少数民族集聚，地理环境恶劣，由于距离国家政治经济中心较远，许多政策不能及时波及此地，加上自身的历史发展原因，这些地区的贫困人口较多。但是，三省区都具有独特的自然人文环境，通过政府的扶持和当地政府的不断努力，均探索出适合自己的减贫路径。本节从三个省区的减贫特色入手，分别介绍了旅游减贫、林下经济、易地搬迁扶贫三种减贫方式取得的巨大成效。贵州与云南、广西、宁夏三省在区位、自然环境、经济发展、人文环境方面有诸多的相似之处，三省区的绿色减贫模式都为本地区的贫困人口脱贫发挥了巨大的作用，为贵州减贫路径的选择提供了借鉴意义。

第三节　本　章　小　结

通过国内外案例研究不难发现：绿色发展的减贫路径是多样化的，不是单一策略，而是一个基于地方资源情况开展的多样化可持续脱贫道路，为贵州绿色发

展的减贫路径与机制的构建提供了借鉴，主要有四点共同的经验。

(1) 旅游业是实施绿色减贫工作的有力手段。从案例中可以看出，无论是国外还是国内，想要生态、减贫两手抓，发展旅游业是十分有效的手段，属于第三产业的旅游业，从经济上来说可以提高收入，增加 GDP；社会经济的发展优势众多，不仅可以增加众多的就业岗位，而且旅游服务贸易可以平衡国际收支、增加外汇收入等；旅游业属于服务业，服务业有众多一劳永逸的好处，一个旅游景点的建设可以无限次地被消费，不仅增加了收入，还节省了人力物力，减少了对环境的污染破坏，比起第一产业和第二产业，旅游业是发展经济、平衡生态的有效法宝。

(2) 减贫模式的制定要符合当地的情况。减贫的模式多种多样，一定要选择最适合本地区的，不能让旅游资源贫瘠的地方发展旅游业，不能让草原地区发展林下经济，更不能将别的地区成功的案例生搬硬套到本地区，要结合当地的特色，充分发挥当地的优势，比如案例中同样是发展旅游业的南非、日本水上町、云南，都各具特色，不但操作起来得心应手，而且有其他地方不可替代的优势。

(3) 绿色发展的减贫路径要夯实基础设施。绿色发展的减贫方式是减贫中高层次的要求，但不能急于求成，一味地追求最后的成效而忽视了最急待解决的问题。每个贫困地区的发展程度都不尽相同，对于发展比较落后的地区，首要问题是要解决好当地的基础设施，如道路的铺设、通信设施的建设、水电的供应等。只有将这些最基本的设施建设好，才可以进一步发展绿色产业，带领人民走出贫困。

(4) 做好前期准备工作，依赖产业发展绿色经济。贫困地区减贫依靠的一方面是金融扶持，另一方面是劳动力转移问题。扶贫工作前期是对贫困情况具体摸底，建立扶贫示范点，以点带面展开全面扶贫工作。从表面的给钱给物等解决短期的困境转向重视农村、发展农村，提高农村的生产力水平。新形势下的扶贫不再是"授之以鱼"，而是要加大资金投入，为贫困地区的人民改变现有的生活生产方式，所以要千方百计地增加投入，提高资金的使用效益。

第五章 贵州绿色发展的减贫
成效面板数据分析

第一节 贵州绿色发展的减贫成效总体情况

绿色发展和减贫是 21 世纪经济社会发展的机遇与挑战，受到世界各国高度重视。各国纷纷调整经济结构，将浪费资源、污染环境的传统经济发展模式转变为资源节约型、环境友好型可持续发展的模式。我国高度重视绿色发展与减贫工作，并将绿色发展理念融入生态文明建设之中，与国家的经济建设、政治建设、文化建设和社会建设同等重要。绿色发展就是在尊重自然的前提下，保护环境，提高资源的利用效率，实现全方位的可持续发展。这为我国生态脆弱、经济较为贫困的贵州发展经济指明了方向。过去，以传统工业为主的发展模式带动地区脱贫的路子，即走先污染后治理的经济发展"捷径"付出了惨重的环境代价。贵州属于欠发达地区，生态环境脆弱，必须要思考一条发展新路。近年来，随着交通条件的改善和第三产业的发展，贵州经济得到了平稳快速的增长。通过对贵州 87 个片区各项绿色发展的减贫衡量指标体系相关统计数据进行分析，根据前文设计的贵州绿色发展的减贫成效衡量指标体系，基于《贵州统计年鉴 2011—2016》相关数据基础，本章计算出各个地区指标评分的平均值，以便进一步分析贵州在各项绿色发展与减贫中出现的问题，并针对提出的问题，探索造成问题深层次的原因。贵州各项绿色发展的减贫衡量指标评分值平均得分如表 5-1 所示。

表 5-1 贵州各项绿色发展的减贫衡量指标评分值平均得分表

指标设计		指标性质	评分平均值
一级	二级		
A 绿色经济 基本面	A1 GDP	正	4.72
	A2 人均 GDP	正	4.63
	A3 第三产业占生产总值比例	正	0.60
	A4 人均第三产业总值	正	4.71

续表

指标设计		指标性质	评分平均值
一级	二级		
	A5 第一产业占生产总值比例	正	−0.24
	A6 人均第一产业总值	正	4.08
	A7 工业总值占生产总值比例	负	0.32
	A8 重工业增加值占工业增加值比例	负	1.10
B 投资与发展	B1 人均固定资产投资	正	5.68
	B2 地方财政赤字率	负	0.61
	B3 增值税占收入比例	正	−1.83
	B4 教育支出占支出比例	正	0.49
C 乡村人员就业	C1 农民人均纯收入	正	3.79
	C2 乡村就业人员第一产业就业比例	正	−1.31
	C3 乡村就业人员第二产业就业比例	负	−1.79
	C4 乡村就业人员第三产业就业比例	正	1.15
D 特色绿色产业经济	D1 农林牧渔业总产值	正	2.45
	D2 人均农林牧渔业总产值	正	2.38
	D3 人均粮食产量	正	−0.93
	D4 人均肉类产量	正	0.87
	D5 人均油菜籽产量	正	2.28
	D6 人均烤烟产量	正	−0.40
E 社会发展	E1 人均社会消费品零售总额	正	3.91
	E2 社会消费品零售总额城乡比例	负	−1.29
	E3 城乡居民人均存储	正	3.60
	E4 中等学校生师比例	负	0.28
	E5 学龄儿童入学率（毛入学率）	正	0.18
	E6 学龄女童入学率（毛入学率）	正	0.08

表 5-1 中的评分平均值是根据贵州各个地区 2010～2015 年每项指标的数值评分综合算出的平均得分，其取值范围为 $-6 \leqslant X \leqslant 6$，这些数值不仅可以初步反映贵州整个绿色经济的发展水平，还能够反映贵州过去几年整体经济的变化情况。通过最后的评分平均值可知，贵州多项绿色经济减贫指标为正值，工业总值占生产总值比例、重工业增加值占工业增加值比例等负指标的值也变为正值，这表明贵

州污染环境、破坏生态的重工业逐渐减少，而绿色经济产业发展日趋良好，绿色经济的发展和减贫工作取得了一定的成效。另外，贵州省绿色发展的减贫成效在GDP、人均GDP、人均第三产业总值、人均第一产业总值、人均固定资产投资、农民人均纯收入、人均社会消费品零售总额、城乡居民人均存储几项正指标平均得分值中，均超过3分，证明其年均增长率$X \geqslant 10\%$，这个年均增长速度是非常惊人的！人均固定资产投资甚至超过了5分，而固定资产投资是建造和购置固定资产的经济活动，即固定资产再生产活动，它是经济发展的主要动力。人均固定资产投资的增多，为经济发展注入了新的动力。

与此同时，数据也印证了这几年贵州后发优势的速度。从指标的内容上看，第二产业发展相对缓慢，第一产业和第三产业是支撑贵州人均GDP的重要因素，与前文剖析一致，贵州主要走生态农业等第一产业和大数据、大旅游服务行业等第三产业之路，从而带动GDP发展，促进农民人均纯收入和城乡居民人均存储增加；另外，人均固定资产投资和人均社会消费品零售总额指标发展的速度，也印证了贵州在基础设施和消费能力等方面的高速发展。这些都共同说明了贵州通过绿色发展来提升绿色经济水平的努力已经获得明显的成效，促进了贵州贫困人口的脱贫和省域经济的增长。

但表5-1中的数据也有一些项目评分平均得分值为负数，例如第一产业占生产总值比例的平均得分为-0.24；增值税占收入比例的平均得分为-1.83，人均粮食产量的平均得分为-0.93，人均烤烟产量平均得分为-0.40，社会消费品零售总额城乡比例的平均得分为-1.29。这也说明虽然人均第一产业总值在增加，但是第一产业占生产总值比例为负值，这意味着贵州在发展过程中产业结构之间不断地转型升级，且几大产业的增长速度趋近一致，再加上有些地区不断调整产业结构，减少第一产业生产总值，而有些地方却增加第一产业生产总值。至于增值税占收入比例成为负数，说明贵州在发展过程中调整了税收结构。人均粮食产量、人均烤烟产量、社会消费品零售总额城乡比例三个指标，前两个指标为负数，说明产量增速没有人口增速快或者农业产业结构在调整，被其他特色种植所替代。例如前文所讲，特种药物、经济水果、生态蔬菜种植等，已经成为贵州打造的特色生态农产品且被很多县乡所接受，并进行大面积种植。社会消费品零售总额城乡比例为负值说明城市消费能力比农村要大，这符合事实情况，但是对于减贫发展而言，经济消费能力应该在农村不断提升。从数据观察来看，这个比值趋近1，城市社会消费品零售总额比农村多出10%左右，也从反面说明农村消费能力也在逐年上升，这与前面农民纯收入指标息息相关。

根据设计的指标和评分的要求，基于统计年鉴的面板数据分析，本章分地区对贵州省相关区县进行了关于绿色发展的减贫成效评分排序，如表5-2所示。

表 5-2　贵州分地区的绿色发展的减贫成效评分排序表

地区	得分	排序	所属	评价
关岭县	3.32	1	安顺市	比较符合绿色减贫发展要求
镇宁县	3.24	2	安顺市	比较符合绿色减贫发展要求
习水县	3.13	3	遵义市	比较符合绿色减贫发展要求
晴隆县	2.69	4	黔西南州	比较符合绿色减贫发展要求
紫云县	2.68	5	安顺市	比较符合绿色减贫发展要求
锦屏县	2.68	6	黔东南州	比较符合绿色减贫发展要求
石阡县	2.66	7	铜仁市	比较符合绿色减贫发展要求
万山特区	2.48	8	铜仁市	比较符合绿色减贫发展要求
江口县	2.47	9	铜仁市	比较符合绿色减贫发展要求
贞丰县	2.45	10	黔西南州	比较符合绿色减贫发展要求
平坝区	2.41	11	安顺市	比较符合绿色减贫发展要求
岑巩县	2.41	12	黔东南州	比较符合绿色减贫发展要求
安龙县	2.41	13	黔西南州	比较符合绿色减贫发展要求
望谟县	2.41	14	黔西南州	比较符合绿色减贫发展要求
册亨县	2.39	15	黔西南州	比较符合绿色减贫发展要求
道真县	2.38	16	遵义市	比较符合绿色减贫发展要求
三都县	2.35	17	黔南州	比较符合绿色减贫发展要求
兴仁县	2.33	18	黔西南州	比较符合绿色减贫发展要求
威宁县	2.27	19	毕节市	比较符合绿色减贫发展要求
六枝特区	2.26	20	六盘水市	比较符合绿色减贫发展要求
德江县	2.24	21	铜仁市	比较符合绿色减贫发展要求
花溪区	2.18	22	贵阳市	比较符合绿色减贫发展要求
水城县	2.17	23	六盘水市	比较符合绿色减贫发展要求
赫章县	2.16	24	毕节市	比较符合绿色减贫发展要求
普安县	2.15	25	黔西南州	比较符合绿色减贫发展要求
湄潭县	2.05	26	遵义市	比较符合绿色减贫发展要求
荔波县	2.05	27	黔南州	比较符合绿色减贫发展要求
织金县	2.04	28	毕节市	比较符合绿色减贫发展要求
小河区	2.00	29	贵阳市	基本符合绿色减贫发展要求
正安县	2.00	30	遵义市	基本符合绿色减贫发展要求

地区	得分	排序	所属	评价
务川县	1.99	31	遵义市	基本符合绿色减贫发展要求
普定县	1.98	32	安顺市	基本符合绿色减贫发展要求
大方县	1.98	33	毕节市	基本符合绿色减贫发展要求
盘县	1.98	34	六盘水市	基本符合绿色减贫发展要求
长顺县	1.95	35	黔南州	基本符合绿色减贫发展要求
黄平县	1.93	36	黔东南州	基本符合绿色减贫发展要求
凤冈县	1.92	37	遵义市	基本符合绿色减贫发展要求
思南县	1.89	38	铜仁市	基本符合绿色减贫发展要求
赤水市	1.86	39	遵义市	基本符合绿色减贫发展要求
施秉县	1.86	40	黔东南州	基本符合绿色减贫发展要求
天柱县	1.85	41	黔东南州	基本符合绿色减贫发展要求
息烽县	1.84	42	贵阳市	基本符合绿色减贫发展要求
台江县	1.84	43	黔东南州	基本符合绿色减贫发展要求
西秀区	1.82	44	安顺市	基本符合绿色减贫发展要求
金沙县	1.79	45	毕节市	基本符合绿色减贫发展要求
黔西县	1.78	46	毕节市	基本符合绿色减贫发展要求
兴义市	1.77	47	黔西南州	基本符合绿色减贫发展要求
三穗县	1.75	48	黔东南州	基本符合绿色减贫发展要求
汇川区	1.74	49	遵义市	基本符合绿色减贫发展要求
印江县	1.69	50	铜仁市	基本符合绿色减贫发展要求
纳雍县	1.68	51	毕节市	基本符合绿色减贫发展要求
仁怀市	1.67	52	遵义市	基本符合绿色减贫发展要求
松桃县	1.67	53	铜仁市	基本符合绿色减贫发展要求
钟山区	1.67	54	六盘水市	基本符合绿色减贫发展要求
开阳县	1.65	55	贵阳市	基本符合绿色减贫发展要求
清镇市	1.64	56	贵阳市	基本符合绿色减贫发展要求
沿河县	1.63	57	铜仁市	基本符合绿色减贫发展要求
修文县	1.61	58	贵阳市	基本符合绿色减贫发展要求
遵义市	1.61	59	遵义市	基本符合绿色减贫发展要求
镇远县	1.59	60	黔南州	基本符合绿色减贫发展要求
白云区	1.54	61	贵阳市	基本符合绿色减贫发展要求

续表

地区	得分	排序	所属	评价
龙里县	1.53	62	黔南州	基本符合绿色减贫发展要求
南明区	1.51	63	贵阳市	基本符合绿色减贫发展要求
绥阳县	1.51	64	遵义市	基本符合绿色减贫发展要求
乌当区	1.48	65	贵阳市	基本符合绿色减贫发展要求
罗甸县	1.47	66	黔南州	基本符合绿色减贫发展要求
桐梓县	1.44	67	遵义市	基本符合绿色减贫发展要求
余庆县	1.41	68	遵义市	基本符合绿色减贫发展要求
从江县	1.35	69	黔东南州	基本符合绿色减贫发展要求
红花岗区	1.33	70	遵义市	基本符合绿色减贫发展要求
平塘县	1.26	71	黔南州	基本符合绿色减贫发展要求
丹寨县	1.23	72	黔东南州	基本符合绿色减贫发展要求
都匀市	1.23	73	黔南州	基本符合绿色减贫发展要求
麻江县	1.21	74	黔东南州	基本符合绿色减贫发展要求
独山县	1.21	75	黔南州	基本符合绿色减贫发展要求
惠水县	1.20	76	黔南州	基本符合绿色减贫发展要求
玉屏县	1.12	77	铜仁市	基本符合绿色减贫发展要求
黎平县	1.07	78	黔东南州	基本符合绿色减贫发展要求
福泉市	1.06	79	黔南州	基本符合绿色减贫发展要求
凯里市	1.04	80	黔东南州	基本符合绿色减贫发展要求
观山湖区	0.98	81	贵阳市	基本符合绿色减贫发展要求
贵定县	0.96	82	黔南州	基本符合绿色减贫发展要求
瓮安县	0.96	83	黔南州	基本符合绿色减贫发展要求
剑河县	0.90	84	黔东南州	基本符合绿色减贫发展要求
榕江县	0.71	85	黔东南州	基本符合绿色减贫发展要求
云岩区	0.45	86	贵阳市	基本符合绿色减贫发展要求
雷山县	0.25	87	黔东南州	基本符合绿色减贫发展要求
总平均分	1.81		贵州省	基本符合绿色减贫发展要求

注：分地区按照贵州省统计年鉴资料进行划分。近几年贵州部分区县进行了更名或者行政区域合并，由于相关统计数据缺失，故按照原行政区域划分进行评分。各地区得分值由原始数值四舍五入获得。排序参考未舍入得分值进行。

根据数据统计评分得知，贵州各个地区的减贫衡量指标评价得分的取值范围为 0.25≤S≤3.32，总体情况都符合绿色发展的减贫标准。在所有统计指标中，基本符合绿色减贫发展要求的有雷山县、云岩区、贵定县等 59 个地区；比较符合绿色减贫发展要求的有小河区、正安县、务川县等 28 个地区；非常符合绿色减贫发展要求和其他档次评分的地区暂时没有。贵州省总平均分为 1.81，基本符合绿色减贫发展要求，这与贵州战略定位和发展现实也是一致的，贵州省绿色发展的减贫成效是值得充分肯定的。

第二节　分地区的贵阳市绿色发展的减贫成效评分

（一）白云区

白云区绿色发展的减贫成效评分如表 5-3 所示。

表 5-3　白云区绿色发展的减贫衡量指标体系评分统计

指标设计		2010 年	2011 年	2012 年	2013 年	2014 年	2015 年	年均增长率/%	评分
一级	二级								
绿色经济基本面	A1 GDP/万元	636833	766482	1018600	1220500	1504500	1782300	22.85	5
	A2 人均 GDP/元	24041	28729	37545	45270	55285	64516	21.83	5
	A3 第三产业占生产总值比例	0.42	0.42	0.41	0.43	0.45	0.44	0.93	1
	A4 人均第三产业总值/元	9980	11850	15300	19209	24629	28247	23.13	5
	A5 第一产业占生产总值比例	0.04	0.04	0.03	0.03	0.03	0.03	-5.59	-2
	A6 人均第一产业总值/元	897	1019	1187	1354	1708	2011	17.52	4
	A7 工业总值占生产总值比例	0.51	0.51	0.49	0.48	0.46	0.46	-2.04	1
	A8 重工业增加值占工业增加值比例	0.72	0.85	0.83	0.76	0.67	—	-1.78	1
投资与发展	B1 人均固定资产投资/元	23675	49567	82608	128478	130662	158331	46.24	6
	B2 地方财政赤字率/%	7.26	5.30	4.57	5.67	4.43	4.76	-8.10	2
	B3 增值税占收入比例	0.14	0.12	0.09	0.09	0.09	0.10	-6.51	-2
	B4 教育支出占支出比例	0.20	0.22	0.24	0.19	0.18	0.19	-1.02	-1
乡村人员就业	C1 农民人均纯收入/元	7385	8887	10256	11429	12833	14006	13.66	3
	C2 乡村就业人员第一产业就业比例	0.54	0.55	0.52	0.50	0.43	0.51	-1.14	-1
	C3 乡村就业人员第二产业就业比例	0.20	0.22	0.21	0.21	0.20	0.19	-1.02	1
	C4 乡村就业人员第三产业就业比例	0.26	0.23	0.27	0.29	0.37	0.30	2.90	1

续表

指标设计		2010 年	2011 年	2012 年	2013 年	2014 年	2015 年	年均增长率/%	评分
一级	二级								
特色绿色产业经济	D1 农林牧渔业总产值/万元	38745	45333	51767	58424	57377	56133	7.70	2
	D2 人均农林牧渔业总产值/元	1465	1687	1908	2150	2679	2012	6.55	2
	D3 人均粮食产量/公斤	219.00	142.00	149.00	144.00	145.00	128.00	-10.18	-3
	D4 人均肉类产量/公斤	17.94	17.90	18.69	19.68	19.77	19.57	1.75	1
	D5 人均油菜籽量/公斤	3.17	3.44	3.07	1.28	2.35	2.32	-6.05	-2
	D6 人均烤烟产量/公斤	—	—	—	—	—	—		
社会发展	E1 人均社会消费品零售总额/元	7172	8500	9951	11487	14038	15469	16.62	4
	E2 社会消费品零售总额城乡比例	—	—	—	—	—	—		
	E3 城乡居民人均存储/万元	—	—	—	—	—	—		
	E4 中等学校生师比例	17.02	18.85	16.09	15.86	14.87	14.30	-3.42	1
	E5 学龄儿童入学率/%	140.56	182.42	196.10	195.00	132.30	190.30	6.25	2
	E6 学龄女童入学率/%	140.90	178.78	194.40	193.80	132.80	187.10	5.84	2
评分总计				$S=1.54$					

注: A8 因 2015 年数据缺失, 年均增长率按 2010～2014 年的年均增长率计算; D6、E2 和 E3 数据缺失, 无对应评分值。另外, 除了比例、比率和人均产量(公斤)保留两位小数以外, 表内所有整数数据进行了四舍五入, 以方便计算(后同)。

(二)观山湖区

观山湖区绿色发展的减贫成效评分如表 5-4 所示。

表 5-4 观山湖区绿色发展的减贫衡量指标体系评分统计

指标设计		2010 年	2011 年	2012 年	2013 年	2014 年	2015 年	年均增长率/%	评分
绿色经济基本面	A1 GDP/万元	—	—	—	1070700	1318700	1532300	19.63	4
	A2 人均 GDP/元	—	—	—	48471	56871	62791	13.82	3
	A3 第三产业占生产总值比例	—	—	—	0.61	0.62	0.62	0.82	1
	A4 人均第三产业总值/元	—	—	—	28966	34594	37897	14.38	3
	A5 第一产业占生产总值比例	—	—	—	0.02	0.02	0.02	0.00	1
	A6 人均第一产业总值/元	—	—	—	889	1040	1280	19.99	4
	A7 工业总值占生产总值比例	—	—	—	0.13	0.13	0.12	-3.92	1
	A8 重工业增加值占工业增加值比例	—	—	—	0.86	0.88	—	2.33	-1

续表

指标设计		2010 年	2011 年	2012 年	2013 年	2014 年	2015 年	年均增长率/%	评分
投资与发展	B1 人均固定资产投资/元	—	—	—	135310	150658	169490	11.92	3
	B2 地方财政赤字率/%	—	—	—	0.35	0.77	1.78	125.52	-6
	B3 增值税占收入比例	—	—	—	0.02	0.04	0.04	41.42	6
	B4 教育支出占支出比例	—	—	—	0.07	0.07	0.07	0.00	1
乡村人员就业	C1 农民人均纯收入/元	—	—	—	10914	12103	13242	10.15	3
	C2 乡村就业人员第一产业就业比例	—	—	—	0.29	0.29	0.20	-16.95	-4
	C3 乡村就业人员第二产业就业比例	—	—	—	0.38	0.41	0.41	3.87	-1
	C4 乡村就业人员第三产业就业比例	—	—	—	0.33	0.30	0.39	8.71	2
特色绿色产业经济	D1 农林牧渔业总产值/万元	—	—	—	29696	39752	32232	4.18	1
	D2 人均农林牧渔业总产值/元	—	—	—	1307	1680	1282	-0.96	-1
	D3 人均粮食产量/公斤	—	—	—	81.00	77.00	71.00	-6.38	-2
	D4 人均肉类产量/公斤	—	—	—	5.11	5.06	4.98	-1.28	-1
	D5 人均油菜籽产量/公斤	—	—	—	4.89	3.87	3.62	-13.96	-3
	D6 人均烤烟产量/公斤	—	—	—	—	—	—	—	
社会发展	E1 人均社会消费品零售总额/元	—	—	—	21324	38257	40346	37.55	6
	E2 社会消费品零售总额城乡比例	—	—	—	—	—	—		
	E3 城乡居民人均存储/万元	—	—	—	—	—	—		
	E4 中等学校生师比例	—	—	—	—	13.82	13.62	-1.45	1
	E5 学龄儿童入学率/%	—	—	—	—	138.80	138.70	-0.07	-1
	E6 学龄女童入学率/%	—	—	—	—	137.40	136.90	-0.36	-1
评分总计					S=0.98				

注: 所有指标均缺少 2010~2012 年的数据, 因此所有指标的年均增长率均按照 2013~2015 年的平均增长率计算。其中, A8 因 2015 年数据缺失, 年均增长率按 2013~2014 年的年均增长率计算; E4、E5 和 E6 缺少 2013 年数据, 年均增长率按 2014~2015 年的年均增长率计算; D6、E2 和 E3 数据缺失, 无对应评分值。

(三)花溪区

花溪区绿色发展的减贫成效评分如表 5-5 所示。

表 5-5 花溪区绿色发展的减贫衡量指标体系评分统计

	指标设计	2010 年	2011 年	2012 年	2013 年	2014 年	2015 年	年均增长率/%	评分
绿色经济基本面	A1 GDP/万元	795911	987869	1195300	2151600	3625200	4949700	44.13	6
	A2 人均 GDP/元	22158	27274	32552	43969	57351	77635	28.50	6
	A3 第三产业占生产总值比例	0.54	0.52	0.53	0.44	0.42	0.37	-7.28	-2
	A4 人均第三产业总值/元	11943	14191	17252	35041	23908	28415	18.93	4
	A5 第一产业占生产总值比例	0.09	0.08	0.08	0.04	0.05	0.04	-14.97	-3
	A6 人均第一产业总值/元	1977	2174	2503	1795	2349	2746	6.79	2
	A7 工业总值占生产总值比例	0.19	0.24	0.24	0.40	0.43	0.49	20.86	-5
	A8 重工业增加值占工业增加值比例	0.69	0.60	0.60	0.41	0.31	—	-18.13	4
投资与发展	B1 人均固定资产投资/元	14930	31034	48224	50303	60937	72402	37.13	6
	B2 地方财政赤字率/%	6.95	7.31	6.43	7.79	6.22	4.63	-7.80	2
	B3 增值税占收入比例	0.08	0.06	0.05	0.06	0.06	0.06	-5.59	-2
	B4 教育支出占支出比例	0.23	0.22	0.26	0.18	0.17	0.18	-4.78	-1
乡村人员就业	C1 农民人均纯收入/元	5956	7805	8665	10034	11327	12414	15.82	4
	C2 乡村就业人员第一产业就业比例	0.56	0.53	0.50	0.45	0.46	0.45	-4.28	-1
	C3 乡村就业人员第二产业就业比例	0.15	0.14	0.14	0.13	0.14	0.14	-1.37	1
	C4 乡村就业人员第三产业就业比例	0.29	0.33	0.36	0.42	0.40	0.41	7.17	2
特色绿色产业经济	D1 农林牧渔业总产值/万元	108902	120535	142087	174953	231568	176221	10.10	3
	D2 人均农林牧渔业总产值/元	3021	3312	3869	2774	3656	2746	-1.89	-1
	D3 人均粮食产量/公斤	349.00	219.00	264.00	202.00	179.00	177.00	-12.70	-3
	D4 人均肉类产量/公斤	42.27	41.79	43.3	27.88	27.87	27.56	-8.20	-2
	D5 人均油菜籽产量/公斤	6.64	9.91	12.24	6.71	6.41	7.16	1.52	1
	D6 人均烤烟产量/公斤	0.15	0.03	0.14	0.11	1.07	0.94	44.35	6
社会发展	E1 人均社会消费品零售总额/元	5217	6202	7252	16319	29622	32514	44.19	6
	E2 社会消费零售总额城乡比例	—	—	—	—	—	—		
	E3 城乡居民人均存储/万元	—	—	—	—	—	—		
	E4 中等学校生师比例	16.04	15.88	15.59	16.40	48.49	14.28	-2.30	1

续表

指标设计	2010 年	2011 年	2012 年	2013 年	2014 年	2015 年	年均增长率/%	评分
E5 学龄儿童入学率/%	115.11	123.58	127.30	139.50	110.80	111.70	-0.60	-1
E6 学龄女童入学率/%	114.31	125.16	127.20	135.80	110.60	112.40	-0.34	-1
评分总计			S=2.18					

注：A8 因 2015 年数据缺失，年均增长率按 2010～2014 年的年均增长率计算；E2 和 E3 数据缺失，无对应评分。

(四)开阳县

开阳县绿色发展的减贫成效评分如表 5-6 所示。

表 5-6　开阳县绿色发展的减贫衡量指标体系评分统计

指标设计	2010 年	2011 年	2012 年	2013 年	2014 年	2015 年	年均增长率/%	评分
	A1 GDP/万元	623234	819314	1028800	1260300	1608900	1871700	24.60	5
	A2 人均 GDP/元	17150	22892	28713	34911	44260	51085	24.40	5
	A3 第三产业占生产总值比例	0.30	0.28	0.27	0.27	0.30	0.31	0.66	1
绿色经济基本面	A4 人均第三产业总值/元	5180	6512	7606	9534	13221	15700	24.83	5
	A5 第一产业占生产总值比例	0.20	0.16	0.15	0.14	0.14	0.15	-5.59	-2
	A6 人均第一产业总值/元	3390	3730	4382	4825	6323	7382	16.84	4
	A7 工业总值占生产总值比例	0.36	0.41	0.43	0.44	0.41	0.38	1.09	1
	A8 重工业增加值占工业增加值比例	0.99	0.99	0.99	0.96	0.94	—	-1.29	1
投资与发展	B1 人均固定资产投资/元	19454	31275	48855	60711	73597	88345	35.34	6
	B2 地方财政赤字率/%	12.00	11.00	10.00	11.00	8.00	11.00	-1.73	1
	B3 增值税占收入比例	0.12	0.10	0.06	0.10	0.087	0.08	-7.79	-2
	B4 教育支出占支出比例	0.24	0.19	0.20	0.23	0.23	0.21	-2.64	-1
乡村人员就业	C1 农民人均纯收入/元	5393	6781	7860	8919	10227	11308	15.96	4
	C2 乡村就业人员第一产业就业比例	0.52	0.50	0.50	0.47	0.44	0.44	-3.29	-1
	C3 乡村就业人员第二产业就业比例	0.11	0.12	0.14	0.15	0.16	0.18	10.35	3
	C4 乡村就业人员第三产业就业比例	0.37	0.38	0.37	0.38	0.39	0.38	0.53	1

续表

	指标设计	2010 年	2011 年	2012 年	2013 年	2014 年	2015 年	年均增长率/%	评分
特色绿色产业经济	D1 农林牧渔业总产值/万元	180611	200424	236581	269384	362960	272095	8.54	2
	D2 人均农林牧渔业总产值/元	5038	5608	6496	7423	9966	7382	7.94	2
	D3 人均粮食产量/公斤	447.16	260.51	294.71	296.46	324.00	324.00	-6.24	-2
	D4 人均肉类产量/公斤	110.51	112.13	117.72	122.66	125.97	129.43	3.21	1
	D5 人均油菜籽产量/公斤	43.91	54.61	53.94	53.98	54.58	53.41	3.99	1
	D6 人均烤烟产量/公斤	33.53	26.82	25.12	23.11	21.57	22.58	-7.60	-2
社会发展	E1 人均社会消费品零售总额/元	4604	5552	6489	7416	8770	9757	16.21	4
	E2 社会消费品零售总额城乡比例	1.19	0.63	0.64	0.66	0.68	0.69	-10.33	3
	E3 城乡居民人均存储/万元	0.73	0.88	1.07	1.38	1.53	1.54	16.10	4
	E4 中等学校生师比例	20.07	19.20	18.94	18.13	16.35	14.98	-5.68	2
	E5 学龄儿童入学率/%	96.81	96.94	99.88	98.70	96.10	100.46	0.74	1
	E6 学龄女童入学率/%	96.34	96.75	99.80	98.77	97.60	102.54	1.26	1
评分总计				$S=1.65$					

注：A8 因 2015 年数据缺失，年均增长率按 2010～2014 年的年均增长率计算。

（五）南明区

南明区绿色发展的减贫成效评分如表 5-7 所示。

表 5-7 南明区绿色发展的减贫衡量指标体系评分统计

	指标设计	2010 年	2011 年	2012 年	2013 年	2014 年	2015 年	年均增长率/%	评分
绿色经济基本面	A1 GDP/万元	2267007	3016973	3750000	4400700	5285100	6060500	21.73	5
	A2 人均 GDP/元	27670	36015	44301	51362	60970	69246	20.14	5
	A3 第三产业占生产总值比例	0.79	0.79	0.77	0.75	0.77	0.78	-0.25	-1
	A4 人均第三产业总值/元	21458	28298	33924	38039	46837	48597	17.76	4
	A5 第一产业占生产总值比例	0.007	0.006	0.006	0.005	0.006	0.006	-3.04	-1
	A6 人均第一产业总值/元	196	215	246	274	383	416	16.24	4
	A7 工业总值占生产总值比例	0.13	0.12	0.01	0.12	0.09	0.07	-11.65	3
	A8 重工业增加值占工业增加值比例	0.67	0.63	0.48	0.35	0.14	—	-32.39	6

续表

	指标设计	2010 年	2011 年	2012 年	2013 年	2014 年	2015 年	年均增长率/%	评分
投资与发展	B1 人均固定资产投资/元	11630	17483	35440	43587	49811	56517	37.19	6
	B2 地方财政赤字率/%	1.40	0.59	0.64	0.66	0.68	1.20	-3.04	1
	B3 增值税占收入比例	0.08	0.07	0.05	0.06	0.08	0.08	0.00	1
	B4 教育支出占支出比例	0.24	0.27	0.28	0.28	0.26	0.24	0.00	1
乡村人员就业	C1 农民人均纯收入/元	7531	9031	10259	11415	12722	13896	13.03	3
	C2 乡村就业人员第一产业就业比例	0.60	0.55	0.58	0.34	0.34	0.26	-15.40	-4
	C3 乡村就业人员第二产业就业比例	0.16	0.17	0.14	0.18	0.16	0.17	1.22	-1
	C4 乡村就业人员第三产业就业比例	0.24	0.28	0.28	0.47	0.50	0.57	18.89	4
特色绿色产业经济	D1 农林牧渔业总产值/万元	25291	28568	32938	36240	52110	36605	7.68	2
	D2 人均农林牧渔业总产值/元	305.00	338.00	387.00	420.00	599.00	407.00	5.94	2
	D3 人均粮食产量/公斤	92.00	70.00	75.00	44.00	43.00	—	-17.32	-4
	D4 人均肉类产量/公斤	3.75	3.65	3.84	3.27	3.28	3.19	-3.18	-1
	D5 人均油菜籽产量/公斤	0.19	0.18	0.08	—	—	—	-35.11	-6
	D6 人均烤烟产量/公斤	—	—	—	—	—	—		
社会发展	E1 人均社会消费品零售总额/元	19214	22788	22767	30505	34770	38269	14.77	3
	E2 社会消费品零售总额城乡比例	—	—	—	—	—	—		
	E3 城乡居民人均存储/万元	—	—	—	—	—	—		
	E4 中等学校生师比例	16.93	17.28	15.19	15.10	13.92	12.95	-5.22	2
	E5 学龄儿童入学率/%	230.81	221.60	175.50	176.70	112.10	122.80	-11.86	-3
	E6 学龄女童入学率/%	235.32	218.58	175.60	176.50	100.60	110.50	-14.03	-3
评分总计		S=1.51							

注：A8 因 2015 年数据缺失，年均增长率按 2010～2014 年的年均增长率计算；D5 因 2013～2015 年的数据缺失，年均增长率按 2010～2012 年的年均增长率计算；D6、E2 和 E3 数据缺失，无对应评分值。

（六）清镇市

清镇市绿色发展的减贫成效评分如表 5-8 所示。

表 5-8　清镇市绿色发展的减贫衡量指标体系评分统计

	指标设计	2010 年	2011 年	2012 年	2013 年	2014 年	2015 年	年均增长率/%	评分
绿色经济基本面	A1 GDP/万元	932948	1170698	1141600	1750100	2193900	2533300	22.11	5
	A2 人均 GDP/元	19820	24972	30561	37947	46990	53604	22.02	5
	A3 第三产业占生产总值比例	0.44	0.42	0.42	0.44	0.46	0.45	0.45	1
	A4 人均第三产业总值/元	8691	10463	12891	16511	21372	24041	22.57	5
	A5 第一产业占生产总值比例	0.12	0.10	0.09	0.08	0.09	0.09	−5.59	−2
	A6 人均第一产业总值/元	2296	2442	2724	3076	4055	4784	15.81	4
	A7 工业总值占生产总值比例	0.24	0.26	0.25	0.24	0.22	0.20	−3.58	1
	A8 重工业增加值占工业增加值比例	0.88	0.82	0.90	0.90	0.89	—	0.28	−1
投资与发展	B1 人均固定资产投资/元	17061	26428	37995	46158	55166	65724	30.96	6
	B2 地方财政赤字率/%	8.00	8.00	9.00	8.00	7.00	7.00	−2.64	1
	B3 增值税占收入比例	0.09	0.07	0.05	0.07	0.07	0.05	−11.09	−3
	B4 教育支出占支出比例	0.25	0.24	0.30	0.28	0.28	0.35	6.96	2
乡村人员就业	C1 农民人均纯收入/元	5463	6898	7953	9022	10439	11522	16.10	4
	C2 乡村就业人员第一产业就业比例	0.69	0.65	0.67	0.47	0.44	0.49	−6.62	−2
	C3 乡村就业人员第二产业就业比例	0.10	0.12	0.12	0.21	0.25	0.23	18.13	−4
	C4 乡村就业人员第三产业就业比例	0.21	0.23	0.22	0.31	0.31	0.28	5.92	2
特色绿色产业经济	D1 农林牧渔业总产值/万元	160809	171964	193647	211207	299363	227880	7.22	2
	D2 人均农林牧渔业总产值/元	3436	3662	4086	4543	6386	4783	6.84	2
	D3 人均粮食产量/公斤	324.42	189.08	220.06	200.78	219.00	204.00	−8.86	−2
	D4 人均肉类产量/公斤	65.59	66.47	66.62	71.08	70.96	70.92	1.57	1
	D5 人均油菜籽产量/公斤	11.75	16.08	21.00	22.13	22.91	23.93	15.29	4
	D6 人均烤烟产量/公斤	11.19	9.46	10.58	10.82	12.06	9.69	−2.84	−1

续表

	指标设计	2010 年	2011 年	2012 年	2013 年	2014 年	2015 年	年均增长率/%	评分
社会发展	E1 人均社会消费品零售总额/元	3804	4645	5399	6331	7662	8490	17.42	4
	E2 社会消费品零售总额城乡比例	2.64	2.80	2.85	2.91	6.14	6.14	18.39	-4
	E3 城乡居民人均存储/万元	0.80	0.96	1.15	1.51	1.76	1.78	17.35	4
	E4 中等学校生师比例	18.60	18.59	17.34	16.61	14.59	14.01	-5.51	2
	E5 学龄儿童入学率/%	99.68	107.14	114.44	114.39	100.00	103.25	0.71	1
	E6 学龄女童入学率/%	101.78	109.58	117.43	117.14	102.60	107.24	1.05	1
评分总计				S=1.64					

注：A8 因 2015 年数据缺失，年均增长率按 2010～2014 年的年均增长率计算。

(七)乌当区

乌当区绿色发展的减贫成效评分如表 5-9 所示。

表 5-9　乌当区绿色发展的减贫衡量指标体系评分统计

	指标设计	2010 年	2011 年	2012 年	2013 年	2014 年	2015 年	年均增长率/%	评分
绿色经济基本面	A1 GDP/万元	998910	1255118	1565700	990800	1237300	1450800	7.75	2
	A2 人均 GDP/元	26461	37178	37565	43078	52992	61247	18.28	4
	A3 第三产业占生产总值比例	0.48	0.46	0.46	0.41	0.42	0.43	-2.18	-1
	A4 人均第三产业总值/元	12779	17201	17373	17327	22378	26018	15.28	4
	A5 第一产业占生产总值比例	0.07	0.07	0.06	0.09	0.09	0.10	7.39	2
	A6 人均第一产业总值/元	1957	2467	2205	3745	4921	5826	24.38	5
	A7 工业总值占生产总值比例	0.23	0.29	0.29	0.40	0.38	0.35	8.76	-2
	A8 重工业增加值占工业增加值比例	0.64	0.56	0.52	0.41	0.33	—	-15.26	4
投资与发展	B1 人均固定资产投资/元	13212	56337	32666	56596	65999	80380	43.49	6
	B2 地方财政赤字率/%	1.70	2.30	4.00	8.00	7.00	7.60	34.92	-6
	B3 增值税占收入比例	0.08	0.06	0.06	0.06	0.08	0.07	-2.64	-1
	B4 教育支出占支出比例	0.14	0.16	0.15	0.13	0.16	0.17	3.96	1

续表

	指标设计	2010 年	2011 年	2012 年	2013 年	2014 年	2015 年	年均增长率/%	评分
乡村人员就业	C1 农民人均纯收入/元	6829	8332	9607	10840	11924	13061	13.85	3
	C2 乡村就业人员第一产业就业比例	0.45	0.40	0.38	0.40	0.31	0.31	-7.18	-2
	C3 乡村就业人员第二产业就业比例	0.15	0.17	0.17	0.20	0.14	0.16	1.30	-1
	C4 乡村就业人员第三产业就业比例	0.39	0.43	0.45	0.40	0.55	0.53	6.33	2
特色绿色产业经济	D1 农林牧渔业总产值/万元	115225	127875	142076	136003	183006	139266	3.86	1
	D2 人均农林牧渔业总产值/元	3052	3788	3409	5855	7797	5825	13.80	3
	D3 人均粮食产量/公斤	1496.78	1101.90	154.00	245.00	256.00	255.00	-29.81	-6
	D4 人均肉类产量/公斤	30.40	34.40	25.90	46.40	46.50	45.98	8.63	2
	D5 人均油菜籽产量/公斤	9.80	12.70	12.70	46.65	20.15	19.80	15.10	4
	D6 人均烤烟产量/公斤	—	—	—	—	—	—		
社会发展	E1 人均社会消费品零售总额/元	3168	15810	15933	10633	12924	14259	35.10	6
	E2 社会消费品零售总额城乡比例	—	—	—	—	—	—		
	E3 城乡居民人均存储/万元	—	—	—	—	—	—		
	E4 中等学校生师比例	14.31	14.48	20.18	13.94	12.32	12.02	-3.43	1
	E5 学龄儿童入学率/%	140.56	126.25	139.90	147.60	142.80	128.00	-1.85	-1
	E6 学龄女童入学率/%	140.90	125.17	139.30	146.60	141.90	128.00	-1.90	-1
评分总计				S=1.48					

注：A8 因 2015 年数据缺失，年均增长率按 2010～2014 年的年均增长率计算；D6、E2 和 E3 数据缺失，无对应评分值。

(八)息烽县

息烽县绿色发展的减贫成效评分如表 5-10 所示。

表 5-10 息烽县绿色发展的减贫衡量指标体系评分统计

	指标设计	2010 年	2011 年	2012 年	2013 年	2014 年	2015 年	年均增长率/%	评分
绿色经济基本面	A1 GDP/万元	521397	646484	843400	1043000	1284700	1490900	23.38	5
	A2 人均 GDP/元	24467	30309	39173	47626	58515	66989	22.32	5

续表

	指标设计	2010 年	2011 年	2012 年	2013 年	2014 年	2015 年	年均增长率/%	评分
	A3 第三产业占生产总值比例	0.25	0.30	0.31	0.33	0.37	0.42	10.93	3
	A4 人均第三产业总值/元	6024	9167	12253	15900	21740	27609	35.59	6
	A5 第一产业占生产总值比例	0.12	0.12	0.10	0.09	0.10	0.11	−1.73	−1
	A6 人均第一产业总值/元	3018	3265	3832	4384	5707	6991	18.29	4
	A7 工业总值占生产总值比例	0.59	0.55	0.55	0.52	0.48	0.43	−6.13	2
	A8 重工业增加值占工业增加值比例	0.84	0.83	0.92	0.91	0.89	—	1.46	−1
投资与发展	B1 人均固定资产投资/元	21788	39729	61717	79069	103708	126165	42.08	6
	B2 地方财政赤字率/%	11.00	11.00	11.00	11.00	11.00	11.00	0.00	−1
	B3 增值税占收入比例	0.07	0.04	0.04	0.06	0.10	0.10	7.39	2
	B4 教育支出占支出比例	0.21	0.21	0.22	0.19	0.17	0.25	3.55	1
乡村人员就业	C1 农民人均纯收入/元	5084	6434	7456	8491	9787	10822	16.31	4
	C2 乡村就业人员第一产业就业比例	0.55	0.53	0.49	0.46	0.43	0.42	−5.25	−2
	C3 乡村就业人员第二产业就业比例	0.13	0.15	0.13	0.14	0.15	0.15	2.90	−1
	C4 乡村就业人员第三产业就业比例	0.32	0.32	0.38	0.40	0.42	0.43	6.09	2
特色绿色产业经济	D1 农林牧渔业总产值/万元	97435	105558	127377	144801	202638	157303	10.05	3
	D2 人均农林牧渔业总产值/元	4752	4949	5916	6612	9207	6991	8.03	2
	D3 人均粮食产量/公斤	447.16	301.67	338.04	354.67	383.00	381.00	−3.15	−1
	D4 人均肉类产量/公斤	65.76	66.41	73.02	74.46	75.57	76.22	3.00	1
	D5 人均油菜籽产量/公斤	42.52	51.57	52.79	51.95	52.77	46.06	1.61	1
	D6 人均烤烟产量/公斤	11.73	8.66	8.41	7.45	5.98	5.79	−13.17	−3
社会发展	E1 人均社会消费品零售总额/元	4062	4873	5673	6426	7874	8681	16.40	4
	E2 社会消费品零售总额城乡比例	2.08	1.39	1.32	1.30	1.27	1.26	−9.54	2
	E3 城乡居民人均存储/万元	0.76	0.94	1.20	1.49	1.75	1.79	18.69	4
	E4 中等学校生师比例	20.11	18.60	18.24	16.64	16.35	14.91	−5.81	2
	E5 学龄儿童入学率/%	93.80	93.14	99.08	99.31	99.60	102.89	1.87	1
	E6 学龄女童入学率/%	95.73	95.39	99.45	99.81	99.60	104.78	1.82	1
评分总计				S=1.84					

注：A8 因 2015 年数据缺失，年均增长率按 2010～2014 年的年均增长率计算。

(九)小河区

小河区绿色发展的减贫成效评分如表 5-11 所示。

表 5-11　小河区绿色发展的减贫衡量指标体系评分统计

	指标设计	2010 年	2011 年	2012 年	2013 年	2014 年	2015 年	年均增长率/%	评分
绿色经济基本面	A1 GDP/万元	589969	806261	1107400	—	—	—	37.01	6
	A2 人均 GDP/元	23741	31495	62778	—	—	—	62.61	6
	A3 第三产业占生产总值比例	0.44	0.39	0.33	—	—	—	-13.40	-3
	A4 人均第三产业总值/元	10487	12324	20753	—	—	—	40.67	6
	A5 第一产业占生产总值比例	0.01	0.01	0.01	—	—	—	0.00	1
	A6 人均第一产业总值/元	312	338	567	—	—	—	34.81	6
	A7 工业总值占生产总值比例	0.43	—	—	—	—	—	—	
	A8 重工业增加值占工业增加值比例	0.69	0.18	0.43	—	—	—	-21.06	5
投资与发展	B1 人均固定资产投资/元	35027	52640	76393	—	—	—	47.68	6
	B2 地方财政赤字率/%	81.33	62.91	—	—	—	—	-22.65	5
	B3 增值税占收入比例	0.09	0.07	0.06	—	—	—	-18.35	-4
	B4 教育支出占支出比例	0.19	0.18	0.19	—	—	—	0.00	1
乡村人员就业	C1 农民人均纯收入/元	7438	8947	10128	—	—	—	16.69	4
	C2 乡村就业人员第一产业就业比例	0.56	0.54	0.47	—	—	—	-8.39	-2
	C3 乡村就业人员第二产业就业比例	0.08	0.08	0.09	—	—	—	6.07	-2
	C4 乡村就业人员第三产业就业比例	0.36	0.38	0.44	—	—	—	10.55	3
特色绿色产业经济	D1 农林牧渔业总产值/万元	12624	14506	14586	—	—	—	7.49	2
	D2 人均农林牧渔业总产值/元	508	567	827	—	—	—	27.59	6
	D3 人均粮食产量/公斤	117.30	63.95	97.45	—	—	—	-8.85	-2
	D4 人均肉类产量/公斤	39.37	38.55	52.95	—	—	—	15.97	4
	D5 人均油菜籽产量/公斤	—	5.08	11.62	—	—	—	128.74	-6
	D6 人均烤烟产量/公斤	—	—	—	—	—	—	—	

续表

指标设计		2010 年	2011 年	2012 年	2013 年	2014 年	2015 年	年均增长率/%	评分
社会发展	E1 人均社会消费品零售总额/元	16527	19267	16304	—	—	—	-0.68	—1
	E2 社会消费品零售总额城乡比例	—	—	—	—	—	—		
	E3 城乡居民人均存储/万元	—	—	—	—	—	—		
	E4 中等学校生师比例	18.37	18.05	17.99	—	—	—	-1.04	1
	E5 学龄儿童入学率/%	220.90	111.01	196.10	—	—	—	-5.78	-2
	E6 学龄女童入学率/%	220.92	111.12	194.40	—	—	—	-6.19	-2
评分总计				S=2.00					

注：因 2013～2015 年数据缺失，年均增长率均按 2010～2012 年的年均增长率计算。其中 B2 因 2012 年数据缺失，年均增长率按 2010～2011 年的年均增长率计算；D5 因 2010 年数据缺失，年均增长率按 2011～2012 年的年均增长率计算；A7、D6、E2 和 E3 数据缺失，无对应评分值。2013～2015 年数据普遍缺失，原因是 2012 年后小河区并入花溪区。

（十）修文县

修文县绿色发展的减贫成效评分如表 5-12 所示。

表 5-12　修文县绿色发展的减贫衡量指标体系评分统计

指标设计		2010 年	2011 年	2012 年	2013 年	2014 年	2015 年	年均增长率/%	评分
绿色经济基本面	A1 GDP/万元	461839	576733	712400	887300	1197800	1400400	24.84	5
	A2 人均 GDP/元	24240	30323	39357	48040	45981	53000	16.94	4
	A3 第三产业占生产总值比例	0.46	0.44	0.41	0.42	0.41	0.42	-1.80	-1
	A4 人均第三产业总值/元	8488	10114	11452	14535	18683	22191	21.19	5
	A5 第一产业占生产总值比例	0.17	0.15	0.14	0.13	0.13	0.14	-3.81	-1
	A6 人均第一产业总值/元	3173	3459	4031	4496	6109	7328	18.22	4
	A7 工业总值占生产总值比例	0.28	0.32	0.34	0.24	0.35	0.33	3.34	-1
	A8 重工业增加值占工业增加值比例	0.60	0.53	0.48	0.43	0.40	—	-9.64	2
投资与发展	B1 人均固定资产投资/元	18297	33711	50018	66375	80014	95504	39.16	6
	B2 地方财政赤字率/%	13.00	12.00	12.00	13.00	11.00	10.00	-5.11	2
	B3 增值税占收入比例	0.10	0.09	0.07	0.09	0.10	0.12	3.71	1
	B4 教育支出占支出比例	0.22	0.23	0.19	0.19	0.20	0.24	1.76	1

续表

指标设计		2010 年	2011 年	2012 年	2013 年	2014 年	2015 年	年均增长率/%	评分
乡村人员就业	C1 农民人均纯收入/元	5152	6470	7460	8492	9807	10856	16.08	4
	C2 乡村就业人员第一产业就业比例	0.59	0.53	0.56	0.51	0.49	0.48	-4.04	-1
	C3 乡村就业人员第二产业就业比例	0.09	0.10	0.11	0.14	0.15	0.16	12.20	-3
	C4 乡村就业人员第三产业就业比例	0.31	0.37	0.33	0.34	0.36	0.36	3.04	1
特色绿色产业经济	D1 农林牧渔业总产值/万元	131404	144737	167826	191511	253258	195308	8.25	2
	D2 人均农林牧渔业总产值/元	5271	5750	6587	7391	9670	7329	6.81	2
	D3 人均粮食产量/公斤	392.01	271.40	291.00	298.86	323.00	328.00	-3.50	-1
	D4 人均肉类产量/公斤	68.96	69.92	72.91	75.32	75.39	75.42	1.81	1
	D5 人均油菜籽产量/公斤	25.29	30.03	55.30	41.15	47.88	50.50	14.83	3
	D6 人均烤烟产量/公斤	15.33	9.24	9.43	10.64	7.03	5.47	-18.63	-4
社会发展	E1 人均社会消费品零售总额/元	4063	4830	5591	6328	7698	8510	15.94	4
	E2 社会消费品零售总额城乡比例	0.67	0.72	0.72	0.72	0.72	0.72	1.45	-1
	E3 城乡居民人均存储/万元	0.63	0.79	0.99	1.17	1.37	1.35	16.47	4
	E4 中等学校生师比例	18.87	18.16	16.44	15.51	13.81	13.05	-7.11	2
	E5 学龄儿童入学率/%	93.03	93.28	97.26	100.10	98.90	99.62	1.38	1
	E6 学龄女童入学率/%	94.87	95.97	99.22	103.66	98.90	102.28	1.52	1
评分总计				S=1.61					

注：A8 因 2015 年数据缺失，年均增长率按 2010～2014 年的年均增长率计算。

(十一)云岩区

云岩区绿色发展的减贫成效评分如表 5-13 所示。

表 5-13 云岩区绿色发展的减贫衡量指标体系评分统计

指标设计		2010 年	2011 年	2012 年	2013 年	2014 年	2015 年	年均增长率/%	评分
绿色经济基本面	A1 GDP/万元	3061217	3829820	4412900	5155300	6159100	6500200	16.25	4
	A2 人均 GDP/元	32587	39597	44851	52211	62117	65443	14.96	3
	A3 第三产业占生产总值比例	0.59	0.59	0.64	0.64	0.70	0.81	6.54	2
	A4 人均第三产业总值/元	18938	23039	28762	33481	43251	52803	22.76	5

续表

指标设计		2010年	2011年	2012年	2013年	2014年	2015年	年均增长率/%	评分
	A5 第一产业占生产总值比例	0.002	0.001	0.001	0.005	0.001	0.001	-12.94	-3
	A6 人均第一产业总值/元	61	41	44	45	52	58	-1.00	-1
	A7 工业总值占生产总值比例	0.37	0.37	0.29	0.29	0.22	0.09	-24.63	5
	A8 重工业增加值占工业增加值比例	0.17	0.69	0.14	0.24	0.63	—	38.75	-6
投资与发展	B1 人均固定资产投资/元	10147	17934	23647	28963	34625	41061	32.26	6
	B2 地方财政赤字率/%	0.95	0.49	2.30	1.01	0.84	1.12	3.35	-1
	B3 增值税占收入比例	0.10	0.08	0.07	0.07	0.10	0.09	-2.09	-1
	B4 教育支出占支出比例	0.28	0.29	0.22	0.23	0.24	0.26	-1.47	-1
乡村人员就业	C1 农民人均纯收入/元	7592	9124	10356	11522	12839	14026	13.06	3
	C2 乡村就业人员第一产业就业比例	0.17	0.13	0.09	0.08	0.03	0.03	-29.31	-6
	C3 乡村就业人员第二产业就业比例	0.35	0.34	0.36	0.36	0.34	0.29	-3.69	-1
	C4 乡村就业人员第三产业就业比例	0.48	0.53	0.55	0.55	0.63	0.68	7.21	2
特色绿色产业经济	D1 农林牧渔业总产值/万元	9886	6003	6026	6588	8406	5817	-10.06	-3
	D2 人均农林牧渔业总产值/元	103	61	61	66	85	59	-10.55	-3
	D3 人均粮食产量/公斤	—	—	—	—	—	—		
	D4 人均肉类产量/公斤	0.20	0.69	0.50	0.55	0.56	0.53	21.52	5
	D5 人均油菜籽产量/公斤	—	—	—	—	—	—		
	D6 人均烤烟产量/公斤	—	—	—	—	—	—		
社会发展	E1 人均社会消费品零售总额/元	18916	22418	25942	29604	27803	30817	10.25	3
	E2 社会消费品零售总额城乡比例	—	—	—	—	—	—		
	E3 城乡居民人均存储/万元	—	—	—	—	—	—		
	E4 中等学校生师比例	16.15	15.47	17.31	14.38	13.90	13.13	-4.06	1
	E5 学龄儿童入学率/%	172.94	212.06	206.00	201.40	118.40	115.90	-7.69	-1
	E6 学龄女童入学率/%	168.32	210.01	193.7	189.80	118.60	115.90	-7.19	-1
评分总计		$S=0.45$							

注：A8 因 2015 年数据缺失，年均增长率按 2010~2014 年的年均增长率计算；D3、D5、D6、E2 和 E3 数据缺失，无对应评分值。

（十二）本节小结

从绿色经济基本层面看，2010~2015 年，贵阳市各地区的 GDP 持续增长，增长较快的有花溪区，年均增长率为 44.13%，增长较慢的有乌当区，年均增长率为 7.75%。人均 GDP 和人均第三产业总值在六年内逐年增长。工业总值占生产总值比例除开阳县、修文县、花溪区、乌当区略有增长外，其他地区都有所下降。贵阳市整个地区重工业增加值占工业增加值比例在六年内呈下降趋势。第一产业占生产总值比例在贵阳市各地区中均有下降，降幅较大的为花溪区，第一产业占生产总值比例的年均增长率为-14.97%。

从投资与发展层面看，人均固定资产投资增长较快，其中白云区的人均固定资产投资由 2010 年的 23675 元增加到 2015 年的 158331 元，六年内增加了 134656元。教育支出的比例六年内各个地区基本持平。

从乡村人员就业层面看，2010~2015 年，贵阳市乡村就业人员第一产业就业比例明显下降。乡村就业人员第二产业就业比例在开阳县、息烽县等地区有所增加。花溪区、观山湖区等地区的乡村就业人员第三产业就业比例增加较快。

从特色绿色产业经济层面看，2010~2015 年，贵阳市人均肉类产量逐年上升，人均粮食产量降幅明显。开阳县、清镇市等地区的人均油菜籽产量增速较快。

从社会发展层面看，2010~2015 年，人均社会消费品零售总额持续增长，增长较快的有花溪区、观山湖区、乌当区，均超过 30%。城乡居民人均存储也逐年增加。

总的来说，2010~2015 年贵阳市各个地区的 GDP 和人均 GDP 稳步提高，第三产业占生产总值比例和人均第三产业总值逐年增加，人均社会消费品零售总额和城乡居民人均存储增加的幅度大，但是第一产业占生产总值比例在六年内都呈逐渐下降的趋势，人均粮食产量呈负增长。

以上数据可以说明，贵阳市的经济发展较快，尤其是第三产业的发展，反映出贵阳市经济发展形势趋于良好，经济、资源、环境三者在发展过程中得到一定程度的协调。但是第一产业发展明显下降，而第一产业中的农业是国民经济的基础，粮食又是人类生存之本，第一产业的下降，包括各类农产品产量的下降，一定程度上增加了经济发展的成本，失去了经济可持续发展的基本保障。

贵阳市各个地区评价评分最高的是花溪区，花溪区的生产总值、人均 GDP、人均固定资产投资等指标评分得分较高。其原因主要是花溪区主打旅游、生态、绿色发展的经济之路，依靠发展民族村寨、特色绿色产业经济、自然风光旅游等来促进经济的发展升级。这不仅进一步扩大了投资、带动了生产、创造了财政收入，还大幅度提高了人民的生活水平。

近年来，贵阳市多个地区大力发展旅游产业，其中花溪区的民族村寨旅游发展取得了显著成效，花溪区发展民族村寨旅游依赖于得天独厚的自然资源和特色的民族文化，素有"高原明珠"之称。花溪区拥有风景秀丽的山水景观，天河潭、花溪公园、十里河滩等都因此得名。花溪除了以自然风光得名的景点外，还有以特色的民风民俗得名的民族村寨，如镇山村、李村、螃海井村、龙井寨、麦翁等原生态的布依族苗族村寨。

花溪区的民族村寨旅游早在 20 世纪 90 年代就已经开始，其中较早发展的民族村寨是位于花溪西北部的镇山村，随后是李村、龙井村等村寨。但是民族旅游发展是一个动态的过程，近年来，花溪区在民族村寨发展中的问题逐渐凸显，表现为旅游开发不平衡、基础设施不完善、民族文化丧失、民族产品同质化等，这些问题的出现导致部分地区旅游业日渐凋零，之前名声斐然的镇山村现在也已经成为空壳化的村寨，旅游旺季多数店铺大门紧闭，就连唯一的生态博物馆也早已门可罗雀。

另外，花溪区近年来建设的生态工业园区，规模逐渐扩大，园区的建设为一区六园的形式，包括孟关装备制造业生态示范工业园、燕楼循环经济工业园、金石石材工业园、黔峰生物科技园、羊艾农产品加工产业园，经过不断发展壮大，园区目前已经是贵阳市十大产业园区之一。加之大学科技园在花溪区的设立，为花溪区高科技产业的发展提供了动力。此外，通过《国务院关于同意贵州省调整贵阳市部分行政区划的批复》（国函〔2012〕190 号）的有关内容，确定将小河区正式纳入花溪区，进一步扩大了花溪区经济增长实体。

第三节　分地区的遵义市绿色发展的减贫成效评分

（一）遵义市

遵义市绿色发展的减贫成效评分如表 5-14 所示。

表 5-14　遵义市绿色发展的减贫衡量指标体系评分统计

	指标设计	2010 年	2011 年	2012 年	2013 年	2014 年	2015 年	年均增长率/%	评分
绿色经济基本面	A1 GDP/万元	1378340	1684811	1922800	2290800	2739700	3151200	17.98	4
	A2 人均 GDP/元	14391	17946	20623	24517	29217	33472	18.39	4
	A3 第三产业占生产总值比例	0.32	0.33	0.35	0.34	0.33	0.32	0.00	1
	A4 人均第三产业总值/元	4684	5883	7150	8232	9564	10690	17.94	4
	A5 第一产业占生产总值比例	0.20	0.17	0.17	0.17	0.18	0.22	1.92	1

续表

	指标设计	2010 年	2011 年	2012 年	2013 年	2014 年	2015 年	年均增长率/%	评分
	A6 人均第一产业总值/元	2875	3045	3600	4117	5236	7317	20.54	5
	A7 工业总值占生产总值比例	0.42	0.43	0.40	0.40	0.39	0.36	-3.04	1
	A8 重工业增加值占工业增加值比例	0.81	0.78	0.83	0.73	0.74	—	-1.79	1
投资与发展	B1 人均固定资产投资/元	9853	11986	21930	28513	36973	45603	35.86	6
	B2 地方财政赤字率/%	-11.13	-11.73	-11.96	-11.68	-8.80	-9.12	-3.91	1
	B3 增值税占收入比例	0.10	0.08	0.06	0.09	0.07	0.06	-9.71	-2
	B4 教育支出占支出比例	0.28	0.29	0.28	0.25	0.26	0.28	0.00	1
乡村人员就业	C1 农民人均纯收入/元	5403	6514	7621	8611	9788	10826	14.91	3
	C2 乡村就业人员第一产业就业比例	0.49	0.45	0.42	0.33	0.31	0.30	-9.35	-2
	C3 乡村就业人员第二产业就业比例	0.11	0.13	0.14	0.18	0.20	0.18	10.35	-3
	C4 乡村就业人员第三产业就业比例	0.40	0.42	0.44	0.49	0.49	0.52	5.39	2
特色绿色产业经济	D1 农林牧渔业总产值/万元	455860	493049	567056	639143	833457	690602	8.66	2
	D2 人均农林牧渔业总产值/元	4823	5288	6082	6826	8876	7317	8.69	2
	D3 人均粮食产量/公斤	584.00	439.00	481.00	448.00	481.00	493.00	-3.33	-1
	D4 人均肉类产量/公斤	89.55	93.05	96.96	91.58	98.25	102.32	2.70	1
	D5 人均油菜籽产量/公斤	55.06	75.08	78.94	75.84	76.58	78.26	7.29	2
	D6 人均烤烟产量/公斤	21.42	18.90	21.81	22.34	17.95	15.54	-6.22	-2
社会发展	E1 人均社会消费品零售总额/元	3212	3909	4558	5283	6306	7055	17.04	4
	E2 社会消费品零售总额城乡比例	9.59	8.45	8.13	7.62	1.24	8.69	-1.95	1
	E3 城乡居民人均存储/万元	0.75	0.94	1.17	1.46	1.68	1.77	18.74	4
	E4 中等学校生师比例	19.56	19.80	19.43	19.01	17.96	16.02	-3.91	1
	E5 学龄儿童入学率/%	86.24	88.64	88.40	85.50	106.20	94.00	1.74	1
	E6 学龄女童入学率/%	87.98	91.70	91.40	87.80	110.10	96.70	1.91	1
评分总计		$S=1.61$							

注：A8 因 2015 年数据缺失，年均增长率按 2010～2014 年的年均增长率计算。

（二）红花岗区

红花岗区绿色发展的减贫成效评分如表 5-15 所示。

表 5-15　红花岗区绿色发展的减贫衡量指标体系评分统计

	指标设计	2010 年	2011 年	2012 年	2013 年	2014 年	2015 年	年均增长率/%	评分
绿色经济基本面	A1 GDP/万元	1627523	1971334	2214900	2560100	2993900	3321900	15.34	4
	A2 人均 GDP/元	24939	29738	33058	38026	44282	48779	14.36	3
	A3 第三产业占生产总值比例	0.63	0.64	0.66	0.64	0.64	0.65	0.63	1
	A4 人均第三产业总值/元	15698	18875	21729	24369	28478	31595	15.02	4
	A5 第一产业占生产总值比例	0.05	0.04	0.04	0.04	0.05	0.04	-4.36	-1
	A6 人均第一产业总值/元	1141	1212	1408	1587	2003	1984	11.70	3
	A7 工业总值占生产总值比例	0.28	0.27	0.24	0.25	0.24	0.23	-3.86	1
	A8 重工业增加值占工业增加值比例	0.68	0.67	0.63	0.70	0.70	—	0.73	-1
投资与发展	B1 人均固定资产投资/元	11188	17206	28780	38373	49548	60211	40.02	6
	B2 地方财政赤字率/%	0.40	3.94	4.70	5.54	4.40	6.05	72.16	-6
	B3 增值税占收入比例	0.05	0.05	0.04	0.08	0.08	0.07	6.96	2
	B4 教育支出占支出比例	0.23	0.23	0.20	0.17	0.23	0.22	-0.89	-1
乡村人员就业	C1 农民人均纯收入/元	5669	6970	8134	9134	10210	11221	14.63	3
	C2 乡村就业人员第一产业就业比例	0.47	0.47	0.46	0.39	0.37	0.36	-5.19	-2
	C3 乡村就业人员第二产业就业比例	0.15	0.15	0.16	0.17	0.21	0.19	4.84	-1
	C4 乡村就业人员第三产业就业比例	0.38	0.38	0.39	0.44	0.42	0.44	2.98	1
特色绿色产业经济	D1 农林牧渔业总产值/万元	119809	132298	152211	168220	184091	135815	2.54	1
	D2 人均农林牧渔业总产值/元	1823	1980	2266	3975	2718	1984	1.71	1
	D3 人均粮食产量/公斤	419.00	304.00	327.00	297.00	347.00	306.00	-6.09	-2
	D4 人均肉类产量/公斤	23.97	24.07	24.97	26.93	26.9	26.82	2.27	1
	D5 人均油菜籽产量/公斤	9.34	9.88	9.84	9.95	9.64	9.84	1.05	1
	D6 人均烤烟产量/公斤	0.08	0.07	0.07	0.08	0.08	—	0.00	1
社会发展	E1 人均社会消费品零售总额/元	13546	16008	18807	21633	25526	28254	15.84	4
	E2 社会消费品零售总额城乡比例	2.70	5.49	7.29	6.88	3.27	18.62	47.14	-6
	E3 城乡居民人均存储/万元	—	—	—	—	—	—	—	—
	E4 中等学校生师比例	19.12	18.57	17.25	16.65	16.68	15.9	-3.62	1
	E5 学龄儿童入学率/%	126.40	132.72	133.60	136.40	155.20	145.30	2.83	1
	E6 学龄女童入学率/%	126.55	129.87	130.90	134.10	152.80	143.10	2.49	1
评分总计					S=1.33				

注：A8、D6 因 2015 年数据缺失，年均增长率按 2010~2014 年的年均增长率计算；E3 数据缺失，无对应评分值。

(三)汇川区

汇川区绿色发展的减贫成效评分如表 5-16 所示。

表 5-16　汇川区绿色发展的减贫衡量指标体系评分统计

	指标设计	2010 年	2011 年	2012 年	2013 年	2014 年	2015 年	年均增长率/%	评分
绿色经济基本面	A1 GDP/万元	1120448	1373513	1640100	1874000	2166000	2430000	16.75	4
	A2 人均 GDP/元	25864	30977	36523	41532	47819	53202	15.52	4
	A3 第三产业占生产总值比例	0.47	0.45	0.45	0.45	0.46	0.47	0.00	1
	A4 人均第三产业总值/元	11935	13854	16385	185452	21892	24897	15.84	4
	A5 第一产业占生产总值比例	0.04	0.04	0.04	0.04	0.04	0.05	4.56	1
	A6 人均第一产业总值/元	1045	1142	1338	1532	1938	2557	19.60	4
	A7 工业总值占生产总值比例	0.46	0.47	0.47	0.47	0.45	0.43	-1.34	1
	A8 重工业增加值占工业增加值比例	0.24	0.25	0.25	0.25	0.22	—	-2.15	1
投资与发展	B1 人均固定资产投资/元	9707	15856	21902	26349	34713	43241	34.82	6
	B2 地方财政赤字率/%	4.66	5.30	19.28	4.50	3.25	4.21	-2.01	1
	B3 增值税占收入比例	0.07	0.07	0.05	0.10	0.10	0.12	11.38	3
	B4 教育支出占支出比例	0.21	0.20	0.20	0.18	0.19	0.24	2.71	1
乡村人员就业	C1 农民人均纯收入/元	5867	7190	8340	9290	10228	11241	13.89	3
	C2 乡村就业人员第一产业就业比例	0.55	0.49	0.44	0.41	0.33	0.29	-12.02	-3
	C3 乡村就业人员第二产业就业比例	0.19	0.18	0.24	0.29	0.31	0.31	10.29	-3
	C4 乡村就业人员第三产业就业比例	0.26	0.33	0.32	0.30	0.36	0.4	9.00	2
特色绿色产业经济	D1 农林牧渔业总产值/万元	81153	89556	105452	119554	155928	117554	7.69	2
	D2 人均农林牧渔业总产值/元	1849	2000	2343	2643	3438	2556	6.69	2
	D3 人均粮食产量/公斤	371.00	280.00	332.00	305.00	326.00	347.00	-1.33	-1
	D4 人均肉类产量/公斤	43.70	43.05	45.12	47.65	48.46	46.94	1.44	1
	D5 人均油菜籽产量/公斤	16.00	15.94	14.70	13.47	14.24	13.63	-3.16	-1
	D6 人均烤烟产量/公斤	4.49	4.65	5.58	5.51	3.69	3.63	-4.16	-1
社会发展	E1 人均社会消费品零售总额/元	11244	13240	15344	17149	20376	22457	14.84	3
	E2 社会消费品零售总额城乡比例	5.19	4.06	9.92	11.85	38.35	11.05	16.32	4

续表

指标设计	2010 年	2011 年	2012 年	2013 年	2014 年	2015 年	年均增长率/%	评分
E3 城乡居民人均存储/万元	—	—	—	—	—	—	—	—
E4 中等学校生师比例	18.16	17.58	17.09	16.66	15.94	14.44	-4.48	-1
E5 学龄儿童入学率/%	128.98	132.13	132.90	133.10	133.20	135.80	1.04	1
E6 学龄女童入学率/%	130.87	134.89	135.60	136.50	130	135.90	0.76	1
评分总计		S=1.74						

注：A8 因 2015 年数据缺失，年均增长率按 2010~2014 年的年均增长率计算；E3 数据缺失，无对应评分值。

（四）赤水市

赤水市绿色发展的减贫成效评分如表 5-17 所示。

表 5-17　赤水市绿色发展的减贫衡量指标体系评分统计

	指标设计	2010 年	2011 年	2012 年	2013 年	2014 年	2015 年	年均增长率/%	评分
绿色经济基本面	A1 GDP/万元	335597	412932	494500	596600	714500	841100	20.17	5
	A2 人均 GDP/元	14007	17372	20716	24880	29693	34828	19.98	4
	A3 第三产业占生产总值比例	0.38	0.38	0.38	0.38	0.37	0.38	0.00	1
	A4 人均第三产业总值/元	5422	6572	7797	9368	11100	13296	19.65	4
	A5 第一产业占生产总值比例	0.19	0.17	0.17	0.16	0.17	0.18	-1.08	-1
	A6 人均第一产业总值/元	14148	17336	3487	3881	4898	6303	-14.93	-3
	A7 工业总值占生产总值比例	0.37	0.38	0.38	0.38	0.37	0.38	0.53	-1
	A8 重工业增加值占工业增加值比例	0.51	0.36	0.27	0.25	0.16	—	-25.16	6
投资与发展	B1 人均固定资产投资/元	11864	10025	29140	37861	49058	61045	38.77	6
	B2 地方财政赤字率/%	20.26	22.86	22.94	21.67	20.15	21.01	0.73	-1
	B3 增值税占收入比例	0.06	0.05	0.05	0.05	0.04	0.03	-12.94	-3
	B4 教育支出占支出比例	0.21	0.17	17.55	0.19	0.19	0.21	0.00	1
乡村人员就业	C1 农民人均纯收入/元	4569	5598	6357	7381	8350	9235	15.11	4
	C2 乡村就业人员第一产业就业比例	0.55	0.54	0.52	0.52	0.54	0.54	-0.37	-1
	C3 乡村就业人员第二产业就业比例	0.09	0.09	0.09	0.09	0.09	0.09	0.00	-1
	C4 乡村就业人员第三产业就业比例	0.36	0.37	0.39	0.39	0.37	0.37	0.55	1

	指标设计	2010 年	2011 年	2012 年	2013 年	2014 年	2015 年	年均增长率/%	评分
特色绿色产业经济	D1 农林牧渔业总产值/万元	104245	117571	139164	157808	178295	152635	7.92	2
	D2 人均农林牧渔业总产值/元	4395	4936	5818	6564	7401	6305	7.48	2
	D3 人均粮食产量/公斤	678.00	480.00	512.00	497.00	593.00	599.00	−2.45	−1
	D4 人均肉类产量/公斤	52.08	54.72	58.37	68.28	65.51	70.69	6.30	2
	D5 人均油菜籽产量/公斤	0.75	1.13	1.19	1.27	1.32	1.36	12.64	3
	D6 人均烤烟产量/公斤	—	—	—	—	—	—	—	
社会发展	E1 人均社会消费品零售总额/元	4612	5515	6401	7292	8656	9669	15.96	4
	E2 社会消费品零售总额城乡比例	2.30	1.84	2.44	1.81	1.86	2.50	1.68	−1
	E3 城乡居民人均存储/万元	1.34	1.61	2.00	2.34	2.75	2.72	15.21	4
	E4 中等学校生师比例	—	16.06	15.68	16.03	15.51	13.64	−4.00	1
	E5 学龄儿童入学率/%	77.28	76.91	76.30	77.50	80.8	78.60	0.34	1
	E6 学龄女童入学率/%	78.43	77.87	77.50	78.30	81.60	79.10	0.17	1
评分总计			S=1.86						

注：A8 因 2015 年数据缺失，年均增长率按 2010～2014 年的年均增长率计算；D6 数据缺失，无对应评分值；E4 因 2010 年数据缺失，年均增长率按 2011～2015 年的年均增长率计算；C3 由于数据四舍五入，千分位和万分位数字没有显示，保留两位小数后，数据一致，实际计算时年增长率有细微差别。

（五）仁怀市

仁怀市绿色发展的减贫成效评分如表 5-18 所示。

表 5-18　仁怀市绿色发展的减贫衡量指标体系评分统计

	指标设计	2010 年	2011 年	2012 年	2013 年	2014 年	2015 年	年均增长率/%	评分
绿色经济基本面	A1 GDP/万元	2002320	2580241	3295600	3844600	4428700	5057200	20.36	5
	A2 人均 GDP/元	36626	47154	60177	70067	80471	91483	20.09	5
	A3 第三产业占生产总值比例	0.31	0.30	0.28	0.27	0.26	0.25	−4.21	−1
	A4 人均第三产业总值/元	11525	14115	16934	19078	21271	22939	14.76	3
	A5 第一产业占生产总值比例	0.06	0.05	0.04	0.04	0.04	0.05	−3.58	−1
	A6 人均第一产业总值/元	2122	2153	2553	2805	3538	2751	5.33	2
	A7 工业总值占生产总值比例	0.61	0.63	0.63	0.67	0.67	0.67	1.89	−1
	A8 重工业增加值占工业增加值	0.02	0.02	0.01	0.00	0.00	—	−100.00	6

续表

指标设计		2010 年	2011 年	2012 年	2013 年	2014 年	2015 年	年均增长率/%	评分
投资与发展	比例								
	B1 人均固定资产投资/元	7474	11265	20520	31393	50417	58446	50.88	6
	B2 地方财政赤字率/%	3.17	3.13	2.91	3.62	3.26	4.50	7.26	-2
	B3 增值税占收入比例	0.26	0.28	0.29	0.33	0.30	0.29	2.21	1
	B4 教育支出占支出比例	0.26	0.22	0.25	0.23	0.21	0.23	-2.42	-1
乡村人员就业	C1 农民人均纯收入/元	4702	5777	6753	7536	8548	9420	14.91	3
	C2 乡村就业人员第一产业就业比例	0.52	0.52	0.51	0.49	0.49	0.49	-1.18	-1
	C3 乡村就业人员第二产业就业比例	0.10	0.12	0.21	0.22	0.21	0.21	16.00	-4
	C4 乡村就业人员第三产业就业比例	0.37	0.35	0.29	0.28	0.31	0.31	-3.48	-1
特色绿色产业经济	D1 农林牧渔业总产值/万元	185065	198321	227298	248696	354090	263018	7.28	2
	D2 人均农林牧渔业总产值/元	3386	3621	4151	4523	6931	4742	6.97	2
	D3 人均粮食产量/公斤	433.00	335.00	365.00	335.00	381.00	394.00	-1.87	-1
	D4 人均肉类产量/公斤	78.77	78.48	81.52	84.71	92.1	85.37	1.62	1
	D5 人均油菜籽产量/公斤	17.48	23.72	24.37	24.74	27.4	26.68	8.83	2
	D6 人均烤烟产量/公斤	5.30	4.24	5.12	4.48	5.38	5.04	-1.00	-1
社会发展	E1 人均社会消费品零售总额/元	5803	7332	8492	9474	14210	14735	20.49	5
	E2 社会消费品零售总额城乡比例	5.47	7.82	7.93	11.04	7.67	16.57	24.82	-5
	E3 城乡居民人均存储/万元	0.85	1.35	1.75	1.98	2.28	2.17	20.62	5
	E4 中等学校生师比例	18.85	19.30	18.10	16.81	15.49	14.45	-5.18	2
	E5 学龄儿童入学率/%	99.94	93.00	99.30	88.40	91.00	95.40	-0.93	-1
	E6 学龄女童入学率/%	100.85	92.64	99.30	88.40	84.80	94.90	-1.21	-1
评分总计		S=1.61							

注：A8 因 2015 年数据缺失，年均增长率按 2010～2014 年的年均增长率计算，且千分位和万分位数据没有显示。

(六) 道真县

道真县绿色发展的减贫成效评分如表 5-19 所示。

表 5-19　道真县绿色发展的减贫衡量指标体系评分统计

	指标设计	2010 年	2011 年	2012 年	2013 年	2014 年	2015 年	年均增长率/%	评分
绿色经济基本面	A1 GDP/万元	174331	206579	246800	320600	397500	483300	22.62	5
	A2 人均 GDP/元	6990	8512	10159	13184	16275	19703	23.03	5
	A3 第三产业占生产总值比例	0.52	0.54	0.50	0.48	0.47	0.42	−4.18	−1
	A4 人均第三产业总值/元	3716	4585	5128	6300	7560	8329	17.52	4
	A5 第一产业占生产总值比例	0.32	0.30	0.32	0.34	0.35	0.38	3.50	1
	A6 人均第一产业总值/元	2313	2594	3289	4426	5623	7499	26.52	6
	A7 工业总值占生产总值比例	0.10	0.10	0.10	0.11	0.10	0.10	0.00	−1
	A8 重工业增加值占工业增加值比例	0.78	0.90	0.84	0.89	0.77	—	−0.32	1
投资与发展	B1 人均固定资产投资/元	3920	5701	10752	16498	20947	26409	46.45	6
	B2 地方财政赤字率/%	45.68	47.01	47.44	38.72	37.45	37.04	−4.11	1
	B3 增值税占收入比例	0.06	0.05	0.04	0.05	0.05	0.05	−3.58	−1
	B4 教育支出占支出比例	0.21	0.22	0.26	0.25	0.23	0.24	2.71	1
乡村人员就业	C1 农民人均纯收入/元	2893	3539	4137	4833	6785	7572	21.22	5
	C2 乡村就业人员第一产业就业比例	0.46	0.46	0.46	0.45	0.47	0.44	−0.89	−1
	C3 乡村就业人员第二产业就业比例	0.07	0.07	0.07	0.08	0.08	0.10	7.39	−2
	C4 乡村就业人员第三产业就业比例	0.47	0.47	0.47	0.47	0.45	0.46	−0.43	−1
特色绿色产业经济	D1 农林牧渔业总产值/万元	91436	103827	156444	180301	236452	184367	15.06	4
	D2 人均农林牧渔业总产值/元	3744	4303	6449	7396	9663	7498	14.90	3
	D3 人均粮食产量/公斤	487.00	353.00	423.00	403.00	469.00	474.00	−0.54	−1
	D4 人均肉类产量/公斤	73.55	75.44	79.53	89.34	88.80	89.17	3.93	1
	D5 人均油菜籽产量/公斤	23.32	36.21	29.59	33.79	35.75	37.06	9.71	2
	D6 人均烤烟产量/公斤	41.77	48.51	56.33	57.83	54.52	49.04	3.26	1
社会发展	E1 人均社会消费品零售总额/元	2309	2806	3250	3771	4480	5002	16.72	4
	E2 社会消费品零售总额城乡比例	0.69	0.95	0.75	0.83	1.86	0.92	5.92	−2
	E3 城乡居民人均存储/万元	0.88	1.15	1.46	1.77	2.12	2.18	19.89	4
	E4 中等学校生师比例	17.97	18.34	18.71	18.89	17.18	16.76	−1.38	1
	E5 学龄儿童入学率/%	83.73	83.95	83.80	84.40	86.20	83.70	−0.01	−1
	E6 学龄女童入学率/%	84.68	84.41	85.40	84.10	87.50	84.70	0.00	1
评分总计				$S=2.38$					

注：A8 因 2015 年数据缺失，年均增长率按 2010～2014 年的年均增长率计算。

(七)凤冈县

凤冈县绿色发展的减贫成效评分如表 5-20 所示。

表 5-20　凤冈县绿色发展的减贫衡量指标体系评分统计

	指标设计	2010 年	2011 年	2012 年	2013 年	2014 年	2015 年	年均增长率/%	评分
绿色经济基本面	A1 GDP/万元	227993	268110	322900	396700	499200	601500	21.41	5
	A2 人均 GDP/元	7280	8648	10501	14391	16101	19335	21.57	5
	A3 第三产业占生产总值比例	0.47	0.47	0.46	0.45	0.42	0.40	-3.17	-1
	A4 人均第三产业总值/元	3418	4069	4807	5794	6742	7627	17.41	4
	A5 第一产业占生产总值比例	0.36	0.34	0.34	0.33	0.34	0.36	0.00	1
	A6 人均第一产业总值/元	2647	3002	3578	4174	5488	7022	21.55	5
	A7 工业总值占生产总值比例	0.11	0.12	0.12	0.13	0.13	0.14	4.94	-1
	A8 重工业增加值占工业增加值比例	0.51	0.46	0.35	0.28	0.25	—	-16.33	4
投资与发展	B1 人均固定资产投资/元	3253	3976	8439	12375	16137	20043	43.86	6
	B2 地方财政赤字率/%	34.09	35.77	38.16	35.83	29.95	30.83	-1.99	1
	B3 增值税占收入比例	0.05	0.04	0.03	0.04	0.04	0.04	-4.36	-1
	B4 教育支出占支出比例	0.27	0.24	0.23	0.24	0.25	0.26	-0.75	-1
乡村人员就业	C1 农民人均纯收入/元	3633	4447	5211	5873	7711	8498	18.53	4
	C2 乡村就业人员第一产业就业比例	0.57	0.60	0.55	0.54	0.49	0.48	-3.38	-1
	C3 乡村就业人员第二产业就业比例	0.05	0.09	0.09	0.09	0.10	0.11	17.08	-4
	C4 乡村就业人员第三产业就业比例	0.38	0.31	0.36	0.37	0.41	0.41	1.53	1
特色绿色产业经济	D1 农林牧渔业总产值/万元	138583	160324	189943	211371	286004	218976	9.58	2
	D2 人均农林牧渔业总产值/元	4425	5227	6161	6823	9217	7021	9.67	2
	D3 人均粮食产量/公斤	492.00	251.00	395.00	376.00	445.00	500.00	0.32	1
	D4 人均肉类产量/公斤	82.87	85.04	87.61	95.12	95.21	95.39	2.85	2
	D5 人均油菜籽产量/公斤	41.58	49.19	50.50	52.96	53.91	50.10	3.80	1
	D6 人均烤烟产量/公斤	24.13	20.38	24.33	27.44	23.5	22.62	-1.28	-1
社会发展	E1 人均社会消费品零售总额/元	2457	3012	3502	4043	4824	5402	17.07	4
	E2 社会消费品零售总额城乡比例	1.56	1.75	1.61	1.64	1.73	1.79	2.79	-1

续表

指标设计	2010 年	2011 年	2012 年	2013 年	2014 年	2015 年	年均增长率/%	评分
E3 城乡居民人均存储/万元	0.60	0.79	1.02	1.32	1.52	1.56	21.06	5
E4 中等学校生师比例	20.09	19.74	19.02	17.78	17.03	15.87	-4.61	1
E5 学龄儿童入学率/%	93.54	92.35	94.70	89.90	88.20	89.40	-0.90	-1
E6 学龄女童入学率/%	95.01	93.30	96.00	91.40	89.20	90.50	-0.97	-1
评分总计	S=1.92							

注：A8 因 2015 年数据缺失，年均增长率按 2010～2014 年的年均增长率计算。

（八）绥阳县

绥阳县绿色发展的减贫成效评分如表 5-21 所示。

表 5-21 绥阳县绿色发展的减贫衡量指标体系评分统计

	指标设计	2010 年	2011 年	2012 年	2013 年	2014 年	2015 年	年均增长率/%	评分
绿色经济基本面	A1 GDP/万元	340815	410959	491500	595000	737700	863400	20.43	5
	A2 人均 GDP/元	8959	10829	12946	15614	19434	22656	20.39	5
	A3 第三产业占生产总值比例	0.40	0.41	0.40	0.40	0.39	0.37	-1.55	-1
	A4 人均第三产业总值/元	3624	4468	5140	6168	7484	8381	18.26	4
	A5 第一产业占生产总值比例	0.38	0.34	0.21	0.32	0.33	0.35	-1.63	-1
	A6 人均第一产业总值/元	3394	3663	4412	5014	6404	8022	18.77	4
	A7 工业总值占生产总值比例	0.16	0.19	0.19	0.19	0.18	0.17	1.22	-1
	A8 重工业增加值占工业增加值比例	0.51	0.56	0.47	0.69	0.67	—	5.61	-2
投资与发展	B1 人均固定资产投资/元	4230	7505	12886	19789	25801	32210	50.08	6
	B2 地方财政赤字率/%	0.26	0.25	0.24	0.25	0.22	0.21	-4.18	1
	B3 增值税占收入比例	0.06	0.04	0.03	0.04	0.04	0.03	-12.94	-2
	B4 教育支出占支出比例	0.26	0.25	0.25	0.20	0.23	0.24	-1.59	-1
乡村人员就业	C1 农民人均纯收入/元	4716	5779	6768	7631	8645	9579	15.23	4
	C2 乡村就业人员第一产业就业比例	0.58	0.56	0.53	0.51	0.42	0.40	-7.16	-2
	C3 乡村就业人员第二产业就业比例	0.06	0.07	0.07	0.09	0.13	0.13	16.72	-4
	C4 乡村就业人员第三产业就业比例	0.37	0.38	0.4	0.41	0.45	0.47	4.90	1

续表

	指标设计	2010 年	2011 年	2012 年	2013 年	2014 年	2015 年	年均增长率/%	评分
特色绿色产业经济	D1 农林牧渔业总产值/万元	210954	227445	275489	314196	410796	305660	7.70	2
	D2 人均农林牧渔业总产值/元	5546	6006	7238	8236	10822	8021	7.66	2
	D3 人均粮食产量/公斤	589.00	415.00	466.00	431.00	471.00	488.00	-3.69	-1
	D4 人均肉类产量/公斤	60.77	65.5	68.55	72.9	73.32	73.88	3.98	1
	D5 人均油菜籽产量/公斤	59.12	70.2	75.98	79.94	83.79	81.09	6.52	2
	D6 人均烤烟产量/公斤	21.47	24.25	24.97	26.05	22.42	21.04	-0.40	-1
社会发展	E1 人均社会消费品零售总额/元	2329	2808	3258	3780	4566	5676	19.50	4
	E2 社会消费品零售总额城乡比例	2.64	2.64	2.43	2.02	3.55	2.22	-3.41	1
	E3 城乡居民人均存储/万元	0.74	0.87	1.10	1.39	1.67	1.71	18.24	4
	E4 中等学校生师比例	16.93	15.83	16.52	15.96	15.93	15.14	-2.21	1
	E5 学龄儿童入学率/%	82.44	78.57	72.20	85.20	86.20	90.00	1.77	1
	E6 学龄女童入学率/%	83.70	80.43	73.00	87.90	88.50	92.00	1.91	1
评分总计		S=1.51							

注：A8 因 2015 年数据缺失，年均增长率按 2010～2014 年的年均增长率计算。

(九) 桐梓县

桐梓县绿色发展的减贫成效评分如表 5-22 所示。

表 5-22　桐梓县绿色发展的减贫衡量指标体系评分统计

	指标设计	2010 年	2011 年	2012 年	2013 年	2014 年	2015 年	年均增长率/%	评分
绿色经济基本面	A1 GDP/万元	502481	626879	748900	904100	1085400	1251600	20.02	5
	A2 人均 GDP/元	9483	12065	14455	17363	20756	23859	20.27	5
	A3 第三产业占生产总值比例	0.43	0.41	0.41	0.39	0.38	0.38	-2.44	-1
	A4 人均第三产业总值/元	4120	5003	5951	6835	7925	9080	17.12	4
	A5 第一产业占生产总值比例	0.23	0.20	0.20	0.19	0.26	0.24	0.85	1
	A6 人均第一产业总值/元	2245	2432	2894	3276	5290	5659	20.31	5
	A7 工业总值占生产总值比例	0.24	0.28	0.29	0.29	0.27	0.26	1.61	-1
	A8 重工业增加值占工业增加值比例	0.99	0.99	0.88	1.00	0.99	—	0.00	-1
投资与发展	B1 人均固定资产投资/元	9275	14912	22138	24647	29614	36550	31.56	6
	B2 地方财政赤字率/%	18.80	20.15	19.86	18.85	18.25	20.08	1.33	-1

续表

指标设计	2010 年	2011 年	2012 年	2013 年	2014 年	2015 年	年均增长率/%	评分
	B3 增值税占收入比例	0.09	0.06	0.06	0.07	0.07	0.08	-2.33	-1
	B4 教育支出占支出比例	0.20	0.22	0.25	0.23	0.25	0.27	6.19	2
乡村人员就业	C1 农民人均纯收入/元	4263	5121	5981	6720	8155	8987	16.09	4
	C2 乡村就业人员第一产业就业比例	0.47	0.44	0.44	0.41	0.37	0.35	-5.73	-2
	C3 乡村就业人员第二产业就业比例	0.09	0.12	0.14	0.17	0.20	0.21	18.47	-4
	C4 乡村就业人员第三产业就业比例	0.44	0.43	0.42	0.42	0.43	0.44	0.00	1
特色绿色产业经济	D1 农林牧渔业总产值/万元	190369	205381	245969	282221	421931	297325	9.33	2
	D2 人均农林牧渔业总产值/元	3645	3974	4736	5407	8055	5659	9.20	2
	D3 人均粮食产量/公斤	437.00	304.00	356.00	299.00	336.00	344.00	-4.67	-1
	D4 人均肉类产量/公斤	69.59	71.61	74.60	81.12	81.66	82.05	3.35	1
	D5 人均油菜籽产量/公斤	25.14	30.56	32.82	33.28	37.52	38.26	8.76	-2
	D6 人均烤烟产量/公斤	14.86	16.59	17.30	15.62	12.82	11.57	-4.88	-1
社会发展	E1 人均社会消费品零售总额/元	2237	2715	3152	3603	4280	4799	16.49	2
	E2 社会消费品零售总额城乡比例	1.44	1.82	1.65	3.34	3.17	2.99	15.73	-4
	E3 城乡居民人均存储/万元	0.66	0.81	1.00	1.31	1.48	1.55	18.62	4
	E4 中等学校生师比例	18.78	17.82	18.40	18.41	17.31	16.83	-2.17	1
	E5 学龄儿童入学率/%	85.18	84.08	81.80	79.60	79.90	80.60	-1.10	-1
	E6 学龄女童入学率/%	85.77	84.21	81.60	73.50	73.10	76.40	-2.29	-1
评分总计				$S=1.44$					

注：A8 因 2015 年数据缺失，年均增长率按 2010～2014 年的年均增长率计算。

（十）务川县

务川县绿色发展的减贫成效评分如表 5-23 所示。

表 5-23　务川县绿色发展的减贫衡量指标体系评分统计

指标设计	2010 年	2011 年	2012 年	2013 年	2014 年	2015 年	年均增长率/%	评分
绿色经济基本面	A1 GDP/万元	200142	232332	282900	344900	429900	515500	20.83	5
	A2 人均 GDP/元	6218	7274	8924	10852	13473	16098	20.96	5

续表

指标设计		2010 年	2011 年	2012 年	2013 年	2014 年	2015 年	年均增长率/%	评分
	A3 第三产业占生产总值比例	0.45	0.51	0.49	0.48	0.45	0.41	-1.84	-1
	A4 人均第三产业总值/元	2819	3702	4369	5215	6038	6594	18.53	4
	A5 第一产业占生产总值比例	0.36	0.33	0.35	0.33	0.35	0.38	1.09	1
	A6 人均第一产业总值/元	2238	2452	3092	3571	4736	6117	22.27	5
	A7 工业总值占生产总值比例	0.08	0.09	0.08	0.09	0.09	0.08	0.00	-1
	A8 重工业增加值占工业增加值比例	0.90	0.81	0.87	0.70	0.81	—	-2.60	1
投资与发展	B1 人均固定资产投资/元	4399	6113	10737	13916	18211	23051	39.27	6
	B2 地方财政赤字率/%	44.82	43.87	43.35	45.97	39.13	40.08	-2.21	1
	B3 增值税占收入比例	0.05	0.04	0.04	0.05	0.05	0.04	-4.36	-1
	B4 教育支出占支出比例	0.21	0.23	0.28	0.24	0.26	0.26	4.36	1
乡村人员就业	C1 农民人均纯收入/元	2830	3463	4025	4733	6757	7534	21.63	5
	C2 乡村就业人员第一产业就业比例	0.6	0.59	0.56	0.54	0.49	0.49	-3.97	-1
	C3 乡村就业人员第二产业就业比例	0.03	0.03	0.04	0.04	0.12	0.11	29.67	-6
	C4 乡村就业人员第三产业就业比例	0.36	0.38	0.40	0.42	0.39	0.40	2.13	1
特色绿色产业经济	D1 农林牧渔业总产值/万元	119837	137680	166000	189046	258426	196293	10.37	3
	D2 人均农林牧渔业总产值/元	3723	4343	5237	5932	8089	6117	10.44	3
	D3 人均粮食产量/公斤	446.00	308.00	383.00	373.00	410.00	416.00	-1.38	-1
	D4 人均肉类产量/公斤	64.9	69.58	72.92	78.65	79.55	80.48	4.40	1
	D5 人均油菜籽产量/公斤	24.48	26.03	26.91	27.69	28.45	28.94	3.40	1
	D6 人均烤烟产量/公斤	46.67	46.49	48.31	48.69	46.04	41.80	-2.18	-1
社会发展	E1 人均社会消费品零售总额/元	1759	2144	2493	2902	3457	3869	17.08	4
	E2 社会消费品零售总额城乡比例	1.98	1.26	1.26	1.45	1.42	1.43	-6.30	2
	E3 城乡居民人均存储/万元	0.54	0.72	0.97	1.26	1.44	1.46	22.01	5
	E4 中等学校生师比例	18.61	19.02	18.23	20.84	20.11	16.72	-2.12	1
	E5 学龄儿童入学率/%	83.34	79.28	76.80	75.10	75.20	73.40	-2.51	-1
	E6 学龄女童入学率/%	85.35	82.31	79.20	77.00	77.10	75.10	-2.53	-1
评分总计		S=1.99							

注：A8 因 2015 年数据缺失，年均增长率按 2010～2014 年的年均增长率计算。

（十一）习水县

习水县绿色发展的减贫成效评分如表 5-24 所示。

表 5-24　习水县绿色发展的减贫衡量指标体系评分统计

	指标设计	2010 年	2011 年	2012 年	2013 年	2014 年	2015 年	年均增长率/%	评分
绿色经济基本面	A1 GDP/万元	514992	619104	745300	910100	1125500	1279500	19.96	4
	A2 人均 GDP/元	12094	11897	15636	17580	21734	24662	15.32	4
	A3 第三产业占生产总值比例	0.40	0.41	0.39	0.38	0.36	0.35	−2.64	−1
	A4 人均第三产业总值/元	3767	4882	5664	6697	7745	8586	17.91	4
	A5 第一产业占生产总值比例	0.20	0.18	0.18	0.17	0.18	0.22	1.92	1
	A6 人均第一产业总值/元	1931	2105	2575	2950	3985	5310	22.42	5
	A7 工业总值占生产总值比例	0.32	0.32	0.32	0.33	0.32	0.31	−0.63	1
	A8 重工业增加值占工业增加值比例	0.61	0.27	0.28	0.26	0.28	—	−17.69	4
投资与发展	B1 人均固定资产投资/元	8325	12939	20799	27101	34551	42842	38.77	6
	B2 地方财政赤字率/%	21.85	23.28	23.68	21.44	22.19	23.30	1.29	−1
	B3 增值税占收入比例	0.15	0.11	0.11	0.11	0.09	0.89	42.78	6
	B4 教育支出占支出比例	0.27	0.24	0.29	0.25	0.24	0.27	0.00	1
乡村人员就业	C1 农民人均纯收入/元	3206	3897	4572	5162	7082	7847	19.60	4
	C2 乡村就业人员第一产业就业比例	0.55	0.52	0.42	0.40	0.43	0.40	−6.17	−2
	C3 乡村就业人员第二产业就业比例	0.09	0.09	0.15	0.16	0.16	0.19	16.12	−4
	C4 乡村就业人员第三产业就业比例	0.35	0.39	0.44	0.44	0.41	0.41	3.22	1
特色绿色产业经济	D1 农林牧渔业总产值/万元	167955	135946	221390	246196	374926	275946	10.44	3
	D2 人均农林牧渔业总产值/元	3210	2527	4276	4756	7238	5311	10.59	3
	D3 人均粮食产量/公斤	458.00	254.00	377.00	356.00	378.00	383.00	−3.51	−1
	D4 人均肉类产量/公斤	108.56	109.63	115.39	116.89	115.99	134.16	4.33	1
	D5 人均油菜籽产量/公斤	9.85	13.80	15.17	15.45	15.92	16.79	11.26	3
	D6 人均烤烟产量/公斤	0.03	0.03	3.47	3.85	3.86	3.96	165.53	6
社会发展	E1 人均社会消费品零售总额/元	1416	2574	2999	3488	4148	4638	26.78	6
	E2 社会消费品零售总额城乡比例	1.88	4.50	4.99	3.38	3.00	4.46	18.86	−4

续表

指标设计	2010年	2011年	2012年	2013年	2014年	2015年	年均增长率/%	评分
E3 城乡居民人均存储/万元	0.61	0.75	0.95	1.17	1.33	1.36	17.39	4
E4 中等学校生师比例	15.98	14.89	15.15	17.36	17.10	16.15	0.21	-1
E5 学龄儿童入学率/%	92.02	90.14	86.10	84.90	84.60	85.60	-1.44	-1
E6 学龄女童入学率/%	95.11	92.61	88.30	86.10	86.40	86.80	-1.81	-1
评分总计	S=3.13							

注：A8 因 2015 年数据缺失，年均增长率按 2010~2014 年的年均增长率计算。

（十二）余庆县

余庆县绿色发展的减贫成效评分如表 5-25 所示。

表 5-25　余庆县绿色发展的减贫衡量指标体系评分统计

	指标设计	2010年	2011年	2012年	2013年	2014年	2015年	年均增长率/%	评分
绿色经济基本面	A1 GDP/万元	287604	307537	365800	445400	549200	644600	17.52	4
	A2 人均 GDP/元	12094	13131	15636	18945	23278	27223	17.62	4
	A3 第三产业占生产总值比例	0.41	0.47	0.46	0.44	0.42	0.42	0.48	1
	A4 人均第三产业总值/元	5018	6180	7164	8375	9877	11285	17.60	4
	A5 第一产业占生产总值比例	0.30	0.26	0.27	0.25	0.25	0.26	-2.82	-1
	A6 人均第一产业总值/元	3619	3470	4171	4726	5868	7161	14.62	3
	A7 工业总值占生产总值比例	0.18	0.17	0.17	0.18	0.19	0.18	0.00	-1
	A8 重工业增加值占工业增加值比例	1.00	0.97	0.98	0.80	0.78	—	-6.02	2
投资与发展	B1 人均固定资产投资/元	11266	10911	17655	22889	29589	37456	27.16	6
	B2 地方财政赤字率/%	18.88	24.72	25.67	22.46	20.50	21.13	2.28	-1
	B3 增值税占收入比例	0.06	0.07	0.07	0.09	0.05	0.07	3.13	1
	B4 教育支出占支出比例	0.24	0.24	0.27	0.24	0.24	0.24	0.00	1
乡村人员就业	C1 农民人均纯收入/元	5012	5268	6147	6931	8061	8883	12.13	3
	C2 乡村就业人员第一产业就业比例	0.55	0.52	0.49	0.46	0.43	0.42	-5.25	-2
	C3 乡村就业人员第二产业就业比例	0.09	0.09	0.10	0.10	0.09	0.09	0.00	-1
	C4 乡村就业人员第三产业就业比例	0.35	0.39	0.41	0.44	0.48	0.48	6.52	2

续表

	指标设计	2010 年	2011 年	2012 年	2013 年	2014 年	2015 年	年均增长率/%	评分
特色绿色产业经济	D1 农林牧渔业总产值/万元	142829	135946	164055	180869	231382	169969	3.54	1
	D2 人均农林牧渔业总产值/元	6080	5825	6996	7673	9796	7160	3.32	1
	D3 人均粮食产量/公斤	736.00	342.00	535.00	546.00	629.00	686.00	-1.40	-1
	D4 人均肉类产量/公斤	135.32	115.5	119.24	129.85	130.14	130.51	-0.72	-1
	D5 人均油菜籽产量/公斤	64.95	70.37	70.2	74.53	74.68	69.88	1.47	1
	D6 人均烤烟产量/公斤	40.93	39.77	45.6	48.32	40.67	39.64	-0.64	-1
社会发展	E1 人均社会消费品零售总额/元	3153	3809	4410	5047	6017	6734	16.39	4
	E2 社会消费品零售总额城乡比例	1.88	1.93	2.09	1.97	1.86	2.13	2.53	-1
	E3 城乡居民人均存储/万元	0.88	1.07	1.31	1.70	1.84	2.01	17.96	4
	E4 中等学校生师比例	21.20	22.64	20.39	18.79	18.12	17.22	-4.07	1
	E5 学龄儿童入学率/%	83.71	83.21	83.30	83.40	86.50	88.70	1.16	1
	E6 学龄女童入学率/%	84.51	84.08	84.50	85.00	87.40	89.50	1.15	1
评分总计		*S*=1.41							

注：A8 因 2015 年数据缺失，年均增长率按 2010~2014 年的年均增长率计算。

（十三）正安县

正安县绿色发展的减贫成效评分如表 5-26 所示。

表 5-26　正安县绿色发展的减贫衡量指标体系评分统计

	指标设计	2010 年	2011 年	2012 年	2013 年	2014 年	2015 年	年均增长率/%	评分
绿色经济基本面	A1 GDP/万元	249061	296899	356300	434300	598100	710900	23.34	5
	A2 人均 GDP/元	6396	7702	9342	11360	15592	18475	23.63	5
	A3 第三产业占生产总值比例	0.45	0.46	0.44	0.45	0.45	0.43	-0.91	-1
	A4 人均第三产业总值/元	2860	3587	4161	5085	6984	7998	22.84	5
	A5 第一产业占生产总值比例	0.39	0.36	0.37	0.35	0.32	0.33	-3.29	-1
	A6 人均第一产业总值/元	2508	2820	3451	3916	4978	6311	20.27	5
	A7 工业总值占生产总值比例	0.09	0.10	0.10	0.11	0.11	0.10	2.13	-1
	A8 重工业增加值占工业增加值比例	0.62	0.59	0.47	0.46	0.43	—	-8.74	2

续表

指标设计		2010 年	2011 年	2012 年	2013 年	2014 年	2015 年	年均增长率/%	评分
投资与发展	B1 人均固定资产投资/元	2288	5439	10183	12821	18429	23096	58.79	6
	B2 地方财政赤字率/%	48.64	43.70	44.93	45.54	32.41	34.16	-6.82	2
	B3 增值税占收入比例	0.04	0.03	0.03	0.03	0.03	0.04	0.00	1
	B4 教育支出占支出比例	0.21	0.24	0.27	0.24	0.26	0.28	5.92	2
乡村人员就业	C1 农民人均纯收入/元	3021	3701	4333	5070	6786	7560	20.14	5
	C2 乡村就业人员第一产业就业比例	0.47	0.41	0.34	0.32	0.28	0.27	-10.49	-3
	C3 乡村就业人员第二产业就业比例	0.06	0.08	0.13	0.26	0.24	0.26	34.08	-6
	C4 乡村就业人员第三产业就业比例	0.48	0.52	0.52	0.42	0.48	0.47	-0.42	-1
特色绿色产业经济	D1 农林牧渔业总产值/万元	170856	184243	233966	262281	343402	243433	7.34	2
	D2 人均农林牧渔业总产值/元	4388	4831	6134	6843	8946	6312	7.54	2
	D3 人均粮食产量/公斤	415.00	268.00	377.00	350.00	375.00	484.00	3.12	1
	D4 人均肉类产量/公斤	62.31	56.7	59.11	64.64	65.08	65.49	1.00	1
	D5 人均油菜籽产量/公斤	36.96	46.39	50.31	52.78	56.51	59.50	9.99	2
	D6 人均烤烟产量/公斤	22.20	26.48	26.98	28.47	25.16	18.15	-3.95	-1
社会发展	E1 人均社会消费品零售总额/元	2315	2788	3277	3766	4479	5025	16.77	4
	E2 社会消费品零售总额城乡比例	1.37	1.18	1.85	1.6	2.33	1.37	0.00	-1
	E3 城乡居民人均存储/万元	0.67	0.85	1.08	1.32	1.57	1.59	18.87	4
	E4 中等学校生师比例	18.18	16.88	16.34	15.53	14.93	14.62	-4.27	1
	E5 学龄儿童入学率/%	83.75	77.03	72.20	80.60	87.90	91.20	1.72	1
	E6 学龄女童入学率/%	85.81	78.33	73.00	78.80	86.60	90.20	1.00	1
评分总计				$S=2.00$					

注：A8 因 2015 年数据缺失，年均增长率按 2010~2014 年的年均增长率计算。

（十四）湄潭县

湄潭县绿色发展的减贫成效评分如表 5-27 所示。

表 5-27 湄潭县绿色发展的减贫衡量指标体系评分统计

指标设计		2010 年	2011 年	2012 年	2013 年	2014 年	2015 年	年均增长率/%	评分
绿色经济基本面	A1 GDP/万元	301814	366219	441100	540400	661500	770900	20.63	5
	A2 人均 GDP/元	7991	9761	11805	14391	17558	20395	20.61	5
	A3 第三产业占生产总值比例	0.47	0.47	0.47	0.46	0.44	0.42	−2.22	−1
	A4 人均第三产业总值/元	3720	4653	5550	6674	7791	8588	18.21	4
	A5 第一产业占生产总值比例	0.30	0.28	0.27	0.26	0.27	0.31	0.66	1
	A6 人均第一产业总值/元	2365	2709	3222	3767	4787	6362	21.89	5
	A7 工业总值占生产总值比例	0.18	0.19	0.19	0.20	0.20	0.18	0.00	−1
	A8 重工业增加值占工业增加值比例	0.21	0.15	0.11	0.11	0.18	—	−3.78	1
投资与发展	B1 人均固定资产投资/元	4864	8730	16013	21343	27597	34722	48.16	6
	B2 地方财政赤字率/%	29.04	30.97	32.31	28.52	25.45	26.57	−1.76	1
	B3 增值税占收入比例	0.05	0.04	0.03	0.04	0.04	0.04	−4.36	−1
	B4 教育支出占支出比例	0.27	0.21	0.26	0.25	0.25	0.27	0.00	1
乡村人员就业	C1 农民人均纯收入/元	4758	5841	6816	7654	9144	10113	16.28	4
	C2 乡村就业人员第一产业就业比例	0.6	0.59	0.58	0.58	0.52	0.5	−3.58	−1
	C3 乡村就业人员第二产业就业比例	0.07	0.07	0.09	0.08	0.08	0.08	2.71	−1
	C4 乡村就业人员第三产业就业比例	0.33	0.34	0.33	0.34	0.4	0.42	4.94	1
特色绿色产业经济	D1 农林牧渔业总产值/万元	147135	167513	199903	226398	296439	241116	10.38	3
	D2 人均农林牧渔业总产值/元	3896	4495	5336	6015	7861	6362	10.30	3
	D3 人均粮食产量/公斤	605.00	384.00	431.00	420.00	499.00	515.00	−3.17	−1
	D4 人均肉类产量/公斤	65.21	68.77	73.62	80.39	81.09	81.25	4.50	1
	D5 人均油菜籽产量/公斤	49.04	53.96	55.32	56.45	61.10	54.88	2.28	1
	D6 人均烤烟产量/公斤	22.35	21.78	25.20	26.10	22.74	19.78	−2.41	−1
社会发展	E1 人均社会消费品零售总额/元	3112	3786	4391	5067	6039	6783	16.86	4
	E2 社会消费品零售总额城乡比例	3.11	1.75	1.82	1.47	1.86	2.18	−6.86	2
	E3 城乡居民人均存储/万元	0.83	1.03	1.35	1.71	2.06	2.13	20.74	5
	E4 中等学校生师比例	18.39	20.51	19.24	20.41	18.67	15.58	−3.26	1
	E5 学龄儿童入学率/%	87.08	87.39	88.20	90.50	96.90	99.60	2.72	1
	E6 学龄女童入学率/%	88.61	89.79	90.00	89.90	97.00	100.20	2.49	1
评分总计				*S*=2.05					

注：A8 因 2015 年数据缺失，年均增长率按 2010～2014 年的年均增长率计算。

(十五)本节小结

从绿色经济基本层面看，2010～2015 年，遵义市各地区 GDP 和人均 GDP 增速较快，两大指标趋于同步增长。人均第三产业总值和人均第一产业总值六年内持续增长，其中桐梓县、凤冈县、道真县等地区的人均第一产业总值的增速快于第三产业总值的增速。重工业增加值占工业增加值比例除绥阳县和红花岗区有所增长外，其他地区基本呈下降的趋势。

从投资与发展层面看，2010～2015 年，遵义市各地区的人均固定资产投资增速快，其中仁怀市、正安县、绥阳县的人均固定资产投资在六年内年均增长率超过了 50%，增幅较大。遵义市各地区的财政赤字率逐年降低，教育支出逐年增加。

从乡村人员就业层面看，2010～2015 年，农民人均纯收入稳步增加，增幅均在 5000 元左右。乡村就业人员第二产业就业比例在习水、仁怀、正安等地区增长快。遵义市大部分地区的乡村从事第三产业的就业人员逐年增多。

从特色绿色产业经济层面看，2010～2015 年，遵义市各地区的人均粮食产量均有下降，其他特色绿色产业分布明显，比如习水县、道真县等地区人均烤烟产量较高，桐梓县、正安县等地区人均油菜籽产量较高。

从社会发展层面看，2010～2015 年，遵义市各个地区城乡居民人均存储逐年增长，增长较快的有务川县和凤冈县，其中务川县的人均存储由 2010 年的 0.54 万元增长到 2015 年的 1.46 万元，年均增长率为 22.01%，凤冈县的人均存储由 2010 年的 0.60 万元增长到 2015 年的 1.56 万元，年均增长率为 21.06%。

以上数据说明，遵义市的经济发展结构逐步优化，效益得到提高，民生条件得到很大的改善，但是经济发展主要依靠投资，投资持续增长，加之淡化了技术、信息、管理等要素，忽视了对消费市场的培育，造成投资宏观效益低下，投资结构矛盾日益突出，一定程度上浪费了资源，污染了环境。随着绿色经济、循环经济、生态经济相关政策的出台，遵义市的经济发展正在逐步转型，转向大力发展生态农业、民族文化产业、旅游产业等，并取得了一定成效。

遵义市各地区评分最高的是习水县。习水县地处贵州北部，重点发展科技、金属冶炼及深加工、特色轻工、旅游等产业。根据数据统计，该县重工业增加值占工业增加值比例逐渐降低，而 GDP、人均 GDP 及特色绿色经济产业却逐年增长，尤其是 2010～2015 年 GDP 大幅度增长，由 2010 年的 514992 万元增长到 2015 年的 1279500 万元，六年的时间翻了一倍多，年均增长率达到 19.96%。2014 年，习水县 GDP 突破 112.55 亿元，同比增长 17.5%。近六年里，习水县重工业增加值的指标不断下降，而相关的人均 GDP、GDP 及绿色指标数值却不断上升，究其原因主要有三方面。

1. 地理位置优越，旅游资源丰富

习水县地处贵州北部，是遵义市下辖县，东连重庆綦江区，西处赤水河畔，南近贵州仁怀、四川古蔺，属大娄山系和长江流域，是连接渝西、黔北、川南的重要交通枢纽，也是川黔渝白酒工业和旅游金三角的交汇带，优越的地理位置造就了习水县经济发展的良好氛围。此外，习水县历史悠久，境内有丰富的自然资源与文化资源，在历史发展的长河中，呈现出明显的资源依托型经济发展模式，丰富的自然资源造就了习水县农业、白酒产业、能源产业的大发展。习水县还有厚重的红色文化，1935 年红军四渡赤水，有"三渡"在习水，在习水县 24 个乡镇中就有 20 个乡镇留下了红军的足迹，正因如此，习水县成为工农红军长征历史革命纪念地。优越的地理环境、宝贵的旅游资源给习水县经济带来了巨大的开发价值。

2. 政策配套大力支持，经济效应带动明显

国务院于 2012 年发布的《国务院关于进一步促进贵州经济社会又好又快发展的若干意见》（国发〔2012〕2 号），是 1990 年以来国家为促进贵州经济社会发展制定的第一个全面、系统的纲领性文件。文件的颁布为落实国家西部大开发战略，响应贵州经济发展新趋势，促进贵州经济全面升级带来了机遇。习水县抓住这样的机遇，提出了"生态""文态""业态""形态"四态合一的发展思路，并出台《关于加快鰼部生态文化旅游园区发展的实施意见》，全面打造经济"升级版"，逐步形成了一条经济、生态发展的绿色道路。

3. 明确发展目标，加大资金投入

习水县确立了新型工业化、城镇化、农业产业化和全面加强党的建设的"三化一强"发展战略，明确了富民、强县、设市、率先小康的"四大历史任务"奋斗目标。同时，习水县大量吸引外资，增加资金的投入，2011~2015 年累计完成投资 725.29 亿元，年均增长 36.39%。资金的大量注入，为习水县的经济发展提供了发展的动力，进一步实现了加速发展、后发赶超的经济发展目标。

第四节 分地区的安顺市绿色发展的减贫成效评分

(一)西秀区

西秀区绿色发展的减贫成效评分如表 5-28 所示。

表 5-28　西秀区绿色发展的减贫衡量指标体系评分统计

	指标设计	2010 年	2011 年	2012 年	2013 年	2014 年	2015 年	年均增长率/%	评分
绿色经济基本面	A1 GDP/万元	887907	1182160	1455500	1671400	2013900	2476700	22.77	5
	A2 人均 GDP/元	11499	15495	19148	218980	26233	32142	22.82	5
	A3 第三产业占生产总值比例	0.49	0.49	0.51	0.51	0.52	0.54	1.96	1
	A4 人均第三产业总值/元	572	7680	9812	11031	13613	17328	97.82	6
	A5 第一产业占生产总值比例	0.13	0.10	0.10	0.10	0.10	0.12	-1.59	-1
	A6 人均第一产业总值/元	1481	1632	1952	2193	2743	3794	20.70	5
	A7 工业总值占生产总值比例	0.32	0.37	0.35	0.35	0.33	0.29	-1.95	1
	A8 重工业增加值占工业增加值比例	0.86	0.82	0.80	0.78	0.74	—	-3.69	1
投资与发展	B1 人均固定资产投资/元	5302	9733	18655	24179	43314	54928	59.61	6
	B2 地方财政赤字率/%	14.06	13.60	12.97	12.18	11.81	12.73	-1.97	1
	B3 增值税占收入比例	0.11	0.10	0.08	0.06	0.07	0.07	-8.64	-2
	B4 教育支出占支出比例	0.24	0.21	0.23	0.22	0.19	0.21	-2.64	-1
乡村人员就业	C1 农民人均纯收入/元	4365	5530	6240	7313	8129	9007	15.59	4
	C2 乡村就业人员第一产业就业比例	0.58	0.54	0.47	0.45	0.43	0.41	-6.70	-2
	C3 乡村就业人员第二产业就业比例	0.13	0.15	0.17	0.18	0.16	0.16	4.24	-1
	C4 乡村就业人员第三产业就业比例	0.29	0.31	0.35	0.37	0.42	0.42	7.69	2
特色绿色产业经济	D1 农林牧渔业总产值/万元	178499	199314	232981	266713	358265	292949	10.42	3
	D2 人均农林牧渔业总产值/元	2329	2624	3063	3481	4659	3794	10.25	3
	D3 人均粮食产量/公斤	339.00	185.00	234.00	233.00	230.40	273.00	-4.24	-1
	D4 人均肉类产量/公斤	49.57	50.08	53.28	54.63	55.40	22.81	-14.38	-3
	D5 人均油菜籽产量/公斤	10.72	33.49	43.53	43.89	44.02	45.32	33.42	6
	D6 人均烤烟产量/公斤	8.07	7.08	6.29	11.18	7.18	6.38	-4.59	-1
社会发展	E1 人均社会消费品零售总额/元	3600	4352	5048	5789	7148	7949	17.17	4
	E2 社会消费品零售总额城乡比例	7.96	9.33	4.85	2.74	1.73	2.33	-21.79	5
	E3 城乡居民人均存储/万元	—	—	—	—	—	—		
	E4 中等学校生师比例	18.75	19.18	18.71	19.30	18.37	17.76	-1.08	1
	E5 学龄儿童入学率/%	98.28	95.46	114.80	117.60	106.30	—	1.98	1
	E6 学龄女童入学率/%	98.55	96.30	115.40	118.60	107.90	—	2.29	1
评分总计				$S=1.82$					

注：A8、E5 和 E6 因 2015 年数据缺失，年均增长率按 2010～2014 年的年均增长率计算；E3 数据缺失，无对应评分值。

(二)平坝区

平坝区绿色发展的减贫成效评分如表 5-29 所示。

表 5-29　平坝区绿色发展的减贫衡量指标体系评分统计

	指标设计	2010 年	2011 年	2012 年	2013 年	2014 年	2015 年	年均增长率/%	评分
绿色经济基本面	A1 GDP/万元	421785	509575	622000	736400	876400	1027700	19.50	4
	A2 人均 GDP/元	13919	17149	21014	24774	29331	33668	19.32	4
	A3 第三产业占生产总值比例	0.28	0.31	0.31	0.31	0.31	0.34	3.96	1
	A4 人均第三产业总值/元	4026	5320	6432	7590	9131	11266	22.85	5
	A5 第一产业占生产总值比例	0.13	0.12	0.12	0.11	0.12	0.16	4.24	1
	A6 人均第一产业总值/元	1849	2081	2481	2823	3512	5366	23.75	5
	A7 工业总值占生产总值比例	0.51	0.48	0.49	0.31	0.45	0.40	-4.74	1
	A8 重工业增加值占工业增加值比例	0.96	0.88	0.93	0.91	0.08	—	-46.27	6
投资与发展	B1 人均固定资产投资/元	3334	6255	15386	22090	47397	57534	76.76	6
	B2 地方财政赤字率/%	18.40	19.53	15.74	20.40	19.29	16.01	-2.74	1
	B3 增值税占收入比例	0.10	0.08	0.06	0.07	0.04	0.04	-16.74	-4
	B4 教育支出占支出比例	0.18	0.18	0.22	0.19	0.22	0.23	5.02	1
乡村人员就业	C1 农民人均纯收入/元	3650	4635	5391	6173	6863	7639	15.92	4
	C2 乡村就业人员第一产业就业比例	0.71	0.69	0.66	0.66	0.66	0.66	-1.45	-1
	C3 乡村就业人员第二产业就业比例	0.08	0.09	0.09	0.09	0.09	0.09	2.38	-1
	C4 乡村就业人员第三产业就业比例	0.21	0.22	0.24	0.25	0.24	0.24	2.71	1
特色绿色产业经济	D1 农林牧渔业总产值/万元	86795	95986	115635	132052	173819	166950	13.98	3
	D2 人均农林牧渔业总产值/元	2908	3216	3904	4427	5808	5365	13.03	3
	D3 人均粮食产量/公斤	394.00	284.00	335.00	336.00	342.00	328.00	-3.60	-1
	D4 人均肉类产量/公斤	51.66	51.78	54.85	57.15	58.37	56.60	1.84	1
	D5 人均油菜籽产量/公斤	20.69	33.25	36.70	39.24	38.66	38.38	13.15	3
	D6 人均烤烟产量/公斤	7.87	7.37	14.33	16.49	12.13	11.80	8.44	2
社会发展	E1 人均社会消费品零售总额/元	3489	4173	4878	5585	6907	7227	15.68	4
	E2 社会消费品零售总额城乡比例	2.45	3.09	4.85	3.30	1.12	1.50	-9.35	2
	E3 城乡居民人均存储/万元	0.99	1.14	1.36	1.74	1.90	1.93	14.28	3
	E4 中等学校生师比例	17.06	18.07	17.92	19.77	16.56	15.81	-1.51	1

续表

指标设计	2010 年	2011 年	2012 年	2013 年	2014 年	2015 年	年均增长率/%	评分
E5 学龄儿童入学率/%	99.53	100.53	102.40	92.30	95.30	88.10	-2.41	-1
E6 学龄女童入学率/%	101.36	102.45	106.20	94.30	98.90	91.60	-2.00	-1
评分总计				*S*=2.41				

注：A8 因 2015 年数据缺失，年均增长率按 2010～2014 年的年均增长率计算。

(三)镇宁县

镇宁县绿色发展的减贫成效评分如表 5-30 所示。

表 5-30　镇宁县绿色发展与减贫衡量指标体系评分统计

	指标设计	2010 年	2011 年	2012 年	2013 年	2014 年	2015 年	年均增长率/%	评分
绿色经济基本面	A1 GDP/万元	251031	326807	438500	518300	641400	749100	24.44	5
	A2 人均 GDP/元	8652	11556	15549	18314	22544	26310	24.91	5
	A3 第三产业占生产总值比例	0.56	0.54	0.55	0.54	0.54	0.54	-0.72	-1
	A4 人均第三产业总值/元	4953	6213	8482	9957	12158	14168	23.39	5
	A5 第一产业占生产总值比例	0.18	0.15	0.14	0.13	0.15	0.21	3.13	1
	A6 人均第一产业总值/元	1614	1792	2141	2443	3531	5441	27.51	6
	A7 工业总值占生产总值比例	0.16	0.18	0.18	0.18	0.16	0.14	-2.64	1
	A8 重工业增加值占工业增加值比例	0.75	0.74	0.67	0.46	0.48	—	-10.56	3
投资与发展	B1 人均固定资产投资/元	3261	6263	10851	15435	22019	27844	53.56	6
	B2 地方财政赤字率/%	31.00	30.00	28.00	27.00	23.00	22.00	-6.63	2
	B3 增值税占收入比例	0.04	0.04	0.04	0.03	0.04	0.04	0.00	1
	B4 教育支出占支出比例	0.19	0.16	0.19	0.19	0.18	0.23	3.90	1
乡村人员就业	C1 农民人均纯收入/元	3116	3998	4667	5310	5969	6566	16.08	4
	C2 乡村就业人员第一产业就业比例	0.65	0.63	0.56	0.65	0.59	0.58	-2.25	-1
	C3 乡村就业人员第二产业就业比例	0.07	0.07	0.08	0.07	0.13	0.13	13.18	-3
	C4 乡村就业人员第三产业就业比例	0.28	0.3	0.36	0.28	0.28	0.29	0.70	1
特色绿色产业经济	D1 农林牧渔业总产值/万元	69118	76613	90170	103549	167508	154763	17.49	4
	D2 人均农林牧渔业总产值/元	2421	2721	3197	3646	5879	5439	17.57	4
	D3 人均粮食产量/公斤	167.00	110.00	266.00	254.00	277.00	264.00	9.59	2

续表

	指标设计	2010 年	2011 年	2012 年	2013 年	2014 年	2015 年	年均增长率/%	评分
	D4 人均肉类产量/公斤	77.00	78.00	42.00	44.00	45.00	45.92	-9.82	-2
	D5 人均油菜籽产量/公斤	11.48	27.41	32.05	34.01	35.69	37.16	26.48	6
	D6 人均烤烟产量/公斤	—	—	0.21	0.82	1.61	1.47	91.29	6
社会发展	E1 人均社会消费品零售总额/元	2945	3560	4136	4731	5860	6549	17.33	4
	E2 社会消费品零售总额城乡比例	1.17	2.53	2.53	2.67	1.52	1.51	5.23	-2
	E3 城乡居民人均存储/万元	3910	3946	6836	9102	10129	10137	20.99	5
	E4 中等学校生师比例	16.30	22.40	17.59	17.52	19.01	18.33	2.38	-1
	E5 学龄儿童入学率/%	101.42	105.08	92.30	92.60	90.20	87.50	-2.91	-1
	E6 学龄女童入学率/%	103.48	107.74	95.10	95.90	93.00	90.40	-2.67	-1
评分总计				$S=3.24$					

注：A8 因 2015 年数据缺失，年均增长率按 2010～2014 年的年均增长率计算；D6 因 2010 年和 2011 年数据缺失，年均增长率按 2012～2014 年的年均增长率计算。

(四) 紫云县

紫云县绿色发展的减贫成效评分如表 5-31 所示。

表 5-31　紫云县绿色发展的减贫衡量指标体系评分统计

	指标设计	2010 年	2011 年	2012 年	2013 年	2014 年	2015 年	年均增长率/%	评分
	A1 GDP/万元	151293	203815	288500	352600	450200	515400	27.78	6
	A2 人均 GDP/元	5487	7564	10736	13071	16589	18985	28.18	6
	A3 第三产业占生产总值比例	0.40	0.45	0.50	0.52	0.51	0.47	3.28	1
绿色经济基本面	A4 人均第三产业总值/元	2222	3453	5374	6816	8385	8989	32.25	6
	A5 第一产业占生产总值比例	0.45	0.38	0.32	0.31	0.29	0.36	-4.36	-1
	A6 人均第一产业总值/元	2526	2868	3431	3921	4913	6816	21.96	5
	A7 工业总值占生产总值比例	0.13	0.12	0.11	0.11	0.09	0.08	-9.25	2
	A8 重工业增加值占工业增加值比例	1.00	0.98	0.89	0.87	0.87	—	-3.42	1
投资与发展	B1 人均固定资产投资/元	1885	3543	7017	10043	14978	19048	58.82	6
	B2 地方财政赤字率/%	38.00	49.00	47.00	39.00	36.00	31.00	-3.99	1
	B3 增值税占收入比例	0.05	0.04	0.02	0.03	0.02	0.02	-16.74	-4
	B4 教育支出占支出比例	0.19	0.22	0.19	0.19	0.19	0.21	2.02	1

续表

	指标设计	2010 年	2011 年	2012 年	2013 年	2014 年	2015 年	年均增长率/%	评分
乡村人员就业	C1 农民人均纯收入/元	3164	3966	4633	5286	5868	6543	15.64	4
	C2 乡村就业人员第一产业就业比例	0.64	0.62	0.60	0.64	0.49	0.50	-4.82	-1
	C3 乡村就业人员第二产业就业比例	0.08	0.08	0.08	0.08	0.08	0.08	0.00	-1
	C4 乡村就业人员第三产业就业比例	0.28	0.30	0.32	0.28	0.43	0.42	8.45	2
特色绿色产业经济	D1 农林牧渔业总产值/万元	103674	118518	137823	158563	224657	184804	12.26	3
	D2 人均农林牧渔业总产值/元	3764	4419	5129	5855	8262	6817	12.61	3
	D3 人均粮食产量/公斤	327.00	224.00	269.00	246.00	261.00	277.00	-3.26	-1
	D4 人均肉类产量/公斤	110.00	111.00	116.00	122.00	123.00	123.92	2.41	1
	D5 人均油菜籽产量/公斤	13.08	16.95	24.37	28.72	29.13	49.99	30.75	6
	D6 人均烤烟产量/公斤	5.79	6.54	8.38	11.43	9.62	9.85	11.21	3
社会发展	E1 人均社会消费品零售总额/元	2411	2913	3376	3853	4746	5327	17.18	4
	E2 社会消费品零售总额城乡比例	1.62	2.16	2.72	2.54	1.81	1.49	-1.66	1
	E3 城乡居民人均存储/万元	3051	3079	5898	7769	8547	9218	24.75	5
	E4 中等学校生师比例	21.79	17.70	17.46	17.53	18.44	19.15	-2.55	1
	E5 学龄儿童入学率/%	91.10	93.12	95.10	94.00	94.30	96.50	1.16	1
	E6 学龄女童入学率/%	93.61	95.60	90.30	93.70	96.00	96.10	0.53	1
评分总计				S=2.68					

注：A8 因 2015 年数据缺失，年均增长率按 2010～2014 年的年均增长率计算。

(五)关岭县

关岭县绿色发展的减贫成效评分如表 5-32 所示。

表 5-32　关岭县绿色发展的减贫衡量指标体系评分统计

	指标设计	2010 年	2011 年	2012 年	2013 年	2014 年	2015 年	年均增长率/%	评分
绿色经济基本面	A1 GDP/万元	240466	310180	423000	502000	609000	706400	24.05	5
	A2 人均 GDP/元	7902	10314	14104	16678	20134	24092	24.98	5
	A3 第三产业占生产总值比例	0.48	0.53	0.55	0.55	0.53	0.53	2.00	1
	A4 人均第三产业总值/元	3821	5485	7709	9232	10634	13272	28.28	6
	A5 第一产业占生产总值比例	0.26	0.22	0.19	0.18	0.21	0.24	-1.59%	-1

续表

指标设计		2010 年	2011 年	2012 年	2013 年	2014 年	2015 年	年均增长率/%	评分
	A6 人均第一产业总值/元	2056	2246	2690	3118	4124	5952	23.69	5
	A7 工业总值占生产总值比例	0.11	0.12	0.12	0.11	0.09	0.08	-6.17	2
	A8 重工业增加值占工业增加值比例	1.00	1.00	1.00	1.00	1.00	—	0.00	-1
投资与发展	B1 人均固定资产投资/元	2013	3997	7167	10113	15110	20347	58.83	6
	B2 地方财政赤字率/%	40.00	32.00	31.00	29.00	24.00	23.00	-10.48	3
	B3 增值税占收入比例	0.05	0.04	0.05	0.05	0.05	0.05	0.00	1
	B4 教育支出占支出比例	0.15	0.18	0.23	0.18	0.21	0.25	10.76	3
乡村人员就业	C1 农民人均纯收入/元	3163	4022	4682	5323	5986	6621	15.92	4
	C2 乡村就业人员第一产业就业比例	0.66	0.65	0.63	0.66	0.55	0.53	-4.29	-1
	C3 乡村就业人员第二产业就业比例	0.06	0.06	0.07	0.06	0.07	0.07	3.13	-1
	C4 乡村就业人员第三产业就业比例	0.28	0.29	0.30	0.28	0.38	0.40	7.39	2
特色绿色产业经济	D1 农林牧渔业总产值/万元	94887	104896	120981	138064	197291	168841	12.22	3
	D2 人均农林牧渔业总产值/元	3135	3502	4034	4570	6515	5953	13.68	3
	D3 人均粮食产量/公斤	332.00	243.00	285.00	272.00	269.00	257.00	-4.99	-1
	D4 人均肉类产量/公斤	53.00	54.00	57.00	61.00	64.00	68.68	5.32	2
	D5 人均油菜籽产量/公斤	4.27	13.15	13.95	14.83	15.64	18.98	34.76	6
	D6 人均烤烟产量/公斤	—	—	0.32	1.21	1.14	1.08	50.00	6
社会发展	E1 人均社会消费品零售总额/元	3082	3720	4317	4934	6098	7279	18.75	4
	E2 社会消费品零售总额城乡比例	4.00	6.06	3.02	2.63	1.62	1.49	-17.92	4
	E3 城乡居民人均存储/万元	4235	4330	7019	9275	10346	11375	21.85	5
	E4 中等学校生师比例	16.24	20.20	19.38	18.42	18.04	19.48	3.71	-1
	E5 学龄儿童入学率/%	97.10	97.97	97.40	93.80	93.20	97.70	0.12	1
	E6 学龄女童入学率/%	96.06	97.44	97.50	94.40	93.60	96.70	0.13	1
评分总计				S=3.32					

注：A8 因 2015 年数据缺失，年均增长率按 2010～2014 年的年均增长率计算；D6 因 2010 年和 2011 年数据缺失，年均增长率按 2012～2014 年的年均增长率计算。

（六）普定县

普定县绿色发展的减贫成效评分如表 5-33 所示。

表 5-33　普定县绿色发展的减贫衡量指标体系评分统计

指标设计		2010 年	2011 年	2012 年	2013 年	2014 年	2015 年	年均增长率/%	评分
绿色经济基本面	A1 GDP/万元	304844	367838	504900	592200	712000	843500	22.57	5
	A2 人均 GDP/元	8012	9754	13431	15692	18760	21876	22.25	5
	A3 第三产业占生产总值比例	0.28	0.33	0.38	0.38	0.41	0.41	7.93	2
	A4 人均第三产业总值/元	2250	3217	5065	5917	7625	8688	31.02	6
	A5 第一产业占生产总值比例	0.19	0.17	0.15	0.15	0.15	0.19	0.00	1
	A6 人均第一产业总值/元	1535	1704	2037	2317	2906	4161	22.07	5
	A7 工业总值占生产总值比例	0.48	0.44	0.42	0.41	0.37	0.33	-7.22	2
	A8 重工业增加值占工业增加值比例	0.99	0.97	0.93	0.95	0.94	—	-1.29	1
投资与发展	B1 人均固定资产投资/元	2934	3743	10565	15128	22246	27367	56.30	6
	B2 地方财政赤字率/%	24.00	24.00	23.00	23.00	21.00	21.00	-2.64	1
	B3 增值税占收入比例	0.12	0.09	0.23	0.08	0.04	0.05	-16.06	-4
	B4 教育支出占支出比例	0.22	0.21	0.21	0.19	0.19	0.21	-0.93	-1
乡村人员就业	C1 农民人均纯收入/元	3128	4088	4771	5448	6116	6825	16.89	4
	C2 乡村就业人员第一产业就业比例	0.57	0.55	0.56	0.57	0.48	0.47	-3.78	-1
	C3 乡村就业人员第二产业就业比例	0.09	0.10	0.19	0.09	0.17	0.18	14.87	-3
	C4 乡村就业人员第三产业就业比例	0.34	0.35	0.31	0.34	0.35	0.35	0.58	1
特色绿色产业经济	D1 农林牧渔业总产值/万元	93157	104807	122069	139648	193963	162704	11.80	3
	D2 人均农林牧渔业总产值/元	2439	2791	3247	3685	5101	4161	11.27	3
	D3 人均粮食产量/公斤	313.00	205.00	243.00	226.00	237.00	216.00	-7.15	-2
	D4 人均肉类产量/公斤	52.00	53.00	58.00	57.00	59.00	57.69	2.10	1
	D5 人均油菜籽产量/公斤	7.51	18.77	25.96	29.34	31.34	31.71	33.39	6
	D6 人均烤烟产量/公斤	1.88	1.77	2.31	4.71	5022	1.57	-3.54	-1
社会发展	E1 人均社会消费品零售总额/元	2078	2514	2924	3347	4121	4488	16.65	4
	E2 社会消费品零售总额城乡比例	1.17	2.25	2.59	2.58	1.07	1.51	5.23	-2
	E3 城乡居民人均存储/万元	3207	3236	5331	6772	7817	8030	20.15	5
	E4 中等学校生师比例	19.70	19.80	18.19	17.76	17.23	17.98	-1.81	1
	E5 学龄儿童入学率/%	100.39	99.98	98.20	99.00	98.90	99.70	-0.14	-1
	E6 学龄女童入学率/%	102.80	98.98	97.90	98.80	98.50	99.60	-0.63	-1
评分总计				*S*=1.98					

注：A8 因 2015 年数据缺失，年均增长率按 2010～2014 年的年均增长率计算。

（七）本节小结

从绿色经济基本层面看，2010～2015 年，安顺市各地区的 GDP 和人均 GDP 逐年增长，其中紫云县增长较快。各地区人均第三产业总值均超过 20%，人均第一产业总值逐年增加，各个地区的人均第一产业总值评价平均得分为 5 分，增幅较大。工业总值占生产总值比例和重工业增加值占工业增加值比例逐年下降。

从投资与发展层面看，2010～2015 年，安顺市各地区的人均固定资产投资涨幅明显，其中西秀区的人均固定资产投资六年内增长了 49626 元，年均增长率为 59.61%，关岭县人均固定资产投资由 2010 年的 2013 元增长到 2015 年的 20347 元，年均增长率为 58.83%。安顺市各地区的增值税占收入的比例略有下降，教育支出逐年增长。

从乡村人员就业层面看，2010～2015 年，安顺市各地区农民人均纯收入逐年增加，增加值为 4000 元。乡村就业人员第一产业就业比例六年内有所下降，乡村就业人员第二产业就业比例和乡村就业人员第三产业就业比例各个地区六年内均有所增长，其中乡村就业人员第三产业就业比例增长较快。

从特色绿色产业经济层面看，2010～2015 年，安顺市各地区特色绿色产业经济各项指标得分均较高，西秀区、关岭县、普定县等多个地方的人均油菜籽产量年均增长率超过了 30%，人均粮食产量在 2012～2015 年基本持平，有的地方虽有所提高，但增幅不大；从社会发展层面看，2010～2015 年，各个地区的人均社会消费品零售总额和城乡居民人均存储均逐年增长，其中城乡居民人均存储在社会发展各项指标中增长最快。

以上数据说明，安顺市特色经济收益明显增加，遵循了经济发展的规律。安顺以建设生态产业为自身发展的突破口，集中开发绿色农业、旅游、民族文化等资源，大力发展第三产业。安顺地处贵州省西部，地势较为平坦，自然景观优美，著名的黄果树瀑布、龙宫、屯堡等景点都位于安顺，素有"中国瀑布之乡""屯堡之乡""西部之秀"等美誉，是贵州历史上开发最早的区域，拥有底蕴深厚的历史文化。安顺处于"黔之腹，滇之喉"，地理位置十分优越，这对于发展区域经济优势明显。2013 年以来，为加快推进城镇化、农业现代化、旅游产业化，安顺市不断扩大养殖业和水稻种植业，大力发展优质水稻，增加优质大米产量，提高农业的机械化水平。

截至 2015 年底，安顺市拥有各类农业机械 40 万台套，农机化综合水平将达到 50%，比 2010 年翻了一番。安顺市仅 2015 年的粮食总产量就达 66.73 万吨。同时，安顺市还扩大药物及其他经济作物的种植面积，采取多种形式多渠道发展农业经济。此外，为加快安顺市村级经济发展的步伐，结合本地的地理条件，调整产业结构，安顺市还大力发展旅游业。截至 2015 年，安顺市第三产业增加值突破 300 亿元，较上一年增长 15.2%，第三产业所占比例在三大产业中占 48.7%。由此可见，安顺市更加注重第一产业和第三产业的协调发展，一定程度上保护了环境，保障了经济发展的可持续性。

安顺市各个地区评分最高的是关岭县，同时关岭县的评分也是贵州各个地区中最高的。在统计的指标体系中可以看出，关岭县的 GDP、人均 GDP、人均第三产业总值、人均固定资产、农民人均纯收入等指标得分较高，且多数指标的评分获得了 6 分的满分。相对于贵州其他各个地区，关岭县的特色绿色经济发展较为良好，人均粮食、人均油菜籽产量等指标大幅度持续增长。

关岭县近几年来大力发展特色农业，不断调整优化产业结构，切实改善人民生活水平，优化经济社会的发展环境，积极促进经济社会发展与人口、资源、环境相协调，实现经济社会发展的历史性跨越。

1. 农业特色规模化逐步扩大，农业经济稳步增长

关岭县发展农业主要围绕发展生态农业、特色山地农业、规模化农业，不断在发展中调整农业产业结构，推进多样化农田的建设，加大科技投入和良种种植推广力度，主要体现在四个方面。

(1) 特色农业经济蓬勃发展。2010~2015 年，关岭县的人均油菜籽产量、人均烤烟产量等特色绿色经济不断发展，其中人均油菜籽产量由 2010 年每人 4.27 公斤增加到 2015 年的 18.98 公斤，增长率超过了 34 %。同时，2015 年关岭县的特色蔬菜、中药材、水果种植已经实现规模化生产，打造了石漠化治理生态修复农业示范园区、现代高效蔬菜产业园区、中药材产业园区。截至 2015 年，2 个省级农业园区在关岭县建设成功，入驻的企业及合作社共计 22 家，辐射带动农户 18124 户，实现产值 10.38 亿元。

(2) 特色畜牧业见效明显。近几年来，关岭县建设了一批养殖及深加工科技园，包括牛养殖、禽蛋加工、肉类加工和水产品养殖，其中人均肉类产量六年内持续增加，仅 2015 年肉类产量就达 2.6 万吨。

(3) 加大了相关农产品的扶持力度。关岭县不断加大对供港澳蔬菜、八德优质大米等农产品的加工业及规模养殖业的扶持力度，让农产品及时得到销售，从而调动农民的积极性。

(4) 保证粮食最低产量。关岭县近年来努力确保每年的粮食产量在 10 万吨左右，保证基本的粮食供求，不断提高水稻机械化种植技术，改善农业生产条件。

2. 旅游服务业进一步繁荣，第三产业经济持续增长

关岭县的旅游业主要以发展生态、文化旅游为主。关岭县旅游资源丰富，自然资源和人文资源丰富多样。在自然景观上拥有众多的瀑布群、溶洞群、峡谷群，被誉为"地下奇观"。关岭县的人文景观包括红岩天书、花江铁索桥、关索古驿

道、顶云司城垣、双泉寺、观音洞等知名建筑、桥梁、寺庙。同时，关岭县的花江狗肉，苗族、布依族风情，海百合化石工艺品等地方美食、节庆和民间工艺独树一帜。近年来，关岭县不断加大旅游投入，着力打造花江大峡谷、地质公园、石板井村旅游示范点，并努力承办各种项目赛事，扩大了关岭的知名度和影响力。关岭县不断促进第三产业的发展，仅 2015 年第三产业增加值完成 32.2 亿元，增长 12.3%。人均第三产业总值由 2010 年的 3821 元增加到 2015 年的 13272 元，年均增长率为 28.28%。

3. 项目工作超前推进，投资增速不断扩大

关岭县在经济发展过程中不断推进落实社会民生、生态环保建设项目，2015年关岭县的上级支持事项达两百多项，争取资金共 115651 万元，同比增长 114%，获批中央、省、市投资项目 45 个，总投资超过 2 亿元。2015 年已顺利实施 176个项目，竣工 61 个项目，其他项目也有序推进。项目的超前推进，带动了固定资产投资的逐步增加，2010~2015 年，关岭县的人均固定资产投资增加了 18334 元，年均增长率突破了 50%。此外，关岭县不断加大招商引资的力度，采取组团式、集群式招商等创新招商模式，增加投资。2015 年就有 155 批次客商约 1000 余人来到关岭考察，包括台湾东大兴食品有限公司、青岛伟业集团、荷兰皇家帝斯曼集团、中国中信健康生态城集团等，共签约项目 51 个，招商到位资金 80.58 亿元。这些项目资金在关岭落户，为关岭县经济的发展注入了源源不断的动力，大大促进了多项经济指标数值的大幅度增长，带动了关岭县经济的发展。

第五节 分地区的铜仁市绿色发展的减贫成效评分

(一)铜仁市

铜仁市绿色发展的减贫成效评分如表 5-34 所示。

表 5-34 铜仁市绿色发展的减贫衡量指标体系评分统计

指标设计		2010 年	2011 年	2012 年	2013 年	2014 年	2015 年	年均增长率/%	评分
绿色经济基本面	A1 GDP/万元	564415	—	—	—	—	—		
	A2 人均 GDP/元	15717	—	—	—	—	—		
	A3 第三产业占生产总值比例	0.50	—	—	—	—	—		
	A4 人均第三产业总值/元	7700	—	—	—	—	—		
	A5 第一产业占生产总值比例	0.16	—	—	—	—	—		

续表

	指标设计	2010 年	2011 年	2012 年	2013 年	2014 年	2015 年	年均增长率/%	评分
	A6 人均第一产业总值/元	2434	—	—	—	—	—	—	—
	A7 工业总值占生产总值比例	0.25	—	—	—	—	—	—	—
	A8 重工业增加值占工业增加值比例	0.59	—	—	—	—	—	—	—
投资与发展	B1 人均固定资产投资/元	10679	—	—	—	—	—	—	—
	B2 地方财政赤字率/%	14.00	—	—	—	—	—	—	—
	B3 增值税占收入比例	0.03	—	—	—	—	—	—	—
	B4 教育支出占支出比例	0.17	—	—	—	—	—	—	—
乡村人员就业	C1 农民人均纯收入/元	4351	—	—	—	—	—	—	—
	C2 乡村就业人员第一产业就业比例	0.52	—	—	—	—	—	—	—
	C3 乡村就业人员第二产业就业比例	0.10	—	—	—	—	—	—	—
	C4 乡村就业人员第三产业就业比例	0.47	—	—	—	—	—	—	—
特色绿色产业经济	D1 农林牧渔业总产值/万元	142925	—	—	—	—	—	—	—
	D2 人均农林牧渔业总产值/元	3822	—	—	—	—	—	—	—
	D3 人均粮食产量/公斤	594.00	—	—	—	—	—	—	—
	D4 人均肉类产量/公斤	107.00	—	—	—	—	—	—	—
	D5 人均油菜籽产量/公斤	16.98	—	—	—	—	—	—	—
	D6 人均烤烟产量/公斤	0.81	—	—	—	—	—	—	—
社会发展	E1 人均社会消费品零售总额/元	5947	—	—	—	—	—	—	—
	E2 社会消费品零售总额城乡比例	1.46	—	—	—	—	—	—	—
	E3 城乡居民人均存储/万元	1.46	—	—	—	—	—	—	—
	E4 中等学校生师比例	17.86	—	—	—	—	—	—	—
	E5 学龄儿童入学率/%	97.18	—	—	—	—	—	—	—
	E6 学龄女童入学率/%	96.23	—	—	—	—	—	—	—
评分总计				无					

注：由于铜仁市超过 50%的数据缺失，不能进行评分，故无法参评。

(二)松桃县

松桃县绿色发展的减贫成效评分如表 5-35 所示。

表 5-35　松桃县绿色发展的减贫衡量指标体系评分统计

	指标设计	2010 年	2011 年	2012 年	2013 年	2014 年	2015 年	年均增长率/%	评分
绿色经济基本面	A1 GDP/万元	400043	493801	615600	—	889300	1034500	20.93	5
	A2 人均 GDP/元	8211.1	8088.5	11574	—	18223	21121	20.80	5
	A3 第三产业占生产总值比例	0.35	0.36	0.36	—	0.42	0.41	3.22	1
	A4 人均第三产业总值/元	2890	2934	4118	—	7586	8565	24.27	5
	A5 第一产业占生产总值比例	0.35	0.31	0.30	—	0.25	0.27	-5.06	-2
	A6 人均第一产业总值/元	2864	2510	3292	—	4529	5649	14.55	3
	A7 工业总值占生产总值比例	0.25	0.27	0.28	—	0.28	0.27	1.55	-1
	A8 重工业增加值占工业增加值比例	0.99	0.98	0.94	0.93	0.92	—	-1.82	1
投资与发展	B1 人均固定资产投资/元	4140	6433	7041	18533	23477	28273	46.85	6
	B2 地方财政赤字率/%	35.22	33.13	36.04	—	30.14	30.00	-3.16	1
	B3 增值税占收入比例	0.14	0.10	0.07	0.06	0.08	0.05	-18.61	-4
	B4 教育支出占支出比例	0.23	0.22	0.26	0.24	0.25	0.26	2.48	1
乡村人员就业	C1 农民人均纯收入/元	2957	3680	4346	4995	5915	6593	17.39	4
	C2 乡村就业人员第一产业就业比例	0.57	0.55	0.54	0.53	0.50	0.48	-3.38	-1
	C3 乡村就业人员第二产业就业比例	0.07	0.06	0.07	0.07	0.08	0.08	2.71	-1
	C4 乡村就业人员第三产业就业比例	0.36	0.38	0.39	0.40	0.42	0.44	4.10	1
特色绿色产业经济	D1 农林牧渔业总产值/万元	219133	243255	292249	321664	368208	276661	4.77	1
	D2 人均农林牧渔业总产值/元	3589	3990	5239	6609	7525	5649	9.50	2
	D3 人均粮食产量/公斤	413.00	283.00	336.00	325.00	349.00	356.00	-2.93	-1
	D4 人均肉类产量/公斤	68.64	55.00	63.01	76.43	77.31	77.84	2.55	1
	D5 人均油菜籽产量/公斤	22.42	19.10	23.01	28.00	28.13	29.31	5.51	2
	D6 人均烤烟产量/公斤	4.80	4.00	5.20	6.20	5.00	5.00	0.82	1
社会发展	E1 人均社会消费品零售总额/元	2025	1928	2439	2493	3922	4365	16.60	4
	E2 社会消费品零售总额城乡比例	1.45	1.24	3.00	3.01	4.10	3.00	15.65	-4
	E3 城乡居民人均存储/万元	0.53	0.70	0.84	1.12	1.23	1.22	18.15	4
	E4 中等学校生师比例	18.80	18.05	15.00	15.00	15.10	14.10	-5.59	2
	E5 学龄儿童入学率/%	99.32	99.34	98.00	99.80	99.90	99.90	0.12	1
	E6 学龄女童入学率/%	99.39	99.33	97.40	98.80	99.80	99.90	0.10	1
评分总计				S=1.67					

注：A1、A2、A3、A4、A5、A6、A7 和 B2 2013 年的数据缺失，但并不影响年均增长率的值；A8 因 2015 年数据缺失，年均增长率按 2010～2014 年的年均增长率计算。

(三)万山特区

万山特区绿色发展的减贫成效评分如表 5-36 所示。

表 5-36　万山特区绿色发展的减贫衡量指标体系评分统计

	指标设计	2010 年	2011 年	2012 年	2013 年	2014 年	2015 年	年均增长率/%	评分
绿色经济基本面	A1 GDP/万元	72183	91506	213100	251200	311100	381600	39.52	6
	A2 人均 GDP/元	15070	8134	18809	21977	27158	33154	17.08	4
	A3 第三产业占生产总值比例	0.31	0.28	0.30	0.31	0.34	0.34	1.86	1
	A4 人均第三产业总值/元	4628	2260	5693	6877	9286	11277	19.50	4
	A5 第一产业占生产总值比例	0.17	0.15	0.26	0.24	0.21	0.24	7.14	2
	A6 人均第一产业总值/元	2575	1298	4810	5206	5697	8097	25.75	6
	A7 工业总值占生产总值比例	0.45	0.50	0.36	0.35	0.35	0.32	-6.59	2
	A8 重工业增加值占工业增加值比例	0.91	0.98	0.89	0.91	0.85	—	-1.69	1
投资与发展	B1 人均固定资产投资/元	7533	9467	9400	35050	44299	54051	48.31	6
	B2 地方财政赤字率/%	89.40	72.00	42.03	48.40	41.00	39.14	-15.23	4
	B3 增值税占税收入比例	0.14	0.12	0.09	0.08	0.09	0.05	-18.61	-4
	B4 教育支出占支出比例	0.07	0.12	0.17	0.19	0.21	0.19	22.10	-5
乡村人员就业	C1 农民人均纯收入/元	2929	3593	4229	4881	6119	7001	19.04	4
	C2 乡村就业人员第一产业就业比例	0.44	0.46	0.47	0.46	0.45	0.44	0.00	1
	C3 乡村就业人员第二产业就业比例	0.13	0.16	0.12	0.13	0.14	0.14	1.49	-1
	C4 乡村就业人员第三产业就业比例	0.43	0.38	0.41	0.41	0.41	0.42	-0.47	-1
特色绿色产业经济	D1 农林牧渔业总产值/万元	19396	21943	88264	96695	111841	93221	36.89	6
	D2 人均农林牧渔业总产值/元	4047	1951	7860	8610	9742	8099	14.88	6
	D3 人均粮食产量/公斤	405.00	246.00	417.00	363.00	383.00	373.00	-1.63	-1
	D4 人均肉类产量/公斤	67.10	29.00	99.00	103.40	104.40	105.00	9.37	2
	D5 人均油菜籽产量/公斤	17.00	10.10	21.00	30.00	28.42	32.34	13.73	3
	D6 人均烤烟产量/公斤	—							
社会发展	E1 人均社会消费品零售总额/元	2530	1273	3020	3440	4186	8500	27.43	6
	E2 社会消费品零售总额城乡比例	1.44	1.20	4.12	4.10	3.00	4.00	22.67	-5
	E3 城乡居民人均存储/万元	0.90	0.50	0.63	0.81	1.24	1.30	7.63	2
	E4 中等学校生师比例	15.41	20.30	18.20	18.02	16.03	15.00	-0.54	1
	E5 学龄儿童入学率/%	88.60	93.71	93.80	72.00	74.40	70.70	-4.41	-1
	E6 学龄女童入学率/%	89.83	99.72	94.80	73.20	76.30	72.90	-4.09	-1
评分总计				S=2.48					

注：A8 因 2015 年数据缺失，年均增长率按 2010~2014 年的年均增长率计算；D6 数据缺失，无对应评分值。

(四)印江县

印江县绿色发展的减贫成效评分如表 5-37 所示。

表 5-37　印江县绿色发展的减贫衡量指标体系评分统计

	指标设计	2010 年	2011 年	2012 年	2013 年	2014 年	2015 年	年均增长率/%	评分
绿色经济基本面	A1 GDP/万元	252849	314051	404100	—	589100	742200	24.03	5
	A2 人均 GDP/元	8583	11070	14269	17001	20722	26060	24.87	5
	A3 第三产业占生产总值比例	0.37	0.40	0.41	—	0.46	0.48	5.34	2
	A4 人均第三产业总值/元	3318	4408	5859	—	9585	12391	30.15	6
	A5 第一产业占生产总值比例	0.46	0.41	0.38	—	0.32	0.34	−5.87	−2
	A6 人均第一产业总值/元	4086	4561	5467	—	6613	8469	15.69	4
	A7 工业总值占生产总值比例	0.12	0.14	0.16	—	0.16	0.14	3.13	−1
	A8 重工业增加值占工业增加值比例	0.70	0.71	0.54	0.49	0.48	—	−9.00	2
投资与发展	B1 人均固定资产投资/元	5463	8730	16550	21902	27704	33394	43.63	6
	B2 地方财政赤字率/%	38.55	39.75	39.49	—	34.22	36.12	−1.29	1
	B3 增值税占收入比例	0.04	0.04	0.04	0.49	0.04	0.04	0.00	1
	B4 教育支出占支出比例	0.24	0.24	0.27	0.26	0.26	0.27	2.38	1
乡村人员就业	C1 农民人均纯收入/元	3026	3719	4396	5113	6037	6650	17.06	4
	C2 乡村就业人员第一产业就业比例	0.47	0.46	0.44	0.40	0.35	0.35	−5.73	−2
	C3 乡村就业人员第二产业就业比例	0.17	0.12	0.13	0.16	0.18	0.19	2.25	−1
	C4 乡村就业人员第三产业就业比例	0.41	0.42	0.43	0.44	0.47	0.46	2.33	1
特色绿色产业经济	D1 农林牧渔业总产值/万元	171750	193916	233459	258514	284605	—	13.46	3
	D2 人均农林牧渔业总产值/元	6039	6855	8235	9099	10000	—	13.44	3
	D3 人均粮食产量/公斤	381.00	257.00	312.00	299.00	329.00	332.00	−2.72	−1
	D4 人均肉类产量/公斤	93.33	94.09	98.08	103.51	104.62	105.40	2.46	1
	D5 人均油菜籽产量/公斤	40.44	46.34	47.17	49.47	50.54	51.65	5.02	2
	D6 人均烤烟产量/公斤	22.29	20.17	20.93	19.64	16.46	9.83	−15.10	−4
社会发展	E1 人均社会消费品零售总额/元	1900	2293	2652	3036	3770	4223	17.32	4
	E2 社会消费品零售总额城乡比例	1.47	1.25	3.46	2.84	4.40	4.56	25.41	−6
	E3 城乡居民人均存储/万元	7138	9191	11284	13873	14895	15400	16.62	4
	E4 中等学校生师比例	19.10	18.81	17.78	18.05	16.79	16.18	−3.26	1

续表

指标设计	2010 年	2011 年	2012 年	2013 年	2014 年	2015 年	年均增长率/%	评分
E5 学龄儿童入学率/%	79.42	98.73	98.80	100.00	99.90	98.40	4.38	1
E6 学龄女童入学率/%	83.04	99.55	98.20	100.00	98.90	100.30	3.85	1
评分总计			S=1.69					

注：A1、A3、A4、A5、A6、A7 和 B2 2013 年的数据缺失，但并不影响年均增长率的值；A8、D1 和 D2 因 2015 年数据缺失，年均增长率按 2010～2014 年的年均增长率计算。

（五）玉屏县

玉屏县绿色发展的减贫成效评分如表 5-38 所示。

表 5-38　玉屏县绿色发展的减贫衡量指标体系评分统计

	指标设计	2010 年	2011 年	2012 年	2013 年	2014 年	2015 年	年均增长率/%	评分
绿色经济基本面	A1 GDP/万元	250390	307914	390600	—	554400	626200	20.12	5
	A2 人均 GDP/元	26072	26072	33130	38220	46352	52140	14.87	3
	A3 第三产业占生产总值比例	0.31	0.31	0.32	—	0.33	0.34	1.86	1
	A4 人均第三产业总值/元	6552	8166	10575		15313	17681	21.96	5
	A5 第一产业占生产总值比例	0.15	0.13	0.12		0.11	0.12	-4.36	-1
	A6 人均第一产业总值/元	3154	3472	4125	—	4896	5594	12.14	3
	A7 工业总值占生产总值比例	0.49	0.54	0.50		0.51	0.50	0.40	-1
	A8 重工业增加值占工业增加值比例	0.98	0.97	0.98	0.96	0.80	—	-4.95	1
投资与发展	B1 人均固定资产投资/元	8441	16675	29858	38964	48837	58719	47.39	6
	B2 地方财政赤字率/%	18.04	21.79	21.41	—	16.77	18.51	0.52	-1
	B3 增值税占收入比例	0.13	0.11	0.10	0.12	0.09	0.08	-9.25	-2
	B4 教育支出占支出比例	0.16	0.17	0.16	0.16	0.16	0.17	1.22	1
乡村人员就业	C1 农民人均纯收入/元	4254	5216	6092	6982	7921	8709	15.41	4
	C2 乡村就业人员第一产业就业比例	0.53	0.47	0.44	0.42	0.41	0.41	-5.00	-2
	C3 乡村就业人员第二产业就业比例	0.14	0.16	0.17	0.21	0.22	0.22	9.46	-2
	C4 乡村就业人员第三产业就业比例	0.33	0.38	0.39	0.37	0.37	0.37	2.31	1

续表

	指标设计	2010年	2011年	2012年	2013年	2014年	2015年	年均增长率/%	评分
特色绿色产业经济	D1 农林牧渔业总产值/万元	59258	69251	82897	91140	100767	—	14.19	3
	D2 人均农林牧渔业总产值/元	4997	5894	7007	7640	8404	—	13.88	3
	D3 人均粮食产量/公斤	335.00	240.00	284.00	274.00	314.00	314.00	-1.29	-1
	D4 人均肉类产量/公斤	75.90	76.84	79.71	83.63	84.55	85.05	2.30	1
	D5 人均油菜籽产量/公斤	30.97	26.09	29.90	31.43	33.46	34.78	2.35	1
	D6 人均烤烟产量/公斤	—	—	—	2.62	2.78	0.91	-41.07	-6
社会发展	E1 人均社会消费品零售总额/元	3488	4188	4796	5422	6706	7453	16.40	4
	E2 社会消费品零售总额城乡比例	1.52	1.20	3.72	3.52	4.00	5.25	28.13	-6
	E3 城乡居民人均存储/万元	9275	12681	15672	18986	19700	19892	16.49	4
	E4 中等学校生师比例	14.39	14.26	14.16	13.78	13.21	13.08	-1.89	1
	E5 学龄儿童入学率/%	94.39	90.62	86.20	84.70	89.00	95.90	0.32	1
	E6 学龄女童入学率/%	97.08	92.95	88.20	86.00	89.80	98.80	0.35	1
评分总计				S=1.12					

注：A1、A3、A4、A5、A6、A7和B2 2013年的数据缺失，但并不影响年均增长率的值；A8、D1和D2因2015年数据缺失，年均增长率按2010～2014年的年均增长率计算；D6因2010～2012年数据缺失，年均增长率按2013～2015年的年均增长率计算。

（六）沿河县

沿河县绿色发展的减贫成效评分如表5-39所示。

表5-39 沿河县绿色发展的减贫衡量指标体系评分统计

	指标设计	2010年	2011年	2012年	2013年	2014年	2015年	年均增长率/%	评分
绿色经济基本面	A1 GDP/万元	321637	391737	496000	—	726000	845500	21.32	5
	A2 人均GDP/元	7007	8715	11042	13106	16125	18756	21.76	5
	A3 第三产业占生产总值比例	0.44	0.48	0.49	—	0.54	0.50	2.59	1
	A4 人均第三产业总值/元	3146	4151	5396	—	8714	9423	24.53	5
	A5 第一产业占生产总值比例	0.40	0.35	0.33	—	0.27	0.31	-4.97	-1
	A6 人均第一产业总值/元	2859	3097	3663	—	4404	5901	15.60	4
	A7 工业总值占生产总值比例	0.09	0.09	0.10	—	0.10	0.10	2.13	-1

	指标设计	2010年	2011年	2012年	2013年	2014年	2015年	年均增长率/%	评分
	A8 重工业增加值占工业增加值比例	0.72	0.78	0.75	0.66	0.75	—	1.03	-1
投资与发展	B1 人均固定资产投资/元	6293	7915	15476	20470	25800	30586	37.19	6
	B2 地方财政赤字率/%	36.46	36.63	38.54	—	35.82	38.77	1.24	-1
	B3 增值税占收入比例	0.18	0.06	0.07	0.06	0.05	0.06	-19.73	-4
	B4 教育支出占支出比例	0.23	0.20	0.27	0.25	0.24	0.25	1.68	1
乡村人员就业	C1 农民人均纯收入/元	3047	3713	4370	5048	5960	6640	16.86	4
	C2 乡村就业人员第一产业就业比例	0.60	0.58	0.57	0.57	0.57	0.57	-1.02	-1
	C3 乡村就业人员第二产业就业比例	0.06	0.06	0.06	0.06	0.06	0.06	0.00	-1
	C4 乡村就业人员第三产业就业比例	0.34	0.36	0.37	0.37	0.37	0.37	1.71	1
特色绿色产业经济	D1 农林牧渔业总产值/万元	206264	228614	272631	299610	331091	—	12.56	3
	D2 人均农林牧渔业总产值/元	4583	5094	6064	6655	7326	—	12.44	3
	D3 人均粮食产量/公斤	353.00	223.00	280.00	266.00	323.00	307.00	-2.75	-1
	D4 人均肉类产量/公斤	65.47	65.84	68.93	72.43	73.51	74.28	2.56	1
	D5 人均油菜籽产量/公斤	16.35	17.40	19.01	20.73	21.87	21.87	5.99	2
	D6 人均烤烟产量/公斤	13.36	13.41	13.89	13.27	12.55	11.54	-2.89	-1
社会发展	E1 人均社会消费品零售总额/元	1710	2032	2347	2695	3305	3724	16.84	4
	E2 社会消费品零售总额城乡比例	1.39	1.22	2.90	2.61	3.94	4.26	25.11	-6
	E3 城乡居民人均存储/万元	4881	6270	7589	9367	1177	12070	19.85	4
	E4 中等学校生师比例	21.08	20.01	18.60	18.30	19.69	18.31	-2.78	1
	E5 学龄儿童入学率/%	98.83	98.14	98.40	98.20	99.10	99.50	0.14	1
	E6 学龄女童入学率/%	97.95	100.36	103.00	101.10	100.20	99.00	0.21	1
评分总计				$S=1.63$					

注：A1、A3、A4、A5、A6、A7和B2 2013年的数据缺失，但并不影响年均增长率的值；A8、D1和D2因2015年数据缺失，年均增长率按2010~2014年的年均增长率计算。

（七）德江县

德江县绿色发展的减贫成效评分如表5-40所示。

表 5-40　德江县绿色发展的减贫衡量指标体系评分统计

	指标设计	2010 年	2011 年	2012 年	2013 年	2014 年	2015 年	年均增长率/%	评分
绿色经济基本面	A1 GDP/万元	323249	397805	505200	—	733000	845700	21.21	5
	A2 人均 GDP/元	8604	10831	13779	16341	19852	22807	21.53	5
	A3 第三产业占生产总值比例	0.42	0.47	0.46	—	0.51	0.52	4.36	1
	A4 人均第三产业总值/元	3694	4850	6355	—	10097	11835	26.22	6
	A5 第一产业占生产总值比例	0.41	0.37	0.34	—	0.29	0.28	-7.34	-2
	A6 人均第一产业总值/元	3590	3979	4737	—	5663	6330	12.01	3
	A7 工业总值占生产总值比例	0.12	0.12	0.13	—	0.13	0.13	1.61	-1
	A8 重工业增加值占工业增加值比例	0.63	0.51	0.42	0.36	0.39	—	-11.30	3
投资与发展	B1 人均固定资产投资/元	3475	6239	11889	15758	19993	24371	47.63	6
	B2 地方财政赤字率/%	32.33	34.69	34.08	—	32.40	32.00	-0.20	1
	B3 增值税占收入比例	0.05	0.04	0.02	0.03	0.05	0.05	0.00	1
	B4 教育支出占支出比例	0.21	0.21	0.27	0.24	0.25	0.33	9.46	2
乡村人员就业	C1 农民人均纯收入/元	2828	3503	4138	4783	5907	6600	18.47	4
	C2 乡村就业人员第一产业就业比例	0.61	0.59	0.55	0.52	0.46	0.46	-5.49	-2
	C3 乡村就业人员第二产业就业比例	0.08	0.09	0.09	0.11	0.12	0.12	8.45	2
	C4 乡村就业人员第三产业就业比例	0.31	0.33	0.36	0.37	0.42	0.42	6.26	2
特色绿色产业经济	D1 农林牧渔业总产值/万元	205750	226882	271072	298203	317771	—	11.48	3
	D2 人均农林牧渔业总产值/元	5585	6196	7384	8103	8577	—	11.32	3
	D3 人均粮食产量/公斤	420.00	237.00	334.00	328.00	464.00	464.00	2.01	1
	D4 人均肉类产量/公斤	68.53	69.12	71.99	75.57	76.25	77.00	2.36	1
	D5 人均油菜籽产量/公斤	31.07	35.63	35.29	39.00	39.59	40.68	5.54	2
	D6 人均烤烟产量/公斤	20.47	18.42	19.07	21.77	18.45	18.24	-2.28	-1
社会发展	E1 人均社会消费品零售总额/元	1926	2306	2652	3040	3786	4245	17.12	4
	E2 社会消费品零售总额城乡比例	1.46	1.24	3.00	3.29	3.18	3.55	19.45	-4
	E3 城乡居民人均存储/万元	4384	5978	7758	9478	10691	11412	21.09	5
	E4 中等学校生师比例	17.63	17.44	16.75	15.58	18.42	16.65	-1.14	1
	E5 学龄儿童入学率/%	81.91	95.19	95.10	99.10	96.70	98.60	3.78	1
	E6 学龄女童入学率/%	83.94	92.46	96.30	113.40	97.00	95.70	2.66	1
评分总计				$S=2.24$					

注：A1、A3、A4、A5、A6、A7 和 B2 2013 年的数据缺失，但并不影响年均增长率的值；A8、D1 和 D2 因 2015 年数据缺失，年均增长率按 2010～2014 年的年均增长率计算。

（八）石阡县

石阡县绿色发展的减贫成效评分如表 5-41 所示。

表 5-41   石阡县绿色发展的减贫衡量指标体系评分统计

	指标设计	2010 年	2011 年	2012 年	2013 年	2014 年	2015 年	年均增长率/%	评分
绿色经济基本面	A1 GDP/万元	204995	249625	322100	—	476700	596000	23.79	5
	A2 人均 GDP/元	6632	8222	10627	12592	15657	19547	24.13	5
	A3 第三产业占生产总值比例	0.44	0.46	0.48	—	0.53	0.49	2.18	1
	A4 人均第三产业总值/元	2930	3793	5084	—	8366	9630	26.87	6
	A5 第一产业占生产总值比例	0.44	0.40	0.37	—	0.31	0.37	-3.41	-1
	A6 人均第一产业总值/元	2970	3293	3937	—	4913	7162	19.25	4
	A7 工业总值占生产总值比例	0.07	0.08	0.09	—	0.09	0.08	2.71	-1
	A8 重工业增加值占工业增加值比例	0.39	0.68	0.68	0.48	0.37	—	-1.31	1
投资与发展	B1 人均固定资产投资/元	3215	5101	8808	11630	14718	17978	41.10	6
	B2 地方财政赤字率/%	54.38	57.10	46.92	—	44.95	38.66	-6.60	2
	B3 增值税占收入比例	0.03	0.02	0.02	0.03	0.03	0.05	10.76	3
	B4 教育支出占支出比例	0.19	0.19	0.21	0.22	0.22	0.25	5.64	2
乡村人员就业	C1 农民人均纯收入/元	3224	3874	4521	5253	6148	6834	16.21	4
	C2 乡村就业人员第一产业就业比例	0.57	0.57	0.53	0.52	0.51	0.51	-2.20	-1
	C3 乡村就业人员第二产业就业比例	0.06	0.07	0.06	0.07	0.08	0.07	3.13	-1
	C4 乡村就业人员第三产业就业比例	0.37	0.36	0.41	0.41	0.41	0.41	2.07	1
特色绿色产业经济	D1 农林牧渔业总产值/万元	149798	167894	201676	222585	291532	—	18.11	4
	D2 人均农林牧渔业总产值/元	4920	5547	6645	7317	9568	—	18.09	4
	D3 人均粮食产量/公斤	445.00	196.00	296.00	301.00	325.00	342.00	-5.13	-2
	D4 人均肉类产量/公斤	70.77	71.37	74.38	79.21	79.95	80.50	2.61	1
	D5 人均油菜籽产量/公斤	32.02	47.18	50.73	55.24	61.4	65.62	15.43	4
	D6 人均烤烟产量/公斤	18.67	17.39	19.22	19.89	19.57	22.15	3.48	1
社会发展	E1 人均社会消费品零售总额/元	1449	1724	1984	2266	2795	3129	16.65	4
	E2 社会消费品零售总额城乡比例	1.58	1.28	4.08	3.72	7.16	4.00	20.41	-5
	E3 城乡居民人均存储/万元	5061	6449	8471	11726	12501	13409	21.52	5
	E4 中等学校生师比例	16.42	16.89	17.08	17.08	17.90	16.60	0.22	-1

续表

指标设计	2010 年	2011 年	2012 年	2013 年	2014 年	2015 年	年均增长率/%	评分
E5 学龄儿童入学率/%	88.78	95.23	97.90	84.90	78.10	94.00	1.15	1
E6 学龄女童入学率/%	91.32	97.05	100.10	82.50	79.30	98.45	1.51	1
评分总计			*S*=2.66					

注：A1、A3、A4、A5、A6、A7 和 B2 2013 年的数据缺失，但并不影响年均增长率的值；A8、D1 和 D2 因 2015 年数据缺失，年均增长率按 2010～2014 年的年均增长率计算。

(九) 思南县

思南县绿色发展的减贫成效评分如表 5-42 所示。

表 5-42 思南县绿色发展的减贫衡量指标体系评分统计

	指标设计	2010 年	2011 年	2012 年	2013 年	2014 年	2015 年	年均增长率/%	评分
绿色经济基本面	A1 GDP/万元	402366	493060	624000	—	882000	1013700	20.30	5
	A2 人均 GDP/元	7857	9889	12541	14778	17667	20282	20.88	5
	A3 第三产业占生产总值比例	0.42	0.44	0.46	—	0.50	0.50	3.55	1
	A4 人均第三产业总值/元	3380	4393	5704	—	8811	10098	24.47	5
	A5 第一产业占生产总值比例	0.38	0.33	0.31	—	0.26	0.26	-7.31	-2
	A6 人均第一产业总值/元	3019	3283	3910	—	4611	5309	11.95	3
	A7 工业总值占生产总值比例	0.13	0.15	0.16	—	0.17	0.16	4.24	-1
	A8 重工业增加值占工业增加值比例	0.96	0.92	0.98	0.83	0.74	—	-6.30	2
投资与发展	B1 人均固定资产投资/元	6245	8801	16170	21420	27193	32255	38.87	6
	B2 地方财政赤字率/%	35.68	35.06	32.97	—	32.49	33.51	-1.25	-1
	B3 增值税占收入比例	0.06	0.06	0.06	0.09	0.06	0.07	3.13	1
	B4 教育支出占支出比例	0.26	0.23	0.26	0.26	0.26	0.25	-0.78	-1
乡村人员就业	C1 农民人均纯收入/元	2997	3683	4335	5012	5996	6677	17.38	4
	C2 乡村就业人员第一产业就业比例	0.58	0.54	0.49	0.45	0.45	0.45	-4.95	-1
	C3 乡村就业人员第二产业就业比例	0.09	0.13	0.18	0.20	0.21	0.21	18.47	-4
	C4 乡村就业人员第三产业就业比例	0.33	0.33	0.33	0.35	0.34	0.34	0.60	1

续表

	指标设计	2010 年	2011 年	2012 年	2013 年	2014 年	2015 年	年均增长率/%	评分
特色绿色产业经济	D1 农林牧渔业总产值/万元	236911	272205	326603	360297	368209	—	11.65	3
	D2 人均农林牧渔业总产值/元	4739	5475	6560	7220	7372	—	11.68	3
	D3 人均粮食产量/公斤	400.00	256.00	312.00	305.00	355.00	366.00	-1.76	-1
	D4 人均肉类产量/公斤	79.98	80.63	84.12	88.44	89.46	90.08	2.41	1
	D5 人均油菜籽产量/公斤	31.97	35.51	38.40	46.47	48.69	43.56	6.38	2
	D6 人均烤烟产量/公斤	11.87	9.35	9.43	9.49	9.19	9.62	-4.12	-1
社会发展	E1 人均社会消费品零售总额/元	2035	2435	2813	3208	4012	4476	17.08	4
	E2 社会消费品零售总额城乡比例	1.49	1.25	3.13	2.84	1.55	3.35	17.59	-4
	E3 城乡居民人均存储/万元	5663	7198	9193	11906	13488	13887	19.65	4
	E4 中等学校生师比例	22.55	21.83	21.38	23.55	22.32	19.25	-3.11	1
	E5 学龄儿童入学率/%	94.88	93.66	93.80	97.90	96.60	97.70	0.59	1
	E6 学龄女童入学率/%	95.28	94.19	94.60	98.50	98.50	98.80	0.73	1
评分总计				S=1.89					

注：A1、A3、A4、A5、A6、A7 和 B2 2013 年的数据缺失，但并不影响年均增长率的值；A8、D1 和 D2 因 2015 年数据缺失，年均增长率按 2010~2014 年的年均增长率计算。

（十）江口县

江口县绿色发展的减贫成效评分如表 5-43 所示。

表 5-43　江口县绿色发展的减贫衡量指标体系评分统计

	指标设计	2010 年	2011 年	2012 年	2013 年	2014 年	2015 年	年均增长率/%	评分
绿色经济基本面	A1 GDP/万元	145092	177112	232600	276933	334200	414300	23.35	5
	A2 人均 GDP/元	8202	10261	10971	16017	19289	23858	23.81	5
	A3 第三产业占生产总值比例	0.39	0.41	0.42	—	0.45	0.41	1.01	1
	A4 人均第三产业总值/元	3311	4214	4580	—	8761	9844	24.35	5
	A5 第一产业占生产总值比例	0.36	0.33	0.29	—	0.25	0.32	-2.33	-1
	A6 人均第一产业总值/元	3003	3353	3259	—	4821	7553	20.26	5
	A7 工业总值占生产总值比例	0.12	0.83	0.15	—	0.15	0.13	1.61	-1
	A8 重工业增加值占工业增加值比例	0.62	0.68	0.56	0.43	0.24	—	-21.12	5

续表

指标设计		2010年	2011年	2012年	2013年	2014年	2015年	年均增长率/%	评分
投资与发展	B1 人均固定资产投资/元	7724	12278	18224	29579	37529	45897	42.82	6
	B2 地方财政赤字率/%	44.00	47.00	45.00	38.00	35.00	39.00	-2.38	1
	B3 增值税收入比例	0.04	0.04	0.03	0.04	0.04	0.04	0.00	1
	B4 教育支出占支出比例	0.18	0.19	0.22	0.21	0.21	0.18	0.00	1
乡村人员就业	C1 农民人均纯收入/元	3151	3918	4662	5385	6162	6787	16.59	4
	C2 乡村就业人员第一产业就业比例	0.61	0.59	—	0.61	0.55	0.55	-2.05	-1
	C3 乡村就业人员第二产业就业比例	0.06	0.07	—	0.06	0.07	0.08	5.92	-2
	C4 乡村就业人员第三产业就业比例	0.33	0.34	—	0.33	0.38	0.37	2.31	1
特色绿色产业经济	D1 农林牧渔业总产值/万元	83598	94565	113392	125241	164202	131207	18.38	4
	D2 人均农林牧渔业总产值/元	4634	5494	5348	7243	9458	7553	19.53	4
	D3 人均粮食产量/公斤	440.00	325.00	335.00	319.00	315.00	311.00	-6.70	-2
	D4 人均肉类产量/公斤	79.00	79.00	67.00	86.00	88.00	88.09	2.20	1
	D5 人均油菜籽产量/公斤	23.32	24.13	—	26.69	26.77	27.56	3.40	1
	D6 人均烤烟产量/公斤	9.36	11.23	—	15.04	11.48	10.77	2.85	1
社会发展	E1 人均社会消费品零售总额/元	2181	2603	2449	3430	4273	4778	16.98	4
	E2 社会消费品零售总额城乡比例	1.50	1.19	3.75	3.52	3.35	4.26	23.22	-5
	E3 城乡居民人均存储/万元	7543	7582	9297	14551	15927	16286	16.64	4
	E4 中等学校生师比例	14.35	21.16	17.13	16.15	17.97	16.95	3.39	-1
	E5 学龄儿童入学率/%	102.87	99.79	86.20	94.10	88.40	88.40	-2.99	-1
	E6 学龄女童入学率/%	104.37	99.72	87.70	92.60	86.30	84.30	-4.18	-1
评分总计		S=2.47							

注：A3、A4、A5、A6和A7 2013年的数据缺失，但并不影响年均增长率的值；C2、C3、C4、D5和D6 2012年的数据缺失，但并不影响年均增长率的值；A8因2015年数据缺失，年均增长率按2010～2014年的年均增长率计算。

(十一)本节小结

从绿色经济基本层面看，2010～2015年铜仁市各地区的GDP和人均GDP逐年增加，大多数地区增幅超过了20%。第三产业发展较快，人均第三产业总值持续增加，其中松桃县、印江县、江口县、德江县人均第三产业总值年均增长率都超过了23%。部分地区工业总值占生产总值比例和重工业增加值占工业增加值比例有所上升。

从投资与发展层面来看，2010~2015 年，铜仁市各个地区的教育支出逐年增加。各地区的人均固定资产投资指标平均得分为 6 分，增长幅度大，如松桃县人均固定资产投资由 2010 年的 4140 元增加到 2015 年的 28273 元，年均增长率为46.85%，万山特区人均固定资产投资由 2010 年的 7533 元增加到 2015 年的 54051元，年均增长率为 48.31%。

从乡村人员就业层面看，各地区从事第一产业的人员仍然较多，从事第二产业的人员有所增加，从事第三产业的人员增长幅度最大，其中德江县、玉屏县、思南县等地区从事第二产业人员的比例的年均增长率略高于从事第三产业人员的比例。

从特色绿色产业经济层面看，2010~2015 年稳步增加的是人均农林牧渔业总产值、人均油菜籽产量和人均肉类产量；从社会发展层面看，2010~2015 年铜仁市各个地区人均社会消费品零售总额和城乡居民人均存储增长速度快。

以上数据可以说明，在经济增长的质量上，铜仁市整体经济增长质量是在波动中上升，增幅较大的年份是 2012~2014 年，其主要原因在于这几年固定投资不断扩大，主要用于基础设施的建设，拉动了经济的快速增长；在经济增长的动力方面，铜仁市各地区 2013~2015 年教育支出比例逐年增加，随着教育投入的不断增大，为铜仁市经济的发展提供了各类人才，增强了经济发展的创新力，为更好地促进经济又好又快发展提供了源源不断的动力和智力支持；在社会福利方面，人均 GDP、人均存储、人均消费和特色农产品等指标逐年增加。农业投入与产出的增加和第三产业的兴盛，得益于产业结构的转型升级，说明经济发展较为稳定，人民的收入增长较快，生活水平得到了大幅度提高；在经济发展与环境方面，经济的发展与环境保护的矛盾依然突出，资源消耗和工业产值的增加，加之地区生态环境的脆弱性，使生态环境受到一定程度的破坏。

铜仁市各个地区评分最高的是石阡县。石阡县的人均第三产业总值大幅度增长，2010~2015 年增加了约 6700 元，年均增长率为 26.87%；城乡居民人均存储由 2010 年的 5061 万元增加到 2015 年的 13409 万元，年均增长率为 21.52%。这些指标的增长主要归结于以下三点。

(1)石阡县的发展以壮大企业作为主要抓手，通过企业来促进生产，以产业来带动经济的发展，截至 2014 年，石阡县新增的 500 万~2000 万元规模企业就达到 10 家，2000 万元以上规模企业 11 家，全县企业达 234 家。企业的增加极大地带动了石阡县经济的发展。

(2)石阡县扩大特色绿色经济的生产规模，发展多种生态农业。石阡县加大对特色绿色经济的科技投入，创造了良好的收益。从统计数据可以看出，除人均粮食产量以外，其他特色绿色经济大幅度增长，2015 年石阡县就完成 2.5 万亩新植茶园的种植、4 万亩的中药材种植、1.5 万亩精品水果种植，水产品总量达 4500 吨。

(3)以城镇化为核心,加强城乡基础设施的建设,从而促进消费的增长。石阡县进行城乡一体化融合发展,确保城镇化率达到42%;并重点实施"12345"城市建设工程,加强乡村道路、老街道的改造、城乡景点等基础设施的建设,加快城镇化的步伐,从而带动城乡居民消费。

第六节 分地区的毕节市绿色发展的减贫成效评分

(一)毕节市

毕节市绿色发展的减贫成效评分如表5-44所示。

表5-44 毕节市绿色发展的减贫衡量指标体系评分统计

	指标设计	2010年	2011年	2012年	2013年	2014年	2015年	年均增长率/%	评分
绿色经济基本面	A1 GDP/万元	1214269	—	—	—	—	—		
	A2 人均GDP/元	10550	—	—	—	—	—		
	A3 第三产业占生产总值比例	0.44	—	—	—	—	—		
	A4 人均第三产业总值/元	4653	—	—	—	—	—		
	A5 第一产业占生产总值比例	0.19	—	—	—	—	—		
	A6 人均第一产业总值/元	1969	—	—	—	—	—		
	A7 工业总值占生产总值比例	0.33	—	—	—	—	—		
	A8 重工业增加值占工业增加值比例	0.19	—	—	—	—	—		
投资与发展	B1 人均固定资产投资/元	6561	—	—	—	—	—		
	B2 地方财政赤字率/%	18.00	—	—	—	—	—		
	B3 增值税占收入比例	0.04	—	—	—	—	—		
	B4 教育支出占支出比例	0.24	—	—	—	—	—		
乡村人员就业	C1 农民人均纯收入/元	3624	—	—	—	—	—		
	C2 乡村就业人员第一产业就业比例	0.48	—	—	—	—	—		
	C3 乡村就业人员第二产业就业比例	0.13	—	—	—	—	—		
	C4 乡村就业人员第三产业就业比例	0.39	—	—	—	—	—		
特色绿色产业经济	D1 农林牧渔业总产值/万元	349469	—	—	—	—	—		
	D2 人均农林牧渔业总产值/元	3069	—	—	—	—	—		
	D3 人均粮食产量/公斤	365.67	—	—	—	—	—		

续表

指标设计	2010 年	2011 年	2012 年	2013 年	2014 年	2015 年	年均增长率/%	评分
D4 人均肉类产量/公斤	48.96	—	—	—	—	—	—	—
D5 人均油菜籽产量/公斤	2.46	—	—	—	—	—	—	—
D6 人均烤烟产量/公斤	10.32	—	—	—	—	—	—	—
E1 人均社会消费品零售总额/元	3980	—	—	—	—	—	—	—
E2 社会消费品零售总额城乡比例	1.90	—	—	—	—	—	—	—
E3 城乡居民人均存储/万元	1.60	—	—	—	—	—	—	—
E4 中等学校生师比例	22.82	—	—	—	—	—	—	—
E5 学龄儿童入学率/%	102.92	—	—	—	—	—	—	—
E6 学龄女童入学率/%	102.49	—	—	—	—	—	—	—
评分总计			S=无					

注：由于毕节市超过 50%的数据缺失，不能进行评分计算，故无法参评。

（二）大方县

大方县绿色发展的减贫成效评分如表 5-45 所示。

表 5-45　大方县绿色发展的减贫衡量指标体系评分统计

	指标设计	2010 年	2011 年	2012 年	2013 年	2014 年	2015 年	年均增长率/%	评分
绿色经济基本面	A1 GDP/万元	724635	910432	1092400	1297400	1587400	1790400	19.83	4
	A2 人均 GDP/元	9122	11692	14030	16673	20372	22897	20.21	5
	A3 第三产业占生产总值比例	0.37	0.37	0.37	0.37	0.39	0.39	1.06	1
	A4 人均第三产业总值/元	3488	4310	5125	6103	7927	8925	20.67	5
	A5 第一产业占生产总值比例	0.21	0.17	0.17	0.17	0.19	0.21	0.00	1
	A6 人均第一产业总值/元	1941	2013	2330	2901	3795	4729	19.49	4
	A7 工业总值占生产总值比例	0.36	0.39	0.39	0.38	0.34	0.32	-2.33	1
	A8 重工业增加值占工业增加值比例	1.00	1.00	1.00	1.00	0.87	—	-3.42	
投资与发展	B1 人均固定资产投资/元	3331	8064	13608	17913	22340	25637	50.40	6
	B2 地方财政赤字率/%	22.77	21.34	23.34	17.67	16.14	18.34	-4.23	1
	B3 增值税占收入比例	0.07	0.07	0.06	0.05	0.05	0.10	7.39	2
	B4 教育支出占支出比例	0.22	0.22	0.22	0.22	0.24	0.29	5.68	1
乡村人员就业	C1 农民人均纯收入/元	3338	4239	4943	5684	6260	6974	15.88	4
	C2 乡村就业人员第一产业就业比例	0.60	0.56	0.54	0.53	0.51	0.51	-3.20	-1

续表

指标设计	2010年	2011年	2012年	2013年	2014年	2015年	年均增长率/%	评分
C3 乡村就业人员第二产业就业比例	0.09	0.11	0.10	0.11	0.11	0.11	4.10	-1
C4 乡村就业人员第三产业就业比例	0.31	0.32	0.35	0.37	0.39	0.39	4.70	1
D1 农林牧渔业总产值/万元	242033	282953	274916	338716	453227	378102	9.33	2
D2 人均农林牧渔业总产值/元	3113	3628	3537	4348	5815	4820	9.14	2
D3 人均粮食产量/公斤	422.49	309.18	330.77	308.89	336.18	342.54	-4.11	-1
D4 人均肉类产量/公斤	44.92	45.06	47.21	49.22	53.18	53.46	3.54	1
D5 人均油菜籽产量/公斤	3.54	9.44	9.51	9.51	10.14	9.22	21.10	5
D6 人均烤烟产量/公斤	27.89	22.69	17.76	23.18	15.65	17.11	-9.31	-2
E1 人均社会消费品零售总额/元	1482	1733	1992	2254	3345	3657	19.80	4
E2 社会消费品零售总额城乡比例	2.02	1.96	2.63	1.15	2.33	3.00	8.23	-2
E3 城乡居民人均存储/万元	0.74	0.86	1.02	1.15	1.23	1.52	15.48	4
E4 中等学校生师比例	21.81	22.29	18.57	18.24	16.37	15.51	-6.59	2
E5 学龄儿童入学率/%	92.98	87.81	93.50	93.40	96.40	95.60	0.56	1
E6 学龄女童入学率/%	92.05	86.58	93.40	93.10	96.00	95.70	0.78	1
评分总计			S=1.98					

注：A8因2015年数据缺失，年均增长率按2010~2014年的年均增长率计算。

（三）赫章县

赫章县绿色发展的减贫成效评分如表5-46所示。

表5-46 赫章县绿色发展的减贫衡量指标体系评分统计

指标设计	2010年	2011年	2012年	2013年	2014年	2015年	年均增长率/%	评分
A1 GDP/万元	370393	444009	545900	661600	910700	1120600	24.78	5
A2 人均GDP/元	5714	6830	8385	10138	13937	17112	24.53	5
A3 第三产业占生产总值比例	0.42	0.42	0.44	0.44	0.46	0.44	0.93	1
A4 人均第三产业总值/元	2379	2850	3711	4434	6406	7524	25.90	6
A5 第一产业占生产总值比例	0.36	0.32	0.29	0.29	0.31	0.35	-0.56	-1
A6 人均第一产业总值/元	2033	2192	2414	2979	4267	6027	24.28	5
A7 工业总值占生产总值比例	0.23	0.19	0.21	0.21	0.19	0.16	-7.00	2
A8 重工业增加值占工业增加值比例	1.00	1.00	1.00	0.97	0.96	—	-1.02	1

续表

	指标设计	2010 年	2011 年	2012 年	2013 年	2014 年	2015 年	年均增长率/%	评分
投资与发展	B1 人均固定资产投资/元	2258	5949	10051	13491	16763	17856	51.22	6
	B2 地方财政赤字率/%	41.24	41.29	41.93	41.40	30.83	30.42	-5.90	5
	B3 增值税占收入比例	0.11	0.12	0.08	0.06	0.07	0.08	-6.17	-2
	B4 教育支出占支出比例	0.24	0.25	0.27	0.24	0.26	0.30	4.56	1
乡村人员就业	C1 农民人均纯收入/元	3126	3892	4577	5295	5857	6560	15.98	4
	C2 乡村就业人员第一产业就业比例	0.57	0.55	0.47	0.46	0.45	0.45	-4.62	-1
	C3 乡村就业人员第二产业就业比例	0.09	0.09	0.08	0.08	0.09	0.08	-2.33	1
	C4 乡村就业人员第三产业就业比例	0.34	0.36	0.45	0.46	0.46	0.47	6.69	2
特色绿色产业经济	D1 农林牧渔业总产值/万元	220649	218155	232668	317992	454820	398565	12.55	3
	D2 人均农林牧渔业总产值/元	3394	3356	3569	4867	6959	6074	12.34	3
	D3 人均粮食产量/公斤	365.00	264.00	268.00	292.00	337.00	340.00	-1.41	-1
	D4 人均肉类产量/公斤	48.00	48.00	50.00	54.00	62.00	62.00	5.25	2
	D5 人均油菜籽产量/公斤	0.13	0.29	0.30	0.28	0.27	0.27	15.74	4
	D6 人均烤烟产量/公斤	11.00	12.40	7.80	10.30	8.30	8.40	-5.25	-2
社会发展	E1 人均社会消费品零售总额/元	1123	1364	1557	1759	2902	3236	23.57	5
	E2 社会消费品零售总额城乡比例	1.90	1.81	2.42	3.87	2.33	3.00	9.57	-2
	E3 城乡居民人均存储/万元	0.33	0.43	0.58	0.62	0.70	0.77	18.47	4
	E4 中等学校生师比例	21.50	24.10	21.60	18.00	18.20	16.90	-4.70	1
	E5 学龄儿童入学率/%	93.38	93.40	95.90	99.00	99.30	99.70	1.32	1
	E6 学龄女童入学率/%	93.68	93.77	95.80	100.00	99.70	99.70	1.25	1
评分总计				S=2.16					

注：A8 因 2015 年数据缺失，年均增长率按 2010～2014 年的年均增长率计算。

（四）金沙县

金沙县绿色发展的减贫成效评分如表 5-47 所示。

表 5-47　金沙县绿色发展的减贫衡量指标体系评分统计

	指标设计	2010 年	2011 年	2012 年	2013 年	2014 年	2015 年	年均增长率/%	评分
绿色经济基本面	A1 GDP/万元	868714	1082753	1301500	1548400	1586400	2055500	18.80	4
	A2 人均 GDP/元	15408	19309	23352	27884	33725	36619	18.90	4
	A3 第三产业占生产总值比例	0.30	0.30	0.30	0.29	0.31	0.32	1.30	1
	A4 人均第三产业总值/元	4694	5781	7069	6837	10532	11659	19.96	4
	A5 第一产业占生产总值比例	0.14	0.10	0.10	0.11	0.13	0.14	0.00	1
	A6 人均第一产业总值/元	2145	1993	2345	2614	4304	5154	19.16	4
	A7 工业总值占生产总值比例	0.50	0.52	0.52	0.51	0.47	0.46	-1.65	1
	A8 重工业增加值占工业增加值比例	0.94	0.96	0.85	0.82	0.76	—	-5.18	2
投资与发展	B1 人均固定资产投资/元	7026	16124	30986	35586	54139	61556	54.35	6
	B2 地方财政赤字率/%	16.00	10.00	11.00	11.00	12.00	11.00	-7.22	2
	B3 增值税占收入比例	0.11	0.10	0.09	0.07	0.09	0.09	-3.93	-1
	B4 教育支出占支出比例	0.16	0.22	0.22	0.21	0.20	0.20	4.56	1
乡村人员就业	C1 农民人均纯收入/元	4010	4910	5720	6475	7146	7904	14.54	3
	C2 乡村就业人员第一产业就业比例	0.52	0.50	0.44	0.43	0.43	0.43	-3.73	-1
	C3 乡村就业人员第二产业就业比例	0.12	0.12	0.12	0.12	0.12	0.12	0.00	-1
	C4 乡村就业人员第三产业就业比例	0.36	0.38	0.45	0.45	0.45	0.45	4.56	1
特色绿色产业经济	D1 农林牧渔业总产值/万元	170742	174232	212003	221123	257848	277554	10.21	3
	D2 人均农林牧渔业总产值/元	3045	3111	3753	3315	6135	4899	9.98	2
	D3 人均粮食产量/公斤	442.00	348.00	484.00	420.00	415.00	514.00	3.06	1
	D4 人均肉类产量/公斤	54.00	54.00	56.00	49.00	64.00	63.00	3.13	1
	D5 人均油菜籽产量/公斤	35.65	44.60	46.00	37.00	47.00	47.00	5.68	2
	D6 人均烤烟产量/公斤	12.10	10.20	7.50	5.00	7.40	7.80	-8.41	-2
社会发展	E1 人均社会消费品零售总额/元	2384	2847	3274	3133	5015	5526	18.31	4
	E2 社会消费品零售总额城乡比例	2.01	1.73	2.56	4.00	2.30	3.00	8.34	-2
	E3 城乡居民人均存储/万元	0.55	0.73	0.95	0.89	1.07	1.16	16.10	4
	E4 中等学校生师比例	19.00	20.00	19.00	17.60	17.00	17.00	-2.20	1
	E5 学龄儿童入学率/%	99.00	99.40	88.00	99.00	91.00	91.00	-1.67	-1
	E6 学龄女童入学率/%	98.62	93.10	87.00	97.00	90.00	90.00	-1.81	-1
评分总计				S=1.79					

注：A8 因 2015 年数据缺失，年均增长率按 2010～2014 年的年均增长率计算。

(五)纳雍县

纳雍县绿色发展的减贫成效评分如表 5-48 所示。

表 5-48　纳雍县绿色发展的减贫衡量指标体系评分统计

	指标设计	2010 年	2011 年	2012 年	2013 年	2014 年	2015 年	年均增长率/%	评分
绿色经济基本面	A1 GDP/万元	713485	888425	1030700	1234700	1486900	1711900	19.13	4
	A2 人均 GDP/元	10498	13251	15367	18370	22095	25354	19.29	4
	A3 第三产业占生产总值比例	0.31	0.3	0.3	0.29	0.32	0.34	1.86	1
	A4 人均第三产业总值/元	3331	4019	4701	3611	7051	8567	20.80	5
	A5 第一产业占生产总值比例	0.15	0.13	0.12	0.14	0.15	0.15	0.00	1
	A6 人均第一产业总值/元	1628	1796	1813	1733	3265	3858	18.83	4
	A7 工业总值占生产总值比例	0.49	0.51	0.53	0.51	0.47	0.43	-2.58	1
	A8 重工业增加值占工业增加值比例	1.00	1.00	1.00	1.00	0.99	—	-0.25	1
投资与发展	B1 人均固定资产投资/元	6396	11279	18775	16898	31395	32391	38.33	6
	B2 地方财政赤字率/%	19.00	16.00	15.00	18.00	16.00	19.00	0.00	-1
	B3 增值税占收入比例	0.11	0.08	0.05	0.06	0.11	0.09	-3.93	-1
	B4 教育支出占支出比例	0.22	0.25	0.28	0.25	0.30	0.34	9.10	2
乡村人员就业	C1 农民人均纯收入/元	3160	3918	4561	5295	5873	6566	15.75	4
	C2 乡村就业人员第一产业就业比例	0.49	0.45	0.44	0.41	0.42	0.41	-3.50	-1
	C3 乡村就业人员第二产业就业比例	0.11	0.13	0.13	0.15	0.16	0.16	7.78	-2
	C4 乡村就业人员第三产业就业比例	0.40	0.43	0.43	0.44	0.42	0.43	1.46	1
特色绿色产业经济	D1 农林牧渔业总产值/万元	173092	189755	209182	240872	342922	285466	10.52	3
	D2 人均农林牧渔业总产值/元	2584	2583	3121	2405	5095	4210	10.25	3
	D3 人均粮食产量/公斤	320.00	239.00	281.00	269.00	383.00	300.00	-1.28	-1
	D4 人均肉类产量/公斤	43.96	43.80	46.00	32.00	50.00	52.00	3.42	1
	D5 人均油菜籽产量/公斤	0.30	0.40	0.30	0.20	0.30	0.40	5.92	2
	D6 人均烤烟产量/公斤	9.30	6.80	6.30	4.70	5.20	5.20	-10.98	-3
社会发展	E1 人均社会消费品零售总额/元	1535	1798	2058	1560	3165	3517	18.04	4
	E2 社会消费品零售总额城乡比例	1.98	1.80	1.99	4.00	2.30	3.00	8.67	-2
	E3 城乡居民人均存储/万元	0.30	0.38	0.52	0.45	0.75	0.82	22.28	5
	E4 中等学校生师比例	22.00	23.30	20.00	21.80	22.00	21.00	-0.93	1

续表

指标设计	2010 年	2011 年	2012 年	2013 年	2014 年	2015 年	年均增长率/%	评分
E5 学龄儿童入学率/%	100.00	103.30	99.00	91.00	90.00	97.00	-0.61	-1
E6 学龄女童入学率/%	101.00	103.80	99.00	93.00	92.00	97.00	-0.80	-1
评分总计			S=1.68					

注：A8 因 2015 年数据缺失，年均增长率按 2010～2014 年的年均增长率计算。

(六)黔西县

黔西县绿色发展的减贫成效评分如表 5-49 所示。

表 5-49 黔西县绿色发展的减贫衡量指标体系评分统计

指标设计		2010 年	2011 年	2012 年	2013 年	2014 年	2015 年	年均增长率/%	评分
绿色经济基本面	A1 GDP/万元	765555	905136	1118100	1306300	1586400	1744900	17.91	4
	A2 人均 GDP/元	10805	13054	16223	18955	22990	25045	18.31	4
	A3 第三产业占生产总值比例	0.39	0.40	0.38	0.38	0.40	0.40	0.51	1
	A4 人均第三产业总值/元	4262	5243	6220	5111	9219	10046	18.71	4
	A5 第一产业占生产总值比例	0.19	0.14	0.16	0.17	0.17	0.17	-2.20	-1
	A6 人均第一产业总值/元	2118	1811	2715	2285	3910	4325	15.35	4
	A7 工业总值占生产总值比例	0.33	0.37	0.36	0.36	0.33	0.32	-0.61	1
	A8 重工业增加值占工业增加值比例	0.97	0.98	0.97	0.93	0.86	—	-2.96	1
投资与发展	B1 人均固定资产投资/元	6961	10790	18227	17669	26866	30881	34.71	6
	B2 地方财政赤字率/%	15.00	16.00	17.00	15.00	15.00	14.00	-1.37	1
	B3 增值税占收入比例	0.10	0.08	0.05	0.05	0.05	0.08	-4.36	-1
	B4 教育支出占支出比例	0.23	0.21	0.22	0.22	0.21	0.24	0.85	1
乡村人员就业	C1 农民人均纯收入/元	3391	4276	4986	5684	6279	7014	15.65	4
	C2 乡村就业人员第一产业就业比例	0.46	0.44	0.42	0.41	0.50	0.51	2.09	1
	C3 乡村就业人员第二产业就业比例	0.12	0.13	0.14	0.14	0.13	0.13	1.61	-1
	C4 乡村就业人员第三产业就业比例	0.42	0.43	0.44	0.45	0.36	0.37	-2.50	-1

续表

	指标设计	2010 年	2011 年	2012 年	2013 年	2014 年	2015 年	年均增长率/%	评分
特色绿色产业经济	D1 农林牧渔业总产值/万元	210251	199114	267374	302508	286420	308310	7.96	2
	D2 人均农林牧渔业总产值/元	3017	3047	3843	3146	5720	4384	7.76	2
	D3 人均粮食产量/公斤	316.00	221.00	342.00	313.00	392.00	396.00	4.62	1
	D4 人均肉类产量/公斤	47.00	48.00	49.00	37.30	56.20	56.00	3.57	1
	D5 人均油菜籽产量/公斤	24.00	85.00	90.00	71.00	111.00	111.00	35.84	6
	D6 人均烤烟产量/公斤	17.30	8.40	9.60	8.00	11.00	12.00	−7.05	−2
社会发展	E1 人均社会消费品零售总额/元	1885	2886	2580	2121	4016	4485	18.93	4
	E2 社会消费品零售总额城乡比例	1.90	1.76	2.60	3.90	2.30	3.00	9.57	−2
	E3 城乡居民人均存储/万元	0.42	0.53	0.59	0.52	0.83	0.93	17.23	4
	E4 中等学校生师比例	18.91	18.20	18.20	18.10	18.00	16.00	−3.29	1
	E5 学龄儿童入学率/%	98.68	98.00	105.00	101.00	102.00	99.00	0.06	1
	E6 学龄女童入学率/%	99.39	99.70	108.00	100.00	104.00	95.00	−0.90	−1
评分总计				S=1.78					

注：A8 因 2015 年数据缺失，年均增长率按 2010～2014 年的年均增长率计算。

(七) 威宁县

威宁县绿色发展的减贫成效评分如表 5-50 所示。

表 5-50　威宁县绿色发展的减贫衡量指标体系评分统计

	指标设计	2010 年	2011 年	2012 年	2013 年	2014 年	2015 年	年均增长率/%	评分
绿色经济基本面	A1 GDP/万元	612916	790698	1006600	1236600	1520300	1893700	25.31	6
	A2 人均 GDP/元	4900	6262	7974	9767	11992	14882	24.88	5
	A3 第三产业占生产总值比例	0.38	0.37	0.39	0.39	0.40	0.38	0.00	1
	A4 人均第三产业总值/元	1824	2307	3133	3334	4845	5663	25.43	6
	A5 第一产业占生产总值比例	0.35	0.35	0.33	0.35	0.31	0.36	0.57	1
	A6 人均第一产业总值/元	1708	2204	2617	2945	3742	5280	25.32	6
	A7 工业总值占生产总值比例	0.23	0.24	0.23	0.22	0.22	0.20	−2.76	1

指标设计		2010 年	2011 年	2012 年	2013 年	2014 年	2015 年	年均增长率/%	评分
	A8 重工业增加值占工业增加值比例	0.99	0.99	0.99	0.99	0.97	—	-0.51	1
投资与发展	B1 人均固定资产投资/元	1850	5392	9227	10746	14277	16982	55.80	6
	B2 地方财政赤字率/%	39.00	42.00	37.00	33.00	30.00	28.00	-6.41	2
	B3 增值税占收入比例	0.07	0.06	0.04	0.05	0.05	0.05	-6.51	-2
	B4 教育支出占支出比例	0.34	0.29	0.29	0.30	0.28	0.29	-3.13	-1
乡村人员就业	C1 农民人均纯收入/元	3066	4068	4862	5596	6196	6945	17.77	4
	C2 乡村就业人员第一产业就业比例	0.70	0.64	0.63	0.63	0.63	0.63	-2.09	-1
	C3 乡村就业人员第二产业就业比例	0.06	0.07	0.07	0.07	0.07	0.07	3.13	-1
	C4 乡村就业人员第三产业就业比例	0.24	0.29	0.30	0.30	0.30	0.30	4.56	1
特色绿色产业经济	D1 农林牧渔业总产值/万元	353988	443868	500842	632227	757032	656208	13.14	3
	D2 人均农林牧渔业总产值/元	2800	2809	3964	4347	5969	5139	12.91	3
	D3 人均粮食产量/公斤	252.00	293.00	307.00	364.00	377.00	374.00	8.22	2
	D4 人均肉类产量/公斤	55.75	55.20	58.00	54.00	63.00	65.00	3.12	1
	D5 人均油菜籽产量/公斤	0.07	0.11	0.07	0.05	0.04	0.04	-10.59	-3
	D6 人均烤烟产量/公斤	19.00	21.50	27.00	30.00	24.00	25.00	5.64	2
社会发展	E1 人均社会消费品零售总额/元	992	1177	1350	1330	2038	2268	17.98	4
	E2 社会消费品零售总额城乡比例	1.82	1.67	2.6	4.00	2.30	3.00	10.51	-3
	E3 城乡居民人均存储/万元	0.18	0.24	0.30	0.32	0.43	0.48	21.67	5
	E4 中等学校生师比例	21.80	22.80	28.00	29.20	24.00	23.00	1.08	-1
	E5 学龄儿童入学率/%	101.00	101.90	102.00	103.00	98.00	99.00	-0.40	-1
	E6 学龄女童入学率/%	101.00	102.10	103.00	104.00	99.00	99.00	-0.40	-1
评分总计				$S=2.27$					

注：A8 因 2015 年数据缺失，年均增长率按 2010~2014 年的年均增长率计算。

(八)织金县

织金县绿色发展的减贫成效评分如表 5-51 所示。

表 5-51　织金县绿色发展的减贫衡量指标体系评分统计

	指标设计	2010 年	2011 年	2012 年	2013 年	2014 年	2015 年	年均增长率/%	评分
绿色经济基本面	A1 GDP/万元	617508	742292	903000	1075600	1363500	1544100	20.12	5
	A2 人均 GDP/元	7749	9487	11551	13712	17361	19573	20.36	5
	A3 第三产业占生产总值比例	0.40	0.40	0.41	0.40	0.40	0.40	0.00	1
	A4 人均第三产业总值/元	3226	3847	4753	3761	7010	7805	19.33	4
	A5 第一产业占生产总值比例	0.22	0.18	0.18	0.16	0.20	0.20	-1.89	-1
	A6 人均第一产业总值/元	1759	1746	2031	1516	3445	4359	19.90	4
	A7 工业总值占生产总值比例	0.29	0.33	0.32	0.31	0.28	0.26	-2.16	1
	A8 重工业增加值占工业增加值比例	0.99	1.00	1.00	0.99	0.95	—	-1.03	1
投资与发展	B1 人均固定资产投资/元	5734	10018	17648	16341	31516	31839	40.90	6
	B2 地方财政赤字率/%	25.00	23.00	27.00	26.00	21.00	25.00	0.00	-1
	B3 增值税占收入比例	0.07	0.01	0.05	0.06	0.08	0.08	2.71	1
	B4 教育支出占支出比例	0.20	0.21	0.19	0.20	0.26	0.28	6.96	2
乡村人员就业	C1 农民人均纯收入/元	3167	4028	4714	5421	6184	6883	16.80	4
	C2 乡村就业人员第一产业就业比例	0.54	0.54	0.53	0.51	0.51	0.51	-1.14	-1
	C3 乡村就业人员第二产业就业比例	0.12	0.12	0.12	0.14	0.14	0.14	3.13	-1
	C4 乡村就业人员第三产业就业比例	0.34	0.34	0.35	0.35	0.35	0.36	1.15	1
特色绿色产业经济	D1 农林牧渔业总产值/万元	206866	216447	236911	284625	414447	335251	10.14	3
	D2 人均农林牧渔业总产值/元	2639	2652	3021	2469	5276	4231	9.90	2
	D3 人均粮食产量/公斤	329.79	255.00	347.00	354.00	422.00	390.00	3.41	1
	D4 人均肉类产量/公斤	44.00	44.30	46.00	33.00	53.00	53.00	3.79	1
	D5 人均油菜籽产量/公斤	9.50	14.30	16.50	11.00	18.00	19.00	14.87	4
	D6 人均烤烟产量/公斤	7.00	5.50	4.90	4.00	4.40	4.20	-9.71	-2
社会发展	E1 人均社会消费品零售总额/元	1612	1894	2176	1683	3297	3665	17.85	4
	E2 社会消费品零售总额城乡比例	2.04	1.92	2.05	4.00	2.30	3.00	8.02	-2
	E3 城乡居民人均存储/万元	0.38	0.46	0.60	0.52	0.90	0.97	20.61	5
	E4 中等学校生师比例	21.50	21.40	19.00	22.30	21.00	20.00	-1.44	1
	E5 学龄儿童入学率/%	93.82	93.00	90.00	88.00	89.00	94.00	0.04	1
	E6 学龄女童入学率/%	94.98	93.90	92.00	89.00	89.00	94.00	-0.21	-1
评分总计				S=2.04					

注：A8 因 2015 年数据缺失，年均增长率按 2010～2014 年的年均增长率计算。

(九) 本节小结

从绿色经济层面看, 2010~2015 年毕节市各地区 GDP 和人均 GDP 持续增长, 其中 GDP 的增长速度略低于人均 GDP 的增长速度, 但是生产总值的基数相对于贵州其他地区较大。六年来, 毕节市各地区第一产业占生产总值比例有所增加, 而第三产业占生产总值的比例的增长率却有所下降, 其中黔西县、威宁县、织金县等地区的第三产业占生产总值的比例不到 1%。第二产业结构比例在三大产业中所占的比例较大。部分地区工业总值占生产总值比例和重工业增加值占工业增加值比例持续增加。

从投资发展层面看, 2010~2015 年, 人均固定资产投资增长速度快, 其中金沙县、赫章县、大方县和威宁县等地区人均固定资产投资年均增长率超过了 50%, 威宁县的人均固定资产投资由 2010 年的 1850 元增加到 2015 年的 16982 元, 年均增长率为 55.80%。毕节市各个地区六年内财政赤字率逐年下降, 教育支出占支出比例稳步提高。

从乡村人员就业层面看, 农民的人均纯收入在 2010~2015 年增长幅度不大, 增加值基本维持在 3500 元左右。毕节市的各个地区乡村就业人员第一产业就业比例在六年里都呈下降的趋势, 而从事第二产业和第三产业人员的比例增长较快。

从特色绿色产业经济层面看, 2010~2015 年, 毕节市整个地区的人均粮食产量有所下降, 农业产业经济趋于多样化; 从社会发展层面看, 人均社会消费品零售总额、社会消费品零售总额城乡比例和城乡居民人均存储逐步提高。

以上数据可以说明, 毕节市各地经济的发展较为平稳, 特色农业发展持续推进, 薯类、烤烟等生态农业的种植规模不断扩大, 仅薯类的种植面积在 2015 年就达到 265299 公顷, 产量达 879868 吨。近几年来, 大方瓷器、威宁火腿、大方天麻等逐步走上产业化、规模化的生产道路, 增加了人民的收入。随着毕节市各地交通条件的逐步改善, 旅游发展步伐加快, 全区围绕 "准确定位、统一规划、整合资源、打造品牌" 的旅游发展思路, 着力打造乡村旅游、民族风情旅游、自然景观旅游。旅游业的大力发展, 增加了人均第三产业的总值, 提高了第三产业在三大产业中的比例。社会消费品城乡比例的大幅度增加, 反映了城镇化步伐的加快及城镇规模的扩大。毕节市经济的快速发展离不开经济开发区、试验区的建立, 大批新能源汽车、新型能源化工、电子信息产业、山地现代高效农业、新医药大健康产业、文化旅游产业、新材料建筑建材产业在此落地生根。此外, 毕节市是典型的资源型城市, 丰富的煤炭资源、矿产资源等为毕节市发展电力工业、化工工业提供了基础资源, 但由于技术、投资等多方面的原因, 经济仍然以粗放型的发展方式为主, 加之利益的驱使, 资源浪费、大气污染等问题依然严峻, 环保任务任重而道远。

毕节市各个地区中得分较高的是威宁县。威宁县的 GDP 增长较快，由 2010
年的 612916 万元增长到 2015 年的 1893700 万元，年均增长率为 25.31%。同时，
威宁县的特色绿色经济发展指标除人均油菜籽产量 2010～2015 年有所下降以外，
其他指标都大幅度增长，增长最快的是农林牧渔业总产值，六年内的年均增长率
为 13.14%。在威宁县所有指标中增长最快的是人均固定资产投资，由 2010 年的
1850 元增长到 2015 年的 16982 元，年均增长率超过 50%。威宁县这些指标增加
的主要原因包括有三点。

(1)威宁县不断进行产业结构调整，大力发展第三产业，尤其是旅游产业的发
展，威宁规划建设了"一核五区五线"的旅游发展布局。近年来，威宁成功打造
了中国黑颈鹤之乡、阳光城、草海国家自然保护区、草海国家 4A 级景区、泰丰
园国家 3A 级景区，中国撮泰吉研究基地、国家非物质文化遗产撮泰吉、国家文
物保护单位茶马古道滇黔北段六洞桥长堤、营洪古道、四堡古道等品牌，这些品
牌的打造大大推动了旅游业的发展。

(2)威宁县现代特色农业稳步发展，不断提升烤烟的规模化种植，2014 年种
植烤烟 27.52 万亩，收购烟叶 55.48 万担；同时进行土地合理流转，发展集约化高
效农业，建成多个省级现代高效农业产业示范园区。

(3)威宁县不断扩大招商引资，着力增加项目资金的投入，比如马铃薯基地建
设项目、德青源金鸡养殖项目、贵州威宁贵妹鞋业产业园建设项目、贵州威宁 HCC
生产建设项目等，项目投资的增加促进了生产的增加，推动了经济的发展。

第七节　分地区的六盘水市绿色发展的减贫成效评分

(一)钟山区

钟山区绿色发展的减贫成效评分如表 5-52 所示。

表 5-52　钟山区绿色发展的减贫衡量指标体系评分统计

	指标设计	2010 年	2011 年	2012 年	2013 年	2014 年	2015 年	年均增长率/%	评分
绿色经济基本面	A1 GDP/万元	1836497	2182987	2587600	2967800	3436600	3846900	15.94	4
	A2 人均 GDP/元	30360	35312	41682	49950.35	57344	63950	16.07	4
	A3 第三产业占生产总值比例	0.43	0.43	0.44	0.44	0.46	0.50	3.06	1
	A4 人均第三产业总值/元	12901	15218	18366	21889	26295	32253	20.11	5

续表

	指标设计	2010 年	2011 年	2012 年	2013 年	2014 年	2015 年	年均增长率/%	评分
	A5 第一产业占生产总值比例	0.01	0.01	0.01	0.01	0.01	0.02	14.87	3
	A6 人均第一产业总值/元	291	325	366	504	749	995	27.88	6
	A7 工业总值占生产总值比例	0.51	0.51	0.51	0.50	0.48	0.42	-3.81	1
	A8 重工业增加值占工业增加值比例	0.93	0.87	0.88	0.99	0.97	—	1.06	-1
投资与发展	B1 人均固定资产投资/元	13936	18112	30015	42864	53926	67455	37.08	6
	B2 地方财政赤字率/%	4.00	4.00	3.00	4.00	3.00	4.00	0.00	-1
	B3 增值税占收入比例	0.08	0.06	0.05	0.03	0.04	0.03	-17.81	-4
	B4 教育支出占支出比例	0.20	0.19	0.20	0.20	0.23	0.23	2.83	1
乡村人员就业	C1 农民人均纯收入/元	4607	5789	6792	7752	9044	9931	16.60	4
	C2 乡村就业人员第一产业就业比例	0.61	0.59	0.60	0.53	0.57	0.57	-1.35	-1
	C3 乡村就业人员第二产业就业比例	0.18	0.21	0.19	0.23	0.22	0.19	1.09	-1
	C4 乡村就业人员第三产业就业比例	0.21	0.21	0.21	0.23	0.21	0.23	1.84	1
特色绿色产业经济	D1 农林牧渔业总产值/万元	40843	47335	51041	59900	72616	59960	7.98	2
	D2 人均农林牧渔业总产值/元	661	765	820	1002	1209	992	8.46	2
	D3 人均粮食产量/公斤	140.17	119.22	131.11	137.69	126.00	125.00	-2.26	-1
	D4 人均肉类产量/公斤	17.75	19.64	25.87	18.25	13.12	18.12	0.41	1
	D5 人均油菜籽产量/公斤	—	—	—	—	—	—		
	D6 人均烤烟产量/公斤	—	—	—	—	—	—		
社会发展	E1 人均社会消费品零售总额/元	11765	14115	16274	19421	24153	27000	18.07	4
	E2 社会消费品零售总额城乡比例	—	—	—	13.29	3.00	4.99	-38.72	6
	E3 城乡居民人均存储/万元	—	—	—	—	—	—		
	E4 中等学校生师比例	22.58	22.44	23.06	22.28	21.81	17.90	-4.54	1
	E5 学龄儿童入学率/%	126.07	122.93	115.37	131.47	122.30	129.16	0.49	1
	E6 学龄女童入学率/%	124.23	123.64	114.63	131.10	121.50	129.08	0.77	1
评分总计				S=1.67					

注：A8 因 2015 年数据缺失，年均增长率按 2010～2014 年的年均增长率计算；E2 因 2010～2012 年数据缺失，年均增长率按 2013～2015 年的年均增长率计算；D5、D6 和 E3 因数据缺失，无对应评分值。

（二）六枝特区

六枝特区绿色发展的减贫成效评分如表 5-53 所示。

表 5-53　六枝特区绿色发展的减贫衡量指标体系评分统计

	指标设计	2010 年	2011 年	2012 年	2013 年	2014 年	2015 年	年均增长率/%	评分
绿色经济基本面	A1 GDP/万元	549096	678722	843000	1009600	1275200	1478900	21.92	5
	A2 人均 GDP/元	10837	13723	17061	20371	25648	29673	22.32	5
	A3 第三产业占生产总值比例	0.43	0.41	0.42	0.42	0.46	0.44	0.46	1
	A4 人均第三产业总值/元	4803	5630	7184	8627	11780	12988	22.01	5
	A5 第一产业占生产总值比例	0.11	0.09	0.11	0.12	0.14	0.20	12.70	3
	A6 人均第一产业总值/元	1166	1418	1838	2406	3574	6018	38.85	6
	A7 工业总值占生产总值比例	0.42	0.44	0.42	0.39	0.34	0.30	-6.51	2
	A8 重工业增加值占工业增加值比例	0.93	0.78	0.99	0.99	0.97	—	1.06	-1
投资与发展	B1 人均固定资产投资/元	5352	10171	22434	30722	38893	48864	55.63	6
	B2 地方财政赤字率/%	24.00	24.00	23.00	22.00	16.00	18.00	-5.59	2
	B3 增值税占收入比例	0.11	0.04	0.04	0.02	0.02	0.02	-28.89	-6
	B4 教育支出占支出比例	0.21	0.19	0.24	0.23	0.28	0.26	4.36	1
乡村人员就业	C1 农民人均纯收入/元	3341	4027	4728	5404	6404	7114	16.32	4
	C2 乡村就业人员第一产业就业比例	0.49	0.51	0.46	0.42	0.41	0.39	-4.46	-1
	C3 乡村就业人员第二产业就业比例	0.11	0.11	0.13	0.14	0.16	0.15	6.40	-2
	C4 乡村就业人员第三产业就业比例	0.40	0.38	0.42	0.44	0.43	0.46	2.83	1
特色绿色产业经济	D1 农林牧渔业总产值/万元	90086	110261	128189	188000	286976	300251	27.22	6
	D2 人均农林牧渔业总产值/元	1818	2234	2592	3786	5765	6017	27.04	6
	D3 人均粮食产量/公斤	333.39	271.27	351.52	359.68	358.00	333.00	-0.02	-1
	D4 人均肉类产量/公斤	39.04	38.97	41.18	48.55	51.13	49.63	4.92	1
	D5 人均油菜籽产量/公斤	2.43	11.09	13.23	14.73	14.95	16.04	45.85	6
	D6 人均烤烟产量/公斤	0.76	0.43	0.65	0.72	0.38	0.55	-6.26	-2

续表

	指标设计	2010 年	2011 年	2012 年	2013 年	2014 年	2015 年	年均增长率/%	评分
社会发展	E1 人均社会消费品零售总额/元	3295	3970	4583	5218	6495	7248	17.08	4
	E2 社会消费品零售总额城乡比例	0.84	4.29	4.00	3.47	3.00	4.99	42.81	-6
	E3 城乡居民人均存储/万元	0.59	0.71	0.89	1.09	1.23	1.21	15.45	4
	E4 中等学校生师比例	22.81	23.11	22.93	18.90	18.72	18.34	-4.27	1
	E5 学龄儿童入学率/%	99.78	99.07	99.18	99.34	96.60	95.90	-0.79	-1
	E6 学龄女童入学率/%	101.50	101.60	99.49	98.67	96.50	95.45	-1.22	-1
评分总计				S=2.26					

注：A8 因 2015 年数据缺失，年均增长率按 2010～2014 年的年均增长率计算。

（三）盘县

盘县绿色发展的减贫成效评分如表 5-54 所示。

表 5-54　盘县绿色发展的减贫衡量指标体系评分统计

	指标设计	2010 年	2011 年	2012 年	2013 年	2014 年	2015 年	年均增长率/%	评分
绿色经济基本面	A1 GDP/万元	2103860	2499770	3067200	3643000	4263000	4742400	17.65	4
	A2 人均 GDP/元	20092	24145	29606	35049	40896	45397	17.71	4
	A3 第三产业占生产总值比例	0.21	0.20	0.21	0.23	0.26	0.29	6.67	2
	A4 人均第三产业总值/元	4223	4926	6398	7965	10731	13342	25.87	6
	A5 第一产业占生产总值比例	0.06	0.06	0.06	0.07	0.08	0.10	10.76	3
	A6 人均第一产业总值/元	1274	1353	1863	2520	3160	4362	27.91	6
	A7 工业总值占生产总值比例	0.67	0.67	0.65	0.62	0.57	0.51	-5.31	2
	A8 重工业增加值占工业增加值比例	0.99	0.99	0.99	0.99	0.99	—	0.00	-1
投资与发展	B1 人均固定资产投资/元	8952	15978	28561	39146	49675	62586	47.54	6
	B2 地方财政赤字率/%	9.90	18.48	7.71	8.11	7.84	9.98	0.16	-1
	B3 增值税占收入比例	0.19	0.15	0.08	0.07	0.07	0.05	-23.43	-5
	B4 教育支出占支出比例	0.25	0.25	0.19	0.19	0.19	0.17	-7.42	-2
乡村人员就业	C1 农民人均纯收入/元	3529	4305	5060	5794	6933	7686	16.84	4
	C2 乡村就业人员第一产业就业比例	0.69	0.68	0.67	0.59	0.56	0.54	-4.78	-1

续表

指标设计	2010年	2011年	2012年	2013年	2014年	2015年	年均增长率/%	评分
C3 乡村就业人员第二产业就业比例	0.09	0.09	0.10	0.12	0.12	0.12	5.92	-2
C4 乡村就业人员第三产业就业比例	0.21	0.22	0.23	0.30	0.32	0.34	10.12	3
特色绿色产业经济 D1 农林牧渔业总产值/万元	213219	236841	596477	430000	531106	456309	16.44	4
D2 人均农林牧渔业总产值/元	2058	2282	2858	4129	5091	4362	16.21	4
D3 人均粮食产量/公斤	314.00	214.00	295.00	322.00	334.00	338.00	1.48	1
D4 人均肉类产量/公斤	48.75	47.70	46.18	50.16	52.52	52.30	1.42	1
D5 人均油菜籽产量/公斤	0.37	1.17	1.67	1.83	2.23	2.18	42.58	6
D6 人均烤烟产量/公斤	9.33	4.55	9.21	9.64	7.82	6.22	-7.79	-2
社会发展 E1 人均社会消费品零售总额/元	3338	4006	4642	5291	6592	7361	17.14	4
E2 社会消费品零售总额城乡比例	3.04	4.29	2.33	3.95	3.00	4.99	10.42	-3
E3 城乡居民人均存储/万元	0.78	0.90	1.08	1.21	1.28	1.64	16.02	4
E4 中等学校生师比例	22.48	21.61	20.30	18.97	18.15	16.32	-6.20	2
E5 学龄儿童入学率/%	89.76	98.06	99.30	99.10	97.90	99.50	2.08	1
E6 学龄女童入学率/%	89.18	96.99	98.30	97.70	98.10	100.00	2.32	1
评分总计	S=1.98							

注：A8 因 2015 年数据缺失，年均增长率按 2010～2014 年的年均增长率计算。2017 年盘县正式更名为盘州市。

(四)水城县

水城县绿色发展的减贫成效评分如表 5-55 所示。

表 5-55　水城县绿色发展的减贫衡量指标体系评分统计

指标设计	2010年	2011年	2012年	2013年	2014年	2015年	年均增长率/%	评分
绿色经济基本面 A1 GDP/万元	702951	890583	1135100	1373400	1811100	2062900	24.03	5
A2 人均GDP/元	9924	12649	16133	18619	24496	27828	22.90	5
A3 第三产业占生产总值比例	0.26	0.24	0.27	0.28	0.32	0.32	4.24	1
A4 人均第三产业总值/元	2561	3059	4332	5236	7923	8960	28.46	6
A5 第一产业占生产总值比例	0.12	0.10	0.11	0.12	0.11	0.16	5.92	2
A6 人均第一产业总值/元	1207	1280	1786	2281	2773	4425	29.67	6

续表

指标设计		2010 年	2011 年	2012 年	2013 年	2014 年	2015 年	年均增长率/%	评分
	A7 工业总值占生产总值比例	0.54	0.58	0.54	0.51	0.48	0.45	-3.58	1
	A8 重工业增加值占工业增加值比例	0.99	0.96	1.00	0.98	0.98	—	-0.25	1
投资与发展	B1 人均固定资产投资/元	8296	13612	24413	32265	40611	50849	43.71	6
	B2 地方财政赤字率/%	19.00	18.00	16.62	16.83	13.72	14.21	-5.64	2
	B3 增值税占收入比例	0.16	0.09	0.05	0.05	0.06	0.04	-24.21	-5
	B4 教育支出占支出比例	0.23	0.30	0.20	0.20	0.21	0.20	-2.76	-1
乡村人员就业	C1 农民人均纯收入/元	3274	4010	4725	5421	6400	7088	16.70	4
	C2 乡村就业人员第一产业就业比例	0.62	0.61	0.57	0.56	0.55	0.27	-15.32	-4
	C3 乡村就业人员第二产业就业比例	0.09	0.09	0.10	0.11	0.14	0.13	7.63	-2
	C4 乡村就业人员第三产业就业比例	0.30	0.30	0.33	0.33	0.31	0.32	1.30	1
特色绿色产业经济	D1 农林牧渔业总产值/万元	155310	171266	216835	260200	331023	328574	16.17	4
	D2 人均农林牧渔业总产值/元	2202	2437	3079	3523	4473	4425	14.98	3
	D3 人均粮食产量/公斤	325.00	217.00	281.00	302.00	288.00	277.00	-3.15	-1
	D4 人均肉类产量/公斤	39.69	40.33	41.06	42.91	44.35	43.30	1.76	1
	D5 人均油菜籽产量/公斤	0.06	0.11	0.29	0.30	0.23	0.32	39.77	6
	D6 人均烤烟产量/公斤	7.49	7.02	7.50	8.74	9.34	9.04	3.83	1
社会发展	E1 人均社会消费品零售总额/元	1102	1312	1512	1646	2048	2282	15.67	4
	E2 社会消费品零售总额城乡比例	1.76	4.29	9.91	2.11	3.00	4.99	23.17	-5
	E3 城乡居民人均存储/万元	—	—	—	—	—	—	—	0
	E4 中等学校生师比例	25.12	24.01	22.27	18.87	16.85	18.43	-6.01	2
	E5 学龄儿童入学率/%	98.48	93.33	95.90	83.30	85.70	83.50	-3.25	-1
	E6 学龄女童入学率/%	100.64	96.71	100.10	86.30	89.40	87.80	-2.69	-1
评分总计				$S=2.17$					

注：A8 因 2015 年数据缺失，年均增长率按 2010～2014 年的年均增长率计算；E3 因数据缺失，无对应评分值。

(五)本节小结

从绿色经济基本层面看，2010～2015 年六盘水市各地区的 GDP 逐年增长，年均增长率均超过了 15%，其中增长最快的是水城县，由 2010 年的 702951 万元增加到 2015 年的 2062900 万元，人均 GDP 在这六年中也持续增长。第一产业占生产总值的比例较高，人均第一产业总值持续增长，增幅较大是六枝特区，六年的人均第一产业总值年均增长率超过了 30%。部分地区重工业增加值占工业增加值比例有所上升。

从投资发展层面看，人均固定资产投资增长速度较快，其中六枝特区的人均固定资产投资由 2010 年的 5352 元增加至 2015 年的 48864 元，年均增长率为55.63%，相对于六盘水其他地区增长更快，部分地区教育支出占支出比例略有波动，但整体趋于上升。

从乡村人员就业层面看，六盘水各个地区的农民人均纯收入在六年里持续增长，2015 年农民的人均纯收入比 2010 年约翻了一倍。乡村就业人员第一产业就业比例 2010～2015 年略有下降，而乡村就业人员第二产业就业比例和乡村就业人员第三产业就业比例持续上升，水城县和六枝特区从事乡村就业人员第二产业就业的比例高于乡村就业人员第三产业就业比例。

从特色绿色产业经济层面看，人均农林牧渔业总产值和人均油菜籽产量增长明显；从社会发展层面看，城乡居民人均存储逐年增加，社会消费品零售总额城乡比例增加的幅度较大。

以上数据可以说明，六盘水的经济发展正处于转型的重要时期，一直以来，六盘水地区的经济发展都是以第二产业为支撑，煤炭、电力、黑色冶金及建材等行业是工业增加值的典型代表，六盘水素来有"江南煤都"之称，全市煤炭资源远景储量为 844 亿吨，占全省的 44.52%，占江南总量的 36%，是我国西部大开发中四大重点煤层片区之一，也是我国"西电东送"重要基地，2014 年，六盘水市煤炭产量已经突破 6000 万吨，电力总装机 700 万千瓦时，年发电量达到 330 亿千瓦时。在市场经济条件下，能源的需求量增加，将会给节能降耗、保护生态环境带来巨大的考验。因此，转变产业结构，加强第三产业的发展，着力推进第三产业，提高第三产业所占比例，即从旅游、信息数据、多媒体、物质文化等现代产业入手，促进与第二产业融合，协调发展，降低能耗，将是六盘水经济发展过程中的重中之重，必须要努力为和谐生态的自然环境做出应尽的义务。

六盘水市各个地区评分最高的是六枝特区。六枝特区的人均第一产业总值、人均固定资产投资、农林牧渔业总产值、人均农林牧渔业总产值、人均油菜籽产量评分均为 6 分。其中，六年内年均增长率较高的是人均固定资产投资和人均油菜籽产量，分别为 55.63% 和 45.85%。此外，多项指标评价评分达到 5 分，包括

GDP、人均 GDP、人均第三产业总值等。六枝特区这些指标较高首先是因为 2011 年至今，六枝特区大力发展多种特色绿色经济，包括油菜籽的大面积种植，水果的种植及蔬菜、花生等农产品的种植。其中，种植面积较大的是蔬菜，2015 年达到 39.75 万亩，增长 10.7%；增长速度最快的是水果种植，2015 年，果园面积达 19.35 万亩，较上一年增长 34.4%。其次是六枝特区对三大产业的投资不断增加，六枝特区不断调整产业结构，通过产业经济效益做出不同的投资。2015 年，六枝特区三大产业投资最大的是第三产业，总投资达 566.42 亿元，比上年增长 25.2%，但投资增速较快的是第一产业，2015 年的投资增长率为 53.5%。六枝特区全力打造现代服务业新业态，比如山地特色旅游廻龙溪温泉度假区、牛角布依风情体验区、梭戛乡箐苗跳花节、螃蟹峡养生基地、岩脚印象生态旅游观光园等新兴服务业，促进了经济的持续发展。

第八节　分地区的黔东南州绿色发展的减贫成效评分

(一)凯里市

凯里市绿色发展的减贫成效评分如表 5-56 所示。

表 5-56　凯里市绿色发展的减贫衡量指标体系评分统计

	指标设计	2010 年	2011 年	2012 年	2013 年	2014 年	2015 年	年均增长率/%	评分
绿色经济基本面	A1 GDP/万元	780034	963638	1239300	—	1867100	2102100	21.93	5
	A2 人均 GDP/元	16353	20047	25606	30396	34997	39211	19.11	4
	A3 第三产业占生产总值比例	0.58	0.57	0.59	—	0.61	0.62	1.34	1
	A4 人均第三产业总值/元	9397	11322	14939	—	21204	24036	20.66	5
	A5 第一产业占生产总值比例	0.08	0.07	0.07	—	0.06	0.06	-5.59	-2
	A6 人均第一产业总值/元	1374	1458	1762	—	2146	2408	11.88	3
	A7 工业总值占生产总值比例	0.25	0.26	0.25	—	0.22	0.23	-1.65	1
	A8 重工业增加值占工业增加值比例	0.95	0.93	0.94	0.93	0.82	—	-3.61	1
投资与发展	B1 人均固定资产投资/元	13788	24340	43258	57223	66245	83706	43.43	6
	B2 地方财政赤字率/%	11.25	9.00	7.14	10.56	23.91	8.03	-6.52	2
	B3 增值税占收入比例	0.05	0.03	0.02	0.02	0.07	0.03	-9.71	-2
	B4 教育支出占支出比例	0.23	0.22	0.21	0.15	0.18	0.22	-0.89	-1

续表

指标设计		2010 年	2011 年	2012 年	2013 年	2014 年	2015 年	年均增长率/%	评分
乡村人员就业	C1 农民人均纯收入/元	4081	5176	6081	6945	7879	8817	16.66	4
	C2 乡村就业人员第一产业就业比例	0.50	0.49	0.49	0.47	0.46	0.46	-1.65	-1
	C3 乡村就业人员第二产业就业比例	0.13	0.13	0.13	0.15	0.15	0.14	1.49	-1
	C4 乡村就业人员第三产业就业比例	0.37	0.38	0.38	0.38	0.39	0.40	1.57	1
特色绿色产业经济	D1 农林牧渔业总产值/万元	111055	124332	151086	159760	208448	129642	3.14	1
	D2 人均农林牧渔业总产值/元	2318	2578	3111	3269	3903	2409	0.77	1
	D3 人均粮食产量/公斤	241.00	225.00	272.00	261.00	268.00	267.00	2.07	1
	D4 人均肉类产量/公斤	44.00	42.70	44.00	45.50	43.40	43.50	-0.23	-1
	D5 人均油菜籽产量/公斤	5.00	5.20	5.90	6.00	0.30	7.40	8.16	2
	D6 人均烤烟产量/公斤	3.00	1.90	2.00	1.70	10.20	1.30	-15.40	-4
社会发展	E1 人均社会消费品零售总额/元	9947	11971	13881	15874	16365	18610	13.35	3
	E2 社会消费品零售总额城乡比例	4.18	4.27	4.28	3.27	3.27	3.22	-5.08	2
	E3 城乡居民人均存储/万元	1.70	2.11	2.58	3.00	3.04	3.15	13.13	3
	E4 中等学校生师比例	17.30	18.00	17.80	17.20	16.50	15.60	-2.05	1
	E5 学龄儿童入学率/%	115.90	116.11	111.60	103.40	104.70	109.10	-1.20	-1
	E6 学龄女童入学率/%	117.31	117.70	112.10	103.80	106.00	110.50	-1.19	-1
评分总计		*S*=1.04							

注：A1、A3、A4、A5、A6 和 A7 2013 年的数据缺失，但并不影响年均增长率的值；A8 因 2015 年数据缺失，年均增长率按 2010~2014 年的年均增长率计算。

(二)岑巩县

岑巩县绿色发展的减贫成效评分如表 5-57 所示。

表 5-57　岑巩县绿色发展的减贫衡量指标体系评分统计

指标设计		2010 年	2011 年	2012 年	2013 年	2014 年	2015 年	年均增长率/%	评分
绿色经济基本面	A1 GDP/万元	144557	176248	223900	268134	319600	365600	20.39	5
	A2 人均 GDP/元	8681	10927	13932	16613	19863	22779	21.28	5
	A3 第三产业占生产总值比例	0.41	0.41	0.43	—	0.47	0.47	2.77	1

续表

指标设计	2010年	2011年	2012年	2013年	2014年	2015年	年均增长率/%	评分
A4 人均第三产业总值/元	3625	4523	5919	—	9426	10616	23.97	5
A5 第一产业占生产总值比例	0.26	0.23	0.22	—	0.20	0.22	-3.29	-1
A6 人均第一产业总值/元	2329	2527	3099	—	3903	5069	16.83	4
A7 工业总值占生产总值比例	0.31	0.33	0.32	—	0.30	0.28	-2.02	1
A8 重工业增加值占工业增加值比例	0.98	0.99	0.93	0.75	0.73	—	-7.10	2
投资与发展　B1 人均固定资产投资/元	2088	8398	14601	19619	25413	30814	71.32	6
B2 地方财政赤字率/%	40.04	41.19	40.69	38.33	34.45	33.00	-3.79	1
B3 增值税占收入比例	0.17	0.10	0.06	0.05	0.03	0.03	-29.31	-6
B4 教育支出占支出比例	0.22	0.22	0.20	0.19	0.19	0.22	0.00	1
乡村人员就业　C1 农民人均纯收入/元	3100	3953	4629	5365	6144	6894	17.33	4
C2 乡村就业人员第一产业就业比例	0.57	0.55	0.57	0.56	0.54	0.52	-1.82	-1
C3 乡村就业人员第二产业就业比例	0.04	0.04	0.05	0.06	0.06	0.07	11.84	-3
C4 乡村就业人员第三产业就业比例	0.39	0.41	0.38	0.38	0.39	0.41	1.01	1
特色绿色产业经济　D1 农林牧渔业总产值/万元	56182	63626	78338	88435	103998	81421	7.70	2
D2 人均农林牧渔业总产值/元	3468	3967	4866	5479	6484	5070	7.89	2
D3 人均粮食产量/公斤	354.00	220.00	278.00	253.00	325.00	341.00	-0.75	-1
D4 人均肉类产量/公斤	53.42	53.55	56.12	58.71	62.18	62.30	3.12	1
D5 人均油菜籽产量/公斤	25.41	24.86	31.91	32.26	33.10	36.21	7.34	2
D6 人均烤烟产量/公斤	10.33	14.03	26.40	40.89	35.19	34.30	27.13	6
社会发展　E1 人均社会消费品零售总额/元	2973	3572	4147	4731	5719	6389	16.53	4
E2 社会消费品零售总额城乡比例	4.00	4.03	4.05	3.27	3.27	3.22	-4.25	-1
E3 城乡居民人均存储/万元	0.64	0.84	1.09	1.39	1.57	1.56	19.51	4
E4 中等学校生师比例	18.85	18.46	18.12	18.99	17.07	15.39	-3.97	1
E5 学龄儿童入学率/%	84.59	84.84	80.90	89.00	87.80	99.40	3.28	1
E6 学龄女童入学率/%	86.08	87.17	80.00	89.00	86.80	95.50	2.10	1
评分总计			$S=2.41$					

注：A3、A4、A5、A6、A7和B2 2013年的数据缺失，但并不影响年均增长率的值；A8因2015年数据缺失，年均增长率按2010~2014年的年均增长率计算。

（三）从江县

从江县绿色发展的减贫成效评分如表 5-58 所示。

表 5-58　从江县绿色发展的减贫衡量指标体系评分统计

	指标设计	2010 年	2011 年	2012 年	2013 年	2014 年	2015 年	年均增长率/%	评分
绿色经济基本面	A1 GDP/万元	188582	225809	290600	355500	378900	400000	16.23	4
	A2 人均 GDP/元	6419	7760	9991	11850	13780	15000	18.50	4
	A3 第三产业占生产总值比例	0.37	0.39	0.40	0.42	0.44	0.45	3.99	1
	A4 人均第三产业总值/元	2366	3059	3876	4156	4321	4500	13.72	3
	A5 第一产业占生产总值比例	0.35	0.31	0.30	0.30	0.30	0.30	-3.04	-1
	A6 人均第一产业总值/元	2248	2395	2940	3277	3350	3500	9.26	2
	A7 工业总值占生产总值比例	0.10	0.82	0.82	0.82	0.82	0.82	52.32	-6
	A8 重工业增加值占工业增加值比例	0.97	0.99	1.00	1.00	1.00	1.00	0.76	-1
投资与发展	B1 人均固定资产投资/元	2247	6184	11627	11603	11633	17236	50.30	6
	B2 地方财政赤字率/%	4.25	3.95	3.98	4.12	4.13	3.56	-3.48	1
	B3 增值税占收入比例	0.08	0.05	3.63	0.03	0.03	0.02	-24.21	-5
	B4 教育支出占支出比例	0.16	0.20	0.20	0.19	0.20	0.22	6.58	2
乡村人员就业	C1 农民人均纯收入/元	3124	3965	4628	5364	5578	5800	13.17	3
	C2 乡村就业人员第一产业就业比例	0.66	0.61	0.57	0.57	0.55	0.54	-3.93	-1
	C3 乡村就业人员第二产业就业比例	0.04	0.08	0.10	0.09	0.07	0.07	11.84	-3
	C4 乡村就业人员第三产业就业比例	0.30	0.34	0.36	0.36	0.36	0.38	4.84	1
特色绿色产业经济	D1 农林牧渔业总产值/万元	99865	114280	144218	157972	172358	190000	13.73	3
	D2 人均农林牧渔业总产值/元	3428	3809	4807	5266	5312	5500	9.92	2
	D3 人均粮食产量/公斤	438.88	253.00	315.00	300.00	300.00	300.00	-7.33	-2
	D4 人均肉类产量/公斤	412.39	253.00	423.00	481.53	500.00	520.00	4.75	1
	D5 人均油菜籽产量/公斤	155.34	155.00	155.00	171.00	180.00	190.00	4.11	1
	D6 人均烤烟产量/公斤	—	—	—	—	—	—	—	—

	指标设计	2010年	2011年	2012年	2013年	2014年	2015年	年均增长率/%	评分
社会发展	E1 人均社会消费品零售总额/元	1767	2047	2377	2089	2114	2200	4.48	1
	E2 社会消费品零售总额城乡比例	2.08	2.10	2.30	3.27	3.72	3.14	8.59	-2
	E3 城乡居民人均存储/万元	0.37	0.48	0.57	1.07	1.06	1.08	23.89	5
	E4 中等学校生师比例	6.73	20.23	16.94	18.39	19.00	20.00	24.34	-5
	E5 学龄儿童入学率/%	99.40	95.80	99.40	99.10	99.50	99.87	0.09	1
	E6 学龄女童入学率/%	99.29	95.69	94.90	98.70	99.63	100.36	0.21	1
评分总计				S=1.35					

注：D6 因数据缺失，无对应评分值。

(四) 丹寨县

丹寨县绿色发展的减贫成效评分如表 5-59 所示。

表 5-59　丹寨县绿色发展的减贫衡量指标体系评分统计

	指标设计	2010年	2011年	2012年	2013年	2014年	2015年	年均增长率/%	评分
绿色经济基本面	A1 GDP/万元	95647	115379	152200	180000	200000	220000	18.13	4
	A2 人均GDP/元	7684	9446	12499	15000	16000	16500	16.51	4
	A3 第三产业占生产总值比例	0.45	0.46	0.47	0.48	0.49	0.50	2.13	1
	A4 人均第三产业总值/元	3298	4114	5477	5800	6000	6752	15.41	4
	A5 第一产业占生产总值比例	0.29	0.27	0.25	0.21	0.18	0.18	-9.10	-2
	A6 人均第一产业总值/元	1655	2395	2954	3000	3100	3200	14.10	3
	A7 工业总值占生产总值比例	0.16	0.18	0.19	0.20	0.21	0.22	6.58	-2
	A8 重工业增加值占工业增加值比例	0.90	0.82	0.63	0.85	0.85	0.86	-0.91	1
投资与发展	B1 人均固定资产投资/元	2527	1266	2220	2220	2427	2500	-0.21	-1
	B2 地方财政赤字率/%	2.00	2.10	2.20	2.30	2.40	2.54	4.90	-1
	B3 增值税占收入比例	0.09	0.06	0.04	0.05	0.05	0.06	-7.79	-2
	B4 教育支出占支出比例	0.21	0.21	0.20	0.21	0.20	0.20	-0.97	-1
乡村人员就业	C1 农民人均纯收入/元	3065	3709	4359	5070	5000	5314	11.63	3
	C2 乡村就业人员第一产业就业比例	0.47	0.40	0.43	0.43	0.46	0.46	-0.43	-1

续表

	指标设计	2010年	2011年	2012年	2013年	2014年	2015年	年均增长率/%	评分
	C3 乡村就业人员第二产业就业比例	0.08	0.07	0.08	0.08	0.08	0.08	0.00	−1
	C4 乡村就业人员第三产业就业比例	0.43	0.50	0.59	0.50	0.50	0.50	3.06	1
特色绿色产业经济	D1 农林牧渔业总产值/万元	42763	49551	58748	65387	70000	72000	10.98	3
	D2 人均农林牧渔业总产值/元	3290	3812	4519	5030	5436	5800	12.01	3
	D3 人均粮食产量/公斤	350.00	219.00	275.00	267.00	250.00	240.00	−7.27	−2
	D4 人均肉类产量/公斤	544.00	645.23	575.08	610.76	634.29	650.00	3.62	1
	D5 人均油菜籽产量/公斤	43.60	16.50	61.46	60.00	60.00	58.00	5.87	2
	D6 人均烤烟产量/公斤	23.00	17.00	37.76	29.30	30.00	30.00	5.46	2
社会发展	E1 人均社会消费品零售总额/元	1973	2341	2370	3133	3147	3300	10.84	3
	E2 社会消费品零售总额城乡比例	4.00	7.72	4.00	4.00	4.00	4.00	0.00	−1
	E3 城乡居民人均存储/万元	0.58	0.76	1.00	1.20	1.40	1.60	22.50	5
	E4 中等学校生师比例	14.70	15.20	16.80	17.00	18.00	20.00	6.35	−2
	E5 学龄儿童入学率/%	114.98	91.47	89.50	94.40	95.60	96.50	−3.44	−1
	E6 学龄女童入学率/%	119.36	92.17	90.80	96.70	97.68	98.67	−61.68	−6
评分总计				S=1.23					

（五）黄平县

黄平县绿色发展的减贫成效评分如表5-60所示。

表5-60　黄平县绿色发展的减贫衡量指标体系评分统计

	标设计	2010年	2011年	2012年	2013年	2014年	2015年	年均增长率/%	评分
绿色经济基本面	A1 GDP/万元	164283	196737	256600	—	374300	436600	21.59	5
	A2 人均GDP/元	6090	7498	9802	11815	14245	16621	22.24	5
	A3 第三产业占生产总值比例	0.52	0.55	0.57	—	0.61	0.55	1.13	1
	A4 人均第三产业总值/元	3251	4148	5570	—	8636	9155	23.01	5
	A5 第一产业占生产总值比例	0.38	0.33	0.31	—	0.27	0.34	−2.20	−1
	A6 人均第一产业总值/元	2352	2469	3056	—	3821	5559	18.77	4
	A7 工业总值占生产总值比例	0.07	0.08	0.07	—	0.06	0.06	−3.04	1

续表

标设计	2010 年	2011 年	2012 年	2013 年	2014 年	2015 年	年均增长率/%	评分
A8 重工业增加值占工业增加值比例	0.94	0.91	1.00	1.00	0.91	—	-0.81	1
投资与发展 B1 人均固定资产投资/元	2288	5282	9754	12656	16193	19458	53.44	6
B2 地方财政赤字率/%	46.89	52.46	43.84	—	37.98	37.09	-4.58	1
B3 增值税占收入比例	0.06	0.07	0.03	0.04	0.06	0.06	0.00	1
B4 教育支出占支出比例	0.21	0.21	0.20	0.20	0.20	0.24	2.71	1
乡村人员就业 C1 农民人均纯收入/元	3031	3709	4349	5049	5816	6526	16.58	4
C2 乡村就业人员第一产业就业比例	0.63	0.63	0.67	0.67	0.63	0.63	0.00	1
C3 乡村就业人员第二产业就业比例	0.10	0.10	0.12	0.12	0.15	0.16	9.86	-2
C4 乡村就业人员第三产业就业比例	0.27	0.27	0.21	0.22	0.22	0.21	-4.90	-1
特色绿色产业经济 D1 农林牧渔业总产值/万元	92859	103534	128152	152454	187307	146130	9.49	2
D2 人均农林牧渔业总产值/元	3525	3961	4889	5797	7136	5561	9.55	2
D3 人均粮食产量/公斤	342.00	203.00	240.00	233.00	301.00	300.00	-2.59	-1
D4 人均肉类产量/公斤	40.40	40.70	43.50	45.80	46.80	47.40	3.25	1
D5 人均油菜籽产量/公斤	16.70	16.80	18.30	20.00	16.00	27.20	10.25	3
D6 人均烤烟产量/公斤	8.90	5.40	9.60	8.80	2.70	7.70	-2.86	-1
社会发展 E1 人均社会消费品零售总额/元	1804	2161	2507	2850	3772	4199	18.41	4
E2 社会消费品零售总额城乡比例	4.00	4.04	4.05	3.27	3.27	3.22	-4.25	-1
E3 城乡居民人均存储/万元	0.60	0.76	0.95	1.24	1.33	1.47	19.63	4
E4 中等学校生师比例	18.7	21.1	19.9	19.3	18.6	18.10	-0.65	1
E5 学龄儿童入学率/%	96.78	101.42	99.80	99.50	99.20	99.20	0.50	1
E6 学龄女童入学率/%	100.35	99.23	99.60	99.50	95.00	95.70	-0.94	-1
评分总计			$S=1.93$					

注：A1、A3、A4、A5、A6、A7 和 B2 2013 年的数据缺失，但并不影响年均增长率的值；A8 因 2015 年数据缺失，年均增长率按 2010～2014 年的年均增长率计算。

（六）剑河县

剑河县绿色发展的减贫成效评分如表 5-61 所示。

表 5-61　剑河县绿色发展的减贫衡量指标体系评分统计

	指标设计	2010 年	2011 年	2012 年	2013 年	2014 年	2015 年	年均增长率/%	评分
绿色经济基本面	A1 GDP/万元	136020	167599	218300	262757	311800	360600	21.53	5
	A2 人均 GDP/元	7390	9285	12106	14525	17250	19953	21.98	5
	A3 第三产业占生产总值比例	0.53	0.53	0.55	—	0.58	0.56	1.11	1
	A4 人均第三产业总值/元	4001	4942	6608	—	10022	11117	22.68	5
	A5 第一产业占生产总值比例	0.31	0.28	0.27	—	0.24	0.27	-2.73	-1
	A6 人均第一产业总值/元	2300	2616	3276	—	4064	5443	18.80	4
	A7 工业总值占生产总值比例	0.11	0.13	0.13	—	0.12	0.11	0.00	-1
	A8 重工业增加值占工业增加值比例	0.95	0.92	1.00	0.78	0.79	—	-4.51	1
投资与发展	B1 人均固定资产投资/元	2630	6793	11381	15333	19418	23429	54.87	6
	B2 地方财政赤字率/%	48.84	48.70	45.34	40.36	34.57	39.00	-4.40	1
	B3 增值税占收入比例	0.08	0.05	0.04	0.04	0.04	0.02	-24.21	-5
	B4 教育支出占支出比例	0.22	0.18	0.18	0.18	0.18	0.21	-0.93	-1
乡村人员就业	C1 农民人均纯收入/元	3036	3771	4413	5071	5825	6524	16.53	4
	C2 乡村就业人员第一产业就业比例	0.59	0.59	0.53	0.54	0.52	0.52	-2.49	-1
	C3 乡村就业人员第二产业就业比例	0.07	0.06	0.06	0.12	0.12	0.12	11.38	-3
	C4 乡村就业人员第三产业就业比例	0.34	0.35	0.40	0.34	0.36	0.36	1.15	1
特色绿色产业经济	D1 农林牧渔业总产值/万元	65980	77933	92340	103155	119353	98385	8.32	2
	D2 人均农林牧渔业总产值/元	3649	4325	5119	5702	6609	5442	8.32	2
	D3 人均粮食产量/公斤	327.00	206.00	254.00	247.00	252.00	251.00	-5.15	-2
	D4 人均肉类产量/公斤	65.79	66.29	68.81	72.03	74.41	74.61	2.55	1
	D5 人均油菜籽产量/公斤	9.30	9.53	10.64	13.34	16.28	16.96	12.77	3
	D6 人均烤烟产量/公斤	0.12	0.08	—	—	—	—	-33.33	-6

续表

指标设计		2010年	2011年	2012年	2013年	2014年	2015年	年均增长率/%	评分
社会发展	E1 人均社会消费品零售总额/元	2097	2502	2910	3310	4755	5313	20.43	5
	E2 社会消费品零售总额城乡比例	2.58	2.66	2.68	3.27	3.27	3.22	4.53	-1
	E3 城乡居民人均存储/万元	0.69	0.87	1.04	1.27	1.50	1.60	18.32	4
	E4 中等学校生师比例	5.45	17.16	17.30	17.15	18.82	18.13	27.17	-6
	E5 学龄儿童入学率/%	83.04	86.19	99.10	99.40	98.90	98.50	3.47	1
	E6 学龄女童入学率/%	83.96	88.33	99	99.30	98.90	98.70	3.29	1
评分总计				$S=0.90$					

注：A3、A4、A5、A6和A7 2013年的数据缺失，但并不影响年均增长率的值；A8因2015年数据缺失，年均增长率按2010～2014年的年均增长率计算；D6因2012～2015年数据缺失，年均增长率按2010～2011年的年均增长率计算。

(七)锦屏县

锦屏县绿色发展的减贫成效评分如表 5-62 所示。

表 5-62 锦屏县绿色发展的减贫衡量指标体系评分统计

指标设计		2010年	2011年	2012年	2013年	2014年	2015年	年均增长率/%	评分
绿色经济基本面	A1 GDP/万元	139099	166648	211200	252724	303400	347600	20.10	5
	A2 人均GDP/元	8968	10832	13804	16432	19746	22632	20.34	5
	A3 第三产业占生产总值比例	0.47	0.47	0.46	—	0.49	0.46	-0.43	-1
	A4 人均第三产业总值/元	4226	5091	6395	—	9739	10495	19.95	4
	A5 第一产业占生产总值比例	0.20	0.17	0.17	—	0.15	0.21	0.98	1
	A6 人均第一产业总值/元	1751	1805	2406	—	3062	4658	21.61	5
	A7 工业总值占生产总值比例	0.30	0.34	0.33	—	0.32	0.30	0.00	-1
	A8 重工业增加值占工业增加值比例	1.00	1.00	0.96	0.94	0.94	—	-1.53	1
投资与发展	B1 人均固定资产投资/元	2371	6363	10320	14305	18432	22126	56.31	6
	B2 地方财政赤字率/%	50.09	49.06	45.53	40.69	38.13	40.00	-4.40	1
	B3 增值税占收入比例	0.08	0.07	0.06	0.07	0.11	0.09	2.38	1
	B4 教育支出占支出比例	0.20	0.19	0.21	0.18	0.20	0.18	-2.09	-1

续表

指标设计		2010 年	2011 年	2012 年	2013 年	2014 年	2015 年	年均增长率/%	评分
乡村人员就业	C1 农民人均纯收入/元	2973	3638	4255	4944	5705	6390	16.54	4
	C2 乡村就业人员第一产业就业比例	0.48	0.47	0.47	0.48	0.48	0.48	0.00	1
	C3 乡村就业人员第二产业就业比例	0.10	0.11	0.11	0.12	0.12	0.13	5.39	-2
	C4 乡村就业人员第三产业就业比例	0.42	0.42	0.42	0.41	0.39	0.39	-1.47	-1
特色绿色产业经济	D1 农林牧渔业总产值/万元	48880	53598	58423	65479	87754	71593	7.93	2
	D2 人均农林牧渔业总产值/元	3152	3512	3809	4257	5717	4658	8.12	2
	D3 人均粮食产量/公斤	336.00	208.00	254.00	247.00	268.00	270.00	-4.28	-1
	D4 人均肉类产量/公斤	50.44	51.42	54.55	57.35	60.59	60.85	3.82	1
	D5 人均油菜籽产量/公斤	23.35	25.50	27.49	27.25	29.71	31.77	6.35	2
	D6 人均烤烟产量/公斤	0.24	0.43	1.83	3.19	2.41	2.23	56.18	6
社会发展	E1 人均社会消费品零售总额/元	3015	3632	4202	4790	5382	6012	14.80	3
	E2 社会消费品零售总额城乡比例	3.94	3.95	3.97	3.27	3.27	3.22	-3.96	1
	E3 城乡居民人均存储/万元	0.90	1.15	1.42	1.75	1.98	2.22	19.79	4
	E4 中等学校生师比例	5.55	17.64	15.81	14.94	13.93	13.25	19.01	-4
	E5 学龄儿童入学率/%	83.95	80.38	92.20	91.80	93.40	92.90	2.05	1
	E6 学龄女童入学率/%	85.32	81.69	93.30	93.50	93.30	92.60	1.65	1
评分总计				S=2.68					

注：A3、A4、A5、A6 和 A7 2013 年的数据缺失，但并不影响年均增长率的值；A8 因 2015 年数据缺失，年均增长率按 2010～2014 年的年均增长率计算。

（八）雷山县

雷山县绿色发展的减贫成效评分如表 5-63 所示。

表 5-63 雷山县绿色发展的减贫衡量指标体系评分统计

指标设计		2010 年	2011 年	2012 年	2013 年	2014 年	2015 年	年均增长率/%	评分
绿色经济基本面	A1 GDP/万元	90210	113627	145900	180000	200000	236000	21.21	5
	A2 人均 GDP/元	7628	7760	12527	15000	15000	16000	15.97	4

续表

指标设计		2010 年	2011 年	2012 年	2013 年	2014 年	2015 年	年均增长率/%	评分
	A3 第三产业占生产总值比例	0.51	0.39	0.52	0.52	0.54	0.56	1.89	1
	A4 人均第三产业总值/元	4996	4850	6539	6538	7113	7635	8.85	2
	A5 第一产业占生产总值比例	0.25	0.20	0.26	0.17	0.15	0.13	-12.26	-3
	A6 人均第一产业总值/元	1854	2401	3000	2943	3000	3100	10.83	3
	A7 工业总值占生产总值比例	0.10	0.12	0.16	0.19	0.20	0.22	17.08	-4
	A8 重工业增加值占工业增加值比例	0.97	0.99	1.00	1.00	1.00	1.00	0.61	-1
投资与发展	B1 人均固定资产投资/元	3464	6716	10940	14890	15000	17000	37.46	6
	B2 地方财政赤字率/%	3.26	3.57	4.24	3.33	3.36	3.63	2.17	-1
	B3 增值税占收入比例	0.09	0.04	0.03	0.03	0.03	0.03	-19.73	-4
	B4 教育支出占支出比例	0.16	0.16	0.21	0.21	0.20	0.18	2.38	1
乡村人员就业	C1 农民人均纯收入/元	3124	3380	4560	5299	5400	5520	12.06	3
	C2 乡村就业人员第一产业就业比例	0.66	0.55	0.34	0.50	0.52	0.55	-3.58	1
	C3 乡村就业人员第二产业就业比例	0.05	0.07	0.07	0.07	0.08	0.09	12.47	-7
	C4 乡村就业人员第三产业就业比例	0.26	0.38	0.55	0.43	0.34	0.31	3.58	1
特色绿色产业经济	D1 农林牧渔业总产值/万元	99865	43780	54877	64657	6789	7100	-41.07	-6
	D2 人均农林牧渔业总产值/元	8322	3648	4576	5388	6434	6500	-4.82	3
	D3 人均粮食产量/公斤	405.00	245.00	295.00	292.00	300.00	300.00	-5.83	-1
	D4 人均肉类产量/公斤	108.33	434.67	461.83	488.00	500.00	500.00	35.78	6
	D5 人均油菜籽产量/公斤	379.42	387.58	370.83	423.30	450.00	500.00	5.67	2
	D6 人均烤烟产量/公斤	—	—	—	—	—	—	—	—
社会发展	E1 人均社会消费品零售总额/元	4240	2855	3996	4287	4500	4700	2.08	1
	E2 社会消费品零售总额城乡比例	2.08	1.93	1.92	3.28	2.36	3.36	10.07	—3
	E3 城乡居民人均存储/万元	0.90	0.80	0.90	0.90	1.00	1.21	6.10	2
	E4 中等学校生师比例	6.73	17.58	16.84	15.00	13.00	11.00	10.33	-3
	E5 学龄儿童入学率/%	97.38	82.64	84.30	99.10	99.36	99.63	-60.01	-6
	E6 学龄女童入学率/%	97.38	83.37	84.00	98.70	99.89	99.98	-59.98	-6
评分总计				*S*=0.25					

注：D6 数据缺失，无对应评分值。

（九）黎平县

黎平县绿色发展的减贫成效评分如表 5-64 所示。

表 5-64 黎平县绿色发展的减贫衡量指标体系评分统计

	指标设计	2010 年	2011 年	2012 年	2013 年	2014 年	2015 年	年均增长率/%	评分
绿色经济基本面	A1 GDP/万元	255982	305664	392700	472299	572500	672700	21.32	5
	A2 人均 GDP/元	6389	7852	13934	12132	14719	17300	22.05	5
	A3 第三产业占生产总值比例	0.43	0.47	0.48	—	0.50	0.50	3.06	1
	A4 人均第三产业总值/元	2810	3692	4878	—	7410	8641	25.19	6
	A5 第一产业占生产总值比例	0.28	0.23	0.22	—	0.21	0.24	-3.04	-1
	A6 人均第一产业总值/元	1846	1782	2229	—	3019	4110	17.36	4
	A7 工业总值占生产总值比例	0.16	0.16	0.16	—	0.14	0.13	-4.07	1
	A8 重工业增加值占工业增加值比例	0.95	0.94	0.89	0.90	0.89	—	-1.62	1
投资与发展	B1 人均固定资产投资/元	2619	6106	10615	14269	18000	21734	52.69	6
	B2 地方财政赤字率/%	46.69	46.49	40.68	39.97	35.00	38.00	-4.04	1
	B3 增值税占收入比例	0.10	0.05	0.04	0.03	0.03	0.03	-21.40	-5
	B4 教育支出占支出比例	0.22	0.24	0.21	0.22	0.22	0.24	1.76	1
乡村人员就业	C1 农民人均纯收入/元	3030	3849	4484	5201	5945	6587	16.80	4
	C2 乡村就业人员第一产业就业比例	0.53	0.53	0.53	0.52	0.50	0.49	-1.56	-1
	C3 乡村就业人员第二产业就业比例	0.06	0.06	0.07	0.07	0.10	0.10	10.76	3
	C4 乡村就业人员第三产业就业比例	0.40	0.39	0.39	0.40	0.40	0.41	0.50	1
特色绿色产业经济	D1 农林牧渔业总产值/万元	116720	129214	150032	170001	201005	159895	6.50	2
	D2 人均农林牧渔业总产值/元	2981	3339	3862	4367	5173	4109	6.63	2
	D3 人均粮食产量/公斤	344.00	203.00	263.00	251.00	274.00	277.00	-4.24	-1
	D4 人均肉类产量/公斤	37.34	38.05	39.61	41.57	42.36	42.75	2.74	1
	D5 人均油菜籽产量/公斤	17.24	18.28	18.85	19.64	20.61	21.48	4.50	1
	D6 人均烤烟产量/公斤	0.18	0.05	0.03	0.04	0.05	—	-27.40	-6

续表

指标设计		2010 年	2011 年	2012 年	2013 年	2014 年	2015 年	年均增长率/%	评分
社会发展	E1 人均社会消费品零售总额/元	2276	2741	3179	3620	4345	4854	16.36	4
	E2 社会消费品零售总额城乡比例	4.00	4.04	4.09	3.27	3.27	3.22	-4.25	1
	E3 城乡居民人均存储/万元	0.61	0.81	0.94	1.23	1.35	1.46	19.07	4
	E4 中等学校生师比例	5.76	18.77	18.06	18.64	18.44	16.99	24.15	-5
	E5 学龄儿童入学率/%	95.30	95.31	99.80	99.80	99.80	99.80	0.93	1
	E6 学龄女童入学率/%	94.20	96.13	99.50	99.60	99.80	99.80	1.16	1
评分总计				S=1.07					

注：A3、A4、A5、A6 和 A7 2013 年的数据缺失，但并不影响年均增长率的值；A8、D6 因 2015 年数据缺失，年均增长率按 2010～2014 年的年均增长率计算。

（十）麻江县

麻江县绿色发展的减贫成效评分如表 5-65 所示。

表 5-65　麻江县绿色发展的减贫衡量指标体系评分统计

指标设计		2010 年	2011 年	2012 年	2013 年	2014 年	2015 年	年均增长率/%	评分
绿色经济基本面	A1 GDP/万元	142395	173551	218500	242667	274036	300000	16.07	4
	A2 人均 GDP/元	8328	10240	10420	15451	17432	20000	19.15	4
	A3 第三产业占生产总值比例	0.39	0.39	0.40	0.41	0.40	0.40	0.51	1
	A4 人均第三产业总值/元	3257	3984	5153	5252	5300	5500	11.05	3
	A5 第一产业占生产总值比例	0.28	0.24	0.24	0.21	0.20	0.18	-8.46	-2
	A6 人均第一产业总值/元	2314	2489	3406	3146	3416	3500	8.63	2
	A7 工业总值占生产总值比例	0.29	0.32	0.31	0.30	0.30	0.28	-0.70	1
	A8 重工业增加值占工业增加值比例	1.00	1.00	1.00	1.00	1.00	1.00	0.00	-1
投资与发展	B1 人均固定资产投资/元	4329	9088	14931	28597	2599	2500	-10.40	-3
	B2 地方财政赤字率/%	2.90	2.10	2.05	1.94	1.84	1.70	-10.13	3
	B3 增值税占收入比例	0.16	0.12	0.08	0.08	0.07	0.06	-17.81	-4
	B4 教育支出占支出比例	0.22	0.20	0.22	0.18	0.20	0.17	-5.03	-2

续表

	指标设计	2010 年	2011 年	2012 年	2013 年	2014 年	2015 年	年均增长率/%	评分
乡村人员就业	C1 农民人均纯收入/元	3106	3764	4422	5112	5300	5500	12.11	3
	C2 乡村就业人员第一产业就业比例	0.45	0.46	0.42	0.64	0.67	0.70	9.24	2
	C3 乡村就业人员第二产业就业比例	0.10	0.10	0.08	0.08	0.09	0.10	0.00	-1
	C4 乡村就业人员第三产业就业比例	0.45	0.44	0.50	0.30	0.45	0.50	2.13	1
特色绿色产业经济	D1 农林牧渔业总产值/万元	62862	70895	86705	65387	63587	70000	2.17	1
	D2 人均农林牧渔业总产值/元	370	412	510	384	384	600	10.15	3
	D3 人均粮食产量/公斤	404.00	244.00	305.00	297.00	300.00	300.00	-5.78	-2
	D4 人均肉类产量/公斤	590.00	594.65	627.24	663.65	670.35	700.00	3.48	1
	D5 人均油菜籽产量/公斤	230.00	244.76	271.65	381.00	400.00	467.00	15.22	4
	D6 人均烤烟产量/公斤	84.00	100.00	161.00	161.48	177.48	200.13	18.96	4
社会发展	E1 人均社会消费品零售总额/元	1919	2282	2658	3026	3456	3500	12.77	3
	E2 社会消费品零售总额城乡比例	4.08	4.26	4.28	3.27	2.86	3.00	-5.96	2
	E3 城乡居民人均存储/万元	0.57	0.79	1.00	1.26	1.49	2.00	28.54	6
	E4 中等学校生师比例	14.67	14.64	14.48	14.00	18.00	20.00	6.39	-2
	E5 学龄儿童入学率/%	94.59	99.04	98.40	98.90	99.36	99.63	1.04	1
	E6 学龄女童入学率/%	97.42	98.20	96.10	99.00	99.21	100.21	0.57	1
评分总计		S=1.21							

（十一）榕江县

榕江县绿色发展的减贫成效评分如表 5-66 所示。

表 5-66 榕江县绿色发展的减贫衡量指标体系评分统计

	指标设计	2010 年	2011 年	2012 年	2013 年	2014 年	2015 年	年均增长率/%	评分
绿色经济基本面	A1 GDP/万元	190947	228462	295700	354533	380000	400000	15.94	4
	A2 人均 GDP/元	6586	7977	10397	12366	15000	17000	20.88	5
	A3 第三产业占生产总值比例	0.36	0.40	0.40	0.40	0.45	0.46	5.02	2

续表

指标设计		2010 年	2011 年	2012 年	2013 年	2014 年	2015 年	年均增长率/%	评分
	A4 人均第三产业总值/元	2431	3186	4126	4801	4900	5000	15.51	3
	A5 第一产业占生产总值比例	0.41	0.35	0.34	0.33	0.33	0.33	-4.25	-1
	A6 人均第一产业总值/元	2727	2824	3539	4126	4570	4800	11.97	3
	A7 工业总值占生产总值比例	0.10	0.13	0.14	0.17	0.18	0.20	14.87	-3
	A8 重工业增加值占工业增加值比例	0.97	1.00	1.00	1.00	1.00	1.00	0.61	-1
投资与发展	B1 人均固定资产投资/元	2787	6833	10857	1409	1500	1600	-10.51	-3
	B2 地方财政赤字率/%	4.25	3.95	3.89	4.12	4.38	5.00	3.30	1
	B3 增值税占收入比例	0.07	0.04	0.03	0.03	0.03	0.03	-15.59	-4
	B4 教育支出占支出比例	0.23	0.24	0.23	0.21	0.20	0.20	-2.76	-1
乡村人员就业	C1 农民人均纯收入/元	3023	3704	4348	5035	5000	5200	11.46	3
	C2 乡村就业人员第一产业就业比例	0.66	0.61	0.57	0.57	0.60	0.61	-1.56	-1
	C3 乡村就业人员第二产业就业比例	0.04	0.08	0.10	0.09	0.08	0.08	14.87	-3
	C4 乡村就业人员第三产业就业比例	0.30	0.34	0.36	0.36	0.36	0.38	4.84	1
特色绿色产业经济	D1 农林牧渔业总产值/万元	105723	120489	151109	133686	133868	150000	7.25	2
	D2 人均农林牧渔业总产值/元	369	417	528	571	600	634	11.43	3
	D3 人均粮食产量/公斤	192.00	184.00	228.00	229.00	230.00	240.00	4.56	1
	D4 人均肉类产量/公斤	355.50	353.05	375.03	391.80	400.00	416.00	3.19	1
	D5 人均油菜籽产量/公斤	170.38	198.35	202.52	219.81	210.89	221.34	5.37	2
	D6 人均烤烟产量/公斤	—	—	—	—	—	—	—	—
社会发展	E1 人均社会消费品零售总额/元	199	235	275	315	321	333	10.85	3
	E2 社会消费品零售总额城乡比例	2.00	2.03	2.03	3.27	3.36	4.00	14.87	-3
	E3 城乡居民人均存储/万元	0.59	0.65	0.83	1.12	1.41	1.50	20.52	5
	E4 中等学校生师比例	18.04	14.2	16.03	15.85	17.2	20.00	2.08	-1
	E5 学龄儿童入学率/%	86.50	94.55	94.30	98.50	99.63	99.97	2.94	1
	E6 学龄女童入学率/%	87.41	93.35	94.10	100.30	100.99	101.34	3.00	1
评分总计					$S=0.71$				

注：D6 因数据缺失，无对应评分值。

（十二）三穗县

三穗县绿色发展的减贫成效评分如表 5-67 所示。

表 5-67 三穗县绿色发展的减贫衡量指标体系评分统计

指标设计		2010 年	2011 年	2012 年	2013 年	2014 年	2015 年	年均增长率/%	评分
绿色经济基本面	A1 GDP/万元	131487	160835	206900	—	308100	353300	21.86	5
	A2 人均 GDP/元	8362	10343	13333	16071	19833	22779	22.19	5
	A3 第三产业占生产总值比例	0.50	0.50	0.51	—	0.53	0.52	0.79	1
	A4 人均第三产业总值/元	4198	5185	6742	—	10465	11862	23.09	5
	A5 第一产业占生产总值比例	0.24	0.20	0.19	—	0.18	0.20	-3.58	-1
	A6 人均第一产业总值/元	1978	2071	2569	—	3548	4639	18.59	4
	A7 工业总值占生产总值比例	0.27	0.21	0.20	—	0.18	0.17	-8.84	2
	A8 重工业增加值占工业增加值比例	0.67	0.48	0.51	0.44	0.33	—	-16.23	4
投资与发展	B1 人均固定资产投资/元	3460	8716	15541	20927	27193	23291	46.43	6
	B2 地方财政赤字率/%	43.37	43.72	40.49	36.30	34.32	32.10	-5.84	2
	B3 增值税占税收入比例	0.05	0.03	0.03	0.03	0.03	0.03	-9.71	-2
	B4 教育支出占支出比例	0.18	0.19	0.23	0.20	0.20	0.23	5.02	2
乡村人员就业	C1 农民人均纯收入/元	3107	3955	4642	5389	6168	6933	17.41	4
	C2 乡村就业人员第一产业就业比例	0.44	0.38	0.37	0.36	0.36	0.36	-3.93	-1
	C3 乡村就业人员第二产业就业比例	0.08	0.09	0.09	0.09	0.10	0.10	4.56	1
	C4 乡村就业人员第三产业就业比例	0.48	0.54	0.55	0.55	0.54	0.54	2.38	1
特色绿色产业经济	D1 农林牧渔业总产值/万元	53216	59823	69624	79783	94197	72042	6.25	2
	D2 人均农林牧渔业总产值/元	3411	3860	4483	5124	6077	4642	6.36	2
	D3 人均粮食产量/公斤	335.00	203.00	252.00	246.00	268.00	271.00	-4.15	-1
	D4 人均肉类产量/公斤	70.00	71.30	76.30	80.50	86.90	87.50	4.56	1
	D5 人均油菜籽产量/公斤	14.30	14.00	14.80	16.50	19.90	21.00	7.99	2
	D6 人均烤烟产量/公斤	2.30	1.70	1.60	1.60	1.20	1.10	-13.72	-3

续表

	指标设计	2010年	2011年	2012年	2013年	2014年	2015年	年均增长率/%	评分
社会发展	E1 人均社会消费品零售总额/元	3974	4748	5532	6339	7167	8016	15.07	4
	E2 社会消费品零售总额城乡比例	2.27	2.33	2.34	3.27	3.27	3.22	7.24	-2
	E3 城乡居民人均存储/万元	0.74	0.94	1.17	1.40	1.55	1.64	17.25	4
	E4 中等学校生师比例	14.5	14.50	15.00	15.80	15.10	14.50	0.00	-1
	E5 学龄儿童入学率/%	93.02	90.99	89.50	99.30	99.30	99.50	1.36	1
	E6 学龄女童入学率/%	93.00	93.05	91.60	97.10	99.90	105.70	2.59	1
评分总计				S=1.75					

注：A1、A3、A4、A5、A6和A7 2013年的数据缺失，但并不影响年均增长率的值；A8因2015年数据缺失，年均增长率按2010～2014年的年均增长率计算。

(十三)施秉县

施秉县绿色发展的减贫成效评分如表5-68所示。

表5-68　施秉县绿色发展的减贫衡量指标体系评分统计

	指标设计	2010年	2011年	2012年	2013年	2014年	2015年	年均增长率/%	评分
绿色经济基本面	A1 GDP/万元	126190	153652	197500	—	273300	308400	19.57	4
	A2 人均GDP/元	9646	11783	15157	17763	20910	23598	19.59	4
	A3 第三产业占生产总值比例	0.47	0.47	0.48	—	0.52	0.51	1.65	1
	A4 人均第三产业总值/元	4577	5536	7329	—	10896	11957	21.17	5
	A5 第一产业占生产总值比例	0.29	0.26	0.25	—	0.21	0.24	-3.71	-1
	A6 人均第一产业总值/元	2807	3064	3807	—	4487	5703	15.23	4
	A7 工业总值占生产总值比例	0.20	0.23	0.22	—	0.21	0.201	0.10	-1
	A8 重工业增加值占工业增加值比例	1.00	0.80	1.00	0.88	0.78	—	-6.02	2
投资与发展	B1 人均固定资产投资/元	2708	9259	15374	15316	23065	27636	59.13	6
	B2 地方财政赤字率/%	38.86	39.20	35.84	34.56	30.79	32.39	-3.58	1
	B3 增值税占收入比例	0.04	0.04	0.03	0.04	0.06	0.03	-5.59	-2
	B4 教育支出占支出比例	0.15	0.16	0.22	0.22	0.22	0.21	6.96	2

续表

	指标设计	2010 年	2011 年	2012 年	2013 年	2014 年	2015 年	年均增长率/%	评分
乡村人员就业	C1 农民人均纯收入/元	3495	4229	4954	5737	6497	7205	15.57	4
	C2 乡村就业人员第一产业就业比例	0.74	0.73	0.73	0.73	0.73	0.72	-0.55	-1
	C3 乡村就业人员第二产业就业比例	0.06	0.07	0.07	0.07	0.07	0.07	3.13	1
	C4 乡村就业人员第三产业就业比例	0.20	0.20	0.20	0.20	0.20	0.22	1.92	1
特色绿色产业经济	D1 农林牧渔业总产值/万元	55125	64337	79977	88848	96183	74576	6.23	2
	D2 人均农林牧渔业总产值/元	4221	4941	6138	6793	7365	5702	6.20	2
	D3 人均粮食产量/公斤	677.00	424.00	525.00	509.00	537.00	525.00	-4.96	-1
	D4 人均肉类产量/公斤	47.30	47.70	50.70	53.90	55.30	55.50	3.25	1
	D5 人均油菜籽产量/公斤	25.80	29.40	35.00	32.50	35.50	35.50	6.59	2
	D6 人均烤烟产量/公斤	49.70	37.90	45.20	38.60	42.20	39.00	-4.73	-1
社会发展	E1 人均社会消费品零售总额/元	2702	3227	3757	4302	5150	5692	16.07	4
	E2 社会消费品零售总额城乡比例	4.01	4.08	4.28	3.27	3.27	3.22	-4.29	1
	E3 城乡居民人均存储/万元	0.65	0.87	1.07	1.28	2.38	2.19	27.50	6
	E4 中等学校生师比例	17.60	16.60	16.60	17.10	17.60	15.60	-2.38	1
	E5 学龄儿童入学率/%	92.85	93.85	103.80	99.00	99.50	99.70	1.43	1
	E6 学龄女童入学率/%	93.71	94.19	103.30	99.00	100.80	99.70	1.25	1
评分总计				S=1.86					

注：A1、A3、A4、A5、A6 和 A7 2013 年的数据缺失，但并不影响年均增长率的值；A8 因 2015 年数据缺失，年均增长率按 2010~2014 年的年均增长率计算。

(十四) 台江县

台江县绿色发展的减贫成效评分如表 5-69 所示。

表 5-69　台江县绿色发展的减贫衡量指标体系评分统计

	指标设计	2010 年	2011 年	2012 年	2013 年	2014 年	2015 年	年均增长率/%	评分
绿色经济基本面	A1 GDP/万元	97035	116865	154000	185849	222000	254700	21.29	5
	A2 人均 GDP/元	8513	10500	13934	16713	19982	22931	21.92	5

续表

	指标设计	2010 年	2011 年	2012 年	2013 年	2014 年	2015 年	年均增长率/%	评分
	A3 第三产业占生产总值比例	0.48	0.50	0.53	—	0.57	0.58	3.86	1
	A4 人均第三产业总值/元	4113	5348	7340	—	11478	13258	26.38	6
	A5 第一产业占生产总值比例	0.29	0.25	0.24	—	0.20	0.24	−3.71	−1
	A6 人均第一产业总值/元	2474	2604	3264	—	4000	5419	16.98	4
	A7 工业总值占生产总值比例	0.17	0.18	0.16		0.15	0.12	−6.73	2
	A8 重工业增加值占工业增加值比例	1.00	0.98	1.00	0.93	0.71	—	−8.21	2
投资与发展	B1 人均固定资产投资/元	4990	10365	19008	25611	32533	39069	50.92	6
	B2 地方财政赤字率/%	50.36	56.78	49.31	45.18	39.56	40.00	−4.50	1
	B3 增值税占收入比例	0.06	0.04	0.07	0.08	0.03	0.03	−12.94	−3
	B4 教育支出占支出比例	0.17	0.19	0.18	0.19	0.21	0.19	2.25	1
乡村人员就业	C1 农民人均纯收入/元	2981	3631	4234	4839	5580	6171	15.66	4
	C2 乡村就业人员第一产业就业比例	0.51	0.49	0.47	0.47	0.46	0.48	−1.21	−1
	C3 乡村就业人员第二产业就业比例	0.08	0.14	0.13	0.14	0.14	0.15	13.40	−3
	C4 乡村就业人员第三产业就业比例	0.42	0.37	0.39	0.39	0.39	0.37	−2.50	−1
特色绿色产业经济	D1 农林牧渔业总产值/万元	39141	42602	53171	66081	78525	60160	8.98	2
	D2 人均农林牧渔业总产值/元	3482	3866	4795	5943	7074	5415	9.23	2
	D3 人均粮食产量/公斤	350.00	211.00	262.00	256.00	274.00	301.00	−2.97	−1
	D4 人均肉类产量/公斤	37.50	38.82	40.75	43.01	45.33	45.66	4.02	1
	D5 人均油菜籽产量/公斤	14.96	16.29	18.85	20.41	21.82	22.13	8.15	2
	D6 人均烤烟产量/公斤	—	—	—	—	—	—		0
社会发展	E1 人均社会消费品零售总额/元	2361	2855	3301	3774	4518	4980	16.10	4
	E2 社会消费品零售总额城乡比例	3.99	4.03	4.05	3.27	3.27	3.22	−4.20	1
	E3 城乡居民人均存储/万元	0.68	0.89	1.09	1.41	1.50	1.60	18.66	4
	E4 中等学校生师比例	5.25	15.41	16.42	18.33	17.60	17.89	27.79	−6
	E5 学龄儿童入学率/%	88.86	91.15	99.10	99.00	99.10	99.10	2.21	1
	E6 学龄女童入学率/%	89.87	87.55	99.20	99.80	98.80	98.90	1.93	1
评分总计				*S*=1.84					

注：A3、A4、A5、A6 和 A7 2013 年的数据缺失，但并不影响年均增长率的值；A8 因 2015 年数据缺失，年均增长率按 2010～2014 年的年均增长率计算；D6 数据缺乏，无对应评分值。

（十五）天柱县

天柱县绿色发展的减贫成效评分如表 5-70 所示。

表 5-70　天柱县绿色发展的减贫衡量指标体系评分统计

	指标设计	2010 年	2011 年	2012 年	2013 年	2014 年	2015 年	年均增长率/%	评分
绿色经济基本面	A1 GDP/万元	268318	327680	413700	492156	591000	673700	20.22	5
	A2 人均 GDP/元	9815	12550	15974	18871	22678	25857	21.38	5
	A3 第三产业占生产总值比例	0.38	0.37	0.38	—	0.43	0.42	2.02	1
	A4 人均第三产业总值/元	3824	4716	6096	—	9647	10867	23.23	5
	A5 第一产业占生产总值比例	0.25	0.22	0.22	—	0.18	0.21	-3.43	-1
	A6 人均第一产业总值/元	2560	2808	3439	—	4194	5539	16.69	4
	A7 工业总值占生产总值比例	0.31	0.35	0.34	—	0.32	0.30	-0.65	1
	A8 重工业增加值占工业增加值比例	1.00	1.00	1.00	0.99	0.97	—	-0.76	1
投资与发展	B1 人均固定资产投资/元	5110	10676	17336	23004	29144	35050	46.98	6
	B2 地方财政赤字率/%	31.40	33.05	31.67	27.34	24.15	28.00	-2.27	1
	B3 增值税占收入比例	0.05	0.04	0.03	0.03	0.04	0.05	0.00	1
	B4 教育支出占支出比例	0.25	0.23	0.25	0.23	0.26	0.28	2.29	1
乡村人员就业	C1 农民人均纯收入/元	3319	4125	4841	5601	6349	7098	16.42	4
	C2 乡村就业人员第一产业就业比例	0.48	0.47	0.46	0.45	0.44	0.44	-1.73	-1
	C3 乡村就业人员第二产业就业比例	0.03	0.03	0.03	0.03	0.03	0.03	0.00	-1
	C4 乡村就业人员第三产业就业比例	0.48	0.49	0.51	0.52	0.53	0.53	2.00	1
特色绿色产业经济	D1 农林牧渔业总产值/万元	104842	117254	134499	148230	173319	144362	6.61	2
	D2 人均农林牧渔业总产值/元	3968	4675	5173	5684	6656	5538	6.89	2
	D3 人均粮食产量/公斤	402.00	241.00	303.00	297.00	319.00	322.00	-4.34	-1
	D4 人均肉类产量/公斤	70.87	74.96	76.30	80.42	85.27	85.47	3.82	1
	D5 人均油菜籽产量/公斤	16.95	18.63	18.33	21.59	21.81	23.16	6.44	2
	D6 人均烤烟产量/公斤	5.26	4.80	3.27	5.17	5.65	4.36	-3.68	-1

续表

	指标设计	2010 年	2011 年	2012 年	2013 年	2014 年	2015 年	年均增长率/%	评分
社会发展	E1 人均社会消费品零售总额/元	3275	3982	4596	5277	5967	6599	15.04	4
	E2 社会消费品零售总额城乡比例	1.14	1.16	1.16	3.27	3.27	3.22	23.08	-5
	E3 城乡居民人均存储/万元	0.90	1.23	1.48	1.71	1.92	2.02	17.55	4
	E4 中等学校生师比例	4.83	14.97	14.62	14.45	14.04	12.77	21.46	-5
	E5 学龄儿童入学率/%	73.98	85.53	91.40	96.90	93.80	99.90	6.19	1
	E6 学龄女童入学率/%	76.30	90.05	96.80	98.40	98.00	103.10	6.21	1
评分总计		$S=1.85$							

注：A3、A4、A5、A6 和 A7 2013 年的数据缺失，但并不影响年均增长率的值；A8 因 2015 年数据缺失，年均增长率按 2010～2014 年的年均增长率计算。

（十六）镇远县

镇远县绿色发展的减贫成效评分如表 5-71 所示。

表 5-71　镇远县绿色发展的减贫衡量指标体系评分统计

	指标设计	2010 年	2011 年	2012 年	2013 年	2014 年	2015 年	年均增长率/%	评分
绿色经济基本面	A1 GDP/万元	245860	302746	386000	—	542700	609100	19.89	4
	A2 人均 GDP/元	11874	14884	19015	22461	26629	29895	20.28	5
	A3 第三产业占生产总值比例	0.32	0.31	0.32	—	0.36	0.39	4.04	1
	A4 人均第三产业总值/元	3850	4627	6083	—	9587	11658	24.81	5
	A5 第一产业占生产总值比例	0.26	0.22	0.22	—	0.18	0.18	-7.09	-2
	A6 人均第一产业总值/元	4424	3336	4178	—	4853	5311	3.72	1
	A7 工业总值占生产总值比例	0.37	0.41	0.40	—	0.38	0.36	-0.55	1
	A8 重工业增加值占工业增加值比例	0.77	0.76	0.64	0.54	0.52	—	-9.35	2
投资与发展	B1 人均固定资产投资/元	2699	7062	14136	18939	24023	28810	60.57	6
	B2 地方财政赤字率/%	24.00	23.73	23.10	—	17.66	19.18	-4.38	1
	B3 增值税占收入比例	0.13	0.09	0.09	0.13	0.07	0.05	-17.40	-4
	B4 教育支出占支出比例	0.18	0.19	0.22	0.21	0.21	0.21	3.13	1

续表

指标设计		2010年	2011年	2012年	2013年	2014年	2015年	年均增长率/%	评分
乡村人员就业	C1 农民人均纯收入/元	3335	4169	4884	5573	6329	7006	16.00	4
	C2 乡村就业人员第一产业就业比例	0.56	0.56	0.56	0.56	0.56	0.56	0.00	1
	C3 乡村就业人员第二产业就业比例	0.14	0.14	0.14	0.14	0.14	0.14	0.00	-1
	C4 乡村就业人员第三产业就业比例	0.30	0.30	0.31	0.31	0.30	0.30	0.00	1
特色绿色产业经济	D1 农林牧渔业总产值/万元	89371	101976	128425	139557	153664	108346	3.93	1
	D2 人均农林牧渔业总产值/元	4381	5028	6320	6841	7547	5314	3.94	1
	D3 人均粮食产量/公斤	548.00	341.00	425.00	414.00	462.00	478.00	-2.70	-1
	D4 人均肉类产量/公斤	45.40	45.20	47.80	50.30	53.00	53.10	3.18	1
	D5 人均油菜籽产量/公斤	30.30	33.30	34.80	35.60	35.70	38.50	4.91	1
	D6 人均烤烟产量/公斤	23.30	14.50	24.60	29.80	27.30	25.00	1.42	1
社会发展	E1 人均社会消费品零售总额/元	2824	3388	3945	4352	5539	6188	16.99	4
	E2 社会消费品零售总额城乡比例	4.15	4.18	4.19	3.27	3.27	3.26	-4.71	-1
	E3 城乡居民人均存储/万元	0.72	0.95	1.10	1.35	1.48	1.49	15.66	4
	E4 中等学校生师比例	16.00	17.00	17.50	17.20	17.40	16.90	1.10	-1
	E5 学龄儿童入学率/%	91.16	90.88	98.50	99.00	99.80	99.10	1.68	1
	E6 学龄女童入学率/%	89.51	92.19	96.90	93.50	102.10	97.90	1.81	1
评分总计				$S=1.59$					

注：A1、A3、A4、A5、A6、A7和B2 2013年的数据缺失，但并不影响年均增长率的值；A8因2015年数据缺失，年均增长率按2010~2014年的年均增长率计算。

（十七）本节小结

从绿色基本经济层面看，2010~2015年黔东南州各个地区的GDP和人均GDP逐年增长，年均增长率增幅都在20%左右。黔东南州大多数地区第三产业占生产总值比例和人均第三产业总值增长幅度大，而第一产业占生产总值比例持续下降。工业总值占生产总值比例和重工业增加值占工业增加值比例低，在2010~2015年各个地区基本稳定，略有下降。

从投资发展上看，人均固定资产投资和教育支出占支出比例在六年内持续增加，其中人均固定资产投资在 2011~2014 年增长较快，增长较快的岑巩县、锦屏县、施秉县、镇远县人均固定资产投资年均增长率超过 55%，分别为 71.32%、56.31%、59.13%、60.57%，但麻江县、丹寨县的人均固定资产投资呈现下降趋势。

从乡村人员就业层面看，2010~2015 年，各地区乡村就业人员第一产业就业比例下降明显，而乡村就业人员第三产业就业比例上升幅度大。

从特色绿色经济层面看，黔东南各个地区特色绿色经济增长幅度小，如凯里市人均农林牧渔业总产值从 2010 年的 2318 元增加到 2409 元，增加值还不足 100 元，年均增长率仅有 0.77%。人均粮食产量增长也较小，由 2010 年的 241 公斤增加到 267 公斤，年均增长率为 2.07%。人均烤烟产量呈现出增长，从 2010 年的平均每人 3 公斤到 2015 年的平均每人 1.3 公斤，六年的年均增长率为-15.40%。

从人均社会发展层面看，黔东南州各个地区各项指标都呈现良好的发展趋势，其中人均社会消费品零售总额、城乡居民人均存储和学年儿童入学率增长最快，但是城乡居民人均存储在 2014~2015 年逐渐放缓。

以上数据说明，黔东南州在经济发展中，大力调整产业结构，努力发展第三产业，近几年黔东南州的旅游发展尤为兴盛，如西江千户苗寨、郎德上寨、乌东苗寨等一度成为贵州旅游胜地，这得益于黔东南州丰富的自然资源和浓厚的民族文化。但是随着旅游业的大力发展，旅游资源的持续开发，多数景区在旅游发展中出现诸多的问题，影响了第三产业持续、平稳增长。

黔东南州评价得分较低的是雷山县，主要原因在于产业结构不合理，第三产业发展迅速，而第一产业发展严重滞后，以及统计指标中没有纳入旅游经济数据，造成数据统计得分较低。雷山县的第三产业发展较快，人均第三产业总值从 2010 年的 4996 元增加到 2015 年的 7635 元，而第一产业却逐年减少，2010~2015 年雷山县第一产业占生产总值比例持续降低，由 25%降低到 13%，年均增长率为-12.26%，农林牧渔业总产值六年内下降了 92765 万元，人均粮食产量下降了 105 公斤。第三产业发展迅速、第一产业发展滞后的原因主要有以下有三点。

1. 农耕面积有限，生产条件恶劣

第一产业与自然的联系最为紧密，属于"靠天吃饭"型的经济，雷山县位于黔东南苗族侗族自治州西南部，总面积为 1218.5 平方千米，其中山地面积占 83.5%，"九山半水半分田"是对雷山自然条件的形象描述。此外，雷山县拥有丰富的森林资源，仅林地面积就占总面积的 73.2%，而这部分用地又被国家列为国家级自然保护区，是无法进行开发的。因此，这些原因造成了雷山县可开发利用的农业生产面积有限。雷山县以山地为主，是典型的喀斯特地貌地区，主要发展坡田农业，而坡田土质差，保水性差，不耐旱，雨季需要放水，旱季需要人工灌溉，工作量大，单产低，改造难度大，加上滑坡、泥石流、石漠化等次生灾害严重影响雷山县的农业生产，农业收入逐年降低，使得农业的产量越来越少。

2. 农业基础设施薄弱，农业现代化水平低

雷山县维持着传统的刀耕火种型农业生产方式，农业基础设施十分薄弱，主要体现在两个方面。①农业投入资金不足，财政资金的支持是农村农业基础设施建设资金的主要来源，资金不足也是制约农业发展中最突出的问题。雷山县农业基础设施的建设资金除部分来自政府以外，大部分来自村民的自筹资金，而农民也很少愿意借助贷款或者成立专项资金用于农业基础设施的建设；②缺乏统一农业规划，农业基础设施的建设只考虑当前的发展利益，缺乏统一的科学规划，缺乏发展眼光和超前的思维意识，致使农业中基础设施建设远远不能满足未来，甚至是现有经济发展水平，在基础设施的存量上与农业的发展严重不相适应，增量上也不能满足农业发展的需求。雷山县的大多数基础设施是农民为了满足自家农业需要而设立，不能适应农业现代化的发展需要。以上原因造成雷山县农业主要以人力和畜力投入为主、机械化水平低下、发展潜力不足、现代化水平低。

3. 投入不均衡，产业结构失调

《国务院关于进一步促进贵州经济社会又好又快发展的若干意见》颁布以来，贵州开始大力发展包括旅游产业、文化产业、科技产业在内的第三产业。2015年，习近平总书记在贵州进行实地考察，提出"既要绿水青山，也要金山银山，绿水青山就是金山银山"的生态发展理念，贵州第三产业的蓬勃发展，带动了经济的迅速发展，2015年第三产业增加值达到4715亿元，占地区生产总值的44.9%。雷山县在这样的经济环境背景下，将大部分的人力、物力和资金投入旅游业中，民族文化、民族产品、自然风光等民族村寨旅游如雨后春笋迅速发展，而对第一产业和第二产业投入严重不足，这也造成了三大产业结构失衡。根据数据显示，2015年雷山县的GDP为23.76亿元，第三产业的增加值为13.48亿元，占生产总值的56.7%，而农业仅占26%。由此可见，农业发展严重滞后。农业的投入主要是农民自己积累资金，政府的绝大部分资金和大部分外资投资主要集中于旅游业，甚至有大部分村民将农用土地转为荒地，不再种植，而发展农家乐。

从案例发展实际来看，雷山县有丰富的旅游资源，包括物质资源(风雨桥、鼓楼、服饰等)、节日文化(鼓藏节、苗年、爬坡节、吃新节等)、饮食(酸菜、苗王鱼、酒等)等。还有全国重点文物保护单位朗德上寨、国家重点生态自然保护区雷公山、全国工农业旅游示范点巴拉河乡村旅游，被誉为歌舞之乡的陶尧等，这些都是游览价值极高的旅游资源。旅游业是一个关联性极强的产业，涉及"衣食住行，吃喝玩乐"。所以，雷山县旅游业的发展，将推动雷山县生态农业、制造业、餐饮业、服务业相关领域的快速发展。

因此，结合前文案例分析得知，旅游发展是绿色减贫的重要方面，这从一个侧面说明设计的评价指标体系忽略了旅游发展减贫指标，重点从农业发展来考量，

由于数据获得的限制，需要进一步完善相关指标体系。因此，雷山县在绿色发展过程中，突出以民族旅游开发为重点，大力发展旅游经济，促进地方脱贫，取得了丰富的成果。

第九节　分地区的黔西南州绿色发展的减贫成效评分

（一）兴义市

兴义市绿色发展的减贫成效评分如表 5-72 所示。

表 5-72　兴义市绿色发展的减贫衡量指标体系评分统计

	指标设计	2010 年	2011 年	2012 年	2013 年	2014 年	2015 年	年均增长率/%	评分
绿色经济基本面	A1 GDP/万元	1416596	1640295	2039600	—	2828300	3186000	17.60	4
	A2 人均 GDP/元	18039	19419	27271	—	35861	40146	17.35	4
	A3 第三产业占生产总值比例	0.49	0.51	0.49	—	0.51	0.53	1.58	1
	A4 人均第三产业总值/元	8765	9870	12608	—	18444	21230	19.35	4
	A5 第一产业占生产总值比例	0.11	0.10	0.10	—	0.11	0.11	0.00	1
	A6 人均第一产业总值/元	2021	2007	2523	—	3894	4378	16.72	4
	A7 工业总值占生产总值比例	0.36	0.35	0.37	—	0.33	0.31	-2.95	1
	A8 重工业增加值占工业增加值比例	0.94	0.93	0.92	0.90	0.91	—	-0.81	1
投资与发展	B1 人均固定资产投资/元	9058	13142	14142	30846	40286	50790	41.17	6
	B2 地方财政赤字率/%	7.10	8.30	8.00	—	8.00	9.00	4.86	1
	B3 增值税占收入比例	0.08	0.07	0.04	0.04	0.04	0.05	-8.97	-2
	B4 教育支出占支出比例	0.22	0.22	0.19	0.21	0.23	0.24	1.76	1
乡村人员就业	C1 农民人均纯收入/元	4651	5396	6389	7367	8190	9042	14.22	3
	C2 乡村就业人员第一产业就业比例	0.58	0.66	0.64	0.62	0.58	0.56	-0.70	-1
	C3 乡村就业人员第二产业就业比例	0.10	0.11	0.12	0.13	0.15	0.13	5.39	-2
	C4 乡村就业人员第三产业就业比例	0.24	0.24	0.24	0.25	0.27	0.31	5.25	2
特色绿色产业经济	D1 农林牧渔业总产值/万元	271867	266501	313922	371923	479852	347433	5.03	2

指标设计		2010 年	2011 年	2012 年	2013 年	2014 年	2015 年	年均增长率/%	评分
	D2 人均农林牧渔业总产值/元	3462	3155	3999	4715	6085	4378	4.81	1
	D3 人均粮食产量/公斤	354.00	207.00	301.00	335.00	359.00	377.00	1.27	1
	D4 人均肉类产量/公斤	54.10	54.50	57.14	63.00	63.00	63.00	3.09	1
	D5 人均油菜籽产量/公斤	2.22	11.10	12.00	13.00	14.61	16.03	48.50	6
	D6 人均烤烟产量/公斤	17.13	10.00	19.03	17.42	15.30	14.30	-3.55	-1
社会发展	E1 人均社会消费品零售总额/元	7720	8661	10773	12233	15126	16802	16.83	4
	E2 社会消费品零售总额城乡比例	4.61	4.70	4.30	5.00	6.70	7.00	8.71	-2
	E3 城乡居民人均存储/万元	1.20	1.40	1.53	1.84	2.06	2.30	13.90	3
	E4 中等学校生师比例	5.40	17.02	17.00	16.10	15.20	15.00	22.67	-5
	E5 学龄儿童入学率/%	96.34	103.83	103.70	101.80	106.50	104.60	1.66	1
	E6 学龄女童入学率/%	95.95	102.49	102.30	100.90	108.10	99.00	0.63	1
评分总计					S=1.77				

注：A1、A2、A3、A4、A5、A6、A7 和 B2 2013 年的数据缺失，但并不影响年均增长率的值；A8 因 2015 年数据缺失，年均增长率按 2010~2014 年的年均增长率计算。

（二）安龙县

安龙县绿色发展的减贫成效评分如表 5-73 所示。

表 5-73　安龙县绿色发展的减贫衡量指标体系评分统计

指标设计		2010 年	2011 年	2012 年	2013 年	2014 年	2015 年	年均增长率/%	评分
	A1 GDP/万元	380599	415578	541000	—	730500	881900	18.30	4
	A2 人均 GDP/元	10437	11633	15112	17737	20314	24505	18.61	4
	A3 第三产业占生产总值比例	0.42	0.44	0.41	—	0.44	0.41	-0.48	-1
绿色经济基本面	A4 人均第三产业总值/元	4463	5152	6209	—	8904	9992	17.49	4
	A5 第一产业占生产总值比例	0.23	0.22	0.21	—	0.22	0.28	4.01	1
	A6 人均第一产业总值/元	2392	2589	3156	—	4499	6845	23.40	5
	A7 工业总值占生产总值比例	0.32	0.29	0.33	—	0.29	0.26	-4.07	1
	A8 重工业增加值占工业增加值比例	1.00	1.00	0.97	1.00	0.98	—	-0.50	1

续表

指标设计		2010 年	2011 年	2012 年	2013 年	2014 年	2015 年	年均增长率/%	评分
投资与发展	B1 人均固定资产投资/元	4188	6245	11437	15285	20030	25667	43.71	6
	B2 地方财政赤字率/%	26.57	23.77	22.46	—	22.31	25.72	-0.65	1
	B3 增值税占收入比例	0.17	0.12	0.09	0.09	0.09	0.07	-16.26	-4
	B4 教育支出占支出比例	0.25	0.26	0.33	0.25	0.26	0.28	2.29	1
乡村人员就业	C1 农民人均纯收入/元	3328	3880	4590	5347	6086	6731	15.13	4
	C2 乡村就业人员第一产业就业比例	0.71	0.60	0.61	0.52	0.52	0.49	-7.15	-2
	C3 乡村就业人员第二产业就业比例	0.07	0.09	0.10	0.14	0.16	0.18	20.79	-5
	C4 乡村就业人员第三产业就业比例	0.21	0.30	0.29	0.34	0.32	0.34	10.12	3
特色绿色产业经济	D1 农林牧渔业总产值/万元	132647	149076	177310	210271	280214	246742	13.22	3
	D2 人均农林牧渔业总产值/元	3706	4176	4939	5877	7797	7671	15.66	4
	D3 人均粮食产量/公斤	480.43	309.81	426.67	463.30	529.77	541.95	2.44	1
	D4 人均肉类产量/公斤	66.89	67.32	70.63	74.66	75.66	75.98	2.58	1
	D5 人均油菜籽产量/公斤	1.29	11.12	11.25	11.39	13.07	14.28	61.74	6
	D6 人均烤烟产量/公斤	14.20	14.05	20.65	23.58	22.37	22.41	9.55	2
社会发展	E1 人均社会消费品零售总额/元	1531	1772	2034	2317	2858	3193	15.84	4
	E2 社会消费品零售总额城乡比例	8.85	8.98	9.00	9.03	9.00	9.11	0.58	-1
	E3 城乡居民人均存储/万元	1.13	1.35	1.53	1.76	1.93	2.85	20.32	5
	E4 中等学校生师比例	17.91	18.43	18.31	17.73	19.65	15.52	-2.82	1
	E5 学龄儿童入学率/%	89.65	88.97	98.60	100.30	102.10	103.10	2.84	1
	E6 学龄女童入学率/%	90.40	89.94	98.40	102.10	103.20	105.10	3.06	1
评分总计				$S=2.41$					

注：A1、A3、A4、A5、A6、A7 和 B2 2013 年的数据缺失，但并不影响年均增长率的值；A8 因 2015 年数据缺失，年均增长率按 2010～2014 年的年均增长率计算。

(三)册亨县

册亨县绿色发展的减贫成效评分如表 5-74 所示。

表 5-74　册亨县绿色发展的减贫衡量指标体系评分统计

指标设计		2010 年	2011 年	2012 年	2013 年	2014 年	2015 年	年均增长率/%	评分
绿色经济基本面	A1 GDP/万元	118109	140822	189700	—	289600	368100	25.53	6
	A2 人均 GDP/元	6104	7400	9958	12101	15128	19221	25.79	6
	A3 第三产业占生产总值比例	0.52	0.55	0.55	—	0.55	0.49	-1.18	-1
	A4 人均第三产业总值/元	3237	4092	5435	—	8380	9322	23.56	5
	A5 第一产业占生产总值比例	0.35	0.33	0.31	—	0.32	0.40	2.71	1
	A6 人均第一产业总值/元	2136	2408	3068	—	4849	7761	29.44	6
	A7 工业总值占生产总值比例	0.10	0.09	0.11	—	0.09	0.08	-4.36	1
	A8 重工业增加值占工业增加值比例	0.99	0.87	0.40	0.71	0.78	—	-5.79	2
投资与发展	B1 人均固定资产投资/元	1655	4676	8426	11773	16044	20821	65.94	6
	B2 地方财政赤字率/%	56.42	61.71	55.36	—	43.60	40.24	-6.54	2
	B3 增值税占收入比例	0.16	0.11	0.06	0.04	0.04	0.04	-24.21	-5
	B4 教育支出占支出比例	0.19	0.18	0.22	0.22	0.21	0.23	3.90	1
乡村人员就业	C1 农民人均纯收入/元	2760	3317	3970	4637	5361	6047	16.98	4
	C2 乡村就业人员第一产业就业比例	0.63	0.58	0.56	0.54	0.56	0.60	-0.97	-1
	C3 乡村就业人员第二产业就业比例	0.07	0.08	0.08	0.08	0.09	0.10	7.39	-2
	C4 乡村就业人员第三产业就业比例	0.30	0.34	0.36	0.38	0.35	0.30	0.00	1
特色绿色产业经济	D1 农林牧渔业总产值/万元	65015	73930	94500	114709	131633	148695	17.99	4
	D2 人均农林牧渔业总产值/元	3409	3891	4948	5990	6877	7761	17.88	4
	D3 人均粮食产量/公斤	343.84	181.54	255.50	256.34	272.73	270.51	-4.68	-1
	D4 人均肉类产量/公斤	49.41	49.50	52.49	54.11	55.68	56.74	2.81	1
	D5 人均油菜籽产量/公斤	4.51	9.02	12.07	11.75	17.97	20.67	35.59	6
	D6 人均烤烟产量/公斤	—	—	—	—	—	—		
社会发展	E1 人均社会消费品零售总额/元	620	717	822	939	1165	1305	16.05	4
	E2 社会消费品零售总额城乡比例	2.96	3.01	3.07	3.14	3.58	3.65	4.28	-1
	E3 城乡居民人均存储/万元	0.96	1.19	1.48	1.81	2.15	2.31	19.20	4
	E4 中等学校生师比例	20.54	18.33	17.10	17.62	17.09	15.05	-6.03	2
	E5 学龄儿童入学率/%	98.82	97.63	99.30	89.10	99.20	92.00	-1.42	-1
	E6 学龄女童入学率/%	98.99	98.21	99.30	89.70	99.10	92.90	-1.26	-1
评分总计				$S=2.39$					

注：A1、A3、A4、A5、A6、A7 和 B2 2013 年的数据缺失，但并不影响年均增长率的值；A8 因 2015 年数据缺失，年均增长率按 2010～2014 年的年均增长率计算；D6 数据缺失，无对应评分值。

(四)普安县

普安县绿色发展的减贫成效评分如表 5-75 所示。

表 5-75　普安县绿色发展的减贫衡量指标体系评分统计

	指标设计	2010 年	2011 年	2012 年	2013 年	2014 年	2015 年	年均增长率/%	评分
绿色经济基本面	A1 GDP/万元	270873	292260	367300	—	504500	601000	17.28	4
	A2 人均 GDP/元	10635	11726	14404	—	19705	23295	16.98	4
	A3 第三产业占生产总值比例	0.42	0.35	0.34	—	0.37	0.34	-4.14	-1
	A4 人均第三产业总值/元	4505	4050	4835	—	7231	7888	11.85	3
	A5 第一产业占生产总值比例	0.17	0.16	0.16	—	0.17	0.24	7.14	2
	A6 人均第一产业总值/元	1772	1884	2357	—	3387	5601	25.88	6
	A7 工业总值占生产总值比例	0.35	0.41	0.43	—	0.38	0.34	-0.58	1
	A8 重工业增加值占工业增加值比例	1.00	1.00	1.00	0.98	0.94	—	-1.53	1
投资与发展	B1 人均固定资产投资/元	5750	8285	13216	17625	23098	28603	37.83	6
	B2 地方财政赤字率/%	22.20	27.01	25.04	—	27.40	27.01	4.00	-1
	B3 增值税占收入比例	0.12	0.12	0.10	0.08	0.04	0.04	-19.73	-4
	B4 教育支出占支出比例	0.22	0.21	0.25	0.25	0.22	0.24	1.76	1
乡村人员就业	C1 农民人均纯收入/元	3032	3609	4287	5003	5729	6439	16.26	4
	C2 乡村就业人员第一产业就业比例	0.63	0.61	0.59	0.60	0.60	0.60	-0.97	-1
	C3 乡村就业人员第二产业就业比例	0.07	0.09	0.01	0.09	0.09	0.11	9.46	2
	C4 乡村就业人员第三产业就业比例	0.31	0.30	0.31	0.32	0.31	0.29	-1.32	-1
特色绿色产业经济	D1 农林牧渔业总产值/万元	69437	72201	93536	110340	147484	144458	15.78	4
	D2 人均农林牧渔业总产值/元	2726	2843	3668	4309	5761	5599	15.48	4
	D3 人均粮食产量/公斤	277.00	133.00	200.00	211.00	248.00	249.00	-2.11	-1
	D4 人均肉类产量/公斤	45.02	45.00	47.00	48.10	49.34	49.10	1.75	1
	D5 人均油菜籽产量/公斤	0.30	3.12	4.70	6.00	7.34	8.20	93.79	6
	D6 人均烤烟产量/公斤	38.01	22.00	38.00	58.14	51.00	35.30	-1.47	-1
社会发展	E1 人均社会消费品零售总额/元	1408	1647	1925	2193	2706	6694	36.59	6
	E2 社会消费品零售总额城乡比例	3.70	3.63	3.70	3.70	4.10	2.00	-11.58	3

指标设计	2010 年	2011 年	2012 年	2013 年	2014 年	2015 年	年均增长率/%	评分
E3 城乡居民人均存储/万元	0.50	0.63	0.80	1.00	1.00	1.01	15.10	4
E4 中等学校生师比例	18.00	18.42	17.04	19.00	21.10	18.00	0.00	−1
E5 学龄儿童入学率/%	99.00	86.46	85.10	90.30	99.20	98.90	−0.02	−1
E6 学龄女童入学率/%	91.55	88.37	86.90	93.40	99.20	97.80	1.33	1
评分总计			*S*=2.15					

注：A1、A3、A4、A5、A6、A7 和 B2 2013 年的数据缺失，但并不影响年均增长率的值；A8 因 2015 年数据缺失，年均增长率按 2010～2014 年的年均增长率计算。

（五）晴隆县

晴隆县绿色发展的减贫成效评分如表 5-76 所示。

表 5-76　晴隆县绿色发展的减贫衡量指标体系评分统计

	指标设计	2010 年	2011 年	2012 年	2013 年	2014 年	2015 年	年均增长率/%	评分
绿色经济基本面	A1 GDP/万元	208324	240560	310600	—	444500	551300	21.49	5
	A2 人均 GDP/元	8434	9757	12575	14956	17919	22230	21.39	5
	A3 第三产业占生产总值比例	0.40	0.43	0.41	—	0.44	0.42	0.98	1
	A4 人均第三产业总值/元	3387	4187	5146	—	7879	9339	22.49	5
	A5 第一产业占生产总值比例	0.18	0.18	0.19	—	0.19	0.25	6.79	2
	A6 人均第一产业总值/元	1548	1785	2328	—	3452	5593	29.29	6
	A7 工业总值占生产总值比例	0.36	0.31	0.33	—	0.28	0.25	−7.03	2
	A8 重工业增加值占工业增加值比例	1.00	0.99	1.00	0.98	0.96	—	−1.02	1
投资与发展	B1 人均固定资产投资/元	5736	9376	14750	19714	25737	31969	41.00	6
	B2 地方财政赤字率/%	36.03	38.00	33.00	—	29.04	28.10	−4.85	1
	B3 增值税占收入比例	0.11	0.05	0.06	0.04	0.05	0.03	−22.88	−5
	B4 教育支出占支出比例	0.18	0.22	0.20	0.21	0.22	0.23	5.02	2
乡村人员就业	C1 农民人均纯收入/元	2918	3456	4088	4763	5463	6239	16.41	4
	C2 乡村就业人员第一产业就业比例	0.64	0.63	0.63	0.58	0.63	0.61	−0.96	−1
	C3 乡村就业人员第二产业就业比例	0.07	0.06	0.06	0.06	0.08	0.10	7.39	−2
	C4 乡村就业人员第三产业就业比例	0.29	0.31	0.31	0.36	0.29	0.29	0.00	1

续表

	指标设计	2010 年	2011 年	2012 年	2013 年	2014 年	2015 年	年均增长率/%	评分
特色绿色产业经济	D1 农林牧渔业总产值/万元	62838	72201	95657	109910	143886	138689	17.16	4
	D2 人均农林牧渔业总产值/元	2544	2935	3873	4430	5802	5592	17.06	4
	D3 人均粮食产量/公斤	306.00	170.00	249.00	262.00	280.00	280.00	-1.76	-1
	D4 人均肉类产量/公斤	44.03	44.04	47.31	50.00	52.40	53.00	3.78	1
	D5 人均油菜籽产量/公斤	0.40	4.02	6.03	6.02	7.00	7.10	77.76	6
	D6 人均烤烟产量/公斤	6.00	4.00	9.40	12.00	10.30	10.00	10.76	3
社会发展	E1 人均社会消费品零售总额/元	1222	1424	1637	1868	2301	2571	16.04	4
	E2 社会消费品零售总额城乡比例	2.72	3.00	3.00	2.90	3.03	3.00	1.98	-1
	E3 城乡居民人均存储/万元	0.43	0.60	0.70	0.83	0.90	0.90	15.92	4
	E4 中等学校生师比例	25.00	22.03	19.13	22.40	22.34	22.20	-2.35	1
	E5 学龄儿童入学率/%	99.93	98.72	99.10	99.20	99.30	99.50	-0.09	-1
	E6 学龄女童入学率/%	100.05	99.41	98.90	99.30	98.90	99.90	-0.03	-1
评分总计				S=2.69					

注：A1、A3、A4、A5、A6、A7 和 B2 2013 年的数据缺失，但并不影响年均增长率的值；A8 因 2015 年数据缺失，年均增长率按 2010~2014 年的年均增长率计算。

(六)望谟县

望谟县绿色发展的减贫成效评分如表 5-77 所示。

表 5-77　望谟县绿色发展的减贫衡量指标体系评分统计

	指标设计	2010 年	2011 年	2012 年	2013 年	2014 年	2015 年	年均增长率/%	评分
绿色经济基本面	A1 GDP/万元	134072	155879	213700	—	361600	465500	28.27	6
	A2 人均 GDP/元	5257	6197	8501	10232	14544	19023	29.33	6
	A3 第三产业占生产总值比例	0.59	0.57	0.56	—	0.52	0.46	-4.86	-1
	A4 人均第三产业总值/元	3119	3567	4782	—	7739	8685	22.73	5
	A5 第一产业占生产总值比例	0.33	0.33	0.32	—	0.34	0.43	5.44	2
	A6 人均第一产业总值/元	1761	2026	2706	—	5086	8113	35.73	6
	A7 工业总值占生产总值比例	0.05	0.05	0.07	—	0.08	0.06	3.71	-1
	A8 重工业增加值占工业增加值比例	0.90	0.63	0.36	0.78	0.85	—	-1.42	1

续表

指标设计		2010 年	2011 年	2012 年	2013 年	2014 年	2015 年	年均增长率/%	评分
投资与发展	B1 人均固定资产投资/元	2022	4606	8318	11635	16390	21259	60.09	6
	B2 地方财政赤字率/%	74.54	81.21	80.52	—	57.07	45.66	-9.34	2
	B3 增值税占收入比例	0.17	0.16	0.09	0.06	0.06	0.03	-29.31	-6
	B4 教育支出占支出比例	0.22	0.21	0.25	0.23	0.24	0.25	2.59	1
乡村人员就业	C1 农民人均纯收入/元	2586	3156	3771	4397	5206	5883	17.87	4
	C2 乡村就业人员第一产业就业比例	0.63	0.60	0.59	0.54	0.45	0.45	-6.51	-2
	C3 乡村就业人员第二产业就业比例	0.06	0.06	0.06	0.06	0.19	0.20	27.23	-6
	C4 乡村就业人员第三产业就业比例	0.31	0.34	0.35	0.41	0.36	0.36	3.04	1
特色绿色产业经济	D1 农林牧渔业总产值/万元	75241	86746	120372	143354	211006	198466	21.41	5
	D2 人均农林牧渔业总产值/元	2986	3456	4777	5675	8627	8107	22.11	5
	D3 人均粮食产量/公斤	327.38	259.70	293.96	288.50	309.26	308.76	-1.16	-1
	D4 人均肉类产量/公斤	61.65	61.68	65.55	66.63	70.07	71.18	2.92	1
	D5 人均油菜籽产量/公斤	2.52	6.87	7.49	9.12	10.43	11.81	36.20	6
	D6 人均烤烟产量/公斤	—	—	—	—	—	—		0
社会发展	E1 人均社会消费品零售总额/元	809	940	1082	1235	1608	1804	17.40	4
	E2 社会消费品零售总额城乡比例	2.64	2.64	2.85	2.78	2.77	2.83	1.40	-1
	E3 城乡居民人均存储/万元	0.77	1.09	1.40	1.63	1.93	2.33	24.79	5
	E4 中等学校生师比例	19.04	19.26	17.43	24.31	17.36	15.70	-3.78	1
	E5 学龄儿童入学率/%	96.01	98.69	99.10	96.40	89.50	94.90	-0.23	-1
	E6 学龄女童入学率/%	95.87	98.30	98.90	96.60	91.70	93.20	-0.56	-1
评分总计				$S=2.41$					

注：A1、A3、A4、A5、A6、A7 和 B2 2013 年的数据缺失，但并不影响年均增长率的值；A8 因 2015 年数据缺失，年均增长率按 2010～2014 年的年均增长率计算；D6 数据缺失，无对应评分值。

(七)兴仁县

兴仁县绿色发展的减贫成效评分如表 5-78 所示。

表 5-78　兴仁县绿色发展的减贫衡量指标体系评分统计

	指标设计	2010 年	2011 年	2012 年	2013 年	2014 年	2015 年	年均增长率/%	评分
绿色经济基本面	A1 GDP/万元	427300	500265	644700	—	919300	1128300	21.43	5
	A2 人均 GDP/元	10210	11975	15387	—	21951	27006	21.47	5
	A3 第三产业占生产总值比例	0.45	0.45	0.43	—	0.46	0.57	4.84	1
	A4 人均第三产业总值/元	4602	5428	6563	—	10177	12051	21.23	5
	A5 第一产业占生产总值比例	0.17	0.16	0.16	—	0.16	0.22	5.29	2
	A6 人均第一产业总值/元	1728	1833	2413	—	3478	5797	27.39	6
	A7 工业总值占生产总值比例	0.28	0.32	0.35	—	0.30	0.26	-1.47	1
	A8 重工业增加值占工业增加值比例	1.00	0.99	0.98	0.97	0.93	—	-1.80	1
投资与发展	B1 人均固定资产投资/元	4654	10316	16705	22385	29283	36341	50.84	6
	B2 地方财政赤字率/%	23.00	22.00	22.00	—	21.03	21.34	-1.49	1
	B3 增值税占收入比例	0.11	0.07	0.06	0.05	0.04	0.03	-22.88	-5
	B4 教育支出占支出比例	0.24	0.22	0.23	0.21	0.22	0.26	1.61	1
乡村人员就业	C1 农民人均纯收入/元	3490	4196	4964	5733	6345	6999	14.93	4
	C2 乡村就业人员第一产业就业比例	0.68	0.66	0.65	0.64	0.61	0.61	-2.15	-1
	C3 乡村就业人员第二产业就业比例	0.06	0.06	0.07	0.08	0.11	0.10	10.76	-3
	C4 乡村就业人员第三产业就业比例	0.26	0.28	0.28	0.28	0.29	0.29	2.21	1
特色绿色产业经济	D1 农林牧渔业总产值/万元	110466	123702	156201	189183	273188	242245	17.01	4
	D2 人均农林牧渔业总产值/元	2640	2967	3728	4507	6539	5800	17.05	4
	D3 人均粮食产量/公斤	406.00	276.00	361.00	365.00	387.00	386.00	-1.01	-1
	D4 人均肉类产量/公斤	49.20	50.00	51.44	53.03	54.10	54.42	2.04	1
	D5 人均油菜籽产量/公斤	1.20	12.20	13.22	14.10	15.40	17.40	70.72	6
	D6 人均烤烟产量/公斤	19.00	12.03	21.00	21.04	16.20	16.20	-3.14	-1
社会发展	E1 人均社会消费品零售总额/元	1954	2282	2636	3005	3704	4134	16.17	4
	E2 社会消费品零售总额城乡比例	54.00	49.00	10.00	8.01	1.92	2.00	-48.27	6
	E3 城乡居民人均存储/万元	0.42	0.54	0.70	0.82	0.90	0.92	16.98	4
	E4 中等学校生师比例	20.10	19.10	16.43	16.20	16.04	15.01	-5.67	2
	E5 学龄儿童入学率/%	99.41	99.48	99.60	99.80	99.70	99.70	0.06	1
	E6 学龄女童入学率/%	99.41	99.47	99.70	99.80	100.30	99.80	0.08	1
评分总计				S=2.33					

注：A1、A2、A3、A4、A5、A6、A7 和 B2 2013 年的数据缺失，但并不影响年均增长率的值；A8 因 2015 年数据缺失，年均增长率按 2010～2014 年的年均增长率计算。

（八）贞丰县

贞丰县绿色发展的减贫成效评分如表 5-79 所示。

表 5-79　贞丰县绿色发展的减贫衡量指标体系评分统计

	指标设计	2010 年	2011 年	2012 年	2013 年	2014 年	2015 年	年均增长率/%	评分
绿色经济基本面	A1 GDP/万元	357207	425464	534000	—	765400	913500	20.66	5
	A2 人均 GDP/元	11577	14042	17595	20521	25059	29813	20.83	5
	A3 第三产业占生产总值比例	0.21	0.26	0.27	—	0.32	0.29	6.67	2
	A4 人均第三产业总值/元	2509	3691	4681	—	7908	8591	27.91	6
	A5 第一产业占生产总值比例	0.19	0.17	0.16	—	0.17	0.24	4.78	1
	A6 人均第一产业总值/元	2251	2448	2944	—	4280	7030	25.58	6
	A7 工业总值占生产总值比例	0.53	0.50	0.50	—	0.45	0.40	−5.47	1
	A8 重工业增加值占工业增加值比例	1.00	0.99	1.00	1.00	0.89	—	−2.87	1
投资与发展	B1 人均固定资产投资/元	5946	9215	15100	20213	26366	33215	41.07	6
	B2 地方财政赤字率/%	19.42	21.74	21.07	—	22.55	20.50	1.09	−1
	B3 增值税占收入比例	0.07	0.06	0.07	0.07	0.06	0.04	−10.59	−3
	B4 教育支出占支出比例	0.21	0.20	0.24	0.26	0.25	0.27	5.15	2
乡村人员就业	C1 农民人均纯收入/元	3332	4003	4732	5447	6134	6784	15.28	4
	C2 乡村就业人员第一产业就业比例	0.64	0.63	0.59	0.56	0.60	0.60	−1.28	−1
	C3 乡村就业人员第二产业就业比例	0.09	0.09	0.09	0.10	0.11	0.12	5.92	−2
	C4 乡村就业人员第三产业就业比例	0.27	0.28	0.32	0.33	0.29	0.29	1.44	1
特色绿色产业经济	D1 农林牧渔业总产值/万元	98868	113589	138846	159096	228882	216092	16.93	4
	D2 人均农林牧渔业总产值/元	3250	3749	4567	5208	7495	7030	16.68	4
	D3 人均粮食产量/公斤	369.51	202.00	341.61	304.28	383.43	384.61	0.80	1
	D4 人均肉类产量/公斤	45.02	45.28	47.43	48.24	49.31	49.14	1.77	1
	D5 人均油菜籽产量/公斤	12.66	13.72	14.20	15.19	17.40	19.61	9.15	2
	D6 人均烤烟产量/公斤	9.23	6.67	12.42	10.15	11.22	12.81	6.77	1

续表

指标设计	2010 年	2011 年	2012 年	2013 年	2014 年	2015 年	年均增长率/%	评分
E1 人均社会消费品零售总额/元	1374	1602	1851	2118	2629	2923	16.30	4
E2 社会消费品零售总额城乡比例	5.67	5.71	5.78	5.81	4.28	4.35	−5.16	2
E3 城乡居民人均存储/万元	1.27	1.56	1.79	2.01	2.27	2.48	14.32	4
E4 中等学校生师比例	21.44	20.20	19.58	19.93	17.18	16.62	−4.97	1
E5 学龄儿童入学率/%	99.01	99.38	99.30	87.04	95.30	97.20	−0.37	−1
E6 学龄女童入学率/%	98.52	99.19	99.30	87.95	96.20	96.90	−0.33	−1

社会发展 (行标签，跨 E1–E6)

评分总计	S=2.45

注：A1、A3、A4、A5、A6、A7 和 B2 2013 年的数据缺失，但并不影响年均增长率的值；A8 因 2015 年数据缺失，年均增长率按 2010～2014 年的年均增长率计算。

(九)本节小结

从绿色基本经济层面看，2010～2015 年，黔西南州各个地区的 GDP 和人均 GDP 逐年增长，增速趋于同步，其中增长最快的是望谟县，GDP 由 2010 年的 134072 万元增加至 2015 年的 465500 万元，增长了三倍，人均 GDP 也由 2010 年的 5257 元增加到 2015 年的 19023 元。黔西南州各个地方的人均第三产业总值与人均第一产业总值在 2010～2015 年增幅较大，如贞丰县的人均第三产业总值从 2010 年的 2509 元增加到 2015 年的 8591 元，六年的年均增长率为 27.91%，晴隆县人均第三产业总值在 2015 年达到 9339 元，年均增长率为 22.49%。工业总值占生产总值比例与重工业增加值占工业增加值比例逐年下降，如晴隆县这两项指标分别下降了 7.03%和 1.02%。

从投资与发展层面看，黔西南州各个地区在 2010～2015 年的人均固定资产投资逐年增加，其中望谟县和册亨县增速最快，望谟县的人均固定资产投资由 2010 年的 2022 元增加到 2015 年的 21259 元，册亨县的人均固定资产投资也由 2010 年的 1655 增加到 2015 年的 20821，年均增长率超过了 60%。

从乡村人员就业层面看，乡村就业人员第二产业就业比例和乡村就业人员第三产业就业比例在六年的时间内持续增加，而乡村就业人员第一产业比例基本稳定。六年内农民的人均纯收入逐年增长。

从特色绿色产业经济层面看，大多数地区在 2010～2015 年各项特色产业指标都有所增长，部分地区特色绿色产业经济指标增幅大，如晴隆县绿色经济增加值显著，尤其是种植业，由 2010 年的-9.91%增长到 2014 年的 8.38%。2015年，晴隆县全年粮食作物种植面积达 25750 公顷，比上年增长 1.81%。油料作物种植面积达 1832 公顷，比上年增长 5.45%，其中人均油菜籽产量在年均增长率高达 77.76%。2015 年，晴隆县烤烟种植面积 1451 公顷，年均增长率为 10.76%。贞丰县的人均油菜籽产量由 2010 年的 12.66 公斤增加到 2015 年的 19.61 公斤，增加了近 7 公斤。

从社会发展层面看，各项指标中增长最快的是人均社会消费品零售总额和城乡居民人均存储。

以上数据说明，黔西南州在发展经济的过程中，能充分利用区位优势发展特色绿色产业经济，生态农业经济和第三产业的大力发展，离不开黔西南州优越的地理环境，黔西南州地处于珠江流域西江上源的南盘江和北盘江两大支流间，在望谟县汇合为红水河，简称"两江一河"。"两江一河"流域为黔西南的经济发展提供了资源优势和区位优势，提供了独特的旅游资源，增加了第三产业的收入。黔西南州"两江一河"流域既有优美的自然景观，也有文化气息浓厚的人文景观，在自然景观上，北盘江沿岸有马马崖湖、二十四道拐、双乳峰、花江峡谷、燕子洞等景区，南盘江沿岸有万峰林、三江口等景观。在人文景观上，南北盘江沿岸民族文化多姿多彩，有苗族的"走亲节"、彝族的"火把节"等民族节日，有光照湖、花江古驿道等历史文化资源，有造纸术、布依戏等文化遗产，还有著名的红色文化圣地晴隆二十道拐、白层渡口等。其次，黔西南州"两江一河"为农业的生产发展提供了丰富的水资源和土地资源，黔西南州气候温和，灌溉水源充足，土层深厚，土壤肥沃，适合多种生态农业的发展。黔西南州"两江一河"促进了水陆大交通的形成，特别是水运交通的建设，促进了资金、信息、技术、人才等要素的流动，为开发生态经济带提供了必不可少的条件。

黔西南州各个地区评分最高的是兴义市。兴义市所有评价指标中得分最高的是人均固定资产投资和人均油菜籽产量，人均固定资产投资由 2010 年的 9058 元增加到 2015 年的 50790 元，年均增长率为 41.17%；人均油菜籽产量由 2010 年的 2.22 公斤增加到 2015 年的 16.03 公斤，年均增长率为 48.50%。兴义市的工业总值占生产总值比例在六年内有所下降，而特色绿色经济各项指标除人均烤烟产量外，其他指标均有所增长。兴义市的人均第三产业总值增长也较快，2010~2015 年增加了 12465 元，年均增长率为 19.35%。兴义市指标的变化，得益于兴义市不断调整经济发展结构。兴义市从技术的改造、综合利用率提高、产业链延长等方面着手，促进各个产业从数量向质量突破，实现从规模向效益转变，近年来兴义市不断实现产业的多样化，通过"羊、茶、果、蔬、烟、薏"等特色产业发展，使农业产业结构不断优化。此外，兴义市还不断加大科技兴农力度，提升农业综合生产，推进"百万只羊基地县"及草地生态畜牧业建设，并已取得显著成效。兴义市不断挖掘第三产业的潜力，完善基础设施建设。近年来，兴义市不断建设乡村道路，积极发展商务物流和旅游产业，取得了良好的收益。

第十节　分地区的黔南州绿色发展的减贫成效评分

(一)都匀市

都匀市绿色发展的减贫成效评分如表 5-80 所示。

表 5-80　都匀市绿色发展的减贫衡量指标体系评分统计

	指标设计	2010 年	2011 年	2012 年	2013 年	2014 年	2015 年	年均增长率/%	评分
绿色经济基本面	A1 GDP/万元	755320	935385	1101600	1260000	1426000	1610000	16.34	4
	A2 人均 GDP/元	16886	21146	24946	28000	30000	32000	13.64	3
	A3 第三产业占生产总值比例	0.54	0.54	0.57	0.59	0.60	0.62	2.80	1
	A4 人均第三产业总值/元	9260	11220	12784	13456	14000	15000	10.13	3
	A5 第一产业占生产总值比例	0.09	0.08	0.08	0.08	0.09	0.10	2.13	1
	A6 人均第一产业总值/元	1516	1570	1771	1853	1900	2000	5.70	2
	A7 工业总值占生产总值比例	0.25	0.26	0.28	0.29	0.30	0.31	4.40	−1
	A8 重工业增加值占工业增加值比例	0.90	0.82	0.67	0.68	0.65	0.60	−7.79	2
投资与发展	B1 人均固定资产投资/元	7666	18011	26320	33333	40000	45000	42.47	6
	B2 地方财政赤字率/%	1.91	1.82	1.74	4.00	3.00	2.00	0.93	−1
	B3 增值税占收入比例	0.06	0.04	0.03	0.03	0.03	0.03	−12.94	−3
	B4 教育支出占支出比例	0.20	0.15	0.14	0.15	0.15	0.16	−4.36	−1
乡村人员就业	C1 农民人均纯收入/元	4603	5611	6543	7341	8000	8500	13.05	3
	C2 乡村就业人员第一产业就业比例	0.55	0.53	0.53	0.51	0.50	0.45	−3.93	−1
	C3 乡村就业人员第二产业就业比例	0.07	0.10	0.09	0.11	0.09	0.10	7.39	−2
	C4 乡村就业人员第三产业就业比例	0.37	0.38	0.38	0.38	0.38	0.40	1.57	1
特色绿色产业经济	D1 农林牧渔业总产值/万元	118998	123028	140014	164670	180000	200000	10.94	3
	D2 人均农林牧渔业总产值/元	2644	2734	3111	3659	40000	45000	76.27	6
	D3 人均粮食产量/公斤	400.00	256.00	307.00	306.00	305.00	300.00	−5.59	−2
	D4 人均肉类产量/公斤	488.33	492.56	522.64	558.13	600.00	620.00	4.89	1
	D5 人均油菜籽产量/公斤	132.58	174.40	177.58	184.62	190.38	200.00	8.57	2
	D6 人均烤烟产量/公斤	26.84	20.89	16.51	16.46	14.30	11.30	−15.89	−4

续表

	指标设计	2010年	2011年	2012年	2013年	2014年	2015年	年均增长率/%	评分
社会发展	E1 人均社会消费品零售总额/元	6925	8372	9701	11016	13015	15000	16.72	4
	E2 社会消费品零售总额城乡比例	19.20	9.93	21.76	26.34	30.00	32.00	10.76	-3
	E3 城乡居民人均存储/万元	1.57	1.84	2.20	2.79	2.80	3.00	13.83	3
	E4 中等学校生师比例	17.78	17.57	16.65	16.75	18.11	20.00	2.38	-1
	E5 学龄儿童入学率/%	100.28	99.62	99.60	99.70	99.80	99.99	-0.06	-1
	E6 学龄女童入学率/%	99.81	93.40	100.40	100.90	100.36	100.63	0.16	1
评分总计				$S=1.23$					

(二)独山县

独山县绿色发展的减贫成效评分如表 5-81 所示。

表 5-81　独山县绿色发展的减贫衡量指标体系评分统计

	指标设计	2010年	2011年	2012年	2013年	2014年	2015年	年均增长率/%	评分
绿色经济基本面	A1 GDP/万元	245646	292408	366200	566031	550100	620600	20.37	5
	A2 人均GDP/元	9256	11059	14011	16214	20422	23035	20.00	5
	A3 第三产业占生产总值比例	0.39	0.36	0.41	—	0.43	0.45	2.90	1
	A4 人均第三产业总值/元	3310	3963	4263	—	8704	7896	18.99	4
	A5 第一产业占生产总值比例	0.29	0.26	0.23	—	0.25	0.23	-4.53	-1
	A6 人均第一产业总值/元	2642	2897	3709	—	5109	4078	9.07	2
	A7 工业总值占生产总值比例	0.34	0.26	0.35	—	0.29	0.29	-3.13	1
	A8 重工业增加值占工业增加值比例	0.95	0.96	0.93	0.89	0.87	—	-2.18	1
投资与发展	B1 人均固定资产投资/元	4864	7400	8223	11487	22138	21140	34.16	6
	B2 地方财政赤字率/%	32.16	31.13	33.27	21.93	24.28	33.74	0.96	-1
	B3 增值税占收入比例	0.07	0.07	0.05	0.06	0.05	0.05	-6.51	-2
	B4 教育支出占支出比例	0.21	0.24	0.28	0.23	0.23	0.25	3.55	1
乡村人员就业	C1 农民人均纯收入/元	3564	4412	5195	5989	7029	—	18.51	4
	C2 乡村就业人员第一产业就业比例	0.56	0.58	0.56	0.52	0.44	0.43	-5.15	-2
	C3 乡村就业人员第二产业就业比例	0.09	0.09	0.09	0.10	0.13	0.13	7.63	-2
	C4 乡村就业人员第三产业就业比例	0.35	0.33	0.35	0.38	0.43	0.44	4.68	1

续表

	指标设计	2010年	2011年	2012年	2013年	2014年	2015年	年均增长率/%	评分
特色绿色产业经济	D1 农林牧渔业总产值/万元	112674	116733	133785	153766	198590	143988	5.03	2
	D2 人均农林牧渔业总产值/元	4250	4432	3843	4405	7374	4078	-0.82	-1
	D3 人均粮食产量/公斤	435.00	275.00	336.00	330.00	340.00	341.00	-4.75	-1
	D4 人均肉类产量/公斤	599.00	604.00	472.00	498.00	646.00	497.00	-3.66	-1
	D5 人均油菜籽产量/公斤	214.00	243.00	201.00	223.00	316.00	269.00	4.68	1
	D6 人均烤烟产量/公斤	80.00	67.00	56.00	66.00	43.00	49.00	-9.34	-2
社会发展	E1 人均社会消费品零售总额/元	2651	3213	2832	3245	5435	4645	11.87	3
	E2 社会消费品零售总额城乡比例	3.33	4.56	4.51	4.41	4.00	7.87	18.77	-4
	E3 城乡居民人均存储/万元	0.70	0.78	0.84	1.13	1.68	1.22	11.75	3
	E4 中等学校生师比例	19.12	18.49	15.98	17.01	6.15	14.38	-5.54	2
	E5 学龄儿童入学率/%	90.38	92.67	96.30	99.40	99.70	99.90	2.02	1
	E6 学龄女童入学率/%	92.16	95.47	100.40	104.30	102.80	102.90	2.23	1
评分总计				S=1.21					

注：A3、A4、A5、A6和A7 2013年的数据缺失，但并不影响年均增长率的值；A8和C1因2015年数据缺失，年均增长率按2010~2014年的年均增长率计算。

（三）福泉市

福泉市绿色发展的减贫成效评分如表5-82所示。

表5-82　贵州福泉市绿色发展的减贫衡量指标体系评分统计

	指标设计	2010年	2011年	2012年	2013年	2014年	2015年	年均增长率/%	评分
绿色经济基本面	A1 GDP/万元	538967	661313	796300	1054972	1120400	1244300	18.21	4
	A2 人均GDP/元	18951	23364	28387	32272	38342	42521	17.54	4
	A3 第三产业占生产总值比例	0.40	0.41	0.41	—	0.44	0.45	2.38	1
	A4 人均第三产业总值/元	7683	9552	9854	—	16561	16765	16.89	4
	A5 第一产业占生产总值比例	0.12	0.10	0.10	—	0.11	0.10	-3.58	-1
	A6 人均第一产业总值/元	2269	2257	2303	—	4260	3913	11.52	3
	A7 工业总值占生产总值比例	0.43	0.35	0.41	—	0.34	0.33	-5.16	2
	A8 重工业增加值占工业增加值比例	0.99	1.00	1.01	1.00	0.99	—	0.00	-1
投资与发展	B1 人均固定资产投资/元	12659	16338	20959	26399	40526	44371	28.51	6
	B2 地方财政赤字率/%	10.38	9.96	10.44	8.71	10.41	11.77	2.55	1

续表

	指标设计	2010年	2011年	2012年	2013年	2014年	2015年	年均增长率/%	评分
	B3 增值税占收入比例	0.07	0.06	0.04	0.04	0.06	0.05	-6.51	-2
	B4 教育支出占支出比例	0.27	0.21	0.21	0.21	0.19	0.18	-7.79	-2
乡村人员就业	C1 农民人均纯收入/元	3886	4834	5678	6399	7495	—	17.85	4
	C2 乡村就业人员第一产业就业比例	0.62	0.62	0.61	0.61	0.45	0.40	-8.39	-2
	C3 乡村就业人员第二产业就业比例	0.15	0.16	0.16	0.16	0.25	0.29	14.09	-3
	C4 乡村就业人员第三产业就业比例	0.37	0.23	0.23	0.22	0.30	0.32	-2.86	-1
特色绿色产业经济	D1 农林牧渔业总产值/万元	104690	104885	121470	144682	174080	129924	4.41	1
	D2 人均农林牧渔业总产值/元	3688	3723	3690	4426	5962	3913	1.19	1
	D3 人均粮食产量/公斤	533.00	348.00	420.00	418.00	508.00	537.00	0.15	1
	D4 人均肉类产量/公斤	435.00	439.00	395.00	418.00	472.00	423.00	-0.56	-1
	D5 人均油菜籽产量/公斤	267.00	337.00	301.00	322.00	386.00	362.00	6.28	2
	D6 人均烤烟产量/公斤	164.00	144.00	137.00	173.00	158.00	120.00	-6.06	-2
社会发展	E1 人均社会消费品零售总额/元	3623	4385	4355	5022	6390	6261	11.56	3
	E2 社会消费品零售总额城乡比例	6.47	4.56	4.61	5.21	4.00	7.87	4.00	-1
	E3 城乡居民人均存储/万元	0.83	1.01	1.04	1.34	1.66	1.43	11.49	3
	E4 中等学校生师比例	18.05	16.83	16.03	15.26	14.21	13.79	-13.24	2
	E5 学龄儿童入学率/%	95.00	95.06	96.00	99.20	99.00	99.20	0.87	1
	E6 学龄女童入学率/%	94.39	94.62	94.80	98.20	99.70	98.50	0.86	1
评分总计				$S=1.06$					

注：A3、A4、A5、A6和A7 2013年的数据缺失，但并不影响年均增长率的值；A8和C1因2015年数据缺失，年均增长率按2010~2014年的年均增长率计算。

(四)贵定县

贵定县绿色发展的减贫成效评分如表5-83所示。

表5-83　贵定县绿色发展的减贫衡量指标体系评分统计

	指标设计	2010年	2011年	2012年	2013年	2014年	2015年	年均增长率/%	评分
绿色经济基本面	A1 GDP/万元	287282	348080	441100	630751	624200	697900	19.43	4
	A2 人均GDP/元	12420	15108	19156	21653	26095	29104	18.57	4

续表

	指标设计	2010 年	2011 年	2012 年	2013 年	2014 年	2015 年	年均增长率/%	评分
	A3 第三产业占生产总值比例	0.38	0.38	0.37	—	0.40	0.41	1.53	1
	A4 人均第三产业总值/元	4731	5787	5630	—	10530	9619	15.25	4
	A5 第一产业占生产总值比例	0.15	0.14	0.14	—	0.15	0.14	-1.37	-1
	A6 人均第一产业总值/元	1876	2158	2084	—	3951	3330	12.16	3
	A7 工业总值占生产总值比例	0.40	0.48	0.40	—	0.32	0.33	-3.77	1
	A8 重工业增加值占工业增加值比例	0.11	0.09	0.07	0.13	0.21	—	17.55	-4
投资与发展	B1 人均固定资产投资/元	5668	11424	13184	18538	28701	28845	38.46	6
	B2 地方财政赤字率/%	25.99	25.07	20.59	18.62	22.85	21.08	-4.10	1
	B3 增值税占收入比例	0.09	0.07	0.06	0.08	0.08	0.05	-11.09	-3
	B4 教育支出占支出比例	0.23	0.19	0.22	0.20	0.20	0.21	-1.80	-1
乡村人员就业	C1 农民人均纯收入/元	3755	4612	5425	6190	7197	—	17.66	4
	C2 乡村就业人员第一产业就业比例	0.57	0.57	0.49	0.48	0.43	0.43	-5.48	-2
	C3 乡村就业人员第二产业就业比例	0.05	0.09	0.08	0.06	0.09	0.09	12.47	-3
	C4 乡村就业人员第三产业就业比例	0.27	0.34	0.44	0.46	0.48	0.48	12.20	3
特色绿色产业经济	D1 农林牧渔业总产值/万元	70065	80123	108273	124892	152125	98904	7.14	2
	D2 人均农林牧渔业总产值/元	3033	3491	3711	4287	6360	3330	1.89	1
	D3 人均粮食产量/公斤	394.00	245.00	295.00	290.00	310.00	311.00	-4.62	-1
	D4 人均肉类产量/公斤	373.00	386.00	320.00	384.00	430.00	350.00	-1.26	-1
	D5 人均油菜籽产量/公斤	235.00	289.00	235.00	230.00	292.00	242.00	0.59	1
	D6 人均烤烟产量/公斤	64.00	77.00	67.00	71.00	65.00	39.00	-9.43	-2
社会发展	E1 人均社会消费品零售总额/元	2311	3166	2915	3335	5650	5086	17.09	4
	E2 社会消费品零售总额城乡比例	1.63	4.56	4.40	4.49	4.00	7.87	37.01	-6
	E3 城乡居民人均存储/万元	0.74	0.92	0.87	1.08	1.46	1.26	11.23	3
	E4 中等学校生师比例	20.93	18.75	15.29	16.01	15.92	14.44	-7.15	2
	E5 学龄儿童入学率/%	95.15	94.84	99.50	99.70	99.90	99.90	0.98	1
	E6 学龄女童入学率/%	95.43	93.21	99.50	99.10	100.00	98.60	0.66	1
评分总计				$S=0.96$					

注：A3、A4、A5、A6 和 A7 2013 年的数据缺失，但并不影响年均增长率的值；A8 和 C1 因 2015 年数据缺失，年均增长率按 2010～2014 年的年均增长率计算。

（五）惠水县

惠水县绿色发展的减贫成效评分如表 5-84 所示。

表 5-84　惠水县绿色发展的减贫衡量指标体系评分统计

	指标设计	2010 年	2011 年	2012 年	2013 年	2014 年	2015 年	年均增长率/%	评分
绿色经济基本面	A1 GDP/万元	284662	343562	431200	—	634700	706900	19.95	4
	A2 人均 GDP/元	8307	12209	14111	—	17949	19967	19.17	4
	A3 第三产业占生产总值比例	0.34	0.34	0.38	—	0.39	0.42	4.32	1
	A4 人均第三产业总值/元	2859	4159	4681	—	6965	8023	22.92	5
	A5 第一产业占生产总值比例	0.30	0.27	0.24	—	0.27	0.26	-2.82	-1
	A6 人均第一产业总值/元	2474	3242	2989	—	4880	5093	15.54	4
	A7 工业总值占生产总值比例	0.31	0.36	0.34	—	0.28	0.28	-2.02	1
	A8 重工业增加值占工业增加值比例	0.80	0.73	0.71	0.89	0.66	—	-4.70	1
投资与发展	B1 人均固定资产投资/元	5281	13080	10519	15297	21782	27513	39.11	6
	B2 地方财政赤字率/%	30.92	35.38	27.68	35.72	26.56	25.52	-3.77	1
	B3 增值税占税收入比例	0.13	0.03	0.09	0.06	0.07	0.06	-14.33	-3
	B4 教育支出占支出比例	0.25	0.21	0.24	0.22	0.27	0.27	1.55	1
乡村人员就业	C1 农民人均纯收入/元	7418	4668	5488	6256	7330	8114	1.81	1
	C2 乡村就业人员第一产业就业比例	0.60	0.59	0.58	0.51	0.45	0.43	-6.45	-2
	C3 乡村就业人员第二产业就业比例	0.10	0.10	0.06	0.13	0.12	0.12	3.71	-1
	C4 乡村就业人员第三产业就业比例	0.30	0.31	0.36	0.36	0.42	0.45	8.45	2
特色绿色产业经济	D1 农林牧渔业总产值/万元	174587	190133	219574	242628	280974	180594	0.68	1
	D2 人均农林牧渔业总产值/元	5095	6757	6274	6860	7948	5093	-0.01	-1
	D3 人均粮食产量/公斤	442.00	269.00	331.00	312.00	339.00	351.00	-4.51	-1
	D4 人均肉类产量/公斤	52.07	52.50	53.54	55.98	56.60	57.81	2.11	1
	D5 人均油菜籽产量/公斤	8.91	12.91	13.90	13.75	19.07	19.88	17.41	4
	D6 人均烤烟产量/公斤	5.63	5.45	4.50	8.28	5.19	4.90	-2.74	-1
社会发展	E1 人均社会消费品零售总额/元	2012	2946	2753	3099	4258	4734	18.66	4
	E2 社会消费品零售总额城乡比例	2.10	4.56	4.58	4.73	4.00	7.87	30.24	-6

续表

指标设计	2010 年	2011 年	2012 年	2013 年	2014 年	2015 年	年均增长率/%	评分
E3 城乡居民人均存储/万元	0.43	0.57	0.67	0.83	0.94	0.96	17.42	4
E4 中等学校生师比例	9.21	20.13	18.81	18.51	17.14	16.05	11.75	-3
E5 学龄儿童入学率/%	97.26	101.32	97.50	99.70	99.80	99.90	0.54	1
E6 学龄女童入学率/%	100.72	102.73	92.90	97.80	99.80	100.00	-0.14	-1
评分总计			S=1.20					

注：A1、A2、A3、A4、A5、A6 和 A7 2013 年的数据缺失，但并不影响年均增长率的值；A8 因 2015 年数据缺失，年均增长率按 2010~2014 年的年均增长率计算。

(六)荔波县

荔波县绿色发展的减贫成效评分如表 5-85 所示。

表 5-85　荔波县绿色发展的减贫衡量指标体系评分统计

	指标设计	2010 年	2011 年	2012 年	2013 年	2014 年	2015 年	年均增长率/%	评分
绿色经济基本面	A1 GDP/万元	177086	208770	274700	422078	414900	453000	20.67	5
	A2 人均 GDP/元	12048	14452	19014	24050	32619	35620	24.21	5
	A3 第三产业占生产总值比例	0.45	0.48	0.52	0.52	0.50	0.52	2.93	1
	A4 人均第三产业总值/元	5438	6913	8088	—	16452	13225	19.45	4
	A5 第一产业占生产总值比例	0.19	0.15	0.15	—	0.20	0.19	0.00	1
	A6 人均第一产业总值/元	2313	2202	2361	—	6633	4905	16.22	4
	A7 工业总值占生产总值比例	0.31	0.28	0.29	—	0.24	0.23	-5.80	2
	A8 重工业增加值占工业增加值比例	1.00	1.00	1.00	0.99	0.95	—	-1.27	1
投资与发展	B1 人均固定资产投资/元	9815	14600	17528	23896	43310	38284	31.29	6
	B2 地方财政赤字率/%	30.32	34.80	30.92	24.13	28.71	31.98	1.07	-1
	B3 增值税占收入比例	0.13	0.09	0.06	0.08	0.05	0.03	-25.42	-6
	B4 教育支出占支出比例	0.26	0.21	0.20	0.20	0.20	0.20	-5.11	-2
乡村人员就业	C1 农民人均纯收入/元	3528	4375	5124	5943	6916	—	18.33	4
	C2 乡村就业人员第一产业就业比例	0.66	0.58	0.57	0.53	0.52	0.50	-5.40	-2
	C3 乡村就业人员第二产业就业比例	0.06	0.07	0.08	0.08	0.10	0.11	12.89	-3
	C4 乡村就业人员第三产业就业比例	0.27	0.35	0.35	0.39	0.38	0.40	8.18	2

续表

	指标设计	2010 年	2011 年	2012 年	2013 年	2014 年	2015 年	年均增长率/%	评分
特色绿色产业经济	D1 农林牧渔业总产值/万元	57252	54283	70785	87927	114487	875797	72.55	6
	D2 人均农林牧渔业总产值/元	3948	3772	4026	5010	9008	4905	4.44	1
	D3 人均粮食产量/公斤	395.00	242.00	282.00	283.00	286.00	304.00	-5.10	-2
	D4 人均肉类产量/公斤	585.00	589.00	496.00	526.00	739.00	538.00	-1.66	-1
	D5 人均油菜籽产量/公斤	231.00	280.00	230.00	247.00	362.00	274.00	3.47	1
	D6 人均烤烟产量/公斤	2.00	3.00	1.00	1.00	—	3.00	8.45	2
社会发展	E1 人均社会消费品零售总额/元	3291	4033	3859	4428	6965	5532	10.95	3
	E2 社会消费品零售总额城乡比例	3.96	4.56	1.78	4.43	4.00	7.87	14.72	-3
	E3 城乡居民人均存储/万元	0.76	0.94	1.00	1.31	2.04	1.44	13.63	3
	E4 中等学校生师比例	19.65	19.69	16.03	17.62	17.24	12.38	-8.83	2
	E5 学龄儿童入学率/%	95.69	95.89	95.70	93.40	95.10	92.30	-0.72	-1
	E6 学龄女童入学率/%	97.08	96.63	97.60	96.50	96.20	93.30	-0.79	-1
评分总计				S=2.05					

注：A4、A5、A6 和 A7 2013 年的数据缺失，但并不影响年均增长率的值；A8 和 C1 因 2015 年数据缺失，年均增长率按 2010~2014 年的年均增长率计算；D6 2014 年的数据缺失，但并不影响年均增长率的值。

（七）平塘县

平塘县绿色发展的减贫成效评分如表 5-86 所示。

表 5-86　平塘县绿色发展的减贫衡量指标体系评分统计

	指标设计	2010 年	2011 年	2012 年	2013 年	2014 年	2015 年	年均增长率/%	评分
绿色经济基本面	A1 GDP/万元	150723	182818	266400	438208	424100	475500	25.83	6
	A2 人均 GDP/元	6593	8024	11653	13571	17760	19885	24.71	5
	A3 第三产业占生产总值比例	0.41	0.44	0.50	—	0.48	0.51	4.46	1
	A4 人均第三产业总值/元	2688	3508	4097	—	8592	7314	22.16	5
	A5 第一产业占生产总值比例	0.35	0.33	0.29	—	0.32	0.30	-3.04	-1
	A6 人均第一产业总值/元	2331	2653	1254	—	5770	4376	13.42	3
	A7 工业总值占生产总值比例	0.16	0.12	0.15	—	0.12	0.12	-5.59	2
	A8 重工业增加值占工业增加值比例	0.83	0.73	0.66	0.62	0.77	—	-1.86	1

续表

	指标设计	2010年	2011年	2012年	2013年	2014年	2015年	年均增长率/%	评分
投资与发展	B1 人均固定资产投资/元	5653	8446	8728	12156	22317	20157	28.95	6
	B2 地方财政赤字率/%	54.62	54.58	44.57	30.99	34.87	33.44	-9.35	2
	B3 增值税占收入比例	0.03	0.03	0.02	0.02	0.02	0.02	-7.79	-2
	B4 教育支出占支出比例	0.18	0.18	0.19	0.20	0.21	0.22	4.10	2
乡村人员就业	C1 农民人均纯收入/元	3428	4210	4955	5728	6666	—	18.09	4
	C2 乡村就业人员第一产业就业比例	0.70	0.70	0.70	0.69	0.58	0.50	-6.51	-2
	C3 乡村就业人员第二产业就业比例	0.04	0.04	0.05	0.05	0.06	0.09	17.61	-4
	C4 乡村就业人员第三产业就业比例	0.26	0.26	0.26	0.26	0.36	0.41	9.54	2
特色绿色产业经济	D1 农林牧渔业总产值/万元	75848	95062	121611	143348	185785	144196	13.71	3
	D2 人均农林牧渔业总产值/元	3321	4186	3766	4439	7780	4376	5.67	2
	D3 人均粮食产量/公斤	432.00	277.00	344.00	335.00	347.00	348.00	-4.23	-1
	D4 人均肉类产量/公斤	526.00	533.00	403.00	424.00	588.00	429.00	-3.99	-1
	D5 人均油菜籽产量/公斤	269.00	328.00	256.00	273.00	412.00	30.00	-35.51	-6
	D6 人均烤烟产量/公斤	136.00	129.00	98.00	84.00	97.00	68.00	-12.94	-3
社会发展	E1 人均社会消费品零售总额/元	1655	2011	1648	1881	4476	3617	16.93	4
	E2 社会消费品零售总额城乡比例	3.53	4.56	4.50	4.63	4.00	7.87	17.39	-4
	E3 城乡居民人均存储/万元	0.45	0.46	0.51	0.61	1.09	0.79	11.91	3
	E4 中等学校生师比例	19.45	17.89	16.28	16.94	5.55	16.62	-3.10	1
	E5 学龄儿童入学率/%	94.22	89.75	89.40	99.40	99.90	100.00	1.20	1
	E6 学龄女童入学率/%	87.98	91.70	91.40	87.80	110.10	96.70	1.91	1
评分总计				$S=1.26$					

注: A3、A4、A5、A6和A7 2013年的数据缺失,但并不影响年均增长率的值;A8和C1因2015年数据缺失,年均增长率按2010~2014年的年均增长率计算。

(八)龙里县

龙里县绿色发展的减贫成效评分如表5-87所示。

表 5-87　龙里县绿色发展的减贫衡量指标体系评分统计

	指标设计	2010 年	2011 年	2012 年	2013 年	2014 年	2015 年	年均增长率/%	评分
绿色经济基本面	A1 GDP/万元	306049	373469	466400	508456	643300	714900	18.49	4
	A2 人均 GDP/元	16918	20806	25969	31719	40231	44570	21.38	5
	A3 第三产业占生产总值比例	0.20	0.20	0.21	—	0.24	0.25	4.56	1
	A4 人均第三产业总值/元	3378	4122	5329	—	9725	11054	26.76	6
	A5 第一产业占生产总值比例	0.11	0.10	0.11	—	0.13	0.12	1.76	1
	A6 人均第一产业总值/元	1831	2004	2856	—	5291	5542	24.79	5
	A7 工业总值占生产总值比例	0.61	0.32	0.23	0.35	0.46	—	-5.49	2
	A8 重工业增加值占工业增加值比例	0.45	0.57	0.44	0.44	0.52	—	2.93	-1
投资与发展	B1 人均固定资产投资/元	20340	20340	30016	33636	67913	84877	33.07	6
	B2 地方财政赤字率/%	17.77	16.10	17.72	21.52	17.01	18.00	0.26	-1
	B3 增值税占收入比例	0.11	0.08	0.06	0.07	0.08	0.07	-8.64	-2
	B4 教育支出占支出比例	0.18	0.18	0.18	0.16	0.20	0.19	1.09	1
乡村人员就业	C1 农民人均纯收入/元	3933	4783	5631	6408	7513	8354	16.26	4
	C2 乡村就业人员第一产业就业比例	0.75	0.75	0.75	0.62	0.58	0.58	-5.01	-2
	C3 乡村就业人员第二产业就业比例	0.05	0.06	0.06	0.06	0.08	0.08	9.86	-2
	C4 乡村就业人员第三产业就业比例	0.20	0.20	0.19	0.32	0.34	0.34	11.20	3
特色绿色产业经济	D1 农林牧渔业总产值/万元	73860	76225	112882	127408	153602	87281	3.40	1
	D2 人均农林牧渔业总产值/元	4083	4247	6285	7948	9606	5442	5.91	2
	D3 人均粮食产量/公斤	513.00	315.00	378.00	364.00	365.00	366.00	-6.53	-2
	D4 人均肉类产量/公斤	41.20	41.49	43.54	50.46	57.34	58.78	7.37	2
	D5 人均油菜籽产量/公斤	19.17	23.45	26.62	34.31	42.37	42.27	17.13	4
	D6 人均烤烟产量/公斤	9.45	8.41	10.25	13.10	5.16	4.72	-12.96	-3
社会发展	E1 人均社会消费品零售总额/元	2531	3055	3549	4575	7892	9033	28.98	6
	E2 社会消费品零售总额城乡比例	4.98	4.56	4.59	4.47	4.00	7.87	9.58	-2
	E3 城乡居民人均存储/万元	0.63	0.90	1.30	2.07	2.14	2.09	27.10	6
	E4 中等学校生师比例	15.49	17.43	16.78	16.83	15.90	14.95	-0.71	1
	E5 学龄儿童入学率/%	95.28	98.28	99.70	99.20	92.50	99.90	0.95	1
	E6 学龄女童入学率/%	92.80	96.46	98.00	99.20	91.60	99.90	1.49	1
评分总计				$S=1.53$					

注：A3、A4、A5 和 A6 2013 年的数据缺失，但并不影响年均增长率的值；A7 和 A8 因 2015 年数据缺失，年均增长率按 2010～2014 年的年均增长率计算。

（九）罗甸县

罗甸县绿色发展的减贫成效评分如表 5-88 所示。

表 5-88　罗甸县绿色发展的减贫衡量指标体系评分统计

	指标设计	2010 年	2011 年	2012 年	2013 年	2014 年	2015 年	年均增长率/%	评分
绿色经济基本面	A1 GDP/万元	233508	277978	339900	—	508200	570100	19.54	4
	A2 人均 GDP/元	9093	8877	12880	15948	19817	22175	19.52	4
	A3 第三产业占生产总值比例	0.33	0.34	0.38	—	0.40	0.42	4.94	1
	A4 人均第三产业总值/元	2655	3719	4905	—	8020	9197	28.21	6
	A5 第一产业占生产总值比例	0.29	0.25	0.23	—	0.25	0.23	-4.53	-1
	A6 人均第一产业总值/元	2655	2760	2989		4866	5103	13.96	3
	A7 工业总值占生产总值比例	0.30	0.34	0.33	0.15	0.27	0.27	-2.09	1
	A8 重工业增加值占工业增加值比例	0.46	0.33	0.31	0.35	0.66	—	7.49	-2
投资与发展	B1 人均固定资产投资/元	6539	9979	14207	14551	30020	25314	31.09	6
	B2 地方财政赤字率/%	37.62	39.37	7.58	34.60	33.18	31.86	-3.27	1
	B3 增值税占收入比例	0.19	0.13	0.12	0.11	0.07	0.10	-12.05	-3
	B4 教育支出占支出比例	0.22	0.22	0.22	0.23	0.27	0.25	2.59	1
乡村人员就业	C1 农民人均纯收入/元	3687	4576	5371	6166	7160	7933	16.56	4
	C2 乡村就业人员第一产业就业比例	0.59	0.58	0.56	0.56	0.53	0.53	-2.12	-1
	C3 乡村就业人员第二产业就业比例	0.08	0.07	0.07	0.07	0.08	0.07	-2.64	1
	C4 乡村就业人员第三产业就业比例	0.33	0.35	0.37	0.37	0.39	0.40	3.92	1
特色绿色产业经济	D1 农林牧渔业总产值/万元	112815	117970	132026	147493	183928	131535	3.12	1
	D2 人均农林牧渔业总产值/元	4393	4617	5028	5753	7171	5104	3.05	1
	D3 人均粮食产量/公斤	418.00	276.00	323.00	315.00	326.00	327.00	-4.79	-1
	D4 人均肉类产量/公斤	72.84	72.44	78.50	80.34	82.19	82.24	2.46	1
	D5 人均油菜籽产量/公斤	7.32	9.59	10.48	10.60	10.59	10.94	8.37	2
	D6 人均烤烟产量/公斤	—	—	—	—	—	—		0
社会发展	E1 人均社会消费品零售总额/元	1917	2310	2597	3023	4031	4306	17.57	4
	E2 社会消费品零售总额城乡比例	1.83	4.56	4.72	4.99	4.00	7.87	33.88	-6

续表

指标设计	2010 年	2011 年	2012 年	2013 年	2014 年	2015 年	年均增长率/%	评分
E3 城乡居民人均存储/万元	0.38	0.51	0.65	0.89	1.01	2.19	41.95	6
E4 中等学校生师比例	18.53	17.4	15.23	15.96	16.27	16.59	-2.19	1
E5 学龄儿童入学率/%	93.13	95.54	96.10	94.50	95.30	95.60	0.52	1
E6 学龄女童入学率/%	95.12	97.38	97.30	95.60	95.10	93.40	-0.36	-1
评分总计			S=1.47					

注：A1、A3、A4、A5 和 A6 2013 年的数据缺失，但并不影响年均增长率的值；A8 因 2015 年数据缺失，年均增长率按 2010～2014 年的年均增长率计算；D6 因数据缺失，无对应评分值。

(十)长顺县

长顺县绿色发展的减贫成效评分如表 5-89 所示。

表 5-89　长顺县绿色发展的减贫衡量指标体系评分统计

	指标设计	2010 年	2011 年	2012 年	2013 年	2014 年	2015 年	年均增长率/%	评分
绿色经济基本面	A1 GDP/万元	160416	192148	265400	—	413700	460100	23.46	5
	A2 人均 GDP/元	8390	10124	14238	17166	22218	24685	24.09	5
	A3 第三产业占生产总值比例	0.40	0.41	0.49	—	0.49	0.50	4.56	1
	A4 人均第三产业总值/元	3393	4158	6931	—	10994	12433	29.66	6
	A5 第一产业占生产总值比例	0.28	0.29	0.21	—	0.25	0.24	-3.04	-1
	A6 人均第一产业总值/元	2362	2477	3053	—	5612	5863	19.94	4
	A7 工业总值占生产总值比例	0.28	0.34	0.19	0.26	0.28	—	0.00	-1
	A8 重工业增加值占工业增加值比例	0.83	0.63	0.70	0.60	0.59	—	-6.60	2
投资与发展	B1 人均固定资产投资/元	6015	11097	11299	16620	30079	37341	44.08	6
	B2 地方财政赤字率/%	41.43	51.59	37.14	—	26.82	25.08	-9.55	2
	B3 增值税占税收入比例	0.08	0.07	0.04	0.05	0.05	0.04	-12.94	-3
	B4 教育支出占支出比例	0.18	0.17	0.21	0.21	0.24	0.24	5.92	2
乡村人员就业	C1 农民人均纯收入/元	3555	4341	5115	5826	6768	7512	16.14	4
	C2 乡村就业人员第一产业就业比例	0.65	0.66	0.64	0.63	0.63	0.63	-0.62	-1
	C3 乡村就业人员第二产业就业比例	0.05	0.06	0.06	0.07	0.07	0.07	6.96	2
	C4 乡村就业人员第三产业就业比例	0.30	0.28	0.30	0.30	0.30	0.30	0.00	1

续表

	指标设计	2010 年	2011 年	2012 年	2013 年	2014 年	2015 年	年均增长率/%	评分
特色绿色产业经济	D1 农林牧渔业总产值/万元	88142	93263	111696	124478	155102	195430	17.26	4
	D2 人均农林牧渔业总产值/元	4610	4914	5992	6678	8330	5650	4.15	1
	D3 人均粮食产量/公斤	473.00	334.00	398.00	382.00	398.00	401.00	-3.25	-1
	D4 人均肉类产量/公斤	59.12	59.55	64.38	68.14	70.05	70.53	3.59	1
	D5 人均油菜籽产量/公斤	17.41	26.04	28.21	30.78	34.01	34.96	14.96	3
	D6 人均烤烟产量/公斤	26.17	—	28.47	32.09	32.49	18.30	-6.90	-2
社会发展	E1 人均社会消费品零售总额/元	2438	2951	3512	5091	4536	5098	15.90	4
	E2 社会消费品零售总额城乡比例	1.89	4.56	4.44	4.47	4.00	7.87	33.02	-6
	E3 城乡居民人均存储/万元	0.43	0.55	0.72	0.91	0.97	1.05	19.55	4
	E4 中等学校生师比例	21.54	20.87	19.04	14.59	16.71	15.14	-6.81	2
	E5 学龄儿童入学率/%	91.48	86.75	86.90	91.50	99.00	99.70	1.74	1
	E6 学龄女童入学率/%	93.34	83.50	79.90	92.90	99.00	99.80	1.35	1
评分总计				*S*=1.95					

注：A1、A3、A4、A5、A6 和 B2 2013 年的数据缺失，但并不影响年均增长率的值；A7 和 A8 因 2015 年数据缺失，年均增长率按 2010~2014 年的年均增长率计算；D6 2011 年数据缺失，但并不影响年均增长率的值。

（十一）三都县

三都县绿色发展的减贫成效评分如表 5-90 所示。

表 5-90 三都县绿色发展的减贫衡量指标体系评分统计

	指标设计	2010 年	2011 年	2012 年	2013 年	2014 年	2015 年	年均增长率/%	评分
绿色经济基本面	A1 GDP/万元	158661	190007	279100	320519	437400	489400	25.27	6
	A2 人均 GDP/元	5595	6752	9674	11991	16358	18261	26.69	6
	A3 第三产业占生产总值比例	0.50	0.52	0.60	—	0.55	0.57	2.66	1
	A4 人均第三产业总值/元	2812	3506	5764	—	8994	10407	29.92	6
	A5 第一产业占生产总值比例	0.33	0.30	0.24	—	0.30	0.28	-3.23	-1
	A6 人均第一产业总值/元	1862	2031	2319	—	4880	5060	22.13	5
	A7 工业总值占生产总值比例	0.07	0.03	0.02	0.03	0.06	—	-3.78	1
	A8 重工业增加值占工业增加值比例	0.94	0.89	1.00	0.89	0.67	—	-8.12	2
投资与发展	B1 人均固定资产投资/元	2000	6710	9573	10333	18580	21403	60.65	6
	B2 地方财政赤字率/%	51.87	54.23	45.21	45.86	39.42	37.66	-6.20	2

续表

指标设计		2010 年	2011 年	2012 年	2013 年	2014 年	2015 年	年均增长率/%	评分
	B3 增值税占收入比例	0.05	0.03	0.02	0.02	0.03	0.03	-9.71	-2
	B4 教育支出占支出比例	0.27	0.25	0.26	0.24	0.23	0.24	-2.33	-1
乡村人员就业	C1 农民人均纯收入/元	3478	4236	4962	5751	6758	7501	16.62	4
	C2 乡村就业人员第一产业就业比例	0.58	0.58	0.58	0.54	0.53	0.51	-2.54	-1
	C3 乡村就业人员第二产业就业比例	0.05	0.05	0.06	0.06	0.06	0.06	3.71	-1
	C4 乡村就业人员第三产业就业比例	0.37	0.37	0.36	0.36	0.41	0.43	3.05	1
特色绿色产业经济	D1 农林牧渔业总产值/万元	78353	84996	99650	119290	154611	133838	11.30	3
	D2 人均农林牧渔业总产值/元	2763	3021	3453	4463	5782	4994	12.57	3
	D3 人均粮食产量/公斤	344.00	227.00	260.00	264.00	297.00	310.00	-2.06	-1
	D4 人均肉类产量/公斤	50.16	50.57	52.72	59.72	60.97	61.79	4.26	1
	D5 人均油菜籽产量/公斤	25.20	28.2	28.53	40.12	40.85	42.79	11.17	3
	D6 人均烤烟产量/公斤	—	—	—	—	—	—		
社会发展	E1 人均社会消费品零售总额/元	2103	2387	2702	3346	4015	4454	16.19	4
	E2 社会消费品零售总额城乡比例	25.99	4.56	4.61	4.56	4.00	7.86	-21.27	5
	E3 城乡居民人均存储/万元	0.42	0.54	0.64	0.90	1.05	1.09	21.01	5
	E4 中等学校生师比例	18.31	16.97	19.08	19.24	19.00	18.29	-0.02	1
	E5 学龄儿童入学率/%	99.40	99.06	99.40	99.40	99.60	99.70	0.06	1
	E6 学龄女童入学率/%	99.29	98.96	94.80	98.00	99.40	99.80	0.10	1
评分总计				S=2.35					

注：A3、A4、A5 和 A6 2013 年的数据缺失，但并不影响年均增长率的值；A7 和 A8 因 2015 年数据缺失，年均增长率按 2010～2014 年的年均增长率计算；D6 数据缺失，无对应评分值。

（十二）瓮安县

瓮安县绿色发展的减贫成效评分如表 5-91 所示。

表 5-91　瓮安县绿色发展的减贫衡量指标体系评分统计

指标设计		2010 年	2011 年	2012 年	2013 年	2014 年	2015 年	年均增长率/%	评分
绿色经济基本面	A1 GDP/万元	409236	496573	605700	850178	868500	971900	18.89	4
	A2 人均 GDP/元	10741	13095	15905	18209	22362	24997	18.40	4
	A3 第三产业占生产总值比例	0.39	0.39	0.39	—	0.42	0.44	2.44	1

续表

	指标设计	2010 年	2011 年	2012 年	2013 年	2014 年	2015 年	年均增长率/%	评分
	A4 人均第三产业总值/元	4091	5138	5060	—	9430	8827	16.63	4
	A5 第一产业占生产总值比例	0.21	0.18	0.19	—	0.20	0.19	-1.98	-1
	A6 人均第一产业总值/元	2219	2310	5311	—	4500	3821	11.48	3
	A7 工业总值占生产总值比例	0.39	0.39	0.41	—	0.33	0.33	-4.09	-1
	A8 重工业增加值占工业增加值比例	0.99	1.00	1.00	1.00	0.99	—	0.00	-1
投资与发展	B1 人均固定资产投资/元	6672	12562	14977	18881	30483	30677	35.68	6
	B2 地方财政赤字率/%	22.21	20.92	18.92	18.72	20.03	20.39	-1.70	1
	B3 增值税占收入比例	0.09	0.07	0.07	0.05	0.05	0.05	-11.09	-3
	B4 教育支出占支出比例	0.22	0.19	0.16	0.17	0.22	0.22	0.00	1
乡村人员就业	C1 农民人均纯收入/元	4051	1930	5791	6492	7519	—	16.72	4
	C2 乡村就业人员第一产业就业比例	0.57	0.48	0.45	0.44	0.42	0.34	-9.82	-2
	C3 乡村就业人员第二产业就业比例	0.05	0.08	0.10	0.11	0.13	0.14	22.87	-5
	C4 乡村就业人员第三产业就业比例	0.27	0.44	0.45	0.45	0.45	0.52	14.01	3
特色绿色产业经济	D1 农林牧渔业总产值/万元	165297	178450	198687	225957	281076	183843	2.15	1
	D2 人均农林牧渔业总产值/元	4344	4728	4262	4840	7240	3822	-2.53	-1
	D3 人均粮食产量/公斤	486.00	323.00	364.00	359.00	415.00	422.00	-2.78	-1
	D4 人均肉类产量/公斤	955.00	956.00	802.00	840.00	1029.00	834.00	-2.67	-1
	D5 人均油菜籽产量/公斤	377.00	437.00	395.00	375.00	463.00	370.00	-0.37	-1
	D6 人均烤烟产量/公斤	200.00	181.00	148.00	160.00	195.00	135.00	-7.56	-2
社会发展	E1 人均社会消费品零售总额/元	1961	2384	2244	2550	4334	3917	14.84	3
	E2 社会消费品零售总额城乡比例	35.95	4.56	4.57	4.74	4.00	7.87	-26.20	6
	E3 城乡居民人均存储/万元	0.74	0.95	0.93	1.20	1.73	1.39	13.44	3
	E4 中等学校生师比例	21.03	20.31	19.35	18.35	7.48	16.10	-5.20	2
	E5 学龄儿童入学率/%	94.37	89.01	91.30	99.10	99.20	99.30	1.02	1
	E6 学龄女童入学率/%	84.85	90.50	92.30	98.10	99.10	100.70	3.48	1
评分总计		$S=0.96$							

注：A3、A4、A5、A6 和 A7 2013 年的数据缺失，但并不影响年均增长率的值；A8 和 C1 因 2015 年数据缺失，年均增长率按 2010～2014 年的年均增长率计算。

(十三)本节小结

从绿色经济基本层面看，2010~2015 年黔南州各个地方的 GDP 逐年增长，增加幅度较大的是平塘县，六年内增加了 324777 万元，年均增长率为 25.83%。各个地区的人均 GDP 也快速增长。各个地区第一产业占生产总值比例逐年增加，人均第三产业总值增长较快。工业总值占生产总值比例和重工业增加值占工业增加值比例在六年内整体呈下降趋势；从投资与发展层面看，2010~2015 年，黔南州 12 个地区的人均固定资产投资评价平均分为 6 分，年均增长率均超过 28%，地方财政赤字率逐年下降。增值税占收入比例基本持平，教育支出持续增加。

从乡村人员就业层面看，2010~2015 年，乡村就业人员第一产业就业比例逐年下降，从事第三产业就业比例呈现波动式上升，而从事第二产业就业比例除罗甸县以外，其他地区逐年增加，部分地区年均增长率超过 15%。

从特色绿色产业经济层面看，2010~2015 年，农林牧渔业总产值和人均农林牧渔业总产值持续增长，人均粮食产量除荔波县和福泉市略有增长外，其他地区的人均粮食产量逐年降低。部分地区人均油菜籽产量增加较快，如长顺县的人均油菜籽产量由 2010 年的 17.41 公斤增加到 2015 年的 34.96 斤，年均增长率为 14.96%，而瓮安县的特色绿色产业经济各项指标在六年内均有下降。

从社会发展层面看，2010~2015 年，黔南州各个地区人均社会消费品零售总额和城乡居民人均存储逐年增加。学龄儿童入学率和学龄女童入学率有所提高。

以上数据说明，近几年，黔南州的经济得到快速增长，人民的生活水平稳步提高，但在经济发展中仍然存在一些问题。

(1)产业结构有待进一步优化。数据显示，三大产业中第二产业所占比例仍然较大，从事第二产业的人员有所增加。长期以来，黔南州是黔南经济建设重要的磷化工基地和原料产地，因受技术、管理等诸多因素的制约，经济增长以粗放型为主，经济发展与环境、资源的矛盾依然突出。

(2)黔南州多山地，水土流失较为严重，土壤肥力逐渐下降，为发展第一产业造成一定的困难。因此，第一产业所占比例会逐渐降低；黔南州的经济发展缺乏一定的动力，一方面表现为市场狭小，黔南州的人均 GDP 虽然逐年增长，但相对于全国而言，仍然居全国末尾。黔南州拥有 300 万左右的人口，但人均消费增长幅度不大。一般认为，人口规模越大、人均收入越高，其购买力越强，消费越多。由此可见，黔南州的市场还没有被完全打开。

(3)黔南州的经济发展缺乏文化底蕴，不同的地域、不同的人文环境总能体现独特的文化地域，但黔南州相比遵义、安顺、黔东南等地区缺乏历史的沉淀，没有给人们塑造一个富有文化特色的黔南形象。

黔南州各个地区评分最高的是三都县。三都县 GDP、人均 GDP、人均第三产业总值、人均固定资产投资指标评分达到了 6 分的满分，其中增长最快的是人均固定资产投资，由 2010 年的 2000 元增加到 2015 年的 21403 元，增长率为 60.65%。三都县特色绿色产业经济在六年内除人均粮食产量有所下降外，其他指标均持续增长，人均农林牧渔业总产值六年内增加了 2231 元，增长最快。三都县的城乡居民的人均存储增长也较快，由 2010 年的 0.42 万元增加到 2015 年的 1.09 万元，增长率为 21.01%。这些指标快速增长主要有三方面的原因。

(1)以大力发展现代高效农业为目标。以特色化、品牌化、集约化"三化"作为农业发展的要求，快速调整农业产业结构，大力推进交梨、九阡、周覃、都江、大河、三合等农业产业示范园区建设，并完善农业产业示范园区的基础设施，力争到 2020 年，每个镇有 1 个年产值 5 亿元以上的高效农业园区，葡萄产业发展在 30 万亩以上、蔬菜种植在 36 万亩以上、茶叶种植在 20 万亩以上、生态鸽出栏 600 万羽，实现农业总产值 50 亿元以上，努力建成无公害特色农产品大县，逐步实施品牌战略。

(2)发展民族文化生态旅游业，三都县的少数民族以水族为主，三都县将水族的民风民俗作为文化生态旅游的重点，把"水"精神打造成为世界名片，创新推广"公司+合作社+农户"等旅游服务模式，走出一条有别于雷山西江苗寨旅游的新路子。2015 年，三都县的旅游总收入共计 26.7 亿元，比 2014 年增长 26.1%。

(3)推进新型城镇化，优化城乡空间布局，坚持以"水文化"引领城乡的发展，打造东方"威尼斯小镇"。总之，三都县在经济发展中不断调整发展方式，增加投资，扩大经济发展实体，努力实现经济发展的目标，取得了显著的成效。

第十一节　研究发现

(一)存在的主要问题

通过对贵州整个地区的数据进行收集、整理、对比、分析和归纳，本节将贵州在绿色发展与减贫中出现的主要问题归纳如下。

1. 产业发展不均衡，第一产业发展滞后

三大产业包括：以农业、林业、牧业为主的第一产业，以制造业、采掘业、建筑业为主的第二产业以及以服务业、商业、金融、保险等为主的第三产业。三大产业相互依赖，相互制约，其中第一产业是第二、三产业发展的基础，第三产业的发展将促进第一、二产业的进步，第一、二产业为第三产业创造条件，第二、三产业将会带动第一产业的发展。通过对贵州多个地区的绿色发展及减贫衡量指

标数据进行分析，发现贵州三大产业发展不均衡，主要体现在三方面。

(1)第一产业发展缓慢，部分地区的第一产业总值增加缓慢，甚至在一些年份出现负增长。

(2)第三产业发展迅速，但增速放缓。贵州多个地区人均第三产业总值在2010～2014年的增长率超过了16%，部分地区在2014年以后第三产业发展放缓，例如平塘县、贵定县、独山县等地区。

(3)三大产业劳动人员变化大，表现在乡村从事第一产业和第二产业的人员逐渐降低，从事第三产业的人员增多。乡村就业人员第一产业就业比例与第二产业就业比例的评分平均值分别为-1.31和-1.79，人均第三产业总值大幅度增加。中国传统乡村是以农耕为主的社会，农民的主要收入来源于第一产业，而数据反映：中国传统的农业乡村社会正在逐步转型，乡村人员从事的行业不再是单一的农业，而是逐渐向从事第三产业转变，贵州也不例外。

2. 农业种植结构不合理，粮食产量降低

随着市场经济的发展，农民根据市场的需要而种植多种农作物，包括果树、油菜、烤烟、茶等，一个地区的农业生产几乎涵盖了多种农作物。有的地方及政府为了扶贫的需要，不进行实地环境要素的考察分析，盲目购进大量果树进行种植。有的地方为响应政府扶贫政策的号召，将自家所有的农田全部种植上果树、茶树，不再进行传统的农业生产。而在现有的市场经济条件下，以市场调节供求，当产量远远大于需求时，货物就会大量积累。如果种植的农产品不能得到良好的存储，就会造成资源的严重浪费，这种高投入、低产出的生产方式，无疑损害了农民的切身利益，严重影响了农民的生产生活。根据统计数据可知：贵州人均粮食产量的平均得分为-0.93，部分地区五年的人均粮食产量增长率低于-5%。大量盲目种植农作物而舍弃粮食的生产，对于脱贫致富无疑是杯水车薪，难以从根本上解决农村的贫困问题。

3. 城乡消费差距扩大，农村消费水平有待提高

改革开放以来，随着经济的发展，城乡的消费结构出现明显的变化，但是农村的消费市场水平仍然较低。根据数据统计分析发现，2011年贵州农村居民人均消费支出为3456元，与城镇居民人均消费支出相差7897元，2015年农村居民人均消费支出上升为6645元，但是与城镇居民消费支出16914元相比，差距增加至10269元，为全国农村居民消费支出8383元的79.27%。此外，城市的社会消费品零售总额远远高于农村社会消费品零售总额，部分地区社会消费品零售总额2010～2015年的年均增长率超过了30%，而社会消费品零售总额包含城市社会消费品零售总额与农村社会消费品零售总额，它是反映一定时期内人民物质文化生活水平的提高情况，反映社会商品购买力的实现程度，以及零售市场的规模状况。

由此可见，贵州农村居民的消费水平虽然有所提高，正在逐渐靠近全国农村居民的消费水平，但是与城镇相比，仍然处于很低的水平，并且在城乡消费差距上越拉越大。消费水平的低下，必将导致农村居民消费支出只能满足生理、安全等需要，处于生存型消费结构阶段。随着城镇化步伐的加快、经济的转型升级以及扶贫工作的推进，农村居民的收入水平正在逐步提高，农村的消费水平有待提高。

4. 教育发展不均衡，区县教育资源分配差异大

从中等学校生师比例、学龄儿童入学率、学龄女童入学率三个指标并结合绿色经济基本面数据可以看出，经济条件较好的区县，例如贵阳市、遵义市、安顺市、六盘水市等，其相关教育发展指标在六年的发展过程中趋近合理，并不断改善。但是，对于黔东南州、黔西南州、毕节市、铜仁市下属部分区县，相关教育指标呈现负增长。这说明贵州教育发展在各地市州之间存在比较大的差异，教育资源分配不均。虽然经济在不断增长，但是教育水平的发展相对比较落后，教育资源的分配较集中在省会及经济强的区县。

(二) 产生问题的原因

贵州绿色发展与减贫工作中产生问题的原因是多方面的，包括地理条件、政策导向、自然资源、文化等。

1. 地理条件决定了产业发展的基础

贵州省地处云贵高原东部，地势西高东低，平均海拔 1100 米左右，山地、丘陵居多，92.5%的面积为山地和丘陵，素有"八山一水一分田"之说。多山少地的直接影响就是耕地面积少，所以不得不向山借地，开垦梯田，而山地地质灾害多，滑坡、泥石流等灾害频发。同时，山地梯田存水困难，难以满足农作物生长用水。贵州是典型的喀斯特地貌区，喀斯特(出露)面积为 109084 平方公里，占全省总面积的 61.9%。因此，贵州地下水资源丰富，但是可开发利用的水资源少。此外，土地的生产能力主要由光照、水、温度、养分等自然条件决定，贵州多阴雨天，光照缺乏，加之喀斯特地貌条件下，土壤流失严重，土层薄，有机质含量低，肥力低，多方面因素造成土地生产能力差，这也造成贵州第一产业发展缓慢，甚至产量下降。

2. 政策发展的导向决定了经济发展的方向

国家高度重视我国西部地区的经济社会发展，出台了一系列文件，制定了全方位的支持政策，有力地推动了西部地区经济发展和社会进步。贵州作为我国西部多民族聚居区，在改革开放以来特别是实施西部大开发战略以来，贵州在中央有关部门和其他省市大力支持下，社会主义现代化建设不断取得新的成绩。但是，2015 年贵州仍有 493 万贫困人口，仍然属于重点贫困省份。自从《关于进一步促进贵州经济社会又好又快发展的若干意见》出台以来，贵州就逐步确立了决胜脱贫攻坚、同步全面小康、开创多彩贵州新未来的宏伟蓝图。贵州在重视经济发展的同时，深刻理解和把握习近平总书记对贵州工作提出的总体要求，牢牢守住发展和生态两条底线，培植后发优势，奋力后发赶超，走出一条有别于东部、不同于西部其他省份的发展新路。目前，贵州已成为中国经济和改革版图上的焦点，成为各种重大利好政策集中的开放高地：大数据、大金融、国家生态文明试验区、内陆开放型试验区、弯道取直、创新发展等，这些政策福利为贵州经济发展带来了新的突破，经济发展方式由技术引进型向自主创新型转变；由第二产业带动向三大产业协调发展转变；由忽略环境型向环境友好型转变，经济发展方式的转变带动了贵州经济结构的转型升级。

3. 自然资源丰富，生态发展成为必然选择

贵州是自然资源极其丰富的省份，有极为突出的资源优势。独具特色的资源优势主要体现在以下三方面。

（1）矿产资源丰富，贵州现已发现的矿产多达 128 种，其中有 76 种矿产已探明了储量。贵州磷矿基础储量位居全国前列，是国内铝土矿三大产区之一，是新崛起的又一黄金资源基地，例如贵州开阳县特大磷矿，探明的磷矿资源量达 8.01 亿吨，相当于目前我国最大磷矿 22 年开采总量的 2 倍。贵州省铜仁市松桃苗族自治县的大型锰矿床，整个矿区资源量达 2.03 亿吨；丰富的矿产资源为贵州部分地区发展重点化学工业、有色金属工业及建材工业提供了资源基础。

（2）能源资源丰富，贵州属于典型的喀斯特地貌区，河谷相间，地势起伏大，落差大，拥有十分丰富的水利资源，全省水资源总量为 1141 亿立方米。同时，贵州素有"江南煤海"之称，为发展煤化工业提供了条件。

（3）旅游资源丰富，贵州境内自然风光优美，山水景色千姿百态，溶洞景观绚丽多彩，野生动物奇妙无穷，文化和革命遗迹闻名遐迩，山、水、洞、林、石交相辉映，浑然一体，多民族悠久灿烂的历史文化，浓郁神秘的民族风情，以及冬无严寒、夏无酷暑的宜人气候，使贵州成为旅游观光的必选之地。

自然资源的先天优势使贵州曾经选择了"工业化强省"的发展道路，但是通过不断的探索和发展，虽然贵州拥有丰富的自然、矿产资源，但是这些自然矿产

资源是不可持续的，开发是有污染的，不符合贵州绿色发展战略的定位。根据贵州得天独厚的自然景观和人文资源，发展旅游产业，夯实生态农业，走创新信息产业，成为贵州实现绿色发展的必然选择。

4. 文化多姿多彩，经济发展必须走文化之路

贵州是一个多民族共同居住的省份，全省共有 56 个民族，其中世居民族有苗族、侗族、仡佬族、彝族等 17 个，大多数少数民族在长期的历史发展及生活中创造了多姿多彩的贵州文化。

(1)深厚的历史传统文化。在贵州这片土地上，24 万年以前就已经有人类生活的足迹，现今发现的石器时代的文化遗址就有 80 多处，其中黔西的观音洞文化遗址、山西西候度、北京周口店是中国旧石器时代早期的三个代表。春秋战国时期，贵州成为夜郎文化的中心，留下现今散落各地的有关夜郎文化的传说和故事。同时，贵州还是一片红色土地，具有光荣的革命文化传统，赤水、息烽、黎平、遵义等都是革命圣地，其中在遵义召开的遵义会议是中国革命的历史转折。

(2)多姿多彩的民族文化。少数民族能歌善舞，民族文学、民族音乐、民族舞蹈、民族戏剧、民族工艺、民族服饰、民族特色饮食应有尽有，其中多项被列为国家非物质文化遗产。

(3)特色的酒文化。贵州是国酒之乡，除国酒茅台以外，还有董酒、习酒、青酒等。酒的生产诞生了各种酿酒工艺、酒礼、酒规和特色的饮酒方式。贵州独特的文化资源促进了贵州经济的发展，但是这些文化资源正在随着经济的发展而逐渐消失，如果不加以保护、传承和创新，最终会影响第三产业的可持续发展。

5. 社会结构转变，第三产业作为发展的重点

在社会结构快速转型的浪潮下，越来越多农民脱离传统的农业生产而从事其他行业。贵州在这样的背景下，大力发展旅游产业，民族村寨旅游如雨后春笋蓬勃发展，多数村寨曾经从事农业生产的农民随着村寨旅游的开发，现在开始从事旅游服务业，办起了农家乐。即使没有开发旅游的乡村地区，大部分村庄也已经"空壳化"，出现"地无人种、房无人住"的现象。其主要原因归结于两个方面：一方面，农村人多地少的矛盾凸显和农业生产劳动力过剩，大批劳动力在客观上需要寻找生活出路；另一方面，城市及经济发达地区提供了众多的就业机会和比较利益。

正是因为这两方面的原因，多数农民背井离乡、不远万里迁移到城市，这也是我国城乡二元结构形成的原因所在，城乡之间巨大的"剪刀差"使部分地区的相对贫困和落后难以从根本上得以解决。在计划经济时期，经济的发展重工业、重生产、轻服务，而忽视了第三产业的发展，而在所有制结构中，城市的经济发

展几乎全是国有经济和集体经济，其他的经济形式很少得以发展，生产和消费都受到限制，改革开放以来，随着经济体制的改革和对外开放的不断扩大，上述经济结构的缺陷得以弥补，人们开始从事与生活密切相关的服务业及第三产业，收入增加，提高了人们的消费水平，改善了消费结构，大多数人为了追求更高的生活水平而进入城市。

第十二节　本 章 小 结

通过对贵州各个地区绿色发展的减贫指标体系进行分析可知，贵州总体情况都符合绿色发展的减贫标准。近年来，贵州绿色发展水平不断提升，人民收入得到很大提高，减贫工作取得了很大成效。

从经济的发展速度上分析，贵州省经济发展迅速，GDP 增长一度跃居全国前几位，其中 2012 年贵州省 GDP 增长率位居全国之首，但这样的增长速度依赖于贵州省各个地区投资的带动，尤其是对基础设施建设的投资，在很大程度上促进了贵州省经济的快速发展。根据长期的经验总结，经济的增长主要靠基础设施投资拉动是不能长久的，不是经济发展的可持续之道，经济的增长应该依靠科技推动，先进的科学技术、高质量的管理、合理的产业结构等是经济健康、持续发展的必备要素。

从产业结构上分析，贵州这几年来不断调整产业结构，到 2015 年，贵州省第一产业增加值为 1640.62 亿元，比上年增长 6.5%；第二产业增加值为 4146.94 亿元，比上年增长 11.4%；第三产业增加值为 4715.00 亿元，比上年增长 11.1%。第一产业、第二产业、第三产业增加值占地区生产总值的比例分别为 15.6%、39.5%、44.9%，但这与发达地区和发达国家相比，产业结构也还存在不合理的地方，表现在三个方面。

(1)第一产业严重滞后。随着贵州城镇化步伐的加快，大批农民进入城市，从事工业、服务业等相关行业，大面积的土地荒化，造成粮食产量持续下降，但近年来贵州不断扩大生态园的建设，种植多种生态农作物，从一定程度上增加了第一产业的产值。

(2)作为第二产业中的工业，在发展过程中，还没有完全摆脱粗放型的发展方式，其效益的增长大部分依赖于资源和劳动的投入，这种投入高、效益低、污染环境的发展方式，并不适应贵州经济绿色发展的要求。

(3)在第三产业的快速增长过程中，服务业仍然落后，且总体水平偏低。随着市场经济的发展和人民生活水平的提高，贵州第三产业发展较快，在贵州各个分地区中，人均第三产业的总值在 2010～2015 年得到巨大的提高，这得益于贵州旅游业的蓬勃发展，民族村寨旅游如雨后春笋在贵州这片土地上遍地生根，成为贵州经济发展的后驱动力。但是单靠旅游业来拉动整个地区的经济增长，会让经济的可持续发展面临巨大挑战。因此，贵州产业结构的不合理是造成贵州发展后劲不足的重要原因。

从消费结构上分析，贵州的消费水平逐年提升，但居民消费对 GDP 的贡献率小，2015 年贵州总人口约为 3530 万人，约占全国人口的 2.6%。作为衡量消费的重要指标，社会消费品零售总额的比例却不足全国的 1%。主要原因是贵州的城乡人均收入不高，社会福利水平较低。贵州应该加强同周边国家和地区的合作，扩大经济发展规模，增加出口，完善福利制度，增加偏远山区贫困人口的实际收入，切实提高贵州整体居民的人均收入水平，缩小贫富差距，让百姓能消费、敢消费、愿消费，从本质上打消百姓消费的后顾之忧，提高消费水平。

从资源环境上分析，贵州经济的发展与资源、环境的矛盾依然突出。在土地资源上，喀斯特地貌造成贵州土地面积小、可用耕地面积小、土地资源不丰富，加之贵州多山地，大部分耕地分布在丘陵、山地中，如开发、利用不合理，极易造成水土流失。此外，贵州矿产资源丰富也是第二产业所占比例较高的原因，但在开采的过程中，缺乏先进的技术和管理，一定程度上造成了土地资源的污染。据不完全统计，几十年来，在汞矿的开采冶炼过程中，含汞的废水就达到 6482 万立方米，废气达到 300 亿立方米，含汞的废渣达 584 万立方米，在很大程度上造成了土地资源的污染。同时，火力发电站、水泥厂、钢铁厂、化工厂的建立，以及机动车的大幅度增长，对大气造成了严重的污染。据统计，都匀、仁怀、凯里、贵阳等多个地区都曾出现不同程度的酸雨。此外，2010～2015 年，贵州省的废水排放量也在逐年增长，由 2010 年的 8.45 亿吨增加到 2015 年的 11.28 亿吨，年均增长率为 47%，其中生活废水所占比例较大，水资源的污染也是贵州环境污染的主要方面。

总的来说，贵州各个地区经济的增长推动了贵州省经济的快速发展，贵州各个地区的贫困人口正在逐渐减少，人民整体生活水平大幅度提高，大多数绿色产业经济在贵州初见成效，经济发展形势趋于良好。全省 GDP 从 2010 年的 4593.97 亿元增加到 2015 年的 10502.56 亿元，比 2010 年翻了一番多。随着各项政策、规划的实施，很大程度上推动了贵州经济的持续、健康、快速发展。从横向看，贵州各个地区经济增长的速度是较快的，取得了巨大成就，成绩斐然。从纵向上看，贵州的经济发展水平仍然低于我国发达地区，多项经济发展指标还低于全国平均水平，仍需不断努力。

第六章　贵州绿色发展的减贫机制

第一节　贵州绿色发展的减贫总机制

　　基于前文对贵州绿色发展的减贫成效统计分析发现，目前贵州绿色发展促进减贫走出了一条符合自身发展的道路，不仅在喀斯特地貌生态脆弱的易贫地区发展特色农业产业经济帮扶贫困，也在少数民族深度贫困地区通过精准扶贫工作进一步达到减贫的成效。在这样的发展基础上，贵州各地市州都有自己绿色发展的减贫特色，形成了符合自身情况的发展路径，但其主要特征都符合贵州绿色发展的减贫要求。贵州绿色发展的减贫机制如图 6-1 所示。

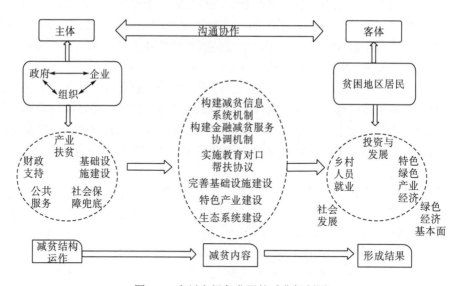

图 6-1　贵州省绿色发展的减贫机制图

　　贵州绿色发展的减贫机制符合贵州省制定的发展战略。从主客体层面来看，其发展主体的构成主要是政府、企业和其他相关组织(如学校、医院等在减贫机制中帮扶的社会组织，以政府为主，企业和其他相关组织为辅)；客体是指贫困地区居民，即减贫对象。主体帮扶减贫应达到的主要目标有：地方产业减贫、财政支持、基础设施建设、公共服务和社会保障兜底。贫困地区最后实现脱贫的状态是：

投资与发展、特色绿色产业经济、绿色经济基本面、乡村人员就业和社会发展。在贵州绿色发展中，如何实现减贫是主要探究的层面，包括六个方面的机制建设。

(一)构建减贫信息系统机制

在贵州提议的"绿色发展减贫"背景下，减贫不仅是保障大范围，而且应实施精准减贫策略，动员一切能动员的力量，以政府为主导，其他相关利益者辅助，有领导、有组织地合作，成立专项贫困地区调查小组，以便全面地构建贫困居民减贫信息系统，即建档立卡，将贫困信息真实、准确地反映出来，对贫困地区逐村逐户实施减贫措施，精准做到"减真贫、真减贫"。实施有针对性的策略，摸清贫困底数，根据贫困自身特色施以援手，对于致贫关键性因素，采取移民搬迁、科技培训、发展产业、教育资助和帮助就业等不同措施，统筹分类解决贫困问题。信息系统的构建，一方面为后面减贫措施的实施打下坚实基础，减少在战略实施过程中出现"扶漏"的现象，不能更好地完善减贫精准实施原则；另一方面，贵州绿色发展减贫是一个长期的过程，建档立卡除了能在前期准备时提供便捷，也能给予贵州减贫过程后勤保障。

(二)构建金融减贫服务协调机制

在整个贵州省绿色发展减贫机制中，资金的扶持是所有工作的基础。在金融资源供给有限的背景下，提高使用效率和利用率是重要目的。创新金融减贫服务协调机制是根据贵州省情，采取"政府搭台、产业唱戏、金融支持、减贫贴息"的办法，与贵州各银行合作实行"四台一会"(组织平台、融资平台、担保平台、公示平台和信用协会)融资运作模式，实现减贫项目后援融资。另外，应引导银行和农村信用社加强对贵州减贫事业的支持，扩大金额贷款额度，积极与政府项目合作，减少资金贷款限度，大力扶持贵州省绿色发展减贫产业经济。政府为银行与企业搭建合作桥梁，建立可信度较高的贫困信息查询系统和建档立卡，充分解决信用度不明问题。贵州省在绿色发展减贫过程中，产业的扶持比例较大，尤其是特色农业和旅游业，对相关行业项目给予贫困户更大限度的支持和帮助，提供有效的贷款申请途径，全面启动免担保、免抵押的小额信用贷款方案。

(三)实施教育对口帮扶协议

贵州省的教育减贫主要是解决贫困地区劳动力不能高效运用的问题，即主要针对贫困地区儿童接受教育程度不够和贫困农户的剩余劳动力缺乏两个重要问题。实施教育对口帮扶，一方面需要引导和帮助贫困户家庭儿童接受九年义务教育，并在最大程度上进一步接受高等教育，或专职教育，从而提高其受教育的程度，以便解决劳动力技能不足、贫困地区人才匮乏等问题；另一方面，对贫困地区尚有劳动力但缺少专业技能的情况，通过政府和社会帮扶培训这些剩余劳动力，增加就业机会，从根本上解决贫困问题。贵州省出台了一系列工作计划，如"雨露计划"和"阳光工程"等，对贫困地区劳动力资源进行普查，有针对性地提供岗位给需要的农民，并对其进行专业技能培训，使其能更好地发挥主观能动性，发挥自身的价值，实现"培训一人，就业一人、脱贫一户、带动一片"的目标。

(四)完善基础设施建设

贵州目前有 9 个地市州、1 个国家级新区及 86 个县区，其中有很大一部分尚未脱离贫困状态，甚至有些区域连基础设施都未建设完善。道路不通、水利取用不便等问题不利于经济的发展。贵州实施绿色发展减贫措施，首要举措应解决贫困地区的基础设施问题，让当地居民在生活拥有基本保障之后与外部接壤，发展自身特色产业。政府应加强对贫困地区的信息建档立卡，充分了解当地贫困情况，坚持"因地制宜、缺什么补什么"的原则，完善基础设施建设，让贵州发挥人文与自然协调作用，建设美丽乡村。通过实施整村推进、综合治理、连片开发，加强公共资源服务向农村延伸等措施，逐步向现代化城镇迈进。

(五)特色绿色产业建设

贵州是生态资源丰富地区，同时也是生态脆弱地区，因此建设特色产业的原则应该建立在绿色产业概念的基础之上。贵州特色产业建设围绕贵州自身资源的特点，积极发挥贵州贫困地区能动性，鼓励贫困户参与产业建设。贵州发展特色产业主要集中在两方面。

(1)旅游产业，贵州拥有丰富的自然景观和独特的少数民族人文景观，在此基础上，发展贵州特色旅游产业是必然趋势。贵州旅游资源丰富，拥有独特的喀斯特地貌，推动以黄果树瀑布为代表的旅游产品开发，是贵州绿色发展减贫中特色产业建设的重要一步，生态资源的开发和保护能给贵州省发展减贫事业增加信心。

(2)生态农业，贵州地处水资源丰富地区，种植农产品具有一定优势。根据各市县土地资源发展农业，顺应绿色口号是贵州绿色发展减贫的关键。

在信息越发便捷的现代，应加强贵州农业的发展，与时代对接，充分利用现代科技，提高生产力和生产效率。发展贫困地区生态农业，应着力引导龙头企业，鼓励外出务工村民回乡创业，成立以合作社为单位的创业团队共同减贫。引入有一定经验的社会企业，直接指导贫困地区产业发展模式，促进产业发展更为科学。政府可大力发展农产品示范园区，以示范点带动贵州各市区农业发展，例如织金县竹荪蔬菜产业、玉屏县油茶示范区等，积极鼓励以发展绿色生态农业的方式来实现贵州绿色发展减贫。

(六)可持续的生态系统建设

贵州省以生态资源丰富而闻名，是我国目前生态保护完好的地区之一。然而，贵州相对其他省市经济发展尤为落后。为加快建设脚步，减小贵州经济与其他地区的差距，贵州大力发展产业建设，而在此过程中，生态破坏较为严重，违背贵州绿色发展减贫的理念。贵州绿色发展减贫机制中，生态系统建设是保障贵州经济可持续发展的关键。贵州生态系统建设主要包括三个方面。

(1)要树立生态保护、绿色发展的思想观，政府应以媒体报道、教育培训、会议谈话等方式宣传绿色生态保护的重要性，建立生态建设奖惩管理机制，大力督促市民保护生态环境。

(2)对目前贵州生态破坏性强的产业实行强制管理措施，大力发展生态绿色经济。对生态文明建设提供必要的保障措施，大力治理已经被破坏的生态，可持续管理森林资源，防治荒漠化，实现经济、自然与社会文化资源的科学利用和可持续发展。

(3)建立生态破坏防范机制，成立专门的生态建设小组，对贵州省生态资源进行全面调查和整合，对破坏较强区域实施强力措施治理，对生态环境良好的地方，以坚决的态度加以保护和防范。

贵州最终应形成"投资与发展、特色绿色产业经济、绿色经济基本面、乡村人员就业和社会发展"五位一体的新局面。以顶层设计为基础、整体建设为目标，逐个剖析贵州各地市州绿色发展的减贫机制，是本书阐述的主要观点。

第二节　贵阳市绿色发展的减贫机制

贵阳市是贵州的省会，在经济、政治、文化、生态等各方面，相对于其他市区都走在前列，起模范带头作用，是打造实现全面小康战略总局的模范城市。要解决贵阳市绿色发展减贫问题，需要以政府为主导，依托相关企业、单位等扩大生产范围，加大投资力度，主体和客体的作用区分在绿色发展减贫机制中，应是相辅相成，客体在配合主体绿色发展减贫运作时，也应发挥自身能力，参与绿色发展减贫工作，大力参与贵阳绿色发展减贫活动，以主人公的身份融入绿色发展减贫过程。在绿色发展减贫机制中，应始终贯彻以人为本的思想观，以城市建设带动乡村发展，统筹城乡发展差距，保障居民基本福利。各组织之间合作统一，实现贵阳市现代化建设，贵阳绿色发展减贫机制如图 6-2 所示。

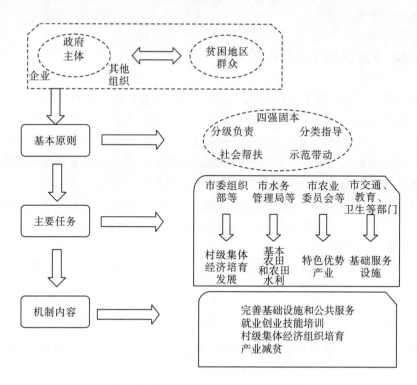

图 6-2　贵阳市绿色发展减贫的机制图

（一）基本原则

贵阳市绿色发展减贫机制构成中应强调绿色发展减贫遵守的基本原则。

（1）四强固本，四强指的是强设施（即基础设施）、强培训（即居民就业能力）、强组织（即村级集体经济组织）、强产业（即支柱性产业）。以上述建设四强为主要导向，实现贵阳市绿色发展减贫。

（2）分级负责，上达至市，措施落实到县、乡、村，层层紧扣，步步紧贴，让减贫精准到细微个体，群众享有绿色发展减贫战略实施的参与权、知情权、决策权、监督权等，让群众更加拥护绿色发展减贫策略实施，能在一定程度上保障群众的利益。

（3）分类指导，根据各地区贫困情况，采用不同的战略指导，无论是产业还是技术指导，都需要因地制宜地考虑现实发展。

（4）社会帮扶，绿色发展减贫战略的主体由社会相关组织构成，所以依靠社会帮扶是毋庸置疑的，既能加快绿色发展减贫效率，又能吸引大批有志之士和杰出人才参与绿色发展减贫事业。

(5)示范带动，通过以点带面、以小带大的方式实施减贫策略是绿色发展减贫战略实施的必要一步，建立绿色发展减贫示范点，发现贵阳绿色发展减贫的重点和难点，能进一步加大绿色发展减贫效率。

（二）主要任务

贵阳市绿色发展减贫主要任务有四点。

(1)村级集体经济培育发展。鼓励全市所有行政村建立村级集体经济组织，构建集体经济发展机制，以便实现贵阳减贫，主要负责单位有市委组织部等。

(2)完善基本农田和农田水利建设。贵阳市贫困地区农村范围较大，其主要产业以农业为主，完成农田和水利建设是为了更好地促进贵阳贫困地区生存环境改善，从而进一步扩大贫困地区农产品生产，主要负责单位有市水务管理局等。

(3)特色优势产业。贫困地区绿色发展减贫不应仅仅依赖农业，应建立符合该地区实际的特色支柱性产业，以便发挥更好的能动性，完成绿色发展减贫，力争实现一户一项增收项目，主要负责单位是市农业委员会等。

(4)基础服务设施，基础服务设施从根本上涉及贫困地区居民的社会福利保障问题，建设基础服务设施是绿色发展减贫战略的重要环节，它包括基本的交通建设、教育水平、医疗建设、公共服务设施网络体系及社会养老保险等。贫困地区的这些建设起步较低，实施有一定的困难。主要负责单位是市交通、教育、卫生部门等。

（三）减贫机制内容

贵阳市绿色发展减贫构建的主要内容包括四个方面。

(1)完善基础设施建设，贵阳市减贫目标集中在农村贫困地区，基础设施建设不完善、信息封闭、产业经济发展渠道较小等造成贫困现状，故而贵阳要实现减贫，应在贫困地区加强建设基础设施，加大力度建设贵阳基础设施，主要包括交通、电力及水利工程等，从基础上保障贫困户生活更加便捷，改善贫困户的生活条件。

(2)加强就业创业技能培训。教育是帮扶组织加强贫困地区就业创业技能的主要方式，通过教育培训提升居民的整体素质，专业教育培训能在很大程度上决定贫困地区人才输送质量和专业技能，这决定了在发展当地产业时经济效益收入能达到的程度。积极响应贵州实施"雨露计划"教育政策，帮助贫困子女有更多的机会获得教育，提升就业创业技能，顺应时代发展，从根本上解决就业困难问题。

(3)培育发展村级集体经济组织。贵阳贫困地区经济组织一般处于相互竞争的状况，这种竞争关系很大程度上抑制了贫困地区的经济发展，使贫困问题一直存在，难以解决。贵阳减贫需培育村级集体经济组织，以集体经济为核心竞争力获取市场，从经济条件上解决贫困问题。构建村级经济组织应成立科学管理领导部门，实行股份制度，对参与集体经济组织的村民投入资产量化，以计算比例形式获得股份。参与集体经济的资产，包括土地、资金、房屋等，用当前市场价对资产进行评估，实现资产量化。在贵阳发展村级集体经济时，应借助社会帮扶力量，对其进行专业的企业管理培训。以政策为手段，鼓励更多村民参与进来，扩大集体经济组织力量，从投入资金和人力方面增强产业市场竞争力。完善集体经济组织的管理机制，从获取投资到管理投资，再到监督等各个环节，都有明确的制度管理，有迹可循。为更好地领导村级集体经济组织，需建立一个会经营的组织部门，且能团结村民，让村民信服。村级干部应首先做好带头作用，承担起这份责任，广泛招纳杰出人才，组织村民参与进来。在人才管理上，松弛有度，团结一切可使用的力量，切实联系群众，杜绝违反党纪的作风和行为。

（4）产业减贫建设。贵阳贫困户收入来源主要是外出打工或者在家务农，经济条件较差造成贫困。为了使贵阳能更高效地实现减贫，发展产业经济是经验选择。根据贵阳贫困现状和资源分布，可以"禽、畜、奶、蛋、蔬、果、茶、药"和乡村旅游产业为重点，这都是贵阳特色产业，符合贫困地区产业发展需要。政府在发展贫困地区特色产业时，应优先扶持龙头企业，打造市场品牌效应，扩大地区产业宣传力度。重点打造开阳县高原富硒茶产业，建立开阳茶园示范区，加大宣传力度，龙头企业牵头，扩充开阳茶市场。当前，贵阳市农产品以个体户经营为主，经营方式传统，经济效益不强，可通过发展合作社的方式来组织产业经济解决这个难题。村民自发组织起来发展产业，以集体力量增加收入，实现减贫。由政府牵头，构建当地产业与社会企业合作机制，获取专业技术和管理经验。政府应实施产业项目融资策略，对贫困地区给予最大程度的帮助，对减贫产业制定财政拨款帮扶政策，鼓励村民回乡创业。银行在各贫困户创业贷款时，采取低利息、免抵押的策略，降低贫困户贷款难度。

第三节　遵义市绿色发展的减贫机制

遵义位于贵州省北部，是国家首批文化名城之一，以红色旅游闻名遐迩。遵义市减贫工作一直以"严要求、高标准"作为"第一民生"工程的准则，遵义绿色发展减贫主体是以政府为主导、社会企业与相关事业单位为辅助共同构成，遵义减贫不是阶段性问题，而是存在时间尚久的历史性问题，它是受经济条件不能满足遵义市民社会保障的现状而产生的，故而遵义减贫问题的解决，并不仅仅依靠遵义市政府，需要的是各界人士通力完成。政府在机制中起决定性作用，通过指导和协调社会力量，以有序的手段实现遵义减贫。企业协同政府的减贫工作，主要负责贫困地区产业扶持和生产技术扶持，另外企业也在承担一定的社会责任。事业单位包括学校、医院、银行等组织在遵义减贫机制中承担的责任也必不可少。遵义减贫客体主要是指遵义贫困地区居民，他们是接受帮扶实现区域减贫的对象。当然，减贫机制的主客体并不是单向作用，在减贫过程中，客体应积极配合和参与工作，并相互行使监督权，保障减贫工作在遵义市顺利进行(图6-3)。

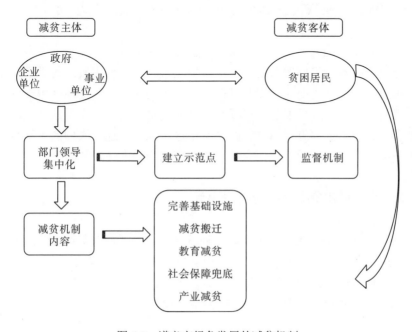

图 6-3　遵义市绿色发展的减贫机制

　　遵义市绿色发展减贫机制的主体之间组织实施各部门领导集中化，各个减贫项目直接对部门负责，形成以"一名领导、一套班子、一个方案"为发展模式的减贫机制。可以在人员配置上更为合理，效率更高，在资源整合上利用率也达到较高水准；也可解决减贫措施执行时上下级沟通不力，造成人员和资源浪费的问题。同一个领导是指遵义成立专门负责减贫工作的领导团队，根据遵义贫困情况，制定符合遵义市情的减贫机制，指导各帮扶企业、单位以及下级政府完成减贫项目。

　　遵义目前贫困区域分布并不集中，采用一个领导模式执行遵义减贫工作在很大程度上存在困难。基于此，在遵义对全市展开减贫工作之前，可优先选择建立减贫示范点乡村，通过以点带面的方式实施遵义绿色发展减贫机制，能在减贫过程中减少错误实施情况，并能及时纠正机制存在的问题，引以为戒，避免不必要的人员损耗。监督机制是遵义绿色发展减贫的后续保障，是遵义减贫可持续发展的根本措施。遵义应构建一套完整的监督机制，其中应详细包括各环节的减贫监督人员和执行标准，监督管理规则应以文件形式传达至各个部门，奖惩机制明确。引入第三方审计监督，实行多渠道、全方位的公示制度，增加动态审计和随机审计，坚决杜绝减贫资金"跑冒滴漏"现象，以便提高减贫资金使用效率。根据遵义市贫困情况，达到的减贫要求应包括五个方面。

(一)完善产业减贫基础设施，夯实产业发展配套基础

发挥产业减贫的功能，除了提供生产性就业岗位以外，完善产业发展的基础设施十分重要。基础设施改善是机制中首要之策，也是民生改善的重要之策。在遵义大部分贫困地区，交通建设是基础设施完善的基本，这些地区由于常年交通不便，信息封闭，产业发展与市场联系不紧密，贫困情况一直无法得到解决，故而需要首先解决交通问题。另外，在遵义山区，水电不通，人们的生活得不到保障，水资源缺乏阻碍农业发展，建设水电工程也成为遵义减贫的关键。

(二)落实精准帮扶异地扶贫搬迁

精准帮扶异地扶贫搬迁，实质是一种减贫搬迁。抓好减贫搬迁是遵义减贫根本之策，减贫是推动农村向城镇化发展的动力，易地搬迁是规划城镇建设的关键，"挪穷窝、迎发展"是遵义减贫发展模式。减贫搬迁可解决贫困集中问题，通过搬迁方式实现贫困情况分散，社会扶持力量能较为准确给予，促进减贫工作开展。

(三)扶贫要扶智，推进教育减贫

教育减贫是扶智的过程，是通过教育培训的方式，增加贫困居民就业机会，提供专业指导意见，给遵义产业发展带来技术支持。教育减贫一方面通过"雨露计划"等政策进行教育扶持，解决贫困家庭上学难、乡村教育资源稀缺等问题，完成九年义务教育，或者在社会各界帮助下，给予乡村青年职业技术培训，得到更多的就业技能，从而获得就业机会；另一方面可给贫困户提供专业的就业和创业培训，获取就业机会，增加收入，解决贫困问题。

(四)社会兜底保障扶贫，保障贫困人口基本生活

贫困户在减贫过程中应在社会福利上得到保障，才能让其减贫决心更为坚定，支持政府对贫困地区减贫措施的执行。成立专门领导小组对贫困地区居民民生问

题进行访问，保证每户都能实现温饱，基本利益有一定保障，逐渐向更好的生活水平迈进。

(五)绿色发展产业减贫，突出特色产业经济

产业减贫是遵义绿色减贫机制的关键，兴办遵义特色产业，让特色产业成为遵义经济发展支柱性产业是遵义减贫的重点。根据遵义当前的发展环境，形成以特色农业与红色旅游为重点的特色旅游产业市场经营模式，发展遵义经济，充分利用遵义红色历史古城特点发展旅游产业。充分利用茅台酒知名度，打造以茅台酒为核心的酒产业，从而带动遵义特色产业发展。

第四节 安顺市绿色发展的减贫机制

安顺市位于贵州省中西部，距贵州省省会贵阳市 90 公里，安顺市设立两区、一县、三个自治县和两个管理区。安顺属于国家规划的滇桂黔石漠化集中连片特困地区，存在大面积贫困现象，经济发展速度较为缓慢，居民生活贫困比例较大，导致安顺贫困因素复杂，故而安顺绿色发展减贫开发工作艰巨且复杂，需发动社会帮扶人士参与到安顺减贫的措施中。以贵州发展减贫机制为依据，以安顺实际发展现状为依托，建立健全安顺绿色发展减贫机制，指导安顺绿色发展减贫工作部署。安顺市绿色发展的减贫机制如图 6-4 所示。

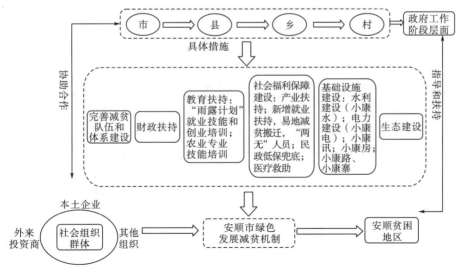

图 6-4 安顺市绿色发展的减贫机制图

安顺市绿色发展减贫是以政府为主导，从市落实到县，并要求各县(区)逐级将减贫目标任务认真分解落实到乡、村、贫困户，各县(区)各项工作应紧紧围绕绿色发展减贫目标任务开展，层层紧扣、层层深入地实现安顺绿色发展减贫。社会群体以辅助角色在减贫体系中运行，其中包括本土已有的企业，可以将其作为龙头企业引领发展本土特色经济，既能为贫困地区提供足够的就业机会，又在一定程度上发挥宣传安顺市形象的作用。在安顺本土企业中，建立以黄果树集团等有一定知名度企业作为引领的产业链，带动其他行业的蓬勃发展。经济发展离不开资金的支持，拉拢外资是融资的必要渠道。安顺以现有的资源，打造特色产业链，吸引外资投入，是安顺减贫的主要一步环节。安顺绿色发展减贫机制内容包括六个方面。

(一)完善减贫队伍和体系建设

在安顺减贫机制构建环节中，首先应完善安顺减贫队伍和体系建设，开展专题询问，按照条例规定意见设置减贫开发工作站。完善减贫队伍，一方面把每一项减贫任务落实到具体部门科室，做到责任到人、责任到组织；另一方面可促进各部门工作保持顺畅的交流和沟通，以便在实施过程中减少不必要的环节。安顺减贫队伍建设应围绕减贫工作展开：①成立综合科办，全面统领安顺减贫工作各个环节，负责统筹工作；②成立减贫项目财政拨款专项小组，负责减贫工作资金管理；③成立减贫项目科，负责减贫项目管理和建设；④成立信息管理科，监督减贫工作进度和后勤保障工作。

(二)推进财政专项资金扶持

财政扶持是安顺减贫环节的关键一步，安顺要实现减贫，应首先提高贫困户生活条件，无论是硬件还是软件，都离不开财政扶持。安顺减贫机制中建设基础设施需要的资金是一笔较大的开支，是提高安顺硬件设施的基本手段，如何获取和高效率使用这笔资金是安顺财政部门应关注的重点。成立专项减贫财务小组，制定减贫项目资金使用条例，落实每一笔减贫投资项目。依据安顺自然资源和环境优势，制定农产品减贫项目。如紫云县达帮乡地处低热河谷地带，无霜期为320天以上，可开发利用荒山荒坡面积26000余亩，是精品水果种植的理想地。安顺的发展离不开融资措施，财政的融资一部分依靠政府施以援手，另一部分来自社会帮扶。专款专用是减贫财政机制重要原则，安顺减贫资金涉及范围广、项目多，必须对财政进行科学有效的管理。

(三)教育扶持全面开展

安顺绿色发展减贫机制的运作离不开教育的扶持，"授人以鱼"不如"授人以渔"。安顺的教育扶贫工作主要包括两方面：①在安顺贫困家庭子女教育方面，正确落实贵州省颁布的"雨露计划"，引导贫困家庭子女接受九年义务教育，并尽可能在接受普通高中教育后接受正规的职业教育，从而提高安顺贫困家庭子女接受教育的水平，提高整体素质，以便给贫困户学生就业提供一定的保障，建设减贫环节，提供技术人才；②对安顺贫困地区居民提供就业创业培训和农业技能培训，培训对象包括青壮年，还重点针对有一定劳动能力的留守老人和农村妇女，通过提供专业技能培训，使其获得就业机会，在一定程度上解决贫困地区劳动力缺乏问题，增加家庭收入。

(四)社会福利保障建设

安顺绿色发展减贫机制构建中，保障当地居民社会福利是主要目的。安顺市社会福利主要包括：产业扶持、新增就业扶持、易地减贫搬迁、"两无"人员减贫、民政低保兜底、医疗救助六个方面。

(1)产业扶持。根据安顺贫困地区自身拥有特色来发展产业，以便更符合安顺绿色发展减贫理念，如紫云县火花乡依托低热河谷地理位置，建立早熟蔬菜产业示范园区；在普定县建立循环农业(减贫)示范园区；在关岭县顶云建立现代高效休闲观光农业生态园区。

(2)新增就业扶持。主要依托产业建设，同时这些产业能提供就业机会。

(3)易地减贫搬迁。为减贫工作"挪穷窝"，以便建设城镇化乡村。

(4)"两无"人员减贫。重点帮扶"两无"人员。

(5)民政低保兜底。确保低保户得到最低保障。

(6)医疗救助。保障贫困户医疗水平。

(五)保障人民生活基础设施

生活基础设施的建设和完善为安顺市发展提供便利和基础，主要包括：小康水、小康电、小康讯、小康房、小康路、小康寨等建设。安顺减贫的任务不是阶段性的，而是需要打持久战的。当前，安顺贫困地区的基础设施建设存在一些问题，给减贫任务带来一定的困扰。在部分贫困地区存在基本的道路不通、水利设施不完善等问题，这些都是减贫中需要重点解决的问题。目前，安顺市可通达性尚未达到我国平均水平，公路建设速率较为缓慢，为促进安顺经济发展，完善基础设施是安顺市绿色发展减贫机制中关键一步。

(六)绿色健康生态建设

生态建设是安顺绿色发展减贫机制的重要环节，安顺市生态资源在全省范围内居前，有以黄果树瀑布为代表的丰富的自然资源，但生态承受力相对比较脆弱，故而发展生态保护型减贫模式是安顺的必然选择。安顺生态文明建设主要包括三个方面。

(1)构建绿色农业发展模式，安顺金刺梨绿色农业在全市经济发展中已取得一定的成果，可着力推动以金刺梨绿色农产品为核心的产业，建立示范园区，指导其他绿色产业的发展。

(2)建立绿色旅游产业链，安顺市旅游资源十分丰富，拥有5A级自然观光景区黄果树瀑布以及若干休闲景区。安顺生态建设应立足于保护生态文明，同时加大力度保护生态环境，促进可持续发展模式。

(3)实施生态文明保护措施，在安顺部分地区生态破坏十分严重，为发展经济，森林资源急剧减少，退耕还林、防止沙漠化是安顺应关注的民生问题。这是安顺为过去买单，也是为未来投资，生态保护是保障安顺绿色减贫的关键。

第五节　铜仁市绿色发展的减贫机制

铜仁市绿色发展减贫主客体之间的关系与其他地区的机制大同小异，以政府为主导，企业与其他组织相互配合，协同政府作用于市场，形成完整的减贫主体机制，作用于贫困地区居民，帮助其脱离贫困，实现富裕的大好局面。铜仁市绿色发展的减贫机制如图6-5所示。

铜仁市减贫思路分为五步走。第一步"探路子"，建立合适的减贫试验区，打造铜仁市符合当地民情的特色减贫形式。第二步"创机制"，通过实验构建符合铜仁市整体经济绿色发展的减贫机制，打造一套完整的系统。第三步"育品牌"，在铜仁绿色经济产业发展过程中，当地特色的农业产品应实现准确的经济效益，杜绝不成体系的杂乱无章。第四步"强素质"，地方要想持续发展，而不是实现一时的精准效应，应加强居民的自身素质培养，教育是主要的方式。第五步"树形象"，减贫的最终目标是实现贫困地区脱贫，树立良好的形象，无论是地方产业的可持续发展，还是当地绿色发展减贫机制，都是必要的。铜仁减贫工作具体内容主要包括五个方面。

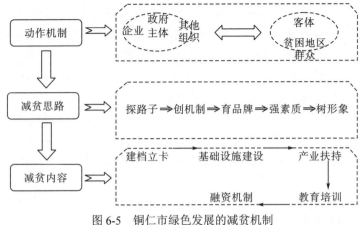

图 6-5　铜仁市绿色发展的减贫机制

（一）精准识别，建档立卡

在精准识别方面，需要创新铜仁市各贫困村、贫困信息大数据和贫困户建档立卡模式，并完成贫困村和贫困户建档立卡以及数据录入工作。按照"一村一规划、一户一台账"和干部结对帮扶、教育培训、产业扶持、农村危房改造、基础设施建设、减贫生态移民等六个方面实现到村到户的要求，通过建档立卡，充分了解铜仁在上述六方面的建设情况，从而更准确地制定精准减贫措施。

（二）交通网络基础设施建设

"要想富，先修路"，这句传统老话用在铜仁市减贫机制运作中最合适不过。铜仁市贫困地区的基础设施存在严重不足，很大程度上影响了铜仁市的发展。因此，基础设施建设是关键一步，铜仁交通建设应满足"路到乡镇，路到家门"现状，是实现城镇化建设的重要手段。交通建设是铜仁基础设施建设的首要工程，交通的完善有助于铜仁减贫的通畅，外界信息获取更为便捷，有助于实现铜仁绿色发展减贫。另外，电网、水利建设也尤为重要，铜仁部分贫困山区连基本的通电和通水都无法保障，为加快减贫效率，应加强完善铜仁贫困地区基础设施建设。

（三）特色生态农业产业减贫

在特色产业发展方面，根据铜仁所处的自然环境和资源限制，铜仁贫困地区发展特色农产品和旅游业是基本选择。铜仁核桃的品牌效应在市场已有一定的知名度，另外铜仁在其他水果种植方面也有一定的成果，但是当前主要以个体经营为主，且存在市场盲目种植的情况。例如，当桃子在市场畅销时，各农户相继种桃子，造成市场过剩，其他产品稀缺，很大程度上影响了农户的收入。因此，在铜仁发展特色产业方面，应创新经营模式，通过合办农村信用社、股份承包制等形式发展铜仁特色产业。铜仁减贫产业集中连片开发模式是适应铜仁农产品发展模式的，即按照整体开发模式，实行资产投资量化，个体户集资，共同发展产业，经营模式企业化，股东分红，连片开发产业，实现"一乡一品、一县一业"的局面。铜仁减贫可大力扶持龙头企业的发展，以便形成良好的品牌形象，宣传铜仁产业。另外，铜仁自然资源丰富，可打造以梵净山为重点的核心旅游产品，以旅游产业带动其他产业发展，依靠旅游减贫，在一定程度上充分利用铜仁特色旅游资源，带动经济、产业的提升。

（四）重视再就业和农业科技培训

铜仁应给贫困地区居民提供完善的再就业培训和农业种植科技培训，为当地发展特色产业打下坚实的基础，提高当地产业劳动效率，减少更多的闲置劳动力。充分发挥当地弱势群体作用，如体力不强的妇女和留守老人，提高其再就业技术能力，从而获得更多的就业机会。教育培训还包括给贫困家庭学生带来教育扶持，让他们能接受义务教育和专业技能培训，为铜仁减贫建设输入人才，增加其就业技能，促进铜仁经济发展。教育是扶智的过程，是从根本上输送铜仁绿色发展减贫的动力源泉。

（五）创新扶贫金融机制

铜仁在金融机制上应采取"政府搭台、产业唱戏、金融支持、减贫贴息"的办法，实施贫困地区银行融资流程简易化运作模式，各大银行尤其是农村信用社对减贫项目给予减息支持，政府应加强引导各银行对减贫项目的支持，以便在减贫战略融资方面贫困户能少些障碍，且能在很大程度上鼓励减贫在铜仁展开。对贫困户发展特色产业，在小额信用贷款方面，采取放低担保额度和免抵押模式，激励贫困户创业决心。另外可以使用贫困户信用等级制度，开发"减贫"金融产品，鼓励贫困户参与减贫。

第六节　毕节市绿色发展的减贫机制

毕节市位于贵州省西北部，临近四川，是一座少数民族文化和自然资源丰富的城市，毕节贫困地区分布不是特别集中，致贫因素较为复杂，实现减贫是一项艰巨任务。毕节要想实现减贫，必须贯彻绿色发展减贫理念，以"决战贫困、提速赶超、同步小康"为口号，全面建设绿色发展减贫道路。毕节绿色发展的减贫机制如图 6-6 所示。

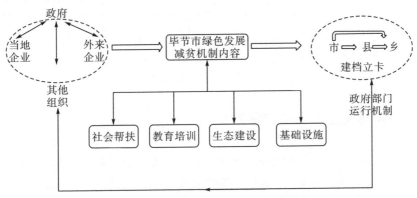

图 6-6　毕节市绿色发展的减贫机制图

毕节市绿色发展的减贫机制主体主要由政府、当地企业、外来企业以及其他非政府组织共同构成，他们主要承担帮扶责任，以发展地方经济为目标实现区域减贫。毕节绿色发展减贫工作，首先需要进行贫困户识别，毕节市因此建立起"四看法"精准识别体系，即"一看房、二看粮、三看劳力强不强、四看有无读书郎"，以精确甄别、确定减贫对象，施行对贫困户"一户一档"跟踪服务，对全市贫困村全部建档立卡。为更好规范毕节建档立卡发展模式，有象征性地选择贫困地区建档立卡示范点，以点带面实施建档立卡战略，构建毕节全面的档案建设模式。

（一）充分发挥社会帮扶的作用

构建社会帮扶机制主要是指依赖社会帮扶促进毕节经济发展，以便实现减贫。社会帮扶主要体现在三个方面。

（1）创新社会金融帮扶机制，鼓励引入民间减贫开发与资金参与，集中社会帮扶力量，构建金融减贫机制是社会帮扶力量的主要展现，引导各金融机构在减贫项目资金方面的扶持，可实施对贫困户创业小额贷款低息免押的战略，加强对贫困户参与减贫机制的信心。

（2）技能创新就业计划实施，引进有经验的企业指导产业发展，促进产业在毕节的发展更为科学。另外引进有实力的企业驻村建造工厂，增加就业机会。

（3）实施社会"一对一"扶持计划，建设全面、有计划的帮扶机制，社会帮扶力量直接到人，有针对性地帮助贫困户，避免信息沟通不畅的问题，以便实现减贫。

（二）精准落实教育培训的功能

毕节市实施"雨露计划""1户1人"培训计划，完成对基层组织负责人和致富带头人培训；对减贫产业实用技术培训，对村级干部培训。带动毕节杰出人才引领全市绿色发展减贫坚定步伐，实行精英人才培养方案，减少劳动力浪费局面，大力发动弱势人群搁置的劳动力，让当地贫困居民能更加全面地参与到绿色发展减贫阵容之中，从而加快毕节绿色发展减贫效率。

（三）发挥生态产业的扶贫效应

毕节大力发展经济需要加强生态建设，大力发展生态新兴产业，推进沙漠化综合治理，坚守环保底线，扩大城乡绿化美化面积，大力发展农林绿色经济，加强对森林资源的保护。以"依山傍水、显山露水、亮出田园风光"为目标要求，快速打造最美农村。以统筹解决人口问题为主，进一步完善人口生计"双诚信、双承诺"机制，控制人口增长，不断提高人口综合水平素质。抓好减贫工作，其核心是以统一减贫思想，转变减贫作风为基础，真抓实干。打造以生态旅游业为核心的产业，以毕节市百里杜鹃为牵头，打造一条以休闲娱乐为主的生态旅游产业链，以治理为主要目的的生态产业。

（四）夯实发展基础设施

毕节市贫困地区经济落后的原因主要在于基础设施建设不完善，与外界沟通较少，产业发展缺乏途径和自然环境。完善基础设施是毕节市绿色发展减贫重要措施，主要包括三个方面：①交通建设，毕节大方县一些贫困农村尚存在道路不通的问题，对贫困地区群众外出造成极大不便，加强交通建设是减贫的重要战略；②水利建设，发展农业依赖于水资源，完善水利建设可解决部分贫困地区水资源缺乏问题；③通信设施建设，获取外界信息困难是毕节市致贫的关键因素，因此通信设施建设十分重要。

第七节　六盘水市绿色发展的减贫机制

六盘水市在绿色发展减贫机制方面，应夯实绿色发展减贫工作基础。将"精准"二字贯彻始终，做实绿色发展减贫基础工作，做好贫困人口动态管理工作，把脱贫攻坚的基础数据搞准搞实,形成长效工作机制,确保贫困人口"进有理、扶有人、退有据",经得起检验,能得到认同。减贫主体之间应构建完善的运行机制。主要责任部门各司其职,相互配合,相互协作。在六盘水绿色发展减贫机制中主要责任政府部门有:市教育局、市扶贫开发局、中国人民银行六盘水中心支行、市卫生和计划生育委员会、市财政局、市农业委员会、市水库和生态移民局、市人力资源社会保障局、市民政局等重要部门。这些部门主要职责是让六盘水绿色发展减贫得到可持续发展,六盘水经济更加稳定。根据六盘水当前贫困分布情况及将要达到的减贫目标,因地制宜地提出"五步走"机制。六盘水市绿色发展的减贫机制如图6-7所示。

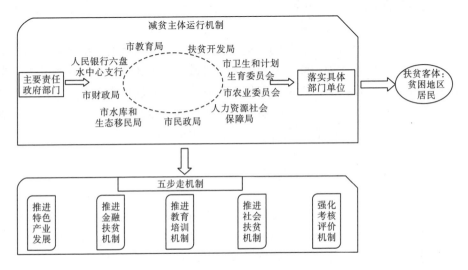

图6-7 六盘水市绿色发展的减贫机制图

(一)推进特色产业发展

六盘水市大力普查,指导贫困地区发展地方特色产业,六盘水核桃、中药材、精品水果产业已走在全市前列,拥有了一定的市场和在口碑。在此基础上,应优先发展龙头企业,塑造六盘水特色产业经济品牌,而后集中居民力量,以合作社形式,共同发展农产品。发展特色产业需要多数贫困家庭共同参与,人员配置低和创业技能不足是六盘水产业发展面临的重要问题。以政府为桥梁,让社会企业给予足够的创业技能培训和就业技能。

(二)推进金融绿色发展减贫机制

贫困农户在发展产业经济时，资金获取有一定难度，为解决贫困户贷款难的问题，应强力推进金融机制，引导财政部门在减贫资金方面的拨款力度和充分开发利用社会资助，形成"政、银、企、农"共同参与减贫开发的良好局面。对于贫困户创业贷款，六盘水金融减贫应采取"低利息，免抵押"模式，以便激励贫困户积极参与产业减贫之中。

(三)推进教育培训机制

推进六盘水教育培训机制是为了提高贫困户的创业与就业技能。六盘水在贫困地区应响应"雨露计划"和"一户一人"等教育培训计划，提高居民的自身素养，获得就业与创业技能，以便更好地实现减贫。政府应加强对贫困户子女教育问题的关注，组织社会各界人士对贫困家庭子女的教育给予扶持，完成九年义务教育，或接受更高层次的职业教育。

(四)推进社会绿色发展减贫机制

社会帮扶是六盘水绿色发展减贫必不可少的力量，协同政府实现六盘水减贫。社会帮扶从技能支持和资金支持两方面共同推进减贫工作，指导贫困户参与减贫产业发展，是政府为满足六盘水减贫过程中机制构建依托的主体。六盘水应拓宽社会帮扶渠道和政策引导，加大社会帮扶投入力度。

(五)强化考核评价机制

六盘水减贫机制涉及范围较宽，工作强度较大，为保障减贫工作的方向始终不偏不倚，减贫效果俱佳，故而推进考核评价机制。考核评价是各部门在六盘水减贫工作的完成力度、措施执行效果的直接反映。进一步增强各部门减贫的责任感和使命感，督促各部门严格实施减贫策略，严禁政府部门脱离群众。考核评价机制应做到工作量化，以科学考核制度评价各部门完成情况，而后给予奖惩，对在减贫工作中的优秀人员，给予优先升职表彰，完成较差者，组织批评或者问责。

第八节　黔东南州绿色发展的减贫机制

黔东南州减贫机制主要从总体布局落实，建立减贫示范区，以区域实例检验和探索黔东南州整体减贫机制及理论创新。根据黔东南贫困情况，为实现减贫，应重点建设以下五方面：强化组织领导、资金监管、新型经济组织、特色产业减贫、教育机制优化，从总体局面完善。黔东南绿色发展的减贫机制如图6-8所示。

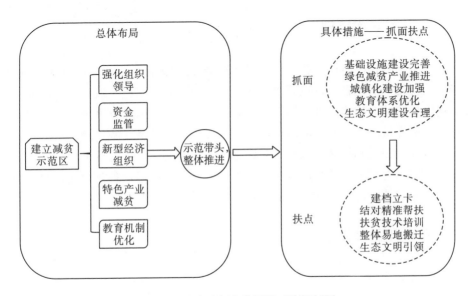

图 6-8　黔东南绿色发展的减贫机制图

黔东南州减贫机制的具体构成以"抓面扶点"为基本思路，将黔东南减贫应达到的效果作为目标，制定具体的策略。黔东南应在实施减贫机制后，形成"基础设施完善、绿色发展减贫产业推进、城镇化建设加强、教育体系优化、生态文明建设合理"的五面一体局面，从各个点逐个完善，达成绿色发展减贫机制形式，主要包括五点。

（一）建档立卡

建档立卡是黔东南州绿色发展减贫关键一步，是完善该市绿色发展减贫信息系统的重要措施。建档立卡目的是将黔东南州各地区贫困人口数量和贫困情况具体勘察，其工作量是十分巨大的，为促进该项任务完成，应构建系统的减贫情况普查方案，进一步完善贫困人口信息管理和识别。将黔东南州贫困的具体情况摸清之后，分别对贫困情况进行管理和分类，因地制宜地制定一套完整的减贫机制。

（二）结对精准帮扶

黔东南州贫困户减贫离不开政府和社会帮扶，为促进帮扶工作更加科学地展开，黔东南州应构建"责任到人、帮扶到户"的管理方式，以"5321"政策条例为要求，指导黔东南州帮扶工作精确落实。政府部门应加强贫困家庭摸底情况调查，切实听取群众声音，了解他们的生活需要，选择适宜的帮扶对象。

（三）扶贫技术培训

黔东南州减贫不能仅依赖外部力量实现减贫（这是治标不治本的方法），还应在获得社会帮扶的基础上，按照"雨露计划"和"阳光工程"教育扶持措施，加强对贫困户的就业技能培训，提高居民素养。结合黔东南州特色产业发展方向，有针对性地提供产业发展技能培训，以此来促进当地经济发展。给予贫困家庭免费教育机会，完成九年义务教育，帮助这些贫困家庭儿童有更多机会获得高水平教育，为黔东南州减贫战略培育更多的杰出人才。社会帮扶企业应加强对贫困户就业和创业的技能培训，提升黔东南州贫困地区的劳动力水平。

（四）整组易地搬迁

针对在黔东南州存在"一方水土养不活一方人"的问题，实施整体易地搬迁战略。易地搬迁是让贫困地区的资源整合更加完善，能更好地利用贫困地区资源发展经济。通过重新规划乡村建设方式，加强城镇化发展，实现贫困地区地方性减贫。坚持以"群众自愿、合理布局"为原则，引导黔东南州易地搬迁战略实施。

（五）生态文明引领

黔东南州绿色发展减贫是根据经济与环境协同共进的美好愿望提出的，既要金山银山，又要绿水青山。生态文明建设是保障黔东南州经济可持续发展的重要依据，因此黔东南州绿色发展减贫机制中应保护生态资源，实施建设生态文明战略。推进黔东南州打造生态保护建设示范区和示范乡镇，实施环境卫生保护策略，进一步保护绿植覆盖率，改善水资源严重污染情况。在土地规划方面，应注重环境生态建设，调整土地治理方案，节约使用土地资源。在产业发展上，优先发展绿色产业，着力发展以健康养生为主题的绿色产业。根据黔东南州旅游资源优势，可大力发展"农文旅一体化"产业，实现以生态保护为基本原则的产业链。

第九节　黔西南州绿色发展的减贫机制

在黔西南州绿色发展减贫机制中，减贫主体主要由政府单位、社会帮扶企业与其他减贫辅助单位构成，受助群体主要是贫困地区居民，减贫是让他们利益得到保障，生活得到保障，能够享受足够的福利，这也是黔西南州绿色发展减贫的主要目的。黔西南州绿色发展的减贫机制如图 6-9 所示。

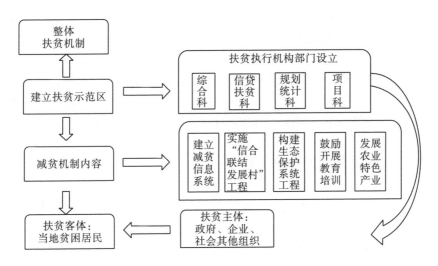

图 6-9　黔西南州绿色发展的减贫机制

在黔西南州绿色发展减贫机制构建中，应建立减贫示范区，如义龙试验区，以便更加具体指导黔西南州减贫机制的完善。减贫执行组织应详尽设立职责分明的部门：①综合科（行政审批服务科、法律顾问室）领导组织、协调和处理机关日常工作，负责机关文电、会务建设；②信贷扶贫科是负责实施金融机制减贫的重要部门，承担解决贫困户信用贷款问题；③规划统计科负责减贫各类项目的完善，指导减贫项目各个过程的开发和监督；④项目科负责制定黔西南州减贫项目。另外，在黔西南州减贫部门设置中还应设有培训科、社会减贫科、信息科等重要部门。

在黔西南州绿色发展减贫机制中，实现减贫应主要包括以下五方面内容。

(一)建立减贫信息系统

为全面做好绿色发展减贫建档立卡工作，建立减贫信息系统，通过系统摸清各个村的基本情况，根据各家各户的具体情况制定帮扶措施，切实做到"减真贫、真减贫"。坚持进村入户，一户一策，摸清底数，对于致贫关键因素，采取移民搬迁、发展产业、科技培训、教育资助和帮助就业等不同措施，统筹分类解决贫困问题。坚持广泛动员，多方帮扶，鼓励有意愿、有能力的各类社会组织、企业和个人积极参与帮扶特困户工作，采取一帮一、一帮多、多帮一等多种方式，全面帮助特困群众脱贫致富。

(二)实施"信合联村发展"工程

为科学领导"信合联村发展"工程建设，应设立负责"信合联村发展"工程工作统筹部门，负责项目各个环节的战略实施和监督，积极联络银行金融帮扶力量，构建金融减贫体系，激励"信合联村"工作能更好完成。

(三)构建生态保护系统工程

生态工程建设，首先要树立生态优先、绿色发展的理念。以保护生态资源为原则，实施黔西南州绿色发展减贫战略，构建可再生的生态系统。对黔西南州森林资源进行科学管理，树立防范土地荒漠化意识，预防稀缺生物的灭绝，形成绿色环境生态系统的多样性。黔西南州绿色发展减贫，就是实现经济、自然与社会文化资源共同科学发展，建立符合黔西南州绿色产业发展机制，如继续发展黔西南州山地旅游产业。不断探索乡村旅游、健康旅游、生态旅游等山地旅游形式，推动山地旅游与工业、农业、服务业等产业融合发展，以旅游产业经济发展模式实现绿色发展减贫。

(四)鼓励开展教育培训

积极鼓励教育培训工作的展开。为做好贫困农户剩余劳动力转移培训规划，政府通过"雨露计划"和"阳光工程"等，选择培训对象，做细做实各项工作。通过培训，力争贫困户剩余劳动力有一半以上转移到非农产业，实现"培训一人、就业一人、脱贫一户、带动一片"的目的，大力发展劳务经济，按照政府牵头、社会参与、其他组织协同帮扶形式，加强贫困地区的教育培训。

（五）发展农业特色产业

黔西南州可通过产业扶持方式实现减贫，为更好获得市场，可着力发展龙头企业，兴办黔西南州特色产业经济，黔西南州兴仁县在烤烟、薏米、核桃等农产品种植方面具有独特性，可积极鼓励兴仁县建立合作社，以企业模式发展烤烟、薏米、核桃特色产业。另外，黔西南自然资源丰富，应大力扶持旅游产业的发展。

第十节　黔南州绿色发展的减贫机制

黔南布依族苗族自治州位于贵州省中南部，与省会贵阳市毗邻，自然资源丰富，少数民族文化璀璨，是极具贵州特色的地州。根据黔南州自身特色，在黔南州实施绿色发展减贫战略不是选择题，而是必答题。创新思维是黔南州实施绿色发展减贫的重要前提依据，它不再是黔南州从前减贫过程中的老旧方式，而是根据当今时代的发展，作为少数民族自治州特殊形式发展减贫，并秉承着绿色发展的创新思路，由原先"撒胡椒面式"和"输血式"的减贫做法，变成因地制宜的"造血式"减贫方法。黔南州绿色发展减贫机制主要分为三个大板块：前期准备工作、机制内容构建、监督保障层面。三个层面环环相扣，前期准备工作是基础，机制内容构建是核心，以监督作为保障。黔南州绿色发展的减贫机制如图 6-10 所示。

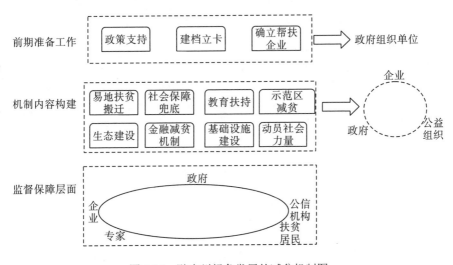

图 6-10　黔南州绿色发展的减贫机制图

(一)前期准备工作

前期准备工作中的主要负责主体是相关政府组织及单位，包括市、县、乡、村各个阶层的政府联合工作，相互协同完成。为加快黔南州绿色发展减贫速率，需建立负责整个机制的指挥部门，各级政府分别建立相应的部门，一方面是在战略实施过程中，起总领全局和把控场面的作用；另一方面在过去减贫过程常常出现上下级沟通不力、指令传达有误的情况，往往会耽误工作进度，影响策略实施。为了更准确地实施减贫战略，必须保障上下级关系明确，形成市抓各县减贫、县抓各乡镇、乡抓各村、村抓各户、一般干部抓个人的系统，上下级保持流畅、无障碍的联动机制，实现绿色发展减贫工作的精准性和全面性。

1. 政府支持

黔南州绿色发展减贫工作首先离不开政府政策的支持，以政府手段为钥匙，打开黔南州减贫之路上的各扇大门。政府政策的支持是黔南州绿色发展减贫必要前提，是领导黔南州绿色发展减贫工作不可或缺的战略，无论是政府对黔南州减贫机制的扶持手段还是领导方针，都是在黔南州绿色发展减贫实施战略时的"定心剂"，能保障减贫事业的展开和加强全民参与的决心，能在最大程度上完善减贫道路中各项机制的构建，且在人员配置上，能更好地分配参与者的工作方向，达到众志成城、万向一心的美好局面。在我国政治层面，政府的引导作用在群众中呼声尤为高涨，颁布政策的实施速率在政府各阶层的领导下有增无减，故而黔南州绿色发展减贫机制的关键一步是获得政府支持。在黔南州，政府首先应要求各个部门建立月份报表制度，这些数据能直观反映减贫的问题和工作成效，另外还能在人员表彰上有一定贡献。

对直接参与减贫机制的政府部门实行"一月一调度、一督查、一通报"，以绩效形式推动黔南州减贫工作，实现高效率、严要求的工作状态。对各个部门出台完善的考核办法，为相应部门在减贫工作绩效评价方面给出能让人信服的标准。对在黔南州绿色发展减贫工作中表现突出、领导有力、较好实现减贫效果的政府人员优先提拔任用，但那些表现不力、减贫工作完成较差的领导和下属直接人员，组织批评与问责。在减贫过程中，如若发现违章违纪的人员，依据法律法规给予严肃处理。

2. 建档立卡

绿色发展减贫机制过程不但需要保障政策给予支持，还需要保障建档立卡工作能进一步完整展开。2014 年，黔南州通过建档立卡方式对减贫情况进行调查，全州贫困人口已达 85 余万，贫困村达 836 个，在过去各级政府减贫工作的努力下，已有 68 万余人实现减贫，社会给予重点保障为 17 万余人，医疗救助为 7 万人，其中通过产业扶持与就业扶持减贫的人口达 58 万余人。这些数据表明黔南州减贫工作已有一定的进展，减贫效果有一定改善，然而未能更加准确地了解黔南州贫困情况与贫困户分布情况，应加强对黔南州更全面的建档立卡调查，根据贫困情况，制定最适合黔南州的减贫战略。建档立卡的任务是保障黔南州的每一寸土地、每一个人都被详细记录情况，信息需要十分准确和完整，故而该任务工作量巨大。

为确保工作完成度，政府各职能部门应制定一套调查机制，发动足够的人员参与该项目，紧密联系群众，发挥群众力量。建档立卡是黔南州绿色发展减贫在精准度方面实现的重要手段，是了解黔南州贫困现状的必要工具，只有勘察各地区贫困情况，才能制定更完善的机制和方法帮助黔南州各地区减贫，能在很大程度上提升黔南州减贫的效率。黔南州的贫困人口主要分布在"三山"地区，主要原因是交通不便，信息受阻，教育水平低下，根据这些原因，政府应因地制宜地发挥职能，制定一套能解决这些地区贫困情况的方案。建档立卡是保障黔南州绿色发展减贫的基本方法，只有充分了解黔南州贫困状况，才能更好地实施黔南州绿色发展减贫策略。

3. 确立帮扶企业

确立帮扶社会企业是建档立卡的后续工作，截至 2014 年，通过产业扶持与就业指导扶持减贫的人口达 58 余万人，占黔南州减贫人数的一半以上，由此可看出，企业帮扶在黔南州减贫过程中是十分重要的方式，故而黔南州绿色发展减贫机制具体措施是实施产业和就业绿色发展减贫。社会企业扶持不仅仅是给予资金的直接扶持，还在于社会企业给贫困地区企业带来管理技术、创业技能、就业技能等，以便指导黔南州贫困地区发展产业作为减贫渠道，贫困居民在兴办产业时得到产业营利后的红利和福利。在帮扶企业的扶持下，贫困地区企业通过调整原先传统经营方式，根据地区特色发展区域产业生产，让原先产业管理更系统，能更好地适应市场，增强其市场竞争力，打造更好的品牌形象，扩大产业结构，增加就业机会，形成产业集中化、减贫效率化的局面。围绕以都匀毛尖茶产业为核心，带动黔南州云雾茶等其他茶产业，打造生态农业链是黔南州产业发展必然选择。在黔南州贫困地区，打造农业产业集中化和农村旅游产业规模化是黔南州减贫的趋势，需要在市场竞争中有一定优势，需要有经验指导黔南州打造这些产业，社会企业帮扶是黔南州减贫战略的行动战略之一。黔南州贫困地区可鼓励贫困户参与产业减贫措施，他们可联合发展农产品生产，在这些专业社会企业指导下，形成管理、经营有自身特色的组织，能发挥市场主渠道作用，发展农产品，打破原先个体经营、市场范围狭小的局面，顺应时代发展，扩充贫困地区销售渠道，保障品牌的经营，从而以产业经营扶持的方式减贫甚至是脱贫。

(二)机制内容构建

机制构成主体为政府、企业与其他相关组织，政府为主要导向，企业为帮扶主体，相关组织联合减贫。在黔南州绿色发展减贫中，应主要注意八点。

(1)加快黔南州贫困户易地搬迁行动。让贫困户为城镇化建设提供土地资源，解决"一方土地养不活一方人"的难题，让农村居民享受城镇居民的福利，制定贫困户搬迁政策，鼓励贫困户积极购买城镇房子，解散地区集中贫困性，以实现减贫。

(2)社会保障兜底建设需完善。黔南州绿色发展减贫必须保障贫困地区居民的社会福利，从医疗、教育等各个方面建设黔南州社会福利。

(3)实施教育扶持机制。教育减贫通过培训方式加强贫困地区居民就业和创业技能，从而增加收入、改善经济条件以实现减贫。

(4)建立减贫示范区。黔南州贫困地区主要分布在"三山"地区，即麻山、瑶山、月亮山贫困集中区，实现黔南州减贫，必须加强力度对"三山"地区重点减贫，建立"三山"地区减贫示范区，对"三山"地区实施绿色发展减贫机制。

(5)建设生态文明。生态保护是黔南州经济可持续发展的保障，是构建绿色黔南州的必要战略。

(6)构建金融减贫机制。黔南州减贫可从产业发展方面实现减贫，如重点打造长顺绿壳鸡蛋产业，带动长顺贫困地区经济增长。发展产业离不开资金的扶持，故而需建立符合黔南州减贫金融的机制。

(7)完善基础设施建设。基础设施是贫困地区基本生活的保障，能从基础上保障贫困地区居民生活便捷。

(8)着力动员社会能集中的力量。减贫工作是长久的工程，它涉及范围较广，为提高黔南州减贫效率，应团结群众，调动一切可使用的力量，共同实现减贫。

(三)监督保障层面

监督保障层面是黔南州绿色发展减贫后续工作能持续发展的重要环节，是由政府、企业、专家、居民和公信单位联合组成。黔南州减贫涉及的资金使用与战略层面十分复杂，为能更加精准地指导黔南州绿色发展减贫工作，必须保障监督工作在各个环节的深入。各级政府应构建监督部门负责监督，这些部门应制定完善的监督管理体制，包括监督人员的分配、违纪人员的处理条例及负责的工作板块等，都应有一套完整的机制指导工作。企业与居民以参与者身份对黔南州绿色发展减贫机制实施过程进行监督，能更好地保障其切身利益。专家协同配合政府监督机制的实施，站在一个较高的层次指导减贫工作，以便黔南州绿色发展减贫工作更加完善实施。公信机构主要承担第三方的责任，是承担其他主体利益的保障。

第十一节　本章小结

　　贵州一直面临着减贫和绿色发展两个难题，由于处于生态脆弱的地区，难以通过重工业发展来促进贵州整体经济的增长，探究贵州绿色发展减贫模式是具有一定价值和现实意义的。在前文中已经指出贵州的减贫指标，将贵州省情与绿色减贫指标相结合考虑，本章研究得出贵州绿色发展减贫机制模式。贵州绿色减贫主要要求包括六个方面：①完善减贫信息系统；②构建减贫金融机制；③加强基础设施建设；④扶持绿色产业；⑤培育就业创业教育培训计划；⑥生态文明保护。各地市州贫困情况信息各有差异，一套减贫机制实施是在贵州整个减贫系统中是走不下去的，只有充分了解地市州贫困情况，因地制宜地构建符合贫困地区绿色发展的减贫机制，才能更好地实现贵州的减贫目标。

第七章 贵州绿色发展的减贫路径设计

第一节 贵州省绿色发展的减贫路径构建

贵州大部分地区处于三大连片特困区范围内(武陵山区、乌蒙山区、滇桂黔石漠化区),是环保和脱贫攻坚的重要战略区。为了构建贵州省的绿色发展和精准扶贫,绿色减贫成为重要元素。一方面,要紧抓人才培养,认真学习和谐生态的绿色开发理念,让贵州贫困山区的生态、健康得到可持续发展;另一方面,要构建有效、长效的动力机制,防止发展后劲不足问题,特别是要破除环保和社会发展之间的矛盾,合理构建生态环境保护体制与生态补偿的全新机制,真正实现绿色增收和全面脱贫,其发展路径如图 7-1 所示。

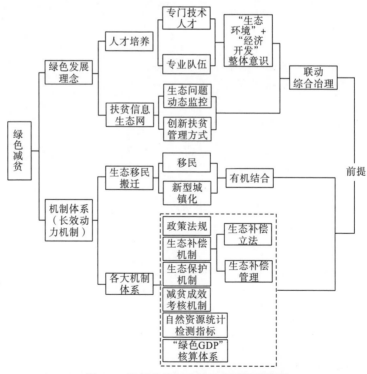

图 7-1 贵州省绿色发展减贫路径系统图

(一)强化绿色发展理念，培养高效人才

社会结构失衡是农村存在的主要问题，推行扶贫工作缺乏专门技术人才和专业的工作队伍，对绿色减贫理念的认识不足和对当地实际情况缺乏了解，导致派驻到基层的扶贫工作者无法顺利开展工作，这种现象在贫困地区更加突出。因此，贵州省为实现管理更加科学化和合理化，强化扶贫工作者的绿色发展理念是首要任务，具体做法如下。

(1)深刻认识绿色发展理念，注重生态扶贫的理论学习，注重人才培养和专业团队建设。集体探讨有利于智慧共享，可以通过研讨会、交流会等形式，加强人才对绿色发展理念的认识，加深绿色发展理念的思想深度，掌握在新形势下绿色扶贫、生态扶贫对当今社会的必要性，从而建立关于生态环境保护和经济开发的关系及整体认识。

(2)要建立健全扶贫信息生态网络，目的是使扶贫工作者对当地的情况有全面、清晰的把握，强化科学管理机制，建立上下通畅的管理体系，防止信息滞后、不对称等问题，实现对生态问题的动态监控。

(3)从整体战略布局着手，让参与的工作人员通过创新扶贫管理的手段，加深绿色发展意识，开展生态扶贫工作。从两方面着手，一方面，向权威、专业的专家咨询，不仅可以提高工作效率，还可以降低工作风险，有保障的作用；另一方面，要开展与帮扶单位的联动，通过与帮扶单位的紧密联系，了解该地区的生态资源情况，以绿色发展理念为基石，应用在连片特困的贵州矿区和喀斯特石漠化等生态脆弱的不同地区，并在保护中利用资源使扶贫的效果达到最强，双方合作能达到最优。在进行过程中得到自我提升，完成从理论到实践的提升，解决各地区贫困问题。

(二)建立健全绿色减贫的长效动力运行系统

注重长效发展动力对推动贫困地区的可持续发展尤为重要。在新扶贫理念的基础上，2015年，习近平总书记在"通过生态保护脱贫一批"中加入"四个一批"，而今又表述为"五个一批"，以应对脱贫攻坚的"啃硬骨头"阶段。

目前，和大规模工业化的发展模式相比，贵州省显然已经到了脱贫攻坚"啃硬骨头"的阶段，想在短时间内做成生态扶贫的发展模式还具有难度，因此要平衡长期发展与短期利益的关系，就要注重可持续发展能力和长期减贫的发展动力，使之在绿色减贫中处于关键地位，以确保区域发展的长效动力。

(1)要全力推进生态移民的搬迁工作。2014年5月，在《建立精准扶贫工作机制实施方案》中，贵州省明确指出将生态移民搬迁作为开展精准扶贫工作的指导方向的主要抓手。生态移民主要面向自然环境恶劣、生态环境脆弱、发展空间

不足、扶贫工作难度大的地区居民，以"搬出后能就业、能致富"为核心和关注点，围绕"想群众所想，急群众所急"为目标，运用强有力的措施，解决群众在生计方面遇到的难题。贵州省麻生山等地区实施的生态移民搬迁取得很大成效。

(2)建立健全各大体系机制。在《国务院关于落实科学发展观加强环境保护的决定》当中，强调要通过建立生态补偿机制的方法，完善生态补偿政策。以统筹协调区域的发展情况为基点，在省内各大贫困地区建立横向补偿机制来进一步加大对该地区的生态环境保护，让该地区通过生态补偿的方式成功脱贫。与此同时，值得注意的是，各职能部门之间要注重区域内生态环境的保护，以及彼此之间的合作沟通和联系，更快地对相关政策和相关法律法规进行完善，建立"绿色 GDP"核算体系和自然资源统计监测指标。

(三)注重产业扶贫与生态保护的有效结合

所谓的绿色减贫，就是通过产业扶贫与生态保护的有效结合，在推动当地经济发展的同时，有效解决环境保护和经济发展这两大矛盾，更快为贫困地区提供快速有效的发展，促进地方绿色产业的构建。贵州作为典型的山区省份，耕地破碎、自然灾害频发，但也具有气候温润、生物资源多样、生态环境良好的优势，可以着力发展生态友好型、环境友好型产业。《中共中央国务院关于加快推进生态文明建设的意见》于 2015 年 5 月出台，同年 7 月份，贵州省委根据该意见制定了相关实施计划，明确要构建生态友好型、环境友好型的产业体系，并要求尽快实现经济发展的绿色转型。加快经济发展转型的步伐，有助于从源头上保护好生态环境。因此，要因地制宜选择发展产业，充分发挥当地的资源和环境优势，推动产业的结构性调整，从而达到生产方式的绿色化、可持续化，提高经济发展的绿色、健康水平，实现环保和经济发展双赢。具体做法如下。

(1)稳定整个生态产业链的协调发展。通过利用各种社会资源，搭建生态供应链，实现绿色产业的良性、健康发展。

(2)地区生态潜力的充分挖掘。贵州省是少数民族大省，要抓住民族文化这一生态产业，充分调动社会资源，打造民族生态文化品牌，引入相关企业和社会组织，支持民族生态文化产业的发展，构建区域生态产业链。

(3)认真贯彻落实生态发展理念。在此，要进一步完善科学的管理体系，达到真正解决扶贫问题，打造人与自然和谐互动的全新的扶贫格局。

(四)实现减贫经济效益与长远生态保护的双重成效

合理高效地利用资源、不断改善生态环境是实现可持续发展的必然之路。环境承载能力的低下，导致目前贵州省很多地区扶贫工作开展困难。习近平总书记于2014年3月第十二届全国人民代表大会期间,参加贵州代表团审议时特别强调,贵州省要实现百姓富、生态美的有机统一, 就必须因地制宜选择好发展产业, 充分发挥资源和后发优势, 创新发展思路, 让绿水青山能够充分发挥生态、经济和社会效益。绿色减贫是贫困地区贯彻落实绿色发展理念的重要体现, 通过不断发挥区域比较优势, 强化动力的核心因素, 并根据地区具体的实际情况, 大力发展农林牧复合产业、生态农业、生态旅游等双赢项目, 努力实现"金山银山"减贫经济效益与"青山绿水"长远生态保护的双重成效。具体做法如下。

(1)充分发挥资源优势,比如在林业资源丰富的地区,可以通过林业项目开发、护林管理、生态补偿、林副产品等多方面着手, 建立经济发展与生态资源之间的密切联系;在自然景观优美的地区,大力发展旅游观光产业、娱乐休闲产业和养生产业, 充分利用自身优势, 创建起绿色发展之路。

(2)发展绿色农业,通过生态农业、立体农业、科技农业等形式的绿色减贫, 不断实现生态扶贫的科学化、高效化、常态化, 协调经济发展与环境保护之间的关系, 既要留住青山绿水, 也要有效带动区域社会发展, 构建"生态化""绿色化"的发展路径, 建立困难群众脱贫致富的长效机制和环境共生机制。

第二节 贵阳市绿色发展的减贫路径构建

贵阳市是全省绿色减贫的领头羊,为打好脱贫攻坚战、建设好生态文明城市, 实现经济社会全面协调可持续发展, 努力实施绿色发展和脱贫攻坚双赢的行动计划, 坚持"以人为本、执政为民"的重要思想原则, 积极引导贫困居民参与绿色减贫发展项目建设, 减少城乡发展差距, 保障和改善民生, 实现发展成果共享。做好排头兵, 打好攻坚战, 贵阳市要以生态环境为反贫困的重要基础和宝贵资源, 政府顶层设计, 完成各项政策以及其他服务, 尽早实现绿色减贫, 其发展路径如图7-2所示。

(一)加强政策引导激励,助力绿色减贫

保护生态环境和节约资源,应采用更加积极的措施、更加严格的标准,这就要求政府在相关的政策方面积极引导,稳步实施绿色减贫战略。

(1)改进生态补偿方式,提高生态保护补偿水平。首先要提高生态补偿的标准, 对边远贫困地区要实施特殊照顾, 在加大补偿力度的同时, 也要支持和引导其绿色产业的发展, 如生态农业、生态旅游等。其次要建立完善的跨区域、跨流域的环境保护补偿机制。

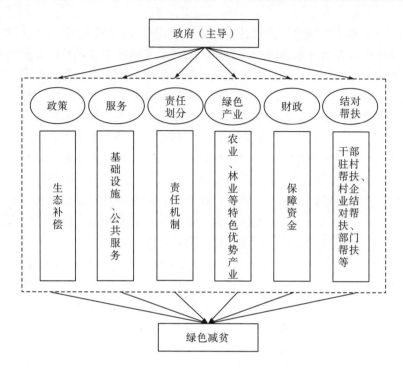

图 7-2   贵阳市绿色发展减贫路径系统图

(2)以多种方式、分类别支持绿色生产和绿色消费,这就要求根据绿色减贫战略的实施成本和效益来选择政策工具。可以利用税收、价格、补助等政策对便于量化监督的能耗和排放的产业进行生产方式变革和资源消费的引导,提高利用率。例如,贵阳市的主城区可以通过阶梯价格,调整水、电、煤、气等的消费比率。此外,要积极发挥社区公众、社会组织等的作用,加强对监督成本较高的领域进行监督和配合。

(二)夯实保障基础,提升服务效能

扶贫开发是第一民生工程,而基础设施和公共服务是居民生活最基本的保障。为实现贵阳市"率先整市脱贫、率先消除绝对贫困、率先实现全面小康、率先建成绿色新型城市化"等目标,夯实保障基础、提升服务效能是绿色减贫的基本保障,具体做法如下。

(1)完善基础设施建设,使服务效能向城郊延续,最大程度提升公共基础设施带来的社会效益。

(2)实现社会救助体系的动态化管理,加大对城乡低保、特困、五保的核查和复审力度,在一定程度上继续提高社会特殊救助的标准,推进城乡一体化更快发展。

(3)完善救灾应急机制，加强防灾、减灾能力。

(4)引导企业、社会组织等力量投资建设养老服务设施，推进养老服务体系的社会化、市场化运作。

(三)加强组织领导，明确责任主体

扶贫开发领导小组是否切实履行工作职责关系减贫工作的进度、效率等问题，需要进一步监督和落实其切身工作职责。

(1)成立分管领导和农村绿色发展减贫开发行动计划工作小组，分管领导由市委、市政府负责调派人员，并由相关部门负责人员组建工作小组，明确各个单位和小组的职责和具体行动方向。

(2)建立工作联席会议制度，贯彻落实贵阳市有关脱贫攻坚、生态文明建设等文件精神，分析绿色减贫在新常态下的发展特点、发展方式、发展方向等，统筹研究、解决发展生态减贫战略过程中出现的新情况、新问题，认真落实每一项任务的组织、协调、监督和考核等工作，及时解决在实施过程中的突发问题和矛盾。

(3)按照新阶段"三位一体"的扶贫要求，建立和完善责任机制，将任务分解，落实到区政府、市直相关部门，在此过程中要坚持统筹兼顾、社会积极参与、成果共享的原则，认真贯彻落实扶贫工作。

(四)发展生态产业，助推绿色减贫

贵阳作为全省生态文明试验区的核心区，建成生态文明示范城市已是全市的共识和奋斗目标。既要"金山银山"也要"绿水青山"，就要坚守经济发展和生态的平衡。

(1)统筹推进生态文明城市建设，坚持保护环境、坚持发展生态产业、坚持弘扬生态文化、坚持完善生态文明机制，努力探索一条经济效益好、环境质量优、社会效益佳的可持续的发展道路。

(2)因地制宜发展生态农业和生态工业，要立足于当地优势，以绿色减贫为最终目标，结合新农村建设，分片、分区域规划，合理发展林业、种植业、生态农业、渔业等立体农业。对于污染较大的工业园区，要积极探索转型路径，发展新型工业园。

(3)发展以大数据为引领的新兴产业，大数据、大生态和大扶贫是贵阳大力推进的三大战略行动，要保护好贵阳的大生态，最关键的就是选择发展什么业态，对贵阳来说，发展大数据产业就是为了保护大生态所做出的战略选择。

(五)强化资金保障，建立多元化投入机制

资金是经济发展的基础保障，绿色减贫战略的实施需要大量的资金扶持，这就要求强化资金保障，具体做法如下。

(1)盘活存量，利用现有资产，加大对绿色减贫工作需要资金的投入。

(2)提高增量，实现资金的整合，各部门需要积极配合，在项目安排和资金分配等方面要向贫困地区倾斜。

(3)用好财政兜底政策，构建落实机制，建好投资和融资平台。

(4)加快创新农村金融机制，坚持政策性、商业性、合作性金融，健全监管制度，加大政策支持、差异化监管，创新农村金融投资、服务模式，扩大金融服务在农村的覆盖面，建立多层次可控的现代农村金融体系。

(5)加大招商引资力度，争取更多的资本投入，充分整合各项资金，完善基础服务设施建设，努力打造绿色减贫示范村和示范户。

(六)实施结对帮扶工程，提升绿色减贫效率

大力开展干部驻村帮扶、村企结对帮扶等，是提升绿色减贫工作效率的有效措施。

(1)实行市领导联系贫困区域或有扶贫开发任务的区域，在思想、工作任务、具体行动等方面的帮扶。

(2)实行全市各个部门结对帮扶贫困村，积极帮扶农村探讨发展路径，因地制宜走多元化扶贫新路。

(3)充分发挥驻村工作组的作用，驻村工作是定点扶贫的重要形式，有助于深入了解贫困居民情况，再根据实际做出相应的对策，并配合村干部抓好扶贫开发工作。

(4)鼓励企业帮扶，动员国有企业、民营企业帮扶贫困村，以投资、基础设施建设、教育投入等方式，为贫困村注入新的活力。

(5)实施"同心工程"，由政府牵头，联合民主党派、无党派、其他社会组织等，充分发挥社会智慧优势和非公有制企业的经济优势，实现对贫困村的全面帮扶。

(6)实施由点及面的帮扶原则，充分发挥中华民族扶贫救济的传统美德，先富帮助后富，努力实现全体脱贫。例如，四城区(南明区、云岩区、观山湖区、白云区)分别对口帮扶三县一市(修文县、开阳县、息烽县、清镇市)。

第三节　遵义市绿色发展的减贫路径构建

遵义市把"减贫摘帽"作为减贫开发的第一民生工程，纳入重要议事日程，全面深化绿色减贫，不是选择题，而是必答题。基础服务永远是绿色减贫的基本保障，而创新机制是亮点和特色，产业脱贫和就业脱贫是民众实现脱贫的最好选择，这样可以使"输血式"的减贫转向定制式的、有针对性的减贫，从开"大处方""大水漫灌""大而化之"的减贫，转向"对症下药""精准滴灌""靶向治疗"的减贫，其发展路径如图 7-3 所示。

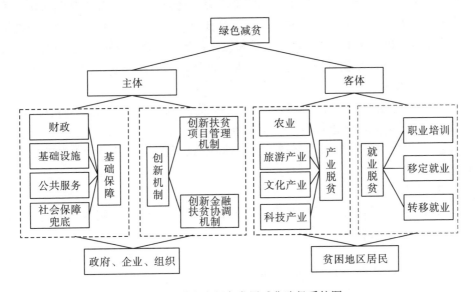

图 7-3　遵义市绿色发展减贫路径系统图

(一)做好基础保障措施，助力绿色减贫

为推进绿色减贫发展，在基础保障措施方面要进一步加大投入。

(1)在财政方面，要成立财政专项扶贫资金管理精准扶贫特惠贷与产业扶贫，打好经济发展基础。

(2)完善基础设施建设，要以不断改善贫困地区群众的基本生产生活条件的工作为出发点，优先解决以电、水、路为重点的基础设施建设。不断完善乡村道路、人畜饮水、农田水利、农村危房改造等工程建设。基础设施的不断完善，有利于进一步破除贫困地区发展局限，加强贫困地区发展后劲，让贫困地区群众在吃水、出行、用电等方面得到显著改善。

(3)加强公共服务，完善公共设施，完善医疗、教育等服务。

(4)社会救助工作是脱贫攻坚的兜底核心，要提高重视程度。①要提高认识，强化责任创新举措，精准发力，进一步加强困难群众基本生活保障工作。②要完善协调机制。③社会工作要做到工作细化、具体量化、精准对标、守住底线。④要做好城乡低保、特困人员供养、医疗救助和临时救助工作。

(二)创新机制体系，促进精准脱贫

创新是发展的第一动力，只有不断进行创新，才能引领经济发展。推进新一轮的扶贫工作，必须要重视解决扶贫开发中存在的贫困人口基数不清、情况不明、针对性不强、扶贫资金和项目指向不明确等突出问题。因此，需要从创新扶贫工作体制机制着手，大力推进精准扶贫，针对贫困户和贫困村的精准识别、精准帮扶、精准管理和精准考核等问题，引导和优化各类扶贫资源，实现扶贫到村到户，打好新一轮扶贫开发攻坚战。遵义市产业发展比较落后，农业所占比例较大，具有举足轻重的作用。

(1)在推进农业生产经营体制机制创新过程中，要不断进行创新引领机制。针对薄弱地区的薄弱产业进行整改，加快创新步伐。

(2)利用地区发展优势，坚持以创新体制机制为动力，使企业改革改制有效推进。

(3)坚持"引进来、走出去"战略。

(4)完善服务体系，对贫困地区的发展要加大扶持力度，利用地区优势相结合发展，做好精准扶贫。

(三)发展特色支柱产业，助推脱贫攻坚

为提高经济发展水平，应发展地区特色产业，做好脱贫攻坚工作。

(1)在农业方面，以农民专业合作社、种养专业大户等新型农业经营主体为重点，大力发展茶产业和辣椒产业，推进经济发展。

(2)在旅游业方面，大力探索农业与生态休闲、观光旅游相融合发展，与地方特色旅游相结合，努力将旅游业培育成为第三产业的龙头和重要的经济点，以旅游推发展，以旅游拉经济，助力地区经济发展。

(3)在文化产业方面，酒文化(茅台、国酒文化城)、古盐文化(古盐道文化)、长征文化(遵义会址、红军烈士陵园、红军渡河纪念碑)是遵义市的三大特色文化，深入挖掘文化内涵，打造特色文化品牌和特色文化产业，推动特色文化企业和文化旅游的发展。

(4)在科技产业方面，建立高新产业园，包括高新技术研发中心、软件产业园、

新能源产业园等。加大特色支柱产业的发展，打好脱贫攻坚战，做好产业发展与经济发展相结合。

(四)狠抓就业脱贫，实施精准帮扶

由于地区经济发展不平衡，要加快城镇化带动步伐，帮助贫困人口实现转移就业。

(1)市人力资源和社会保障局要切实履行牵头职能，研究制定就业脱贫工程实施方案，细化步骤安排，落实工作举措，确保完成脱贫攻坚的工作任务。

(2)成立遵义市实施就业脱贫工程领导小组，市人力资源和社会保障局主要负责人任组长，分管负责人任副组长，成员涉及市局各有关处室、单位负责人以及各县(市)区(开发区)人力资源和社会保障部门主要负责人，市人力资源和社会保障局明确由局就业促进处牵头负责落实有关工作要求，医保处、农保处、职业能力建设处做好各项扶贫工作，落实精准扶贫责任。

(3)加强城镇建设发展，提升城镇就业功能。

(4)对贫困地区人口进行职业培训，提高专业知识，增加就业机会。

(5)大力引进外来绿色发展企业，以绿色的农业、企业发展为主，提高地区就业率，切实帮助贫困农户实现就业增收。

(6)不断发展农产品和农村特色商品的加工产业。

(7)发展农村小微企业，建设加工原辅材料基地，增加就业机会，促进经济发展，实施精准扶贫。

第四节 安顺市绿色发展的减贫路径构建

安顺属于滇桂黔石漠化集中连片特困地区，生态环境脆弱，工程性缺水严重，绿色减贫工作开展困难。因此，要深入贯彻中央、省委和市委关于生态文明建设和脱贫攻坚的一系列决策部署，以绿色减贫为主线，突出抓好产业发展，促进群众增收致富，因地制宜创新绿色减贫发展模式，全力加快城乡绿色脱贫步伐，确保极贫乡镇贫困人口如期实现全部脱贫，其发展路径如图7-4所示。

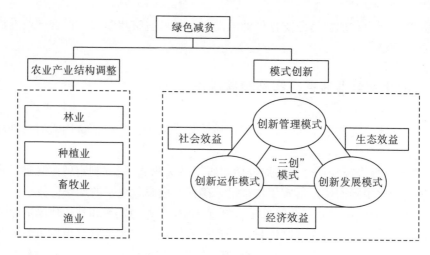

图 7-4　安顺市绿色发展减贫路径系统图

（一）转变林业发展方式，实现绿色增收

调整农业产业结构，发展特色优势产业是决战脱贫攻坚、建设新型城镇化的关键点。实现林业产业的结构性调整和转型升级，突出安顺林业产业的建设。安顺市传统的林业产业发展模式以木材生产为主，环境破坏力强，要破除这种传统发展模式，就必须建立以生态发展为前提的新的发展模式。可以在现有的林业中发展林下经济，结合退耕还林，在充分尊重退耕农户的意愿下，发展林产品生产基地，帮扶一批林业产业成为龙头企业，不断培育新型的林业企业，建立专业的经济合作队伍，协调带动大批林农致富。例如，安顺市西秀区在黄柏林下套种七叶一枝花、白芍、桔梗等 20 多种中药材，从而带动农户种植 20000 多亩，创造年产值 2 亿多元。此外，对于林业企业来说，要充分利用自身条件和优势不断做强企业招牌，切实发展企业规模，运用林业产业在脱贫攻坚过程中有效解决周边贫困农户就业增收问题，精心组织、周密实施，认真按照省级林业龙头企业的要求，因地制宜，突出亮点，突出特色，真正把林业龙头企业示范带动作用充分发挥出来，真正做到林业龙头企业脱贫一批的目标。

（二）转变种植业发展方式，打造精品农业园

种植业产业结构性调整，打破传统经营模式，加大农业园区建设。

（1）着力打造省级现代高效农业示范园区、黔中山地高效蔬菜产业化扶贫示范区、市级现代高效农业示范园区，打造优势突出、效益明显的结构调整示范典型，从而发挥示范带动作用，实现农业持续增效、农民较快增收、农村稳定发展的现

代农业。

(2)加快特色优势农业主导产业发展步伐，进一步完善园区基础设施，打造园区生产基地，培育园区经营主体，突出市场导向、科技支撑及规模化、标准化、商品化生产。首先，打基础营造发展环境。以抓农业园区招商引资为主要措施，不断完善和新增省级农业园区的规划编制和园区的各项基础设施建设，完善机耕道、沟渠管网、冷库、温室大棚、标准圈舍等，为企业、合作社、家庭农场入驻营造良好的投资发展环境。其次，加快特色主导产业农产品认证。以农业标准化、规模化、产业化为工作重点，不断增强园区农产品的市场竞争力。最后，打造电商物流基地，贯通园区冷链物流链条。安顺市是贵州省唯一拥有气调库物流中心的市区，要集中利用好资源，不断完善冷链系统配套低温库、气调分库等重要设施设备，建设农产品电子商务平台和电商运营团队，着力打造集农特产品冷链、物流、电商为一体的农业科技电商物流基地。

(三)转变畜牧业发展方式，加快现代畜牧经济建设

着力推介安顺市山地生态畜牧业发展，坚持围绕"脱贫抓产业，抓好产业促增收"的基本工作思路，在做大、做强、做优山地生态畜牧业上下功夫，加快产业资金融合，推进标准化生产、产业化带动、信息化管理、集约化经营、组织化运行、品牌化营销相结合的现代山地畜牧业生态发展之路。

(1)强化畜牧产业脱贫工作，围绕脱贫抓畜牧业，通过发展畜牧业，促进贫困农户增收致富，把主要项目和财力倾斜到精准扶贫之中，打好畜牧业助推精准扶贫攻坚战。

(2)优化畜牧业产业结构，以发展产业集群为抓手，增强畜牧业可持续发展动力。

(3)强化金融支持，建立畜牧部门和金融机构联络协调机制，定期召开政银企对接会，搭建担保机构、金融机构与企业、畜牧部门之间的信息共享平台。

(4)落实优惠政策，把畜禽养殖、定点屠宰场所用地纳入地区土地利用总体规划。鼓励合理利用荒山及荒地等发展山地生态畜牧业，并不断完善荒山、荒地养殖基地的配套供水、供电、道路等基础设施建设。鼓励发展不破坏土地耕作层的新型框架式畜舍建筑，实行相关资源的循环使用。

(5)完善监测考核，继续实施《安顺市畜牧业发展考核管理办法》，同时将畜牧业发展工作继续纳入市级对县区政府综合考核内容，实行双向责任目标管理。

(四)转变渔业发展方式，推进休闲渔业健康发展

随着社会经济的不断发展和城市化的推进，着眼于"立足渔业，跳出渔业"

的发展方式，努力扩大渔业功能，按照环境友好型、资源节约型的理念，培育都市渔业、休闲渔业、观赏渔业等新的渔业经济增长点，满足广大人民群众水产品需求，拓展渔业的内涵和外延。

(1)在黄果树、龙宫、镇宁、普定等区县建设生态渔业园或休闲渔业基地，选择适宜地区建设观光休闲平台，形成集增殖、观光、垂钓、游乐等功能于一体的水上休闲渔业中心，提高休闲渔业的档次，树立休闲渔业品牌，推动全市休闲渔业从渔家宴、渔家乐等传统的以食为主的方式向食、玩、游、乐并举的方向发展。

(2)水稻种植与水产养殖相结合，实现"1+1=5"的效益——"水稻+水产=粮食安全+生态安全+食品安全+农民增收+企业增效"。

(3)稳定鲟鱼、虹鳟、金鳟、裂腹鱼、大鲵、大闸蟹养殖品种，增加科技投入，提高养殖技术水平，加快特色珍稀鱼类江鳕、梭鲈、裸鲤等鱼类的养殖，立足发挥资源和地区区位优势，不断调整养殖区域布局，增加养殖品的种类，大力发展微流水养殖、流水养殖、高标准水库网箱养殖等集约型的高产、高效养殖模式，做强优势产业，做大特色品种，实现渔业经济由规模、数量型转向效益、质量型增长方式的转变。

(五)创新管理模式，激活组织活力

因地制宜创新管理模式是实现绿色减贫的有效途径，在生态文明城市建设和脱贫攻坚两项重大战略实施的过程中，创新管理模式有助于更好、更快地实现绿色减贫。管理模式的创新要以政府为主导，由企业、社区和其他社会组织监督和反馈，共同参与。以创新管理模式为基础，层级关系管理、资金管理、人员管理、设备管理等各项管理工作都要投入大量的人员、资金、技术等，创新管理方式，可以引进新技术，在不影响各项工作细分的前提下，高度融合各项管理工作，减少人员、资金等的投入，同时要实现管理工作的透明化，提升信任感，从而实现整个管理的科学化、合理化。

(六)创新运作模式，构建合作平台

以创新运作模式为关键，实施脱贫攻坚战略的关键在于如何实行和运作，要保证整个战略的实施，就要不断创新符合新常态、符合绿色发展、符合脱贫致富，特别是符合当地发展的运作模式。

(1)战略咨询型，有关高校、科研院所、学会及院士团队可以根据安顺市生态环境和经济社会发展需要，发挥多学科、跨行业的优势，组织专家学者为安顺市绿色减贫工作规划、相关政策制订等提供决策和评估服务。

(2)合作攻关型，依托高校、科研院所、院士专家团队、企业、社会组织等的专业优势和技术,集中开展新项目、新技术、新产品、新工艺开发联合攻关。

(3)成果转化型,安顺市有关产业(企业)可以引进高校、学会、院士专家团队科研成果,进行中试或市场推广开发,推进成果产业化。

(七)创新发展模式,实现经济转型

以创新发展模式为重点,利用区位优势、产业特点以及资源特色,因地制宜,培育壮大优势产业、特色产业。此外,要充分发挥各级党委的领导核心作用,把基层党组织和广大党员组织起来,集体探讨发展模式,应充分发挥社会组织作用,积极鼓励和引导社会各方参与绿色减贫项目建设,抓住当地实际探索发展之路。此外,要建立有利于创新驱动力形成的外部环境。首先需要营造创新的市场竞争环境;其次是建立创新人才集聚环境;最后是鼓励创新的新设施系统建设,围绕管理、人才激励制度、法人治理结构进行改革。

第五节 铜仁市绿色发展的减贫路径构建

绿色减贫路径设计要根据铜仁地区的实际情况,考察当地的地理环境、产业结构,并结合当地政府的发展战略规划进行相应的绿色发展规划,只有立足于铜仁实际,才能找到适合铜仁发展的新道路。对于铜仁来说,精准扶贫道路是铜仁转变自身发展的一次探索,这个探索对于铜仁转变未来发展方向和可持续发展道路具有深刻的意义(图7-5)。

图7-5 铜仁市绿色发展减贫路径系统图

(1)以国家对于精准扶贫的政策方针为主,并结合铜仁的未来发展战略目标,切合当地地理环境、交通运输、风土人情、当地特色和地区市场,规划出各地的未来发展战略。

(2)将各地战略具体落实到各部门,落实各部门的工作范围,加强各部门的责任导向机制和沟通协调能力,提高工作效率。

(3)要加强扶贫的精准性,将扶贫精准落实到相应单位,并进行相应的职责划分,加大精准扶贫的监督。

(4)考虑到铜仁地区的人口分布散乱,分布地区广,每个地区人口少,管理困难,如果分散投资资金成本高,而且管理难,而搬迁移民是解决这一困难的重要措施,所以要做好困难地区的移民搬迁措施。

(一)促进产业融合,助力绿色减贫

立足于当前经济新常态的发展要求,紧抓贫困地区的优势资源,充分发挥龙头企业和合作组织等市场主体的作用,以市场为导向,建立完善产业到户的精准扶贫机制。

(1)精准识别到具体的每个贫困县,努力打造一批特色产业来带动脱贫致富。精准识别需要脱贫的贫困乡(镇),制造特色拳头产品,增强贫困人口劳动技能,扩大贫困户的经营规模,提高贫困户的收入水平。

(2)深度挖掘农业产业多种功能,推进农业与文化、农业与旅游、农业与科技、农业与健康产品等的进一步融合,以培育壮大新产业、新业态,从而加快形成贫困地区三大产业的融合,打造现代产业体系。

(3)积极发展特色产品加工业,鼓励研发和引进农产品加工技术,并进行示范和推广,扩大补助政策实施区域,以鼓励贫困地区农产品产地初加工。

(4)集中在贫困县域、重点乡镇、产业园区等地区建设农产品加工工业,打造产业集群,不断实现农产品批发市场、集配中心、鲜活产品冷链等流通基础设施和物流基础设施建设,努力实现跨区域、跨流域的农产品销售衔接。

(5)加快实施农业品牌战略,加快发展地区特色、无公害、绿色、有机产品,打造精品特色农产品,促进供需结构转型升级。

(二)促进转移就业,助力脱贫攻坚

加强就业困难人员、失业人员再就业的职业技能培训和就业服务,一方面要切实做好统计调查,精准就业帮扶对象,切实保障转移就业贫困人员的合法权益;另一方面,推进就近就地转移就业,开展劳务协作工作,促进已就业贫困人口稳定就业,实现就业困难人员、失业再就业人员、农村剩余劳动力转移就业。

(1)要大力开展职业技术培训：完善职业技能培训制度，提高劳动者终身职业技能，并推进贫困家庭农民工职业技能培训精准度。

(2)促进稳定就业和转移就业：完善就业管理机制，确保就业贫困人口稳定就业。提升对转移就业贫困人口的公共服务能力，开展区域间的劳务协作，促进更好、更快地就地就近转移就业。

(3)为跟上当地的发展步伐，要加大搬迁人员的教育培训力度，尽快融入当地发展，避免与当地社会发展脱节，缩小区域发展差距，促进贫困地区就业转移、到地就业。

(三)保搬迁群众稳定脱贫，促社会和谐

确保易地扶贫搬迁工程的顺利进行，处理好搬迁群众住房安全，改善搬迁群众饮水安全、用电、出行等基本生活条件，确保其同等享有便利以及教育、医疗等基本公共服务的权利。保障居民迁出之后迁出区生态环境得到有效治理，切实帮助有劳动能力的贫困家庭开拓后续发展机会、拓宽就业渠道、有效提高其收入水平，保证建档立卡搬迁人口能够切实做到搬得出、稳得住、能脱贫。

(1)精准有效识别搬迁对象：科学确定搬迁范围，实现建档立卡贫困人口应搬尽搬。

(2)确保搬迁安置平稳进行：合理选择搬迁安置方式，根据实地情况确定住房建设标准。

(3)努力帮助搬迁群众切实脱贫：积极发展安置区(点)优势产业，通过多种手段促进搬迁户就业以及增收，帮助其顺利融入当地社会。

(4)解决好贫困地区搬迁地址问题之后，下一步重点是解决搬迁人口就业问题，这是实现搬迁贫困人口真正脱贫的根本手段，唯有如此才能实现脱贫的最终战略目标。该目标的实现依赖于政府工作人员对搬迁人口的技能培训，包括如何让搬迁人口迅速学会当地企业需要的技能，这样不仅可以解决搬迁人口就业问题，同时也缓解了当地企业劳动力不足问题。

(四)加强环保，促进可持续发展

铜仁市大部分地区为喀斯特地貌，生态环境脆弱，要走绿色、可持续发展的减贫道路，就要从环保入手，尤其是环保意识薄弱的贫困地区，要正确处理好生态保护与扶贫开发的关系，扶贫开发不能将牺牲生态环境作为代价，要处理好二者之间的关系，要提升贫困地区的可持续发展能力。

(1)要加大生态保护修复力度，加强生态保护与建设，铜仁地区石漠化严重，要在重点区域推进石漠化治理工程，在牧区、农牧结合贫困地区要遏制土壤不断

沙化退化趋势，有效缓解土地石漠化和荒漠化。积极引导和组织动员贫困人口参与生态保护建设工程，结合国家重大生态工程建设，及地区的具体情况发展绿色生态农林业，提高贫困人口受益水平和经济效益。

(2)开展水土资源保护，推进重点流域水环境综合治理，在加强水源涵养区保护，严令禁止未经过处理的农业、工业污染物向水体排放。

(3)设立生态公益岗位，充实完善市区、县城、乡镇公园的管护岗位，增加森林公园、国家级(省级)风景名胜区、省级自然保护区的贫困人员的就业机会。

(五)加大教育投资力度，阻断贫困的代际传递

以提高贫困家庭劳动力技能和人口基本文化素质为抓手，着力解决教育最为薄弱领域的问题，切断贫困的代际传递。铜仁市大部分农村地区普遍受教育程度不高，要想在2020年达到农村贫困地区基础教育能力显著提高、职业教育体系更加完善、高等教育服务能力得到明显提升、教育总体质量显著提高、基本公共教育服务水平接近全国平均水平，就要抓牢教育问题。

(1)提升基础教育水平：改善贫困地区的办学条件，加大对教育基础设施建设的投资力度；强化教师队伍建设，着力培养一批年轻的教师骨干队伍。

(2)降低贫困家庭就学负担：完善困难学生资助救助政策，实施更多的教育基金会、爱心工程，引进企业、社会组织等，帮助更多的贫困学生实现上学梦；健全学前教育资助制度，帮助农村贫困家庭幼儿接受学前教育；注重学生营养问题，稳步推进贫困地区农村义务教育学生营养改善计划。

(3)加快发展职业教育：强化职业教育资源建设，在加强自身教育资源建设的同时，引进其他地区的优秀教育资源，努力培养综合型人才；要加大职业教育力度，同时还需要提升对贫困家庭子女职业教育资助力度。

(4)提高高等教育服务能力：着力提高贫困地区高等教育质量，继续推行少数民族教育照顾政策和实施高校招生倾斜政策。

(六)明确保障措施，助力绿色减贫重任

政府的鼓励措施、创新机制、严格执行程序、相应的政策透明度和群众的监督等是实现绿色发展、精准扶贫的重要保证。为确保绿色减贫战略的有效实施，铜仁市应明确保障措施，包括四个方面。

(1)严格的执行程序：严格的执行程序可以保障扶贫和发展在政府权责范围内更快、更精准、更高效地执行，使资金管理更到位，项目机制更专业化。

(2)加大政策支持：财政政策、投资政策、金融政策、土地政策、融资政策、干部人才政策等。

（3）强化组织实施：加强组织领导，明确责任分工，加强监测评估，将脱贫攻坚作为重大政治任务，采取超常规的举措，不断创新体制机制，强化扶持力度，打好政策组合拳，强化组织实施，为脱贫攻坚提供强有力保障。

（4）创新体制机制：扶贫资源动员机制、精准扶贫脱贫机制、资金项目管理机制、贫困人口参与机制、考核问责激励机制等。

第六节　毕节市绿色发展的减贫路径构建

毕节市地处乌蒙山麓，具有喀斯特地形地貌特点。目前，国家绿色减贫战略的部署使毕节的发展迎来更大的机遇和挑战，如何抓住机遇，如何成功脱贫，实现绿色可持续发展，成为毕节市最大的议题。根据毕节市发展的实际情况，构建绿色发展的减贫路径如图 7-6 所示，对可持续发展具有重大意义。

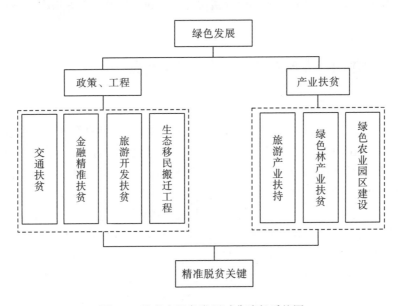

图 7-6　毕节市绿色发展减贫路径系统图

（一）以交通扶贫打通毕节对外开放通道

扶贫开发是关系全面建成小康社会全局最突出、最艰巨、最繁重的任务，党中央、国务院审时度势，将集中连片特困地区作为新时期扶贫攻坚的主战场。要致富，先修路，作为国民经济的先头部队，交通运输部门在打好新一轮扶贫攻坚战中应当大有作为。毕节地处乌蒙山腹地，海拔较高，地形地貌基本以喀斯特地貌为主，交通不发达，整个市处于半封闭的状态，经济发展较为落后。毕节市应加大在交通领域的扶贫力度，在市通往县、县通往乡镇的各大交通线上给予更高的信贷支持，此外要加大各村落到城镇的交通线路投资；应加大对外开放通道，加大省市之间的交通通道投入，打通对外开放通道。

（二）以金融扶贫保障乡村经济发展

缺乏资金是扶贫之路最大的绊脚石之一，加大各类扶贫贷款和保险资金对金融扶贫的支持力度，有助于乡村地区尽快实现经济发展。金融扶贫在加大信贷投放的同时，要创新工作思路，不断丰富金融扶贫工作的内涵与外延。一是要积极运用新业务、新产品推进精准扶贫工作，为辖区内国家级贫困县纳雍、威宁和赫章投放极贫乡镇脱贫基金；二是运用产业子基金助推正大畜牧、雪榕食用菌养殖等特色农业发展；三是利用金融网上平台助力乡村特色经济发展，拓宽发展渠道，提升乡村特色品牌知名度，例如赫章核桃乳、金沙回沙酒、大方辣椒等特色产品，实现上线销售。

（三）以旅游产业扶贫打造新的经济增长点

近年来，村寨旅游越来越成为绿色发展、脱贫攻坚不可或缺的一部分。旅游是链接第一、二产业的重要纽带，能够直接提高农产品等的附加值，促进农村的发展，使农业由单一向多元转变，改变经济发展类型，一直以来粗放型的经济发展方式导致农村地区与城镇的发展差距越来越大，旅游业的发展可以使粗放经济转向效益经济，快速、直接实现农村脱贫。旅游带动农村经济绿色、健康发展的方式大致有五种：①社区居民直接参与村寨旅游经营，通过开展农家乐等方式，加大了居民的共同参与经营程度；②参与接待服务，取得农业发展以外的收入；③出售土特产等农副产品，通过村寨旅游，为游客提供富有当地特色的农产品、手工艺品等；④参加村寨旅游合作社和获取土地流转、房屋出租等资金；⑤社区居民通过投入资金、土地、房屋、人力等参与村寨旅游经营，获取入股分红。

（四）以生态移民工程助力群众脱贫

生态移民工程主要针对环境特别恶劣、自然灾害频发、物质基础薄弱、"一方水土养不活一方人"的地区，毕节市的很多农村地区长期处于自然灾害频发地区，实施生态移民工程有助于该地区的民众脱离危险，保障生命安全，且能加快脱贫速度。一是要坚持政府主导、统筹规划，因地制宜，分类指导，要充分尊重民众的意愿，坚持先易后难、有序推进的原则。二是搬迁对象要以处于灾难频发区、深山区、石漠化区的贫困户为主，以民族地区且处于连片特困区的民众为主，以生态位置重要但环境脆弱的地区为主。三是充分发挥政府、基层党委和企业的作用，积极引导农民自力更生。四是要注意工程实施的重要原则，工程实施要适应新型工业化、新型城市化、农业现代化的发展要求，且要与发展旅游等特色小镇相结合，通过统筹规划、严密组织、精心实施，确保搬迁民众能搬得出、留得住、能就业、有保障。

（五）以产业扶贫提升人民生活水平

产业扶贫是利用农村现有资源，整合各项优势条件，以政府为主导，引进企业、社区等的参与，进行各个产业发展。因此，在产业扶贫工作中，首先需要不断探索新模式、新观念、新机制，不断发挥"授人以渔"在扶贫开发中的重要作用，改"输血"为"造血"，通过实施产业化扶贫，大力扶持培育农业特色产业，壮大村级集体经济，不断促进群众增收致富；其次需要通过产业化发展，创新"公司+合作经济组织+农户""公司+基地+农户"等多种经营模式，形成以市场拉动、政府扶持推动、龙头企业带动的产业扶贫格局；最后是分门别类因人施策培育产业，各地有针对性地采取措施，培植培育产业，让贫困群众殊途同归地达到脱贫的目的；对有资源条件的农户，实施特色产业扶贫，宜种则种、宜养则养。

第七节　六盘水市绿色发展的减贫路径构建

六盘水在绿色减贫路径构建中应夯实绿色减贫基础。将基础服务作为绿色减贫发展战略的出发点，创新各项运行机制，各机制之间相互配合、相互协作，确保生态环境和经济发展之间的平衡，其路径构建如图 7-7 所示。

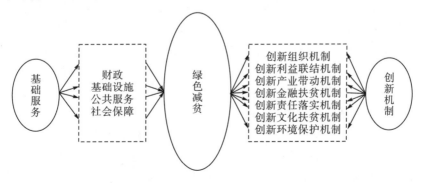

图 7-7　六盘水市绿色发展减贫路径系统图

（一）完善基础设施建设，增强公共服务能力

（1）发展乡村旅游业，完善基础设施建设，在贫困地区加大财政投入，建设避暑农家，吸引游客，带动贫困地区经济收入。

（2）加快农村信息基础设施建设步伐，缩小城乡差距，提高信息基础设施整体发展水平，适应信息化快速发展需求。

（3）大力推进城乡信息基础设施一体化，促进信息网络覆盖面大幅提升、信息公共服务水平大幅提升。要想富，先修路，必须完善交通基础设施建设。

（4）交通建设是六盘水基础设施发展的一部分，必须加快建设力度。

（5）扩大公共服务设施，医疗和教育水平均要提高，为经济发展打下坚实基础。

（6）完善社会保障制度，对医疗和养老保险加大投入力度。

（7）结合本地特色，发展特色经济，大力发展旅游业。

（8）对外引进经济发展型人才，为本地区经济发展注入新鲜血液，加快发展步伐。

（二）推进社会保障，促进兜底脱贫

（1）提高低保标准，确保困难群众基本生活水平与全面小康相适应。①健全工作制度，强化监督管理。②提高保障标准，逐步推进两线合一。③规范审批程序，强化动态管理。

（2）提高特困供养水平，确保特困供养人员共享全面小康成果。首先，需要不断提高农村五保供养标准，加大农村五保供养资金投入力度，实现农村五保供养资金作为民生必保项目全额纳入区级财政预算，按照确保五保供养对象生活水平不低于当地农村居民平均生活水平的要求，提高农村五保供养标准。其次，需要完善孤儿的基本生活保障，严格执行市孤儿基本生活保障标准，强化孤儿信息系统管理，按要求将失去父母、查找不到亲生父母的儿童纳入孤儿基本生活保障范围，及时、足额发放孤儿基本生活保障金。最后，进一步加强特困人员供养设施建设和管理。积极争取资金，全面完成石桥镇、青林等敬老院建设项目。

（3）提高医疗救助保障水平，遏制因病致贫、因病返贫现象的出现。

（4）完善临时救助制度，防止因突发性困难致贫返贫。

（5）完善受灾人员救助制度，有效遏制因灾致贫返贫。

（6）加强贫困人员的住房救助，确保困难群众住有所居。

（7）不断完善城乡居民基本养老保险制度，确保困难群众老有所养。

（8）加强社会保障救助制度衔接，形成兜底扶贫合力。

（三）实施创新驱动，构建动力机制

(1)创新组织机制。组织工作面临着全面提高党的基层组织建设水平，领导班子建设水平和党员、干部、人才队伍建设水平的紧迫任务。

(2)创新利益联结机制。深入推进农村改革，探索建立科学的企农利益联结机制，确保农民持续稳定增收，生活水平切实提高。

(3)创新产业带动机制。从六盘水实际出发，围绕政府引导、市场运作、群众主体、企业带动的扶贫产业模式，着力在提高生产者与市场的关联度上做文章，从战略制定、要素提升、健全机制等方面进行产业带动机制的创新。

(4)创新金融扶贫机制。一方面，供需有效匹配是创新金融扶贫机制的基本导向。让贫困户在融资能力和资金供给能力方面得到提高，让其在这两方面做到相匹配，因此通过供给侧的精准引导，让金融机构了解贫困户的需求，并结合贫困户融资需求的特点，以金融市场的层次性以及金融服务产品的具体特征为基准，结合贫困户自身实际情况，探索行之有效且针对贫困户的激励相容机制，让金融机构向贫困地区和贫困农户推出全套有效的精准金融产品和服务。另一方面，除了金融机构外，政府市场也是创新建设金融扶贫机制的重要方面，政府市场的介入不仅可以有效破解贫困户融资难的众多问题，还能促进融资领域增信机制的建设和完善。因此，政府市场要坚持以市场配置资源为主导的决定作用，更好地发挥政府市场作用，在运用好政府的组织优势、财政杠杆功能的同时，在贫困地区中形成"金融+财政"的协同扶贫效应。

(5)创新责任落实机制，要明确细化责任。

(6)创新文化扶贫机制，精心编制六盘水市文化产业扶贫规划，确立六盘水具有优势和特色的产业发展类别、扶持项目，发挥文化产业扶贫的最大效应。

(7)创新环境保护机制，一方面，要让重要的生态系统休养生息；另一方面，建立政府与社会联动的新型"环境治理结构"。

（四）统筹兼顾，综合平衡绿色经济发展

"绿水青山"就是"金山银山"，经济要发展，必须坚持绿色发展。创新引领发展，要坚持以生态产业化、产业生态化为引领，加快推动绿色发展。

(1)优化产业结构，利用自身优势，打造"生态凉都"新品牌。

(2)加快调整优化产业结构，大力调整农业产业结构，发展附加值高、品质高、市场前景好的山地特色农业。

(3)结合六盘水市的城市总体规划和公共服务中心体系建设，编制信息基础设施建设专项规划，科学统筹、合理布局。

（4）在推动经济发展的同时，要加大改革创新力度，改革不合理机制，针对贫困地区优势，发展有特色的经济，以创新为动力，推动绿色发展。

（5）改革落后发展理念，在经济发展的同时要注意环境的保护和创新发展。

（6）创新责任落实机制，精准扶贫，加大教育投入，使贫困地区能公平享受教育，培育新型技术人才，加快经济发展，使区域发展相协调，减少贫富差距，实现共同发展，加快脱贫步伐，打赢脱贫攻坚战。

第八节　黔东南州绿色发展的减贫路径构建

黔东南州是少数民族聚居地，少数民族的居住地不仅分布集中，而且还保留着各自的民族文化特色和民族生活习惯。由于黔东南州属于典型喀斯特地貌地区，山峦绵延，交通不方便，经济发展起步晚，且该地区人口居住不集中，贫困人口多等问题。黔东南州将近 82 万农村贫困人口需要脱贫，如何带领部分人口摆脱贫困是现在面临的一大难题。因此，积极探讨黔东南州绿色发展的减贫路径（图 7-8）对区域绿色减贫有着重要意义。

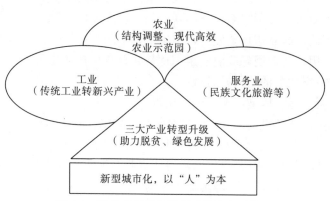

图 7-8　黔东南州绿色发展减贫路径系统图

（一）调整农业产业结构，着力推进农业现代化

黔东南州属于亚热带湿润季风气候区，一年四季温和多雨，经济作物生长周期快，且适合大多农作物经济生长，但是黔东南州的大多数农副产品销售的货物不是来自当地，大多数农副产品来自外地，本地农副产品的销售不是以有产业链的销售渠道进行销售，而是农户自行销售，导致销售成本过高，销售渠道少，农副产品销售者难以获得经济效益。此外，大部分农户由于种植技术落后，农副产品的品种和质量差，虽然农副产品种植可以找到合适的销售商，给销售商提供货

源，但是这种提供货物的方式也是一次性的，而不是长期性的货物供应渠道，不利于销售商和农副产品供应者进行长期的合作，难以形成产业链。因此，开展绿色减贫工作包括两个方面。

（1）黔东南政府应当在各个地区进行实地考察，为各个地区找到合适的经济作物，并聘请专家对当地群众进行培训，引进现代高新科技技术，提高当地人民种植农副产品的产品质量，并且对当地农副产品进行产业整合，形成产业规模，积极与当地销售商进行协商，建立起长期可靠的销售渠道，为当地人民获取农副产品销售的经济利益，提高当地人民的收入水平。

（2）扩宽销售渠道，打好特色产品品牌。黔东南州的农副产品具有地区特色，且很多农副产品无污染，无公害，属于绿色有机食品，符合现在广大消费群众的健康消费心理，具有广大市场空间。由于缺少合适的销售渠道，黔东南州难以和外界进行贸易，政府应当建立新的销售渠道，将网络交易渠道引进农副产品行业，并且建立高效的物流运输，给农副产品提供走出贵州的基础条件。

（二）以传统产业为基点，大力发展战略性新兴产业

贵州拥有丰富的矿产资源和廉价劳动力，再加上国家经济的大力支持，这就给重工业带来广阔的销售市场。因此，大多数重工业生产纷纷转移到贵州，这在一定程度上给贵州发展提供了机遇，在贵州经济增长过程中起了很大作用，但是这种经济增长方式不是长期的，重工业在发展到一定阶段后也出现了原来老工业基地发展重工业的弊端：环境污染大，后期增长缓慢，治理成本高，电力消耗大。黔东南州轻工业和重工业的比例大约为 23.3∶76.7，由于市场变化，市场对于重工业的要求急剧降低，重工业产业面临着重大危机，重工业产业比例过大，不利于黔东南州经济的稳定持续发展，更不利于黔东南州走绿色发展道路。因此，黔东南州的产业转型迫在眉睫。

（1）黔东南州政府应对重工业进行整合，对于经济效益低下，环境污染大，产能消耗高的企业，进行产业整合或者拆除，减少产能消耗和环境污染。

（2）对于产品质量高，经济效率好，对经济增长和增加就业有明显效果的重工业，要积极引进高新技术，提高企业的竞争力，并且对这些企业进行污染指标设定，让企业对自己产生的有害物质进行治理，在自身发展的同时，积极参与到环境保护当中。

（3）黔东南州是一个山川河流分布众多的地区，大小河流有 2900 多条，雨季降水量丰富，水流量大，落差大，并且风力资源丰富，有建立风能发电和水力发电的自然条件，政府部门应当积极建立电力、热力发电厂，这种经济发展不仅无污染，经济效益好，可以增加就业，为地区经济发展做出贡献，而且可以领导当地企业进行产业整合，转变产业发展结构，解决黔东南州自身的能源问题，这样

是带领黔东南州脱贫致富的有效途径。

(三)着力发展文化旅游产业，提升服务业水平

随着经济的不断发展，人们不再满足于物质需求，而更注重于精神享受，文化旅游成为当今最具竞争力的旅游体验之一，文化旅游不仅可以长期发展，而且符合环境友好型的发展要求，在带动相关产业发展和经济增速的同时，应增加就业、改善社区居民生活水平。黔东南州"冬无严寒，夏无酷暑"，年平均气温为16度左右，自然环境得天独厚，有峰丛、峰林、石林、溶洞、溶洼、天生桥、暗河等的自然景观。同时，黔东南州也是少数民族集聚地区，少数民族种类丰富，且还保留了其原始的生活习惯和民族特色文化，这些都为黔东南州旅游业发展提供了独特的资源优势。虽然黔东南州政府也积极发展地区旅游业，但是发展没有取得显著成果，地区旅游业没有形成"点-线-面"相结合的发展前景，旅游景区基础设施不完善，地区宣传力度不够，即使在当地，也很少有人知道该地区的旅游景区。随着黔东南州经济不断发展，人们对于第三产业的需求也不断提高，而黔东南州的精神建设明显没有跟上当地人民需求。政府部门应当着力发展文化旅游产业。

(1)政府部门应当加大基础设施建设，让当地少数民族地区的人们可以"走出去"，外面的人可以"走进来"，并且积极宣传民族文化，加强民族文化保护意识。

(2)将地区景点建成"点-线-面"的形式，这种旅游建设和商业积聚有着异曲同工之妙，不仅可以吸引游客，加强宣传，而且可以形成产业链接和竞争机制。

(3)政府部门可以在旅游地区进行地区特色产业加工销售，增加地区经济。

(4)政府部门应当加强当地地区旅游业的宣传活动，通过新闻媒体或者民族活动提高地区知名度。

(四)聚力三大产业转型升级，打造新型城镇化

新型城镇化建设要求通过三大产业的转型实现资源要素的集约和节约利用，不断实现新型城镇化和生态文明建设一体化的建设，包括四个方面。

(1)黔东南州在促进产业发展方式转变过程中，必须要充分发挥政府的主导作用，通过行政手段，包括"节能减排"目标责任制，淘汰落后产能，从而通过提高环评标准、控制信贷和土地审批等遏制高耗能产业过快增长等。

(2)在发展中要协调经济与环境之间的关系，充分发挥市场的主体作用，通过运用税收、价格、财政、收费、信贷、保险等经济手段，制定和实施财政补贴、标签计划、碳排放税、自愿协议、能源合同管理等环境经济政策，调动企业绿色发展的积极性。

（3）要分层次、有差别、有重点地推进产业结构的转型升级，不仅在三大产业，而且各产业内部要有差别、有层次推进。需要做到以下两个方面：①加快发展现代农业，推进农业的现代化，不断提高农业生产效率，促进农业生产的规模化、产业化、市场化和设施化；②有差别地推进工业结构的优化升级，劳动密集型工业要加快向产业价值链高端发展，通过提高设计、研发效率，提升文化含量，进一步提升在全球价值链的分工层次。

（4）要多层次地发展服务业，服务业不仅可以吸收城市劳动力，还可以吸纳农村转移劳动力，这有效地创造了就业的机会。一方面，拓展生活服务和社会服务新领域，围绕消费需求升级和城镇化对教育、医疗、养老等服务、社会保障的需求，发展就业容量大的社区服务、养老服务、健康服务等劳动密集型新兴服务业。另一方面，在主城区，可以在挖掘传统服务就业潜力的同时，不断发展现代服务业尤其是生产性服务业，加强制造业与服务业之间的融合，扩大服务业规模、提升服务业水平、优化城市产业空间、提升城市的创新功能和服务功能。

第九节　黔西南州绿色发展的减贫路径构建

黔西南州地处滇桂黔石漠化集中连片贫困地区腹地，贫困面广、程度深，绿色减贫面临严峻挑战。为实现生态文明新型城市化建设和实现全面脱贫，黔西南州首先要在环保治理方面进行突破，要改变传统的治理方式，从因地制宜、突破重点、统筹兼顾、依靠群众四大方面实施创新，打破环保治理瓶颈。其次要适应新常态的发展要求，以建设绿色发展为理念引领城镇发展，其绿色发展的减贫路径如图 7-9 所示。

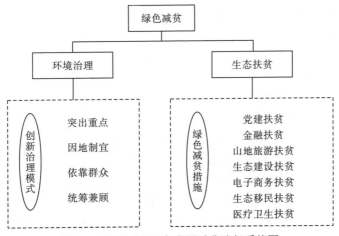

图 7-9　黔西南州绿色发展减贫路径系统图

(一)立足实际，确保环境与经济发展平衡

立足实际就是要立足于黔西南州的环境实际，综合考虑黔西南州贫困地区的基本环境状况、资源条件、经济水平、村庄布局、人口结构、规模等各项因素，根据现实状况，科学选取治理模式，包括三方面内容。

(1)加大对贫困地区环境治理的政策倾斜力度，立足农村实际，制定符合当地健康发展的政策，正确引导环境治理与经济发展平衡，因地制宜发展贫困地区相关产业，如果林、农业园、手工业、民族文化工艺品等。

(2)因地制宜治理贫困地区环境问题，不能照抄照搬城市污染治理的方法，分类别治理农村生活垃圾、污水处理等，探索农村环保治理机制，确保环境与经济发展相对平衡。

(3)做好环保的宣传工作。全面积极地配合各地环保工作部门，严格执行当地环保工作相关法律法规，让全民参与，普及每一个市民，让全民心中都有环保意识。在工作或生活中尽量减少生活污水排放、降低噪声污染以及对周边植被的破坏，在全民参与下做好环保工作。

(二)突出重点，优先解决最尖锐环境问题

突出重点，要优先解决贫困居民最现实、最关心、最直接的环境问题，主要包括六个方面。

(1)结构型重工业污染问题凸显，排污总量较难控制。众所周知，黔西南州是依靠建材和冶炼等能源优势快速发展起来的，建材和冶炼占全州工业总产值的1/3以上，其在高能耗、重污染行列中，所占比例位居前列，每年排放的废气中 SO_2 总是居高不下，对大气环境造成了较大的污染。

(2)地表水、水环境的质量呈下降趋势。究其原因，主要是因为相比其他地区，黔西南州地貌地形较为特殊，由于基础建设未完善，导致大量未经处理的工业废水和生活废水没有经过处理，直接排入峡谷和湖泊，以至于南、北盘江的水质受其影响，逐渐恶化，万峰湖库区的水质甚至呈富营养化。

(3)城市环境问题繁杂，问题较多。在城市环保设施中，较多的环保设施都相对滞后，如家庭餐馆的油烟污染、城市的垃圾污染、小吨位燃煤锅炉烟尘污染以及城市交通工具的噪声扰民等问题都迫切需要得到解决。

(4)大型重污染的企业，其治理进度缓慢。在城镇中，能耗高、污染重的企业偏多，由于其涉及面广，治理成本较中小型企业而言较高，所以治理难度较大。

(5)生态环境遭到破坏，部分区域的矿山生态环境破坏仍在加剧，煤、金矿山资源的开采导致生态破坏严重，浪费大，生态资源的开发比较盲目，缺乏科学性

以及合理性。

（6）进一步加快农村环境的基础建设。因此，要将这些关系农民生计问题的环保工作放到优先整治的地位。

（三）依靠群众，保障环保成效的长期稳定

依靠群众，群众永远都是历史的创造者，要团结一切能团结的力量，共同应对环境问题。在此，要发挥地方各级政府的领导作用，积极引导和鼓励群众参与环保行动，以确保政治效果的长期稳定。群众路线环保教育实践活动最根本的是要多为民办实事办好事，让群众真正享受社会发展带来的各项成果，可以集中社区居民开展"百日大扫除"环境整治行动，改善群众居住环境，借助这样的环保整治行动，社区积极主动做好辖区内环境的整治工作。

（1）召开两委班子成员会议，根据社区实际，制定整改计划，明确整改措施。

（2）配合区、街领导小组，积极整合资源，推进环境整治。

（3）跟紧各项任务时间节点，确保整改任务按期、保质、保量完成。

（4）通过网格平台，督促网格负责人做好后期巡查巩固工作，发现新问题、新矛盾，第一时间予以协调解决。

（四）统筹兼顾，提高环保综合整治效益

统筹兼顾，将绿色发展、脱贫攻坚两大战略结合起来，以可持续、健康发展作为最终目标，坚持把综合利用作为贫困地区解决环境问题的根本途径，提升综合发展能力。

（1）注意各项工作之间的衔接，特别是饮水安全工程、河道整治工程之间的衔接问题，同时整合相关的资金渠道，提高综合整治的环境、社会、经济效益，要抓项目、带全局，推动经济社会发展再上新台阶。

（2）充分发挥年度农村环境综合整治专项资金效益，明确将保护重要饮用水源地周边村庄、生态村、美丽乡村特别是贫困村作为整治重点，同时结合全县城乡环卫一体化工程建设，加大资金整合扶持力度，全面推进农村环境综合整治工作的顺利开展。

（3）进一步加大项目上级资金计划安排和投入，积极整合美丽乡村建设、环境综合整治、脱贫攻坚和农村财政奖补等涉农资金项目。

（五）强化生态扶贫，致力绿色脱贫

生态扶贫就是要在生态可持续发展的前提下实现经济的增长，根据黔西南州的

实际情况，要实现生态减贫可以从八个方面着手。

(1)实施山地旅游扶贫计划，构建以核心项目引领、重点项目支撑、示范点全面发展为坚实基础的布局合理、各具特色的旅游产业体系，以山地旅游带动农村贫困人口脱贫。

(2)实施山地农业扶贫计划，推进农旅结合，发展集"生态资源、现代农业、农产品加工、乡村旅游、养生度假、休闲地产、创意文化"为一体的农业生态休闲观光业；加快农业结构调整，培育农村小微企业，推动三大产业高度融合发展，解决贫困农户产品销售和就近就业问题。

(3)实施生态建设扶贫计划，通过植树造林打造"绿色银行"和发展草地生态畜牧业推进"西南草都"建设，让"石漠化山头绿起来"，实现经济社会与生态发展"双赢"。

(4)实施电商扶贫计划，尽力完善贫困村电商综合服务网点覆盖，培训农村电子商务实用人才，促进"州货出山"和"网货下乡"，推动电子商务发展迈上新台阶。

(5)实施扶贫生态移民计划，"十三五"规划期间，规划对仍居住在深山区、石山区等"一方水土养不起一方人"的地区实施移民搬迁，实现"搬得出、稳得住、能就业、有保障"。

(6)实施金融扶贫计划，加快州、县(市、试验区)在扶贫投融资平台方面的建设脚步，力求通过建立融资担保公司、扶贫产业发展基金以及健全贫困户贷款保险风险补偿金制度，降低各地区贫困农户的融资成本，从而提高乡村中贫困农户贷款的覆盖率。

(7)实施医疗卫生扶贫计划。构建完善乡村的大病保险、医疗救助、基本医疗保险这"三重医疗保障"体系，推进贫困地区基本公共卫生服务均等化，对农村贫困人口实施特殊医疗救助，实行医疗救助兜底政策，切实提高农村贫困人口医疗救助保障水平。

(8)实施党建扶贫计划。按照"抓党建就是抓关键，抓关键就是抓发展"的工作思路，坚持以党建带扶贫、以扶贫促党建，积极推广运用州"智慧党建云"平台，加强贫困对象精准识别、精准帮扶、精准脱贫的过程管理，切实做到看真贫、扶真贫、真扶贫。

第十节　黔南州绿色发展的减贫路径构建

黔南州地处滇桂黔石漠化集中连片特困地区，又是少数民族聚集区，该地区开发程度较低，经济发展缓慢，且发展不平衡。推进脱贫攻坚、加快发展成为最主要的任务，也是实现全面小康面临的严峻挑战。积极探索绿色发展的减贫路径，通过"五大攻坚战"，即从产业发展、异地搬迁、生态补偿、发展教育、社会保障五大方面入手，坚决打赢脱贫攻坚战，实现全面脱贫，其路径如图7-10所示。

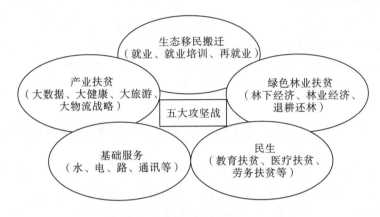

图 7-10 黔南州绿色发展减贫路径系统图

（一）打好生态移民搬迁战，实现移民全民脱贫

坚决打好生态移民攻坚战，盯紧生存困难的边远贫困村寨，统筹规划，实施整组整寨搬迁计划，在搬迁过程中积极应对各种突发情况，积极引导和动员极贫、极弱的困难家庭优先搬迁。

（1）要完成搬迁安置任务，实施较为困难，突发问题较多，要做好防范措施，注重与新型城镇化的发展相结合，根据就业岗位确定搬迁规模，分配好县城、产业园区、乡镇等的搬迁安置。

（2）解决搬迁民众的长远生计问题，这就要求人力资源、政府、工商等各个部门联合，根据移民部门提供的就业岗位，分配就业人员，认真开展就业、再就业培训工作，认真落实移民迁入后的升级问题。

（3）迁入产业园区的移民要确保全面脱贫，产业园区能够容纳大部分的就业人员，加之产业发展直接与经济效益挂钩，因此要保证当年迁入、当年脱贫。

（二）打好产业脱贫攻坚战，实现绿色产业帮扶脱贫

坚决打好产业脱贫攻坚战，以绿色发展为基础，结合目前大数据、大健康、大旅游、大物流战略行动，努力打造生态产业链。

（1）突出抓好传统优势产业，如茶叶、果蔬、金刺梨、生态畜牧、烤烟、中药材等产业，因地制宜推进现代山地特色高效农业，打造品牌产业。

(2)狠抓特色生态农业园区建设,加快农产品加工,提升农产品精深加工水平,努力在每个县城打造农产品加工龙头企业,并帮扶县下乡镇建设特色农业基地。

(3)高度重视传统工业结构性调整,适应新常态要求,充分发挥人才吸纳作用,带动周边贫困群众就业。

(4)重点培育新型农业经营主体,专业打造合作社、农村电商队伍。

(5)创新利益协调机制,特别构建好贫困户与新型经营主体之间的利益联结机制,在处理各种利益矛盾的同时推动贫困户入股龙头企业、参与经营分红等,切实解决农民单边作战的难题和对接市场的困境。

(三)打好绿色黔南州建设脱贫攻坚战,实现新型城市化建设

坚决打好绿色黔南州建设脱贫攻坚战,发展林业经济和林下经济,为绿色减贫的发展开发新的道路,加大退耕还林、退耕还草项目进一步向贫困地区倾斜,做好优质果林育苗工作,优先给贫困户分配果苗,帮扶贫困户种上优质果林。此外,要落实生态补偿补助,贫困人口可以就地转化为环保工作人员,在环保的同时解决就业问题。

(1)重点把握"两条底线"坚决不动摇,要以生态文明理念引导经济的发展,优化区域空间布局,加强主体功能区和生态文明示范区建设,严格市场准入红线、强化责任约束红线。

(2)重点培育大数据、大生态、大健康的特色生态农业,运用黔南州丰富、独具特色的少数民族文化特色来打造生态民族文化旅游,做成独具特色的少数民族文化产业,从而促进当地的文化旅游业快速发展。

(3)推进绿色新型城市化的发展,围绕山地公园市的目标定位,打造以社区公园、森林公园、山地公园等为主体的城市生态体系。

(四)打好基础设施建设攻坚战,实现新作为

在势必做好基础设施建设这一攻坚战中,在贫困乡村中率先实施"四在农家·美丽乡村"六个小康行动计划项目和财政奖补"一事一议"重大项目,努力打通贫困乡村的基础设施"最后一公里",解决贫困群众出行难、用水难、用电难、通讯难等切实问题。

(1)要加快乡村配套产业基础设施的建设和完善,进一步加强水利方面的设施以及现代农业的示范基地等工程的建设力度。

(2)要大力推进各贫困乡村关于小微企业孵化基地的基地建设,大力扶持农业产业园等产业基地建设和厂房建设。

(3)促进乡村项目建设,如加快促进县级及县级以下的物流运输中心和养老基

地的项目建设。

（4）通过加快重点城镇和县城、农村的基本建设，切实解决好垃圾处理厂建设，网路改造等问题，建设好城镇道路的景观道，加快城市文化广场及湿地公园的建设，以创设宜居城市和生态旅游城市为导向，构建生态旅游和宜居城市。

（五）打好民生兜底攻坚战，建设民生兜底保障网

坚决打好民生兜底攻坚战，兜住民生基本底线是实现小康社会的第一步，要确保贫困群众最基本的生活保障。

（1）要全面实施医疗歼灭战，不能因病致贫、因病返贫。精准识别医疗扶贫对象，整合优抚医疗补助、大病保险、医疗救济、计生扶助等，对特困医疗对象实施医疗费用"零负担"。

（2）实施就业"绿卡"制度，实施城乡"零就业家庭"清零计划，加大就业、再就业培训力度，组建以贫困群众为主的项目建设队伍，如水利工程建设等，让贫困群众就业有保障。

（3）更加关心困难群众的生产生活，尤其聚焦贫困乡村地区，要积聚力量主攻农村地区，不断补齐黔南州全面建成小康社会的最大短板。

第十一节　本　章　小　结

贵州绿色发展的减贫路径是由各地市州共同构成的。在认真贯彻习近平总书记的指导方针下，贵州省从强化绿色发展理念，培养高效人才、建立健全绿色减贫的长效动力运行系统，注重产业扶贫与生态保护的有效结合，实现减贫经济效益与长远生态保护的双重成效四个主要方面，探索绿色发展的减贫道路。

具体而言，贵阳市是全省绿色减贫的"领头羊"，其绿色发展的减贫道路构建主要从加强政策引导激励、助力绿色减贫，夯实保障基础、提升服务效能，加强组织领导、明确责任主体，发展生态产业、助推绿色减贫，强化资金保障、建立多元化投入机制，实施结对帮扶工程、提升绿色减贫效率六个方面进行构建。

遵义市作为贵州重要酒工业和红色旅游基地，从做好基础保障措施、助力绿色减贫，创新机制体系、促进精准脱贫，发展特色支柱产业、助推脱贫攻坚，狠抓就业脱贫、实施精准帮扶四个方面构建了绿色发展的减贫路径。

安顺市作为滇桂黔石漠化集中连片特困地区，为了确保极贫乡镇贫困人口如期实现全部脱贫，从转变林业发展方式、实现绿色增收，转变种植业发展方式、打造精品农业园，转变畜牧业发展方式、加快现代畜牧经济建设，转变渔业发展

方式、推进休闲渔业健康发展，创新管理模式、激活组织活力，创新运作模式、构建合作平台，创新发展模式、实现经济转型七个方面探索旅游发展的减贫道路。

铜仁市积极落实精准扶贫，探索绿色发展的扶贫新路，包括促进产业融合、助力绿色减贫，促进转移就业、助力脱贫攻坚，保搬迁群众稳定脱贫、促社会和谐，加强环保、促进可持续发展，加大教育投资力度、阻断贫困的代际传递，明确保障措施、助力绿色减贫重任六个方面。

毕节市地处乌蒙山麓，贫困程度较深，但解决绿色发展的减贫问题，毕节人民思考以交通扶贫打通毕节对外开放通道、以金融扶贫保障乡村经济发展、以旅游产业扶贫打造新的经济增长点、以生态移民工程助力群众脱贫、以产业扶贫提升人民生活水平五个方面，走好绿色减贫路径。

六盘水市在绿色减贫路径构建中应夯实绿色减贫基础，将基础服务作为绿色减贫发展战略的出发点，从完善基础设施建设、增强公共服务能力，推进社会保障、促进兜底脱贫，实施创新驱动、构建动力机制，统筹兼顾、综合平衡绿色经济发展四个方面构建绿色发展的减贫路径。

黔东南州作为贵州少数民族聚居地，拥有丰富的民族文化，通过调整农业产业结构、着力推进农业现代化，以传统产业为基点、大力发展战略性新兴产业，着力发展文化旅游产业、提升服务业水平，聚力三大产业转型升级、打造新型城镇化四个方面，打造绿色发展的减贫路径。

黔西南州贫困面广、程度深，再加上自然环境的破坏，绿色减贫面临严峻挑战。在全州人民的共同努力下，从立足实际、确保环境与经济发展平衡，突出重点、优先解决最尖锐环境问题，依靠群众、保障环保成效的长期稳定，统筹兼顾、提高环保综合整治效益，强化生态扶贫、致力绿色脱贫五个方面，逐步实现绿色发展的减贫目标。

黔南州构建绿色发展的减贫路径，主要从打好生态移民搬迁战、实现移民全民脱贫，打好产业脱贫攻坚战、打好建设绿色发展的黔南州脱贫攻坚战、实现绿色产业帮扶脱贫，实现建设新型化创新性城市，通过建设好基础设施攻坚战，完成民生兜底全保障网等五个方面，打好黔南州特色的绿色发展牌，促进精准扶贫落实，实现脱贫致富目标。

第八章　结论、不足与展望

第一节　结　　论

（一）以生态农业经济为底子的绿色发展，为贵州夯实了绿色经济增长的基础

生态农业是以绿色、经济、可持续发展为基础的农业，贵州省是具有典型喀斯特地形地貌特征的传统农业大省，经济落后、生态环境脆弱、少数民族众多、受教育程度普遍偏低等问题一直存在。而对于这样条件艰苦的贫困落后地区，追赶发展的压力异常沉重，技术、资本等现代化的动力因素又难以在短期内取得突破性进展。因此，因地制宜合理利用和整合现有资源以发展经济成为最大议题。根据贵州省实际情况，打造以生态农业为基础的绿色可持续发展道路。贵州特色农业资源种类丰富，种类多且广是其显著的特点，再加上其适宜的气候条件，为发展特色农业奠定了现实基础，通过大力发展特色农业产业，实现贵州因地制宜充分发挥山区农业资源与生态环境比较优势，突出生物、气候及资源多样性等特点的客观需要与必然选择。当前，贵州省不断调整现有的农业结构，重视发展具有特色优势的农业产业，取得了很大成效，其中蔬菜、茶叶、马铃薯、中药材等几种优势特色农产品种植面积和生产规模不断扩大，区域内特色农业产业布局也逐步形成，特色农业产业体系得到逐步完善，特色农业产品的质量不断提高，农业产业化所带来的收入也在不断上升，从而带动整体经济效益和社会效益的提高，实现了绿色生态农业向着更包容的方向发展，为贵州夯实了绿色经济增长的基础。

（二）大数据、大旅游、大健康为贵州绿色发展带来新的战略方向，助推贵州全面脱贫

大数据、大旅游、大健康作为与脱贫攻坚、教育医疗事业、基础设施相对应的三大"长板"，是贵州省绿色发展、助推全面脱贫的最大砝码。

（1）贵州省综合利用网络、遥感技术、多媒体及虚拟仿真等数字技术，深入分析各个地区的人口、环境、扶贫产业等多方面的数据，并整合交通、农村、基础

设施、环境等领域的信息数据，了解和掌握贫困对象的利益诉求、实际需求和为扶贫工作提供贫困地区社会、经济、人口、资源、地理、生态环境等复杂信息的信息化、数字化、仿真化、网络化、可视化等决策参考，实现大数据精准定位帮扶对象、对扶贫对象进行动态管理、利用大数据预测扶贫需求等，提高了扶贫工作的精细化和科学化。

(2)为满足游客持续增长及其多层次、多样化的旅游需求，贵州省开始实施大旅游战略，使得旅游产业链不断延伸和扩展，形成了具有高度产业关联性和多重综合效益的旅游业发展模式，综合包含经济、社会、文化、政治诸多因素在内的综合型新产业模式，实现了旅游业的可持续发展。

(3)大健康是根据社会需求、时代发展与疾病谱的改变，提出的一种全局的理念，贵州发展大健康产业具有很大优势：①生态保持良好、全年恒温、气候适宜，有利于修养身心；②资源丰富，特别是药材资源丰富，是四大中药材主产地之一，为新业态的发展提供了良好的条件；③产业基础抓实，目前贵州重点培育以大数据为引领的电子信息产业和以大健康为目标的医药养生产业等五大产业，为大健康产业的发展奠定了良好的基础；④政策和产业的有力支持、西部大开发政策和《国务院关于进一步促进贵州经济社会又好又快发展的若干意见》为贵州大健康产业的发展提供了政策优惠，医药产业的崛起为大健康产业的发展提供了平台。

因此，大数据、大旅游、大健康为贵州绿色发展带来了新的战略发展方向，为全面脱贫打下了坚实的基础。

(三)贵州绿色发展的减贫道路仍存困难，但已经全面走上绿色发展的减贫轨道

随着政策和产业的大力支持和大数据、大旅游、大健康、大扶贫理念的提出，贵州通过绿色发展实现脱贫取得了很大成效，虽然已经全面走上绿色发展的减贫道路，但仍存困难，主要体现在四个方面。

(1)基础设施薄弱，生态农业需要前期投入。贵州省的地形主要为山地和丘陵，可用耕地的面积相对少，不适合大力发展畜牧业和扩大农作物的种植规模。同时，贵州是典型的喀斯特地貌区，大部分岩石裸露，这不仅阻碍了畜牧业和种植业的发展，而且还在很大程度上阻碍了农业基础设施的建设和完善。

(2)劳动力素质偏低，技能培训必不可少。自从实施了改革开放，我国的经济社会得到快速发展，国家的基础教育也得到普及，基础教育的普及提高了贵州省劳动力人口素质，但是与发达地区相比，贵州省还是相对落后，尤其是农村劳动力素质，急需通过技能培训进一步提高。

(3)龙头企业实力落后，企业扶贫作用有限。目前，贵州在产业发展上逐步重视特色农业产业的发展，出台了一系列产业政策和规划。贵州也因此出现了一批

知名度高、生产能力强、相对规模较大的生产性龙头企业，但是就如今的发展，贵州龙头企业的建设远远落后于中东部地区，特别是基于生态农业开发的企业，数量还十分有限。

(4)处于产业链底端，自身产业链短。贵州天然的地理条件决定了生态农业的绿色产业种植面临很大的挑战，如由于种植面积零散，单位面积农产品产出较低。这些都决定了在贵州生态农业的上游产业，即农产品的供应比较分散，不能形成较小中心区域性原料供应基地，这将导致产业链上游低效的规模化和组织化。目前，政府从绿色发展理念出发，加大了对贵州的政策倾斜力度和财政支持力度，同时引进各个产业的发展，积极建立健全各个机制体系，促进贵州全面走上绿色发展的减贫轨道。

(四)依据绿色减贫思想，贵州各地市州走出一条符合当地减贫工作的机制和路径

绿色减贫是指如何将"绿水青山"的优势转化为"金山银山"的效益。在经济发展当中，不能一味地只顾减少贫困，必须要在绿色创新的驱动下，实现经济的绿色、生态、可持续发展，从而带动人们走出一条脱贫致富的道路。因此在减贫的同时，要以绿色发展为指导理念，既实现减贫效益，也要保护好人们赖以生存的生态环境。

从整体来看，贵州省是全国较为贫困和落后的地区，同时又处于生态脆弱区，生态文明建设也较为滞后，贫困和生态的相互交织成为贵州经济发展和建设生态文明的主要绊脚石。因此，贵州的经济发展首先受到自身因素的阻碍，使贵州成为全国贫困人口最多的省份，绿色减贫任务任重而道远。此外，贵州的地理位置十分关键，是长江和珠江上游非常重要的屏障，关键的地理位置决定了贵州在发展经济的同时，必须扛起维护生态平衡的重担。贵州各地市州的地形多种多样，经济发展的基础、人口的分布状况以及资源禀赋存在差异，生态环境的承载量又各有不同，所以贵州要想成功走出一条符合贵州省情的生态保护与经济发展相结合的道路，就不能以偏概全，走统一化的经济发展模式和发展方式，必须依据绿色发展减贫的思想，根据各个地区的区情，走出一条符合当地减贫工作的机制和路径。

(五)贵州构建了绿色发展的减贫创新生态系统，实现精准扶贫的可持续脱贫

贵州绿色发展的减贫创新生态系统的作用在于通过系统内的能量流动、物质的循环利用、信息的有效传递，促使创新思想的产生、扩散和利用。以环境优先，

优化资源配置，提高竞争力和可持续发展的能力，助推经济良性发展，有效达到减贫目标，最终实现系统中所有成员获利，从而实现精准扶贫后的可持续脱贫。贵州绿色发展的减贫创新生态系统，其特点主要包括七点。

(1)复杂性。贵州绿色发展的减贫创新生态系统是呈网络式的多维空间结构系统，它是由很多要素共同组成，相互联系，相互作用，相互影响，包括贵州各个地方的政府、企业公司、扶贫部门、研究机构、公共服务机构、投资项目、减贫对象、生态环境等创新主体，此外还包括基础设施、政策、制度、文化等创新环境要素。这些要素在贵州不同地区、不同行业及领域，都有自身发展的状况及目标，致使系统出现复杂性。

(2)整体性。贵州绿色发展的减贫创新生态系统不是各个要素之间简单相加和堆积，而是非线性构成的有机统一的整体，其整体功能大于单个功能的总和，达到"1+1＞2"的效益。同时整体性也是创新生态系统各个要素与结构的综合体。

(3)开放性，创新生态系统需要各个要素之间相互流动与交流，维持系统的生命力。在摄入能量的同时将能量不断进行传化而进行基本的新陈代谢。此外，各个要素要不断进行发展扩大，要与外部在科学技术、生产、开发等各个环节进行更为广泛的联系，并在各个要素之间不断进行信息、资源、能量等方面的交换。

(4)稳定性。贵州绿色发展的减贫创新生态系统具有自我适应、自我调节和自我恢复的功能，它能够维护自身结构及功能的稳定性。当创新生态系统处于稳定状态时，则生态环境、经济发展、减贫效果将维持系统的平衡，获得良好的效益。

(5)动态性。贵州绿色发展的减贫创新生态系统是一个动态的有机体，它总处于不断发展、进化、演变之中，这主要体现为各个要素之间的共荣共生、协同创新和相互促进，同时也体现为各个要素之间的相互博弈、不断调整，从而共同达到和谐成长的状态。

(6)层次性。贵州绿色发展的减贫创新生态系统可以从不同的视角进行描述，比如全世界绿色经济发展减贫的思路、国家统一的绿色经济发展减贫政策等；也可以是中观视角，比如贵州为绿色经济发展减贫出台的相关政策文件、贵州的生态农业创新系统等；也可以是微观视角，比如贵州各个地区的产业生态创新系统和企业创新生态系统等。

(7)交互性。贵州绿色发展的减贫创新生态系统是环境、经济、社会、人口以及其他要素相互交互而构成的网络，在网络中还存在部门、组织、机构等利益的相关者。而整个网络之间各个要素是相互依赖和相互依存的关系，形成互补性和包容性，这样才能有效达到贵州绿色发展减贫的目标。

因此，贵州绿色发展的减贫创新生态系统的构建不仅有利于逐渐解决在经济发展过程中造成的严峻生态环境问题，还有利于探索出一条减贫富民的绿色发展之路，实现减贫、富民、强省的目标，从而实现精准扶贫后的可持续脱贫。

第二节 不 足

(一)指标体系设计不完全,致使在测量贵州特色绿色产业经济方面不充分

指标体系设计不完全主要体现在两方面。

(1)某些相关指标的缺失。贵州绿色发展的减贫成效评分指标体系设计受诸多因素的影响,包括指标设计的客观性、地方差异的客观性等因素,导致测量贵州特色绿色产业经济发展的某些指标并未纳入其中,包括贵州的茶产业、药物种植、旅游、大数据、大健康等相关指标。

(2)贵州绿色发展的减贫成效评分指标体系中的某些指标与当地的经济发展存在少许的差异,比如在特色绿色经济层面,贵州有的地区主要种植的经济作物是油菜,由于统计年限及发展因素的不同,该地区并没有种植烤烟,或者说是家庭少量种植,自产自销,而有的地区却又恰恰相反。这就会导致在测量贵州特色绿色产业经济方面不充分。但是,贵州绿色发展与减贫成效的评分指标体系是结合经济、社会、环境、生态等多项指标进行筛选、分析、整合而制定的,再以2010~2015年作为时间区间,进行差异性、系统的分析,具有整体性、客观性、系统性等特点。因此,这些指标的界定能够反映出一定时期内贵州经济发展的整体状况。

(二)数据和资料来源缺失,不能完整测评贵州各区县的绿色减贫情况

贵州87个片区各项绿色发展的减贫衡量指标体系的数据是基于《贵州统计年鉴2011—2016》六年相关数据基础上进行分地区汇总、整理、分析研究的。

(1)因为统计年鉴本身数据的客观性、差异性,造成一些数据的缺失。比如有的地区2010~2015年城乡居民人均存储、社会消费品零售总额城乡比例等指标无数据,其原因是这些地区中有的地区属于市辖区,而没有乡的级别;有的地区有乡的级别却没有数据,这是由于统计年鉴将乡的数据并入市辖区的经济发展数据中,造成这些数据的缺失。

(2)因为地区产业结构的发展升级转型,使部分指标在某些年份缺少数据。比如有的地区在某个年份的人均烤烟量无数据,其原因是当年该地区由于产业结构调整,没有再进行烤烟的种植生产,而转为其他农作物的生产。

(3)2010~2015年,地区之间的变动与调整造成部分数据缺失。比如,贵阳

市小河区 2013～2015 年的整体数据缺失，是因为 2012 年以后，通过《国务院关于同意贵州省调整贵阳市部分行政区划的批复》（国函〔2012〕190 号）的有关内容，将小河区正式纳入花溪区，从而造成数据的缺失。再如，贵阳观山湖区 2010～2012 年数据整体缺失，是因为 2013 年之前，关于贵阳市成立观山湖区的相关文件还没有得到到国家的批复，因而相关数据缺失。但现有的指标数据还是可以从宏观和微观层面反映贵州经济的发展状况及趋势，还是可以充分分析贵州绿色经济的发展和减贫。

（三）研究精力和能力有限，验证贵州绿色减贫问题缺乏多种方法的运用

本书对贵州绿色减贫探索集中于理论与数据相结合，以事实为依据研究贵州绿色减贫，发现并找出贵州绿色减贫机制和路径构建，具有一定的指导意义。但在验证贵州绿色减贫问题方面，由于研究精力和能力有限，缺乏较为科学有效的理论方法进行实证研究，无法提供有说服力的验证结果支撑本书研究内容。本书研究的减贫绿色发展机制和路径是根据已有的统计数据和案例分析贵州各区县的绿色减贫现状，因地制宜提出有针对性的解决方案，作用于贵州各区县减贫，从最大程度上实现脱贫。尽管这些机制和路径研究在一定程度上具有一定的科学严谨性，但在科学研究中，实地验证是必要方式，然而在本书研究减贫范围内，该举措的实施需要的精力和能力颇大，当前缺乏高效率的研究方法。贵州绿色减贫是经济与社会范畴相结合的案例，它是民生保障的重要体现，实现贵州减贫是一项艰巨且复杂的任务，必须要落实到研究范围地区以检验研究成果的有效性，在今后研究中，验证的问题需要特别关注。

第三节　展　　望

（一）绿色发展正当其时，精准脱贫全面小康指日可待

贵州是集自然资源与璀璨文化为一体的生态易贫地区，减贫是贵州当前的首要议题，然而两者之间的联系是微妙的，贵州减贫任务是建立在产业经济提高基础上的，它势必会损害贵州生态的发展，在贵州易被破坏的喀斯特地貌生态地域范围内，发展经济、实现减贫是当前贵州精准脱贫应重点考虑的问题。为保证可持续发展战略的实施，贵州绿色发展已受到贵州各地市州政府和社会帮扶组织的高度关注。例如，黔东南州以绿色旅游产业发展为支柱性产业发展经济，整合黔

东南州贫困地区旅游资源发展乡村绿色旅游发展模式，以便实现精准扶贫，从而全面建设小康社会。贵州的绿色经济发展模式是贵州省发展的主要形式，它符合实现精准脱贫和可持续性发展目标相结合的重要发展模式，生态发展需要以精准构建绿色发展机制作为指导，围绕建设全面小康社会为总布局，全面部署绿色发展路径。在我国，实现精准扶贫离不开绿色发展模式，一方面是根据我国经济发展经验指导而提出，另一方面是依据精准扶贫主要内容而提出。在当前我国经济发展背景下，绿色发展是众人集思广益提出的，精准扶贫的实现指日可待。

(二)加强典型案例研究，总结区县绿色减贫的最新模式

根据各区县绿色发展指标构建，探索出贵州省各区县的绿色减贫情况，在科学理论指导下提出绿色减贫发展机制和路径研究，研究价值值得肯定。贵州绿色减贫情况不是一成不变的，它会随着社会经济、政治以及文化等变化，贫困地区减贫现状会出现相应的变化。为更有效地探索贵州绿色减贫发展模式，可依托典型案例研究，着眼于贵州已发展减贫示范区发展成果，指导其他区县。例如，遵义市红色文化资源丰富，依托红色资源发展以红色旅游为核心的旅游产业链，带动遵义其他乡村旅游、休闲度假等形式的旅游经济，实现经济提高，从而实现减贫。以典型案例研究为出发点，围绕类似贫困现象重点打造贵州各具特色的绿色减贫发展模式。

(三)后发优势成绩斐然，贵州大扶贫事业建设大有可为

贵州扶贫工作的开展在全国范围内起到模范作用，致力于实现贵州扶贫事业，团结社会各阶级力量共同发展经济，实现全面奔小康的目标。贵州扶贫具有一定优势，体现在三个方面。

(1)政策支持，贵州先后出台了《贵州大扶贫条例》《关于扶持生产和就业推进精准扶贫的实施意见》等相应指导扶贫工作的文件，贵州政府也部署众多扶贫措施，积极响应国家扶贫布局号召。

(2)贵州贫困情况迫使扶贫工作加大力度，贵州贫困情况在全国排名较前，是我国扶持贫困地区发展的主要阵地。中央及贵州省政府必然需要加大力度，实现贵州减贫。

(3)贵州扶贫成果满意，过去的扶贫工作成效较好，已实现贵州小范围脱贫目标，在扶贫工作部署上有了一定的经验，为后面扶贫工作提供了理论支持和经验指导。

贵州当前绿色发展的减贫工作在正确的战略方针下逐步凸显后发优势，贵州扶贫事业建设大有可为。

参 考 文 献

《当代贵阳》调研组，2011. 96%的党政干部对消除绝对贫困有信心[J]. 当代贵州，（7）：22.

阿剑，文韬，2004. 走出大山——宁夏实施国家易地扶贫移民试点工程(生态移民)纪实[J]. 宁夏画报，(Z1)：26-35.

爱德华·巴比埃，罗雪群，2013. 绿色经济的政策挑战与可持续经济的发展[J]. 经济社会体制比较，（3）：78-91.

白宇，2016. 完善运作机制积极稳妥推进易地扶贫搬迁[N]. 人民日报[2016-02-27].

北京师范大学绿色减贫指数课题组，叶韬，黄承伟，等，2014. 贵州省绿色减贫指数特点及分析[J]. 贵州社会科学，
    （11）：150-157.

北京师范大学中国扶贫研究中心课题组，张琦，胡田田，2015a. 中国绿色减贫指数研究绿色减贫理论综述[J]. 经
    济研究参考，（10）：25-32.

北京师范大学中国扶贫研究中心课题组，张琦，李禧俍，等，2015b. 中国绿色减贫指数研究中国绿色减贫指数测
    算结果[J]. 经济研究参考，（10）：40-49.

北京师范大学中国扶贫研究中心课题组，张琦，许凌筠，等，2015c. 中国绿色减贫指数研究中国绿色减贫指数构
    建[J]. 经济研究参考，（10）：32-40.

北京师范大学中国扶贫研究中心课题组，张琦，陈伟伟，等，2015d. 中国绿色减贫指数研究中国绿色减贫思考与
    建议[J]. 经济研究参考，（10）：49-58.

北京师范大学中国扶贫研究中心课题组，张琦，陈国创，2017a. 大兴安岭南麓等集中连片特殊困难地区绿色减贫
    指数分析及建议六盘山片区绿色减贫指数分析[J]. 经济研究参考，（7）：53-66.

北京师范大学中国扶贫研究中心课题组，张琦，史志乐，等，2017b. 大兴安岭南麓等集中连片特殊困难地区绿色
    减贫指数分析及建议大兴安岭南麓片区绿色减贫指数分析[J]. 经济研究参考，（7）：4-20.

卞文志，2017. 绿色减贫水平提升让众多百姓受益[J]. 资源与人居环境，（4）：73-75.

蔡宁，丛雅静，吴婧文，2014. 中国绿色发展与新型城镇化——基于 SBM-DDF 模型的双维度研究[J]. 北京师范大
    学学报(社会科学版)，（5）：130-139.

潮伦，2010. 各国大力发展绿色经济应对经济衰退[J]. 生态经济，（1）：12-17.

陈飞翔，石兴梅，2000. 绿色产业的发展和对世界经济的影响[J]. 上海经济研究，（6）：33-38.

陈国荣，2000. 实施生态化脱贫战略探索黄土高原可持续发展路子[J]. 瞭望新闻周刊，（1）：32-33.

陈华永，2016. 贵州今年计划减贫 100 万人[N]. 经济信息时报[2016-01-13].

陈松庆，周锋，史逸君，2016. 浅析对就业困难高校毕业生的精准帮扶[J]. 中国培训，（22）：46.

陈文科，2001. 论绿色经济[J]. 江汉论坛，（1）：20-25.

陈欣怡，2013. 南非旅游业发展的现状及存在的问题[J]. 旅游纵览(下半月)，（7）：129-131.

陈星，2015. 二战以后美国阿巴拉契亚地区开发研究[D]. 南昌：江西师范大学硕士学位论文：12-20.

陈宗兴, 2012. 发展绿色经济建设生态文明[N]. 人民日报[2012-11-02].

储东华, 朱海, 戴振华, 等, 2016. 云南加快全域旅游新行动[J]. 创造, (4)：30-33.

崔保华, 王增强, 姚建东, 2013. 绿色经济中基于可持续发展能力的领导干部评价——以四川省遂宁市为例[J]. 经济体制改革, (3)：57-61.

德内拉•梅多斯, 乔根•兰德斯, 丹尼斯•梅多斯, 1983. 增长的极限——罗马俱乐部关于人类困境的报告[M]. 李宝恒译. 成都：四川人民出版社.

邓万里, 2016. 山旮旯建设"绿色银行"——贵州脱贫攻坚瞄准现代化山地特色高效农业[J]. 当代贵州, (6)：28-29.

邓小海, 2015. 旅游扶贫精准帮扶探析[J]. 新疆大学学报(哲学•人文社会科学版), (6)：21-27.

董文芳, 2003. 可持续发展与政治稳定[J]. 山东社会科学, (3)：57-59.

范中启, 马爽, 戴琳, 2014. 中国企业绿色发展新视角：绿色复合观的内涵与应用[J]. 生态经济, 30(10)：67-69, 121.

方时姣, 2010. 绿色经济思想的历史与现实纵深论[J]. 马克思主义研究, (6)：55-62.

冯之浚, 周荣, 2010. 低碳经济：中国实现绿色发展的根本途径[J]. 中国人口•资源与环境, 20(4)：1-7.

高桂英, 韩丽丽, 2007. 西部贫困地区新农村建设与反贫困治理——以宁夏贫困地区为例[J]. 宁夏大学学报(人文社会科学版), (6)：187-193.

高灵芝, 胡旭昌, 2005. 中国小额信贷扶贫实践模式的综述与反思[J]. 济南大学学报(社会科学版), (6)：61-67.

高青, 2010. 西部城市边缘区乡村旅游发展问题与对策研究[D]. 成都：成都理工大学硕士学位论文：12-15.

龚娜, 龚晓宽, 2010. 中国扶贫模式的特色及其对世界的贡献[J]. 理论视野, (5)：30-32.

郭尔楚, 2012. 发展绿色经济, 实现可持续发展[N]. 经济日报[2012-06-01].

郝迎灿, 2016a. 多彩贵州主打"新名片"[N]. 人民日报[2016-12-15].

郝迎灿, 2016b. 贵州打好脱贫攻坚战[N]. 人民日报[2016-03-11].

何芬, 赵燕霞, 2015. 美、日促进集中连片特困地区减贫的经验借鉴[J]. 世界地理研究, (4)：20-29.

贺宁, 2016. 论绿色发展[D]. 延安：延安大学硕士学位论文：1-10.

胡鞍钢, 周绍杰, 2014. 绿色发展：功能界定、机制分析与发展战略[J]. 中国人口•资源与环境, (1)：14-20.

胡锡茹, 2003. 云南旅游扶贫的三种模式[J]. 经济问题探索, (5)：109-111.

胡岳岷, 刘甲库, 2013. 绿色发展转型：文献检视与理论辨析[J]. 当代经济研究, (6)：33-42, 93.

胡泽, 2015. 构建"三位一体"精准帮扶体系[J]. 政策, (11)：33-34.

黄娟, 2017. 科技创新与绿色发展的关系——兼论中国特色绿色科技创新之路[J]. 新疆师范大学学报(哲学社会科学版), (2)：33-41.

黄娟, 贺青春, 高凌云, 2011. 绿色消费：我国实现绿色发展的引擎——十六大以来中国共产党关于绿色消费的重要论述[J]. 毛泽东思想研究, 28(4)：93-96.

黄贤全, 2013. 土地及矿产所有权因素与美国阿巴契亚地区的贫困[J]. 西南大学学报(社会科学版), (6)：159-164, 176.

黄志斌, 姚灿, 等, 2015. 绿色发展理论基本概念及其相互关系辨析[J]. 自然辩证法研究, 31(8)：108-113.

纪万师, 2000. 从阿巴契亚山地区看美国贫困地区的开发思路[J]. 中国经济快讯, (50)：30-31.

江川, 熊娅, 2014. 2010—2013 年贵州集中式饮用水源地环境状况评估[J]. 环境科学导刊, (3): 18-21.

江仕敏, 2015. 留住乡愁, 拔掉穷根——云南旅游扶贫观察[J]. 创造, (10): 14-16.

兰燕卓, 2014. 公益小额信贷帮助妇女脱贫解困——赤峰昭乌达妇女可持续发展协会小额信贷扶贫与妇女发展项目[J]. 特区经济, (6): 171-173.

兰竹虹, 2008. 中国绿色发展的战略思路[J]. 生态经济, (3): 80-83.

郎晓娟, 沈若萌, 刘珉, 2013. 林业与绿色经济研究进展[J]. 林业经济, (1): 36-41.

雷海, 陈智, 2014. 斯德哥尔摩绿色发展模式探析[J]. 中国行政管理, (6): 120-123.

蕾切尔•卡逊, 2007. 寂静的春天[M]. 吕瑞兰等译. 上海: 上海译文出版社.

李爱民, 谢鹏飞, 李海龙, 等, 2011. 城市低碳转型与绿色发展——2011 城市发展与规划大会[J]. 城市发展研究, 18(7): 1-7.

李宝元, 蒯鹏州, 李晓婷, 2011. 人本绿色发展论——人类文明与大国崛起的绿色化指向、经验及任务[J]. 财经问题研究, (8): 66-71.

李斌, 彭星, 2013. 环境机制设计、技术创新与低碳绿色经济发展[J]. 社会科学, (6): 50-57.

李克强, 2010. 推动绿色发展促进世界经济健康复苏和可持续发展[N]. 人民日报[2010-05-10].

李文华, 2012. 生态文明与绿色经济[J]. 环境保护, (11): 12-15.

李仙娥, 李倩, 牛国欣, 2014. 构建集中连片特困区生态减贫的长效机制——以陕西省白河县为例[J]. 生态经济, 30(4): 115-118.

李秀丽, 2010. 中国公益性小额信贷发展研究[D]. 北京: 中央民族大学博士学位论文: 15-22.

李云, 2012. 文化扶贫: 武陵山片区扶贫攻坚的战略选择[J]. 民族论坛, (11): 52-55.

梁欢, 陈健, 2016. 精准帮扶, 点亮贫困家庭毕业生就业路——桂林 2016 年贫困家庭离校未就业高校毕业生"百十一"帮扶活动综述[J]. 人事天地, (12): 6-8.

林琳, 2010. 区域生态环境与经济协调发展研究[J]. 学术论坛, (2): 72-76.

林茂申, 吴文仙, 苏江元, 等, 2016. 以贵州人文精神凝聚力后发赶超[J]. 当代贵州, (14): 8-13.

林永生, 晏凌, 2012. 中国绿色发展指数报告发布暨绿色经济研讨会综述[J]. 经济学动态, (10): 152-154.

刘东生, 2013. 林业与绿色经济研究[J]. 林业经济, (2): 16-21.

刘恩云, 常明明, 2016. 国内绿色发展研究前沿述评[J]. 贵州财经大学学报, (3): 105-110.

刘贵富, 2005. 传统经济生态经济循环经济的比较研究[J]. 工业技术经济, (2): 10-12.

刘海鸿, 1999. 发展生态农业是脱贫与可持续发展的战略选择——岚县经济发展的基本思路[J]. 山西统计, (5): 15.

刘会齐, 2013. 基于绿色经济的企业组织创新模式研究[J]. 生态经济, (2): 33-36, 50.

刘慧, 樊杰, Guillaume G, 2011. 中国碳排放态势与绿色经济展望[J]. 中国人口•资源与环境, 21(S1): 151-154.

刘纪远, 等, 2013. 中国西部绿色发展概念框架[J]. 中国人口•资源与环境, (10): 1-7.

刘久锋, 2015. 贵州 3 年实现 14 个县减贫摘帽[N]. 农民日报[2015-01-13].

刘美武, 2011. 重叠机制视域下的非洲国际减贫机制[D]. 上海: 复旦大学博士学位论文.

刘清荣, 王建平, 2009. 丰硕成果的展示成功经验的交流——江西省社会扶贫工作经验会在赣州召开[J]. 老区建设,

（19）：7-8.

刘小琳，罗秀豪，2012. 广东实施绿色发展战略的对策建议[J]. 科技管理研究，32（7）：37-40.

刘振业，2005. 贵州马铃薯产业现状和发展优势与潜力[J]. 贵州农业科学，（6）：15-18.

刘志雄，2013. 中国绿色发展的条件与面临的挑战[J]. 新视野，（4）：24-27.

罗淳，1996. 走"可持续发展"的脱贫治贫之路[J]. 思想战线，（3）：15-17.

罗明义，罗冬晖，2011. 改革与发展："十一五"云南旅游发展特点与成效[J]. 旅游研究，（3）：1-8.

吕上轩，2010. 发展绿色经济谋求互利共赢[N]. 人民日报[2010-11-24].

马凌云，2010. 经济增长视角下的甘肃农村减贫机制研究[D]. 兰州：兰州大学博士学士学位论文.

毛世英，2011. 绿色经济视野下商业模式创新的价值取向[J]. 生态经济，（11）：118-121.

莫光辉，2016. 绿色减贫：脱贫攻坚战的生态扶贫价值取向与实现路径——精准扶贫绩效提升机制系列研究之二[J]. 现代经济探讨，（11）：10-14.

莫光辉，张菁，2017. 绿色减贫：脱贫攻坚战的生态精准扶贫策略——精准扶贫绩效提升机制系列研究之六[J]. 广西社会科学，（1）：144-147.

莫绍深，2013. 林下经济视域下广西"林改"问题研究[J]. 中南林业科技大学学报（社会科学版），（4）：54-57.

尼玛次仁，吴春宝，2016. 西藏农牧业特色产业精准帮扶模式探析——以拉萨净土健康产业为例[J]. 西藏大学学报（社会科学版），（4）：155-163.

年渊，2007. 我国农村扶贫资金使用的制度困境与对策研究[D]. 兰州：西北师范大学硕士学位论文：12-15.

宁亚芳，2015. 民族地区农村最低生活保障制度缓贫效应分析——来自云南的证据[J]. 中州学刊，（2）：77-81.

牛梦婧，2015. 贵州民族医药法制保护现状[J]. 现代妇女•理论版，（1）：225.

牛志男，2008. 从南到北走"塞上"——宁夏回族自治区采访手记[J]. 中国民族，（9）：28-31.

彭斌，刘俊昌，2013. 民族地区绿色扶贫新的突破口——广西发展林下经济促农增收脱贫路径初探[J]. 学术论坛，（11）：100，104，134.

钱巨炎，2015. 绿水青山的账本[J]. 新理财（政府理财），（9）：30-31.

钱争鸣，刘晓晨，2014. 资源环境约束下绿色经济效率的空间演化模式[J]. 吉林大学社会科学学报，54（5）：31，39+171，172.

冉隆德，翟淑珍，2003. 三峡库区贫困县脱贫和可持续发展的思路[J]. 生态经济，（10）：67-70，91.

绒巴扎西，2006. 香格里拉旅游品牌的核心价值与建设[J]. 云南民族大学学报（哲学社会科学 版），（2）：63-67.

沈宏益，毛阳海，2013. 西藏发展绿色经济路径探讨[J]. 生态经济，（6）：72，74，180.

四川省县域经济学会课题组，2017. 绿色减贫连片特困地区精准脱贫新路径[J]. 当代县域经济，（5）：14-17.

苏利阳，郑红霞，王毅，2013. 中国省际工业绿色发展评估[J]. 中国人口•资源与环境，（8）：116-122.

孙志刚，2016. 以脱贫攻坚统揽贵州经济社会发展全局[N]. 人民日报[2016-03-09].

覃志敏，岑家峰，2017. 精准扶贫视域下干部驻村帮扶的减贫逻辑——以桂南 s 村的驻村帮扶实践为例[J]. 贵州社会科学，（1）：163-168.

汤姆斯•R. 马尔萨斯，2001. 人口原理[M]. 郭大力译. 北京：商务印书馆：15-20.

唐静，2006. 绿色管理的经济学分析[J]. 经济社会体制比较，（1）：133-137.

唐兰兰，2010. 非洲旅游资源及其吸引力研究[D]. 杭州：浙江师范大学硕士学位论文：20-23.

王超，王志章，2015. 包容性发展下决策参与型旅游开发模式的研究——基于贵州省梵净山景区的案例分析[J]. 贵州师范大学学报(自然科学版)，(5)：100-108.

王刚，陈建成，胡明形，2013. 林业对绿色经济和绿色就业的作用研究[J]. 林业经济，(2)：28-33.

王金南，曹东，陈潇君，2006. 国家绿色发展战略规划的初步构想[J]. 环境保护，(6)：39-43，49.

王军，耿建，2014. 中国绿色经济效率的测算及实证分析[J]. 经济问题，(4)：52-55.

王思斌，1995. 社会发展与经济发展的关系[J]. 中国人口·资源与环境，(1)：17-21.

王小林，2016. 扶贫对象精准识别与精准帮扶研究——黔西南州案例研究[J]. 当代农村财经，(3)：5-9.

王新建，童云，2016. 论绿色发展与包容性发展的关系——也论"包容性绿色发展"概念的诞生[J]. 现代商业，(1)：63-64.

王亚娟，2012. 宁夏贫困地区粮食种植结构及生产能力分析[J]. 中国统计，(3)：47-48.

王颖，2008. 南非负责任旅游的兴起及其意义[J]. 世界地理研究，(1)：132-136，143.

威廉·配第，2006. 赋税论[M]. 邱霞等译. 北京：华夏出版社：2-10.

魏澄荣，2014. 贯彻生态文明理念推进城镇绿色发展[J]. 福建论坛(人文社会科学版)，(2)：34-37.

魏兰，2008. 龙志毅回顾贵州扶贫开发岁月[J]. 当代贵州，(22)：36-38.

吴振华，2016. 精准帮扶：失独家庭走出困境的新思路[J]. 人口与计划生育，(8)：44-45.

向海英，2016. 习近平绿色发展理念的哲学基础[J]. 华南师范大学学报(社会科学版)，(6)：176-179，192.

向长贤，2008. 当前产业化扶贫中的"热""冷"现象分析[J]. 老区建设，(1)：37-39.

肖安宝，王磊，2016. 习近平绿色发展思想论略——从党的十八届五中全会谈起[J]. 长白学刊，(3)：82-88.

徐国均，栾峰，陶森林，等，2014. 聚焦精准扶贫创新帮扶机制[J]. 江苏农村经济，(12)：40-42.

杨朝伟，2015. 适应新常态，抢抓新机遇，推动新跨越[J]. 当代贵州，(5)：44-45.

杨国涛，2007. 村级贫困类型划分及其特征分析——以宁夏西海固 72 个观察村为例[J]. 经济问题探索，(7)：57-62.

杨志，王梦友，2010. 绿色经济与生产方式全球性转变——刍议基于"资本·网络·绿色"框架的新经济[J]. 经济学家，(8)：18-24.

于法稳，2016. 习近平绿色发展新思想与农业的绿色转型发展[J]. 中国农村观察，(5)：2-9，94.

于飞，2016. 对 31 省市 GDP 健康度的测评及排名(2016)[J]. 国家治理，(16)：3-19.

袁芳，2012. 安顺市经济改革试验区发展现状、问题与对策研究[J]. 天津大学：10-22.

约翰·斯图亚特·穆勒，2009. 政治经济学原理[M]. 金镐，金熠译. 北京：华夏出版社：17-22.

詹木思，2009. 尼日利亚农村可持续发展与减贫机制：对农业新发展的启示[D]. 杭州：浙江大学博士学位论文.

张波，陈国平，孟晓光，等，2014. 生态立区务实创新浐灞巨变——西安浐灞生态区的绿色发展历程[J]. 城市发展研究，21(8)：11-15.

张凤凉，许嘉，1998. 农业可持续发展是农民脱贫致富的根本保证[J]. 经济问题，(S1)：60-62.

张贵祥，2008. 贵州特色农业的开放创新研究[D]. 北京：中国科学院：25-30.

张江玲，杨刚，阿斯娅，等，2011. 新疆草原生态可持续发展及牧民脱贫致富的建议[J]. 草业与畜牧，(3)：19-21.

张梅，2013. 绿色发展全球态势与中国的出路[J]. 国际问题研究，(5)：93-102.

张齐，2015. 贵州亮出新名片展示新形象[N]. 贵州日报[2015-10-10].

张世定，2016. 文化扶贫：贫困文化视域下扶贫开发的新审思[J]. 四川行政学院学报，（2）：61-64.

张阳，2008. 可持续发展在毕节试验区的先行实践研究[D]. 天津：天津大学硕士学位论文：15-23.

张云，胡继立，2013. 碳金融的理论传承与实践进展——碳金融与绿色经济发展学术会议综述[J]. 当代经济研究，
　　（2）：88-90.

赵国梁，2016. 用心用力啃下易地扶贫搬迁"硬骨头"[N]. 贵州日报[2016-09-03].

赵勇军，2015. 绿色发展是奋进贵州的行动宣言[N]. 贵州日报[2015-12-04].

郑红霞，王毅，黄宝荣，2013. 绿色发展评价指标体系研究综述[J]. 工业技术经济，（2）：142-152.

郑瑞强，徐元刚，施国庆，2015. 连片特困区政府减贫行为供需对接障碍与机制优化[J]. 青海社会科学，（3）：81-86.

中科院可持续发展战略研究组，2006，2006 中国可持续发展战略报告——建设资源节约型和环境友好型社会[M].
　　北京：科学出版社.

周起业，1987. 西方生产布局学原理[M]. 北京：中国人民大学出版社：22-30.

周伟文，2000. 妇女脱贫与可持续发展[J]. 妇女研究论丛，（3）：24-25.

周歆红，2002. 关注旅游扶贫的核心问题[J]. 旅游学刊，（1）：17-21.

周正邦，2002. 贵州南、北盘江绿色产业开发中的资源配置模式[J]. 贵州农业科学，（5）：56-57.

朱海森，王颖，2007. 南非旅游扶贫探析[J]. 西亚非洲，（1）：32-37.

朱启贵，2006. 绿色国民经济核算的国际比较及借鉴[J]. 上海交通大学学报（哲学社会科学版），（5）：5-12，18.

朱邪，2016. 贵州农业园区成为绿色发展新动力[N]. 贵州日报[2016-09-18].

朱玉福，2012. 中国扶持人口较少民族的成就、经验及对策[J]. 黑龙江民族丛刊，（5）：37-45.

诸大建，刘强，2013. 在可持续发展与绿色经济的前沿探索——诸大建教授访谈[J]. 学术月刊，45（10）：170-176.

UNDP，2002. 中国人类发展报告 2002：绿色发展，必选之路[M]. 北京：中国财政经济出版社：33-40.

Adams W M，1990. Green development：environment and sustainability in the Third World[J]. Professional Geographer，
　　6（11）：112-114.

Agenor P R，Izquierdo A，Fofack H，2014. IMMPA：a quantitative macroeconomic framework for the analysis of poverty
　　reduction strategies[J]. Ecomod，3201：51-62.

Ahmed N，2013. Linking prawn and shrimp farming towards a green economy in Bangladesh：confronting climate
　　change[J]. Ocean & Coastal Management，75（1）：33-42.

Alanne K，Saari A，2011. Distributed energy generation and sustainable development[J]. Renewable & Sustainable
　　Energy Reviews，10（6）：539-558.

Ali A A A，2010. The adoption of genetically modified cotton and poverty reduction in Pakistan[J]. Journal of
　　Agricultural Economics，61（1）：175-192.

Amankwah-Amoah J，Sarpong D，2016. Historical pathways to a green economy：the evolution and scaling-up of solar PV
　　in Ghana，1980-2010[J]. Technological Forecasting & Social Change，102：90-101.

Anderson S A，2003. Sabina alkire，valuing freedoms：sen's capability approach and poverty reduction：valuing freedoms：
　　sen's capability approach and poverty reduction[J]. Ethics，44（3）：226-228.

Andrea C，2005. What do buzzwords do for development policy? a critical look at 'participation'，'empowerment' and 'poverty reduction' [J]. Third World Quarterly，26(7)：1043-1060.

Anna S，Jennifer S，2003. Strategies impacts and costs of pro-poor tourism approaches in South Africa[J]. PPT Working Paper，(11)：9.

Anriquez G，Stamoulis K G，2007. Rural development and poverty reduction：is agriculture still key[J]. Working Papers，4(1)：5-46.

Appalachian Regional Commission，1964，Appalachian：a report by the president's appalachian regional commission appalachia 1964[R]. Government Printing Office：49-51.

Appalachian Regional Commission，1968. The appalachian regional commission appalachia annual report[R]. Government Printing Office，(12)：56-57.

Appalachian Regional Commission，1972. The appalachian experiment[R]. Government Printing Office：66.

Appalachian Regional Commission，2001. The appalachian regional commission appalachia annual report[R]. Government Printing Office，(12)：8.

Arbuthnott K D，2013. Education for sustainable development beyond attitude change[J]. International Journal of Sustainability in Higher Education，10(2)：152-163.

Arsenio M B，Ernesto M，Pernia et al.，2003. Revisiting growth and poverty reduction in Indonesia：what do subnational data show[J]? Bulletin of Indonesian Economic Studies，39(3)：329-351.

Audrone B，Manuela T，2010. Perception of competitiveness in the conteXt of sustainable development：facets of "sustainable competitiveness" [J]. Journal of Business Economics & Management，11(2)：341-365.

Babonea A M，Joia R M，2012. Transition to a green economy-a challenge and a solution for the world economy in multiple crisis conteXt[J]. Theoretical & Applied Economics，(10)：105-114.

Baer H，Jacob K，Werland S，2011. Green economy discourses in the run-up to rio 2012[J]. Social Science Electronic Publishing，31(4)：583-590.

Baker J L，Grosh M E，1994. Poverty reduction through geographic targeting：how well does it work?[J]. World Development，22(7)：983-995.

Bank W，Eng D S A R，2010. Bangladesh：climate change and sustainable development[J]. Natural Resources Forum，33(4)：257-258.

Bank W，2009. China-from poor areas to poor people：China's evolving poverty reduction Agenda - an assessment of poverty and inequality in China[J]. International Journal of Accounting Education & Research，27(24)：333-335.

Bank W，2011. The changing wealth of nations：measuring sustainable development in the New Millennium[J]. World Bank Publications，47(2)：286-288.

Bansal P，2005. Evolving sustainably：a longitudinal study of corporate sustainable development[J]. Strategic Management Journal，26(3)：197-218.

Barbier E，2011. The policy challenges for green economy and sustainable economic development[J]. Comparative Economic & Social Systems，35(3)：233-245.

Barbier, Edward, 2011. The policy challenges for green economy and sustainable economic development[C]// Natural Resources Forum: 233-245.

Barrett C B, Lee D R, Mcpeak J G, 2005. Institutional arrangements for rural poverty reduction and resource conservation[J]. World Development, 33(2): 193-197.

Barth M, Rieckmann M, 2012. Academic staff development as a catalyst for curriculum change towards education for sustainable development: an output perspective[J]. Journal of Cleaner Production, 26(1): 28-36.

Bebbington J, 2014. Sustainable development: a review of the international development, business and accounting literature[J]. Social Science Electronic Publishing, 25(2): 128-157.

Becker P, 2014. Conceptual frames for risk, resilience and sustainable development[J]. Sustainability Science: 123-148.

Besley T, Burgess R, 2000. Land reform, poverty reduction, and growth: evidence from India[J]. Quarterly Journal of Economics, 115(2): 389-430.

Bhattacharyya S C, 2012. Energy access programmes and sustainable development: a critical review and analysis[J]. Energy for Sustainable Development, 16(3): 260-271.

Bigg T, 2011. Development governance and the green economy: a matter of life and death[J]. Review of Policy Research, 28(5): 459-465.

Bigsten A, Kebede B, Shimeles A, et al., 2003. Growth and poverty reduction in ethiopia: evidence from household panel surveys[J]. World Development, 31(1): 87-106.

Bill H, Mary M, Geoff O, 2010. Sustainable development: mapping different approaches[J]. Sustainable Development, 13(1): 38-52.

Bina O, 2013. The green economy and sustainable development: an uneasy balance[J]. Environment & Planning C Government & Policy, 31(6): 1023-1047.

Birdsall N, Londono J L, 1997. Asset inequality matters: an assessment of the World Bank's approach to poverty reduction[J]. American Economic Review, 87(2): 32-37.

Blanc D L, 2011. Special issue on green economy and sustainable development[J]. Natural Resources Forum, 35(3): 151-154.

Blandine D, Sabina A, 2003. Valuing Freedoms Sen's capability approach and poverty reduction[J]. Ethics, 44(3): 226-228.

Bonilla S H, Almeida C M V B, Giannetti B F, et al., 2010. The roles of cleaner production in the sustainable development of modern societies: an introduction to this special issue[J]. Journal of Cleaner Production, 18(1): 1-5.

Borel-Saladin J M, Turok I N, 2013. The green economy: incremental change or transformation[J]. Environmental Policy & Governance, 23(4): 209-220.

Borel-Saladin J M, Turok I N, 2013. The impact of the green economy on jobs in South Africa[J]. South African Journal of Science, 109(9-10): 01-04.

Brand U, 2012. Green economy-the next oxymoron no lessons learned from failures of implementing sustainable development[J]. GAIA - Ecological Perspectives for Science and Society, 21(21): 28-32.

Brockington D，Igoe J，Schmidt-Soltau K，2006. Conservation，human rights，and poverty reduction[J]. Conservation Biology，20(1)：250-252.

Brucker K D，Macharis C，Verbeke A，2013. Multi-criteria analysis and the resolution of sustainable development dilemmas：a stakeholder management approach[J]. European Journal of Operational Research，224(1)：122-131.

Bulte E H，Lipper L，Stringer R，et al.，2008. Payments for ecosystem services and poverty reduction：concepts，issues，and empirical perspectives[J]. Environment & Development Economics，13(3)：245-254.

Burnside C，Dollar D，2016. Aid，the incentive regime，and poverty reduction[C]// Financial development and poverty reduction：can there be a benefit without a cost. International Monetary Fund：143-163.

Ca K Y，2007. Poverty alleviation programmes in India：asocial audit[J]. Indian Journal of Medical Research，126(4)：364-73.

Careri F，Genesi C，Marannino P，et al.，2011. Generation expansion planning in the age of green economy[C]// PowerTech，2011 IEEE Trondheim. IEEE：1-1.

Carfì D，Schilirò D，2011. Coopetitive games and global green economy[J]. Mpra Paper：357-366.

Carfì D，Schiliro' D，2012a. A model of coopetitive game for the environmental sustainability of a global green economy[J]. Journal of Environmental Management & Tourism，(1)：5-17.

Carfì D，Schilirò D，2012b. Global green economy and environmental sustainability：a coopetitive model[J]. Mpra Paper，300：593-606.

Cash D W，Clark W C，Alcock F，et al.，2003. Knowledge systems for sustainable development[J]. Proceedings of the National Academy of Sciences of the United States of America，100(14)：8086.

Cecchini S，Scott C，2003. Can information and communications technology applications contribute to poverty reduction? lessons from rural India[J]. Information Technology for Development，10(2)：73-84.

Chappie K，Kroll C，Lester T W，et al.，2011. Innovation in the green economy：an extension of the regional innovation system model[J]. Economic Development Quarterly，25(1)：5-25.

Chen M A，Vanek J，Carr M，et al.，2004. Mainstreaming informal employment and gender in poverty reduction：a handbook for policy-makers and other stakeholders[J]. Commonwealth Secretariat，27(100)：281-283.

Christiaensen L，Demery L，Christiaensen L J，et al.，2007. Down to earth：agriculture and poverty reduction in Africa[J]. World Bank Publications，31(5428)：2139-2141.

Clark W C，Tomich T P，Van N M，et al.，2011. Boundary work for sustainable development：natural resource management at the Consultative Group on International Agricultural Research (CGIAR)[J]. Proc Natl Acad Sci U S A，113(17)：4615.

Cohen M A，Vandenbergh M P，2012. The potential role of carbon labeling in a green economy[J]. Energy Economics，34(3)：S53-S63.

Collier P，Dollar D，1998. Aid allocation and poverty reduction[J]. European Economic Review，46(8)：1475-1500.

Costanza R，Daly H E，2010. Natural capital and sustainable development[J]. Conservation Biology，6(1)：37-46.

Craig D，Porter D，2003. Poverty reduction strategy papers：a new convergence[J]. World Development，31(1)：53-69.

Crook R C, 2003. Decentralisation and poverty reduction in Africa: the politics of local-central relations[J]. Public Administration & Development, 23(1): 77-88.

Cuthill M, 2010. Exploratory research: citizen participation, local government and sustainable development in Australia[J]. Sustainable Development, 10(2): 79-89.

Cuthill M, 2010. Strengthening the 'social' in sustainable development: developing a conceptual framework for social sustainability in a rapid urban growth region in Australia sustainable development[J]. Sustainable Development, 18(6): 362-373.

De J A, Sadoulet E, 2010. Agricultural growth and poverty reduction: addtional evidence[J]. World Bank Research Observer, 25(1): 1-20.

Death C, 2014. The green economy in South Africa: global discourses and local politics[J]. Politikon, 41(1): 1-22.

Deininger K, 2003. Land Policies for Growth and Poverty Reduction[M]. Oxford: A copublication of the World Bank and OXford University Press: 1-456.

Deininger K, 2003. Land policies for growth and poverty reduction: key issues and challenges ahead[C]. UN, FIG, PC IDEA Inter-regional Special Forum on the Building of Land Information Policies in the Americas: 78-90.

Deininger K, Okidi J, 2003. Growth and poverty reduction in Uganda, 1999-2000: panel data evidence[J]. Development Policy Review, 21(4): 481-509.

Demirbas M F, 2011. Biofuels from algae for sustainable development[J]. Applied Energy, 88(10): 3473-3480.

Dempsey N, Bramley G, Power S, et al., 2011. The social dimension of sustainable development: defining urban social sustainability[C]. Sustainable Development: 289-300.

Dercon S, 2009. Rural poverty[J]. World Bank Research Observer, (1): 1-28.

Desombre E R, 2011. Global environmental governance for a new green economy[J]. Review of Policy Research, 28(5): 467-472.

Development W S O S, Nations U, 2007. Report of the world summit on sustainable development: johannesburg, South Africa, 26 August-4 September 2002[J]. Spine, 32(10): 326-9.

Diao X, Pratt A N, 2007. Growth options and poverty reduction in Ethiopia-an economy-wide model analysis[J]. Food Policy, 32(2): 205-228.

Diao X S, Fan S G, Kanyarukiga S, et al., 2008. Agricultural growth and investment options for poverty reduction in Rwanda[J]. General Information, 24(791): 571-575.

Dincer I, Rosen M A, 2012. Exergy, energy, environment and sustainable development[J]. Applied Energy, 64(1-4): 427-440.

Dincer I, Rosen M A, 2015. A worldwide perspective on energy, environment and sustainable development[J]. International Journal of Energy Research, 22(15): 1305-1321.

Dobson A, 2010. Environmental citizenship: towards sustainable development[J]. Sustainable Development, 15(5): 276-285.

Duić N, Guzović Z, Kafarov V, et al., 2014. Sustainable development of energy, water and environment systems[J].

Energy，76(4)：1-3.

Elbers C T M，Fujii，et al.，2007. Poverty alleviation through geographic targeting：how much does disaggregation help[C].
        The World Bank，(3)：198-213.

Ellis F，2004. Rural livelihoods and poverty reduction strategies in four African countries[J]. Journal of Development
        Studies，40(4)：1-30.

Ellis F，Freeman H A，Ellis F，et al.，2005. Rural livelihoods and poverty reduction policies[J]. Journal of Development
        Studies，40(4)：1-30.

European Commission，2002. SERIEE European System for the Collection of Economic Information on the
        Environment-1994 Version[M]. Bruseels：Eurostat.

Fan S，Zhang X，2008. Public eXpenditure，growth and poverty reduction in rural Uganda[C]//International Food Policy
        Research Institute (IFPRI)：466-496.

Farrington J，Slater R，2010. Introduction：cash transfers：panacea for poverty reduction or money down the drain[J].
        Development Policy Review，24(5)：499-511.

Ferguson P，2015. The green economy agenda：business as usual or transformational discourse[J]. Environmental Politics，
        24(1)：17-37.

Ferrara R，2015. The smart city and the green economy in europe：a critical approach[J]. Energies，8(6)：4724-4734.

Ferraro P J，Hanauer M M，Sims K R，2011. Conditions associated with protected area success in conservation and
        poverty reduction[J]. Proceedings of the National Academy of Sciences of the United States of America，108(34)：
        13913-13918.

Fichter D Ö K，Clausen D I J，1998. World business council for sustainable development-WBCSD[J]. International
        Environmental Management Benchmarks：302-303.

Fichter D Ö K，Clausen D I J，1999. World Business Council for Sustainable Development-WBCSD[M]//Schritte zum
        nachhaltigen Unternehmen. Berlin：Springer Berlin Heidelberg：2735-2738.

FieldsG S，1984. Employment，income distribution and economic growth in 7 small opening countries [J]. Journal of
        Economics，(3)：33.

Filho W L，2013. A new global partnership：eradicate poverty and transform economies through sustainable
        development[J]. International Journal of Sustainability in Higher Education，15(1).

Finan F，Sadoulet E，Janvry A D，2005. Measuring the poverty reduction potential of land in rural Mexico[J]. Journal of
        Development Economics，77(1)：27-51.

Fleurbaey M，2014. Sustainable development and equity：contribution of working group III to the fifth assessment report
        of the intergovernmental panel on climate change[J]. Nature，163(3)：827.

Folke C，Carpenter S，Elmqvist T，et al.，2002. Resilience and sustainable development：building adaptive capacity in
        a world of transformations[J]. Ambio，31(5)：437.

Francis P，James R，2004. Balancing rural poverty reduction and citizen participation：the contradictions of Uganda's
        decentralization program[J]. World Development，31(2)：325-337.

Freeman H A, Ellis F, Allison E, 2004. Livelihoods and rural poverty reduction in Kenya[J]. Development Policy Review, 22(2): 147–171.

Fultz E, Francis J, 2013. Cash transfer programmes, poverty reduction and empowerment of women: a comparative analysis: eXperiences from Brazil, Chile, India, Mexico and South Africa[J]. Nature Physics, 4(6): 447-453.

Geoffrey M, Eleri J, 2007. Community-based tourism enterprises development in Kenya: an exploration of their potential as avenues of poverty reduction[J]. Journal of Sustainable Tourism, 15(6): 628-644.

Getter K L, Rowe D B, 2006. The role of extensive green roofs in sustainable development[J]. Hortscience A Publication of the American Society for Horticultural Science, 41(41): 1276.

Giles A, Kirk H, 2010. Accounting for progress: indicators for sustainable development[J]. Environment Science & Policy for Sustainable Development, 38(7): 16-44.

Gladwin T N, Kennelly J J, Krause T S, 1995. Shifting paradigms for sustainable development: implications for management theory and research[J]. Academy of Management Review, 20(4): 874-907.

GRID-Arendal, 2012. Green economy in a blue world: synthesis report[J]. Theriogenology, 78(6): 1312-1320.

Griggs D, Staffordsmith M, Gaffney O, et al., 2013. Policy: sustainable development goals for people and planet[J]. Nature, 495(7441): 305-7.

Grindle M S, 2004. Good enough governance: poverty reduction and reform in developing countries[J]. Governance, 17(4): 525-548.

Haggblade S, Hazell P, Reardon T, et al., 2010. The rural non-farm economy: prospects for growth and poverty reduction[J]. World Development, 38(10): 1429-1441.

Haines A, Alleyne G, Kickbusch I, et al., 2012. From the Earth Summit to Rio+20: integration of health and sustainable development[J]. Lancet, 379(9832): 2189-2197.

Hall J K, Daneke G A, LenoX M J, 2010. Sustainable development and entrepreneurship: past contributions and future directions[J]. Journal of Business Venturing, 25(5): 439-448.

Hardeweg B, Praneetvatakulb S, Phung D T, et al., 2007. Sampling for vulnerability to poverty: cost effectiveness versus precision[R]. Conference on International Agricultural Research for Development, 10: 46-61.

Hazell P B R, 2007. Future of small farms for poverty reduction and growth[J]. Vision Discussion Papers, 408(Part 2): 211-219.

Hazell P B R, Haddad L J, 2001. Agricultural research and poverty reduction[C]// International Food Policy Research Institute (IFPRI): 637-643.

Hazell P, Poulton C, Wiggins S, et al., 2007. The future of small farms for poverty reduction and growth, 2020 Discussion Paper: No. 42[C]// Mipro, 2012 Proceedings of the, International Convention. IEEE: 1709-1712.

Hernandez-Trillo F, 2016. Poverty alleviation in federal systems: the case of Mexico[J]. World Development, 87: 204-214.

Hossein J, Colin K, 2005. Does financial development contribute to poverty reduction[J]. Journal of Development Studies, 41(4): 636-656.

Huang Q, Rozelle S, Lohmar B, et al., 2006. Irrigation, agricultural performance and poverty reduction in China[J]. Food Policy, 31(1): 30-52.

Huber J, 2015. Towards industrial ecology: sustainable development as a concept of ecological modernization[J]. Journal of Environmental Policy & Planning, 2(4): 269-285.

Iavicoli I, Leso V, Ricciardi W, et al., 2014. Opportunities and challenges of nanotechnology in the green economy[J]. Environmental Health: A Global Access Science Source, 13(1): 78.

Idemudia U, 2009. Oil eXtraction and poverty reduction in the Niger Delta: a critical examination of partnership initiatives[J]. Journal of Business Ethics, 90(1): 91-116.

Inskeep E, 2014. Tourism planning: an integrated and sustainable development approach[J]. Management Science Letters, 4(12): 2495-2502.

Ivanchikova J, 2012. EcotaX labor reform as the basis of a green economy[J]. Febs Letters, 146(2): 327-30.

Jalilian H, Kirkpatrick C, 2002. Financial development and poverty reduction in developing countries[J]. International Journal of Finance & Economics, 7(2): 97-108.

Jayne T S, Yamano T, Weber M T, et al., 2002. Smallholder income distribution in Africa: implications for poverty reduction strategies[J]. Food Policy, 28(3): 253-275.

Karatzoglou B, 2013. An in-depth literature review of the evolving roles and contributions of universities to education for sustainable development[J]. Journal of Cleaner Production, 49(49): 44-53.

Kebede A, Hayelom M, 2008. The design and manufacturing of essential oil distillation plant for rural poverty alleviation in ethiopia[J]. Ethiopian Journal of Environmental Studies &Management, 1(1): 43-55.

Koster J, Geerts D, Favre B, et al., 2005. Organic agriculture and poverty reduction in Asia[J]. Social Science Electronic Publishing, 116(Pt 2): 387-99.

Kothari A, Demaria F, Acosta A, 2015. Buen vivir, degrowth and ecological swaraj: alternatives to sustainable development and the green economy[J]. Development, 57(3-4): 362-375.

Kothari R, Tyagi V V, Pathak A, 2010. Waste-to-energy: a way from renewable energy sources to sustainable development[J]. Renewable & Sustainable Energy Reviews, 14(9): 3164-3170.

Kraay, 2004. When is growth pro-poor gross country evidence[R]. World Bank Policy Research Working Paper.

Krantz L, 2001. The sustainable livelihood approach to poverty reduction: an introduction[J]. IEEE Transactions on Ultrasonics Ferroelectrics & Frequency Control, 49: 39-46.

Kumar S, Kwon H T, Choi K H, et al., 2011. LNG: an eco-friendly cryogenic fuel for sustainable development[J]. Applied Energy, 88(12): 4264-4273.

Lambrechts W, Mulà I, Ceulemans K, et al., 2013. The integration of competences for sustainable development in higher education: an analysis of bachelor programs in management[J]. Journal of Cleaner Production, 48(48): 65-73.

Law A, Lacy T D, Mcgrath G M, et al., 2012. Towards a green economy decision support system for tourism destinations[J]. Journal of Sustainable Tourism, 20(6): 823-843.

Le B, David, 2011. Special issue on green economy and sustainable development[C]// Natural Resources Forum.

Blackwell Publishing: 151-154.

Lema Z, Beyene F, 2014. Journal of economics and sustainable development[J]. Molecular Human Reproduction, 3 (12): 1095-1099.

Li D H W, Yang L, Lam J C, 2013. Zero energy buildings and sustainable development implications-a review[J]. Energy, 54(6): 1-10.

Loayza N V, Raddatz C, 2010. The composition of growth matters for poverty alleviation [J]. Journal of Development Economics, 93(1): 137-151.

Lokshin M, Bontch-Osmolovski M, Glinskaya E, 2010. Work-related migration and poverty reduction in Nepal[J]. Review of Development Economics, 14(2): 323-332.

Lombardi P, Brandon P S, 2012. Evaluating sustainable development in the built environment[J]. Australasian Journal of Construction Economics & Building, 12(1): 473-474.

Magnani N, 2012. EXploring the local sustainability of a green economy in alpine communities[J]. Mountain Research & Development, 32(2): 109-116.

Malki I, 2015. Microfinance and household poverty reduction: empirical evidence from Rural Pakistan[J]. Oxford Development Studies, 43(1): 84-104.

Meadowcroft J, 2010. National sustainable development strategies: features, challenges and refleXivity[J]. Environmental Policy & Governance, 17(3): 152-163.

Mendola M, 2007. Agricultural technology adoption and poverty reduction: a propensity-score matching analysis for rural Bangladesh[J]. Food Policy, 32(3): 372-393.

Mi P B, 2013. White, and green: farmers markets, race, and the green economy, by alison hope alkon[J]. American Journal of Sociology, 119(2): 568-570.

Michael J, 1991. The Green Economy: Environment, Sustainable Development and the Politics of the Future[M]. Massachusetts: Pluto Press.

Mitlin D, 2016. Sustainable development: a guide to the literature[J]. Environment & Urbanization, 4(1): 111-124.

Kaygusuz K, 2012. Energy for sustainable development: a case of developing countries[J]. Renewable & Sustainable Energy Reviews, 16(2): 1116-1126.

Mohammad N, 2011. Environment and sustainable development in Bangladesh: a legal study in the context of international trends[J]. International Journal of Law & Management, 53(2): 89-107.

Montgomery J W H, 2005. Great expectations: microfinance and poverty reduction in Asia and Latin America[J]. Oxford Development Studies, 33(3-4): 391-416.

Mosley P, Hudson J, Verschoor A, 2004. Aid, poverty reduction and the 'new conditionality' [J]. Economic Journal, 114(496): 217-243.

Murphy K, 2012. The social pillar of sustainable development: a literature review and framework for policy analysis[J]. Sustainability Science Practice & Policy, 8(1): 15-29.

Musango J K, Brent A C, Bassi A M, 2014. Modelling the transition towards a green economy in South Africa[J].

Technological Forecasting & Social Change，87(9)：257-273.

Nadia C，2011. Integrating digital economy and green economy：opportunities for sustainable development[J]. Theoretical & Empirical Researches in Urban Management，1：33-43.

Najam A，Selin H，2011. Institutions for a green economy[J]. Review of Policy Research，28(5)：451-457.

Nidumolu R，Prahalad C K，Rangaswami M R，2013. Why sustainability is now the key driver of innovation：there's no alternative to sustainable development，even so，many companies are convinced that the more environment-friendly they become，the more the effort will erode their competitiveness，they beli[C]. International Trade Forum：85-91.

Olaiya A，2015. Transforming our world：the 2030 agenda for sustainable development：international[J]. Civil Engineering Siviele Ingenieurswese，24(1)：26-30.

Oliveira J A P D，Doll C N H，Balaban O，et al.，2013. Green economy and governance in cities：assessing good governance in key urban economic processes[J]. Journal of Cleaner Production，58(58)：138-152.

Onestini M，2012. Latin america and the winding road to Rio+20：from sustainable development to green economy discourse[J]. Journal of Environment & Development，21(1)：32-35.

Opschoor H，1995. The green economy：Environment，sustainable development and the politics of the future[J]. Ecological Economics，12(3)：256-256.

Organization W H，2016. World health statistics 2016 monitoring health for the SDGs sustainable development Goals[J]. Geneva Switzerland Who，41：293-328.

Otsuki K，2011. Sustainable partnerships for a green economy：a case study of public procurement for home-grown school feeding[J]. Natural Resources Forum，35(3)：213-222.

Oyedepo S O，2012. On energy for sustainable development in Nigeria[J]. Renewable & Sustainable Energy Reviews，16(5)：2583-2598.

Pacheco D F，Dean T J，Payne D S，2010. Escaping the green prison：entrepreneurship and the creation of opportunities for sustainable development[J]. Journal of Business Venturing，25(5)：464-480.

Patzelt H，Shepherd D A，2011. Recognizing opportunities for sustainable development[J]. Entrepreneurship Theory & Practice，35(4)：631-652.

Pawłowski A，2010. How many dimensions does sustainable development have[J]. Sustainable Development，16(2)：81-90.

Pearce J M，Blair C M，Laciak K J，et al.，2010. 3-D printing of open source appropriate technologies for self-directed sustainable development[J]. International Journal of Sustainable Development，3(4)：17-29.

Pearce et al.，1989. Blue Print for a Green Economy：A Report[M]. London：Earths Can Publication Ltd.

Pepper D，2015. Sustainable development and ecological modernization：a radical homocentric perspective[J]. Sustainable Development，6(1)：1-7.

Petra W，2010. Transitions to Sustainable Development-new Directions in the Study of Long Term Transformative Change[M]. London：Routledge：1019-1020.

Pillay U，Bass O，2008. Mega-events as a response to poverty reduction：the 2010 FIFA World Cup and its urban development implications[J]. Urban Forum, 19(3): 329.

Plimmer F, Olawore A, 2010. Land administration for sustainable development[J]. Property Management, 29(3): 324-324.

Pretty J, 2013. The consumption of a finite planet: well-being, convergence, divergence and the nascent green economy[J]. Environmental & Resource Economics, 55(4): 475-499.

Preuss H, 2013. The contribution of the FIFA World Cup and the olympic games to green economy[J]. Sustainability, 5(8): 3581-3600.

Ralph W, 1981. Application development after sixteen years[J]. Labor Law Journal, (8): 533-535.

Ravallion M, Chen S H, 1997. What can new survey data tell us about recent changes in distribution and poverty[J]. World Bank Economic Review, (12): 357-382.

Regina S, Janet H M, 2008. Tourism and poverty reduction: issues for small island states[J]. Tourism Geographies, 10(1): 22-41.

Riahi K, Dentener F, Gielen D, et al., 2012. Chapter 17-energy pathways for sustainable development[J]. Global Energy Assessment - Toward a Sustainable Future: 1203-1306.

Roe D, Elliott J, 2004. Poverty reduction and biodiversity conservation: rebuilding the bridges[J]. OryX, 38(2): 137-139.

Roger R B L, Zac T, Kate S, et al., 2005. Agroforestry tree products (AFTPs): targeting poverty reduction and enhanced livelihoods[J]. International Journal of Agricultural Sustainability, 3(1): 1-23.

Ruckert A, 2007. Development beyond neoliberalism governance, poverty reduction and political economy[J]. Canadian Journal of Political Science, 40(4): 1050-1052.

Sachs J D, 2012. From millennium development goals to sustainable development goals[J]. Lancet, 379(9832): 2206.

Sanchez P A, 2000. Linking climate change research with food security and poverty reduction in the tropics[J]. Agriculture Ecosystems & Environment, 82(1-3): 371-383.

Scherer A G, Palazzo G, Seidl D, 2013. Managing legitimacy in complex and heterogeneous environments: sustainable development in a globalized world[J]. Journal of Management Studies, 50(2): 259-284.

Schilcher D, 2007. Growth versus equity: the continuum of pro-poor rourism and neoliberal governance[J]. Current Issues in Tourism, 10(2-3): 166-193.

Schnack K, 2010. The action competence approach and the 'new' discourses of education for sustainable development, competence and quality criteria[J]. Environmental Education Research, 16(1): 59-74.

Scott C, 2016. Green cities, growing cities, just cities: urban planning and the contradictions of sustainable development[J]. Journal of the American Planning Association, 62(3): 296-312.

Shaw J, 2004. Microenterprise occupation and poverty reduction in microfinance programs: evidence from Sri Lanka[J]. World Development, 32(7): 1247-1264.

Shear B W, 2014. Making the green economy: politics, desire, and economic possibility[J]. Journal of Political Ecology, 21(1): 193-209.

Siebenhüner B, Arnold M, 2010. Organizational learning to manage sustainable development[J]. Business Strategy & the

Environment，16(5)：339-353.

SiX J，2011. Plant nutrition for sustainable development and global health[J]. Plant & Soil，339(1-2)：1-2.

Sonnino R，2010. For a ' piece of bread' ? Interpreting sustainable development through agritourism in southern tuscany[J]. Sociologia Ruralis，44(3)：285-300.

Souter，David，Scott，et al.，2005. The Economic Impact of Telecommunications on Rural Livelihoods and Poverty Reduction[C]. A Primer of Signal Detection Rheory：376-387.

Spash C L，2012. Green economy，red herring[J]. Environmental Values，21(2)：95-99.

Strydom M，2013. A comparative analysis of the implications of green development versus conventional development imperatives：a case study of Lufhereng[J]. Asian-Pacific Law & Policy Journal，50：3(3)：355-379.

Studies I I F L，2012. Working towards sustainable development：opportunities for decent work and social inclusion in a green economy[J]. International Labour Office，28：15-19.

Sutton M A，Skiba U M，Grinsven H J M V，et al.，2014. Green economy thinking and the control of nitrous oxide emissions[J]. Environmental Development，9(1)：76-85.

Sylviane G J，Kangni K，2011. Financial development and poverty reduction：can there be a benefit without a cost[J]. Journal of Development Studies，47(1)：143-163.

Tilbury D，2011. Education for sustainable development：an eXpert review of processes and learning[J]. Der Pharma Chemica，6(1)：24-30.

Tim E，Dayton L，Eric O，2012. Strategies for economic improvement in appalachia' s distressed rural countries[J]. KnoXville：The University of Tennessee，(2)：2.

Twidell J W，2010. Powering the green economy - the feed-in tariff handbook[J]. Energy，35(12)：4618-4619.

United Nations，1993. Integrated Environmental and Economic Accounting[M]. New York：United Nations.

Uranga M G，1998. Knowledge societies：information technology for sustainable development[J]. Journal of Economic Issues，46(3)：399-410.

Vivian J，2010. NGOs and sustainable development in zimbabwe：no magic bullets[J]. Development & Change，25(1)：167-193.

Waas T，Verbruggen A，Wright T，2010. University research for sustainable development：definition and characteristics eXplored[J]. Journal of Cleaner Production，18(7)：629-636.

Waas T，Hugé J，Verbruggen A，et al.，2011. Sustainable development：a bird' s eye view[J]. Sustainability，3(10)：1637-1661.

Walton S，Tregidga H，Milne M J，2011. Words not actions! The ideological role of sustainable development reporting[J]. Accounting Auditing & Accountability Journal，22(8)：1211-1257.

Wang Q，Sub-Branch C C，2016. On inclusive finance and precision of poverty alleviation[J]. Financial Development Review，(4)：84-106.

Wapner P，2011. Civil society and the emergent green economy[J]. Review of Policy Research，28(5)：525 - 530.

Watson R T，Boudreau M C，Chen A J，2010. Information systems and environmentally sustainable development：energy informatics and new directions for the is community[J]. Mis Quarterly, 34(1): 23-38.

Weinberger K, Lumpkin T A, 2007. Diversification into horticulture and poverty reduction: a research Agenda[J]. World Development, 35(8): 1464-1480.

While A, Jonas A E G, Gibbs D, 2010. From sustainable development to carbon control: eco-state restructuring and the politics of urban and regional development[J]. Transactions of the Institute of British Geographers, 35(1): 76-93.

Williamson I, Enemark S, Wallace J, et al., 2010. Land administration for sustainable development[J]. Property Management, 29(3): 324-324.

Winfield M, Dolter B, 2014. Energy, economic and environmental discourses and their policy impact: the case of ontario's green energy and green economy act[J]. Energy Policy, 68(C): 423-435.

Winn M I, 2010. Book: eco-efficiency—the business link to sustainable development[J]. Journal of Industrial Ecology, 3(4): 147-149.

Wto Rules H B , 2010. International centre for trade and sustainable development (ICTSD)[J]. Journal of Catalysis, 78(1): 155-164.

Zhang N, Lior N, Jin H, 2011. The energy situation and its sustainable development strategy in China[J]. Energy, 36(6): 3639-3649.

附件一 贵州省绿色发展的减贫衡量指标体系调查问卷

一、问 题 描 述

此调查问卷以贵州省绿色发展的减贫衡量指标体系为调查目标，对其多种影响因素使用层次分析法进行分析。指标确定来源于课题组专家讨论筛选，现需要确定各指标权重，其层次模型如下图：

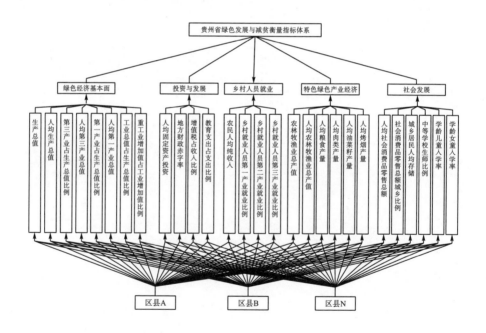

二、问 卷 说 明

此调查问卷的目的在于确定贵州省绿色发展的减贫衡量指标体系各影响因素之间相对权重。调查问卷根据层次分析法（analytic hierarchy process，AHP）设计。

这种方法是在同一个层次对影响因素重要性进行两两比较。衡量尺度划分为五个等级，分别是绝对重要、十分重要、比较重要、稍微重要、同样重要，分别对应 9、7、5、3、1。靠左边的衡量尺度表示左列因素重要于右列因素，靠右边的衡量尺度表示右列因素重要于左列因素。根据您的看法，在对应空格中打钩即可。

如果您觉得 5 个级别不能精确地表达您对某个比较问题的看法，例如您认为对一个比较的看法应该介于十分重要和比较重要之间，那么您可以通过在十分重要和比较重要两个空格之间画圈来表达您的看法。

示例：您认为一辆汽车的安全性重要，还是价格重要？如果您认为一辆汽车的安全性相对于价格十分重要，那么请在左侧（十分重要）下边的方格打钩。

样表　对于评价汽车，各影响因素的相对重要程度表

A	评价尺度									B
	9	7	5	3	1	3	5	7	9	
安全性										价格

注：衡量尺度划分为 5 个等级，分别是绝对重要、十分重要、比较重要、稍微重要、同样重要，分别对应 9、7、5、3、1 的数值。

三、问卷内容

1. 第 2 层要素
评估"贵州省绿色发展的减贫衡量指标体系"的相对重要性。

	说明
绿色经济基本面	包括：GDP、人均 GDP、第三产业占生产总值比例、人均第三产业总值、第一产业占生产总值比例、人均第一产业总值、工业总值占生产总值比例、重工业增加值占工业增加值比例
投资与发展	包括：人均固定资产投资、地方财政赤字率、增值税占收入比例、教育支出占支出比例
乡村人员就业	包括：农民人均纯收入、乡村就业人员第一产业就业比例、乡村就业人员第二产业就业比例、乡村就业人员第三产业就业比例
特色绿色产业经济	包括：农林牧渔业总产值、人均农林牧渔业总产值、人均粮食产量、人均肉类产量、人均油菜籽产量、人均烤烟产量
社会发展	包括：人均社会消费品零售总额、社会消费品零售总额城乡比例、城乡居民人均存储、中等学校生师比例、学龄儿童入学率、学龄女童入学率

下列各组比较要素对于"贵州省绿色发展与减贫衡量指标体系"的相对重要性如何？

A	评价尺度									B
	9	7	5	3	1	3	5	7	9	
绿色经济基本面										投资与发展
绿色经济基本面										乡村人员就业
绿色经济基本面										特色绿色产业经济
绿色经济基本面										社会发展
投资与发展										乡村人员就业
投资与发展										特色绿色产业经济
投资与发展										社会发展
乡村人员就业										特色绿色产业经济
乡村人员就业										社会发展
特色绿色产业经济										社会发展

2. 第 3 层要素

(1)评估"绿色经济基本面"的相对重要性。

影响因素	说明
生产总值/万元	地区年度生产总值
人均生产总值/元	生产总值/当年人口总数
第三产业占生产总值比例	第三产业总值/生产总值
人均第三产业总值/元	第三产业总值/人口总数
第一产业占生产总值比例	第一产业总值/生产总值
人均第一产业总值/元	第一产业总值/人口总数
工业总值占生产总值比例	工业总值/生产总值
重工业增加值占工业增加值比例	重工业增加值/工业增加值比例

下列各组比较要素对于"绿色经济基本面"的相对重要性如何？

A	评价尺度									B
	9	7	5	3	1	3	5	7	9	
GDP										人均 GDP
GDP										第三产业占生产总值比例
GDP										人均第三产业总值

续表

A	评价尺度									B
	9	7	5	3	1	3	5	7	9	
GDP										第一产业占生产总值比例
GDP										人均第一产业总值
GDP										工业总值占生产总值比例
GDP										重工业增加值占工业增加值比例
人均 GDP										第三产业占生产总值比例
人均 GDP										人均第三产业总值
人均 GDP										第一产业占生产总值比例
人均 GDP										人均第一产业总值
人均 GDP										工业总值占生产总值比例
人均 GDP										重工业增加值占工业增加值比例
第三产业占生产总值比例										人均第三产业总值
第三产业占生产总值比例										第一产业占生产总值比例
第三产业占生产总值比例										人均第一产业总值
第三产业占生产总值比例										工业总值占生产总值比例
第三产业占生产总值比例										重工业增加值占工业增加值比例
人均第三产业总值										第一产业占生产总值比例
人均第三产业总值										人均第一产业总值
人均第三产业总值										工业总值占生产总值比例
人均第三产业总值										重工业增加值占工业增加值比例
第一产业占生产总值比例										人均第一产业总值
第一产业占生产总值比例										工业总值占生产总值比例
第一产业占生产总值比例										重工业增加值占工业增加值比例
人均第一产业总值										工业总值占生产总值比例
人均第一产业总值										重工业增加值占工业增加值比例
工业总值占生产总值比例										重工业增加值占工业增加值比例

(2)评估"投资与发展"的相对重要性。

影响因素	说明
人均固定资产投资/元	固定资产投资总额/总人口数
地方财政赤字率	(预算收入-预算支出)/GDP×100%
增值税占收入比例	增值税收入/一般财政预算收入
教育支出占支出比例	教育支出/一般财政预算支出

下列各组比较要素对于"投资与发展"的相对重要性如何？

A	评价尺度									B
	9	7	5	3	1	3	5	7	9	
人均固定资产投资										地方财政赤字率
人均固定资产投资										增值税占收入比例
人均固定资产投资										教育支出占支出比例
地方财政赤字率										增值税占收入比例
地方财政赤字率										教育支出占支出比例
增值税占收入比例										教育支出占支出比例

(3)评估"乡村人员就业"的相对重要性。

影响因素	说明
农民人均纯收入/元	农民总纯收入/农村人口总数
乡村就业人员第一产业就业比例	第一产业乡村就业人员/乡村就业人员总数
乡村就业人员第二产业就业比例	第二产业乡村就业人员/乡村就业人员总数
乡村就业人员第三产业就业比例	第三产业乡村就业人员/乡村就业人员总数

下列各组比较要素对于"乡村人员就业"的相对重要性如何？

A	评价尺度									B
	9	7	5	3	1	3	5	7	9	
农民人均纯收入										乡村就业人员第一产业就业比例
农民人均纯收入										乡村就业人员第二产业就业比例
农民人均纯收入										乡村就业人员第三产业就业比例
乡村就业人员第一产业就业比例										乡村就业人员第二产业就业比例
乡村就业人员第一产业就业比例										乡村就业人员第三产业就业比例
乡村就业人员第二产业就业比例										乡村就业人员第三产业就业比例

(4) 评估"特色绿色产业经济"的相对重要性。

影响因素	说明
农林牧渔业总产值/万元	农林牧渔业总产值
人均农林牧渔业总产值/元	农林牧渔业总产值/人口总数
人均粮食产量/公斤	粮食总产量/人口总数
人均肉类产量/公斤	肉类总产量/人口总数
人均油菜籽产量/公斤	油菜总产量/人口总数
人均烤烟产量/公斤	烤烟总产量/人口总数

下列各组比较要素对于"特色绿色产业经济"的相对重要性如何？

A	评价尺度									B
	9	7	5	3	1	3	5	7	9	
农林牧渔业总产值										人均农林牧渔业总产值
农林牧渔业总产值										人均粮食产量
农林牧渔业总产值										人均肉类产量
农林牧渔业总产值										人均油菜籽产量
农林牧渔业总产值										人均烤烟产量
人均农林牧渔业总产值										人均粮食产量
人均农林牧渔业总产值										人均肉类产量
人均农林牧渔业总产值										人均油菜籽产量
人均农林牧渔业总产值										人均烤烟产量
人均粮食产量										人均肉类产量
人均粮食产量										人均油菜籽产量
人均粮食产量										人均烤烟产量
人均肉类产量										人均油菜籽产量
人均肉类产量										人均烤烟产量
人均油菜籽产量										人均烤烟产量

(5)评估"社会发展"的相对重要性。

影响因素	说明
人均社会消费品零售总额/元	社会消费品零售总额/人口总数
社会消费品零售总额城乡比例	城市社会消费品零售总额/农村社会消费品零售总额
城乡居民人均存储/万元	城乡居民储蓄/人口总数
中等学校生师比例	中等学校在校学生数(人)/中等学校专任教师数
学龄儿童入学率	已入学的小学学龄儿童数/校内外小学学龄儿童总数×100%
学龄女童入学率	已入学的小学学龄女童数/校内外小学学龄女童总数×100%

下列各组比较要素对于"社会发展"的相对重要性如何?

A	评价尺度									B
	9	7	5	3	1	3	5	7	9	
人均社会消费品零售总额										社会消费品零售总额城乡比例
人均社会消费品零售总额										城乡居民人均存储
人均社会消费品零售总额										中等学校生师比例
人均社会消费品零售总额										学龄儿童入学率
人均社会消费品零售总额										学龄女童入学率
社会消费品零售总额城乡比例										城乡居民人均存储
社会消费品零售总额城乡比例										中等学校生师比例
社会消费品零售总额城乡比例										学龄儿童入学率
社会消费品零售总额城乡比例										学龄女童入学率
城乡居民人均存储										中等学校生师比例
城乡居民人均存储										学龄儿童入学率
城乡居民人均存储										学龄女童入学率
中等学校生师比例										学龄儿童入学率
中等学校生师比例										学龄女童入学率
学龄儿童入学率										学龄女童入学率

十分感谢您,问卷结束,谢谢合作!

附件二 贵州省绿色发展的减贫衡量指标体系权重分配表

标度类型：1~9。

1. 贵州省绿色发展与减贫衡量指标体系，判断矩阵一致性比例：0.0610；对总目标的权重：1.0000；\lambda_{maX}：5.2732

贵州省绿色发展与减贫衡量指标体系	绿色经济基本面	投资与发展	乡村人员就业	特色绿色产业经济	社会发展	Wi
绿色经济基本面	1.0000	1.0000	3.0000	0.5000	2.0000	0.2146
投资与发展	1.0000	1.0000	2.0000	0.3333	2.0000	0.1825
乡村人员就业	0.3333	0.5000	1.0000	0.2500	3.0000	0.1136
特色绿色产业经济	2.0000	3.0000	4.0000	1.0000	3.0000	0.4052
社会发展	0.5000	0.5000	0.3333	0.3333	1.0000	0.0841

2. 绿色经济基本面，判断矩阵一致性比例：0.0982；对总目标的权重：0.2146；\lambda_{maX}：8.9688

绿色经济基本面	生产总值	人均生产总值	第三产业占生产总值比例	人均第三产业总值	第一产业占生产总值比例	人均第一产业总值	工业总值占生产总值比例	重工业增加值占工业增加值比例	Wi
GDP	1.0000	3.0000	3.0000	4.0000	3.0000	2.0000	4.0000	4.0000	0.2886
人均 GDP	0.3333	1.0000	4.0000	0.3333	0.2000	0.5000	0.3333	0.3333	0.0537
第三产业占生产总值比例	0.3333	0.2500	1.0000	0.5000	0.5000	0.5000	0.5000	0.2500	0.0454
人均第三产业总值	0.2500	3.0000	2.0000	1.0000	0.5000	0.3333	1.0000	0.3333	0.0764
第一产业占生产总值比例	0.3333	5.0000	2.0000	2.0000	1.0000	0.5000	3.0000	0.5000	0.1275
人均第一产业总值	0.5000	2.0000	2.0000	3.0000	2.0000	1.0000	2.0000	0.3333	0.1352
工业总值占生产总值比例	0.2500	3.0000	2.0000	1.0000	0.3333	0.5000	1.0000	0.3333	0.0764

续表

绿色经济基本面	生产总值	人均生产总值	第三产业占生产总值比例	人均第三产业总值	第一产业占生产总值比例	人均第一产业总值	工业总值占生产总值比例	重工业增加值占工业增加值比例	Wi
重工业增加值占工业增加值比例	0.2500	3.0000	4.0000	3.0000	2.0000	3.0000	3.0000	1.0000	0.1969

3. 投资与发展，判断矩阵一致性比例：0.0534；对总目标的权重：0.1825；\lambda_{maX}：4.1425

投资与发展	人均固定资产投资	地方财政赤字率	增值税占收入比例	教育支出占支出比例	Wi
人均固定资产投资	1.0000	3.0000	2.0000	3.0000	0.4478
地方财政赤字率	0.3333	1.0000	0.5000	0.5000	0.1168
增值税占收入比例	0.5000	2.0000	1.0000	3.0000	0.2861
教育支出占支出比例	0.3333	2.0000	0.3333	1.0000	0.1493

4. 乡村人员就业，判断矩阵一致性比例：0.0653；对总目标的权重：0.1136；\lambda_{maX}：4.1742

乡村人员就业	农民人均纯收入	乡村就业人员第一产业就业比例	乡村就业人员第二产业就业比例	乡村就业人员第三产业就业比例	Wi
农民人均纯收入	1.0000	4.0000	6.0000	4.0000	0.5977
乡村就业人员第一产业就业比例	0.2500	1.0000	1.0000	0.3333	0.1026
乡村就业人员第二产业就业比例	0.1667	1.0000	1.0000	1.0000	0.1220
乡村就业人员第三产业就业比例	0.2500	3.0000	1.0000	1.0000	0.1777

5. 特色绿色产业经济，判断矩阵一致性比例：0.0841；对总目标的权重：0.4052；\lambda_{maX}：6.5296

特色绿色产业经济	农林牧渔业总产值	人均农林牧渔业总产值	人均粮食产量	人均肉类产量	人均油菜籽产量	人均烤烟产量	Wi
农林牧渔业总产值	1.0000	3.0000	4.0000	3.0000	3.0000	2.0000	0.3299
人均农林牧渔业总产值	0.3333	1.0000	3.0000	0.3333	0.5000	0.2500	0.0793
人均粮食产量	0.2500	0.3333	1.0000	0.3333	0.5000	0.3333	0.0550
人均肉类产量	0.3333	3.0000	3.0000	1.0000	3.0000	0.2500	0.1542
人均油菜籽产量	0.3333	2.0000	2.0000	0.3333	1.0000	0.2500	0.0934
人均烤烟产量	0.5000	4.0000	3.0000	4.0000	4.0000	1.0000	0.2882

6. **社会发展，判断矩阵一致性比例：0.0961；对总目标的权重：0.0841；λ_{maX}：6.6056**

社会发展	人均社会消费品零售总额	社会消费品零售总额城乡比例	城乡居民人均存储	中等学校生师比例	学龄儿童入学率	学龄女童入学率	Wi
人均社会消费品零售总额	1.0000	0.2500	0.2500	0.3333	0.2500	0.2500	0.0459
社会消费品零售总额城乡比例	4.0000	1.0000	0.2500	4.0000	1.0000	0.5000	0.1558
城乡居民人均存储	4.0000	4.0000	1.0000	2.0000	2.0000	3.0000	0.3334
中等学校生师比例	3.0000	0.2500	0.5000	1.0000	0.3333	0.5000	0.0874
学龄儿童入学率	4.0000	1.0000	0.5000	3.0000	1.0000	3.0000	0.2247
学龄女童入学率	4.0000	2.0000	0.3333	2.0000	0.3333	1.0000	0.1528

致　谢

　　一眨眼，对贵州减贫问题的研究已经有七年了，有很多心得体会。从贵州少数民族地区的包容性旅游扶贫研究，到贵州绿色发展的减贫问题研究，贵州经验的确值得深入挖掘。贵州扶贫工作的成功，标志着中国扶贫工作的成功。在精准扶贫全面胜利后，贵州又面临反贫困问题，如何防止贫困户二次贫困，成为贫困领域研究的焦点。反贫困问题是人类历史发展进程中的一个重要话题。其中，贵州绿色发展的减贫问题，是我国反贫困领域核心话题之一。

　　本书能够顺利完成，得到许多同志的帮助。感谢贵州财经大学褚光荣、蔡绍洪、杨勇、赵普等校领导和科研处刘明显等领导同志，他们高度重视反贫困相关问题的研究，给予本书研究开展需要的平台和帮助；感谢匿名专家的支持和宝贵意见；感谢贵州财经大学工商学院余颂书记、胡北明副院长、袁开福副院长等各位院领导，以及胡剑波教授、张中奎教授、杨经华教授的支持；感谢中国西部减贫与发展协同创新中心曾绍伦博士，感谢中心给予研究的大力支持；感谢暨南大学任亚运博士、西南民族大学李超博士、贵阳花溪区政府张智勇主任、贵安新区文旅投公司胥桂凤女士，以及贵州财经大学经济学院桂珊珊、雷玉侠、郭风、黄婷等同学在资料收集时的帮助；感谢贵州财经大学工商学院2014级会展经济与管理班李雯雯、刘晓英、唐莹、赵维丹、彭正浩，2014级旅游管理涉外班付慧珊、陈玄均，2015级会展经济与管理班杨佳齐、刘林、胡宗明、吴显莲、王永乾、袁怡媛、周薇、邹云美、张玉婷等同学的参与，他们在基础数据的查找与登记工作中做出了许多贡献，保障了本书研究的顺利开展。

　　此外，特别感谢课题组团队成员肖小虹、蒙艳华、王德、李芬芬等同志，感谢你们在研究过程中不辞辛苦、刻苦求知、认真探索、保质保量并按照计划顺利完成研究任务。

　　最后，感谢父母养育之恩，感谢恩师教导之恩。除此之外，还要感谢我的爱人向雪洁女士，科学研究之路不仅清贫，而且辛苦，感谢你一路陪我到现在，为这个家默默奉献许多。

　　感恩的心，感谢有您！自强不息，厚德载物！学术路漫漫，吾将上下而求索！